RECUEIL DE RAPPORTS

L'ÉTAT DES LETTRES ET LES PROGRÈS DES SCIENCES

PARIS.

LIBRAIRIE DE L. HACHETTE ET CIE,

BOULEVARD SAINT-GERMAIN, N° 77.

RECUEIL DE RAPPORTS

SUR

L'ÉTAT DES LETTRES ET LES PROGRÈS DES SCIENCES EN FRANCE.

RAPPORT SUR LES PROGRÈS

DE LA GÉOMÉTRIE

PAR

M. CHASLES,

MEMBRE DE L'INSTITUT DE FRANCE.

PUBLICATION FAITE SOUS LES AUSPICES
DU MINISTÈRE DE L'INSTRUCTION PUBLIQUE.

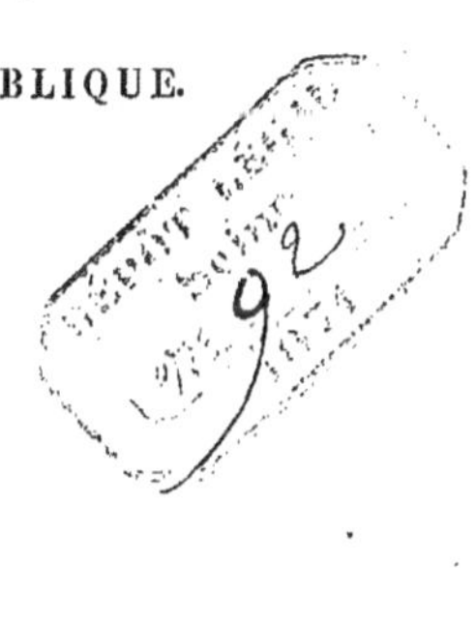

PARIS.

IMPRIMÉ PAR AUTORISATION DE M. LE GARDE DES SCEAUX

A L'IMPRIMERIE NATIONALE.

M DCCC LXX.

RAPPORT

SUR

LES PROGRÈS DE LA GÉOMÉTRIE

EN FRANCE.

INTRODUCTION.

I

Les Mathématiques, considérées indépendamment de leurs applications, se divisent en deux branches distinctes, qui se prêtent un mutuel secours, l'*Analyse* et la *Géométrie*. C'est des recherches qui ont pour objet spécial cette seconde partie, la Géométrie, ou qui incidemment ont contribué à ses progrès, que nous avons à présenter un exposé.

Le sujet est vaste; car si, d'une part, la Géométrie a pour objet général l'étude des figures, c'est-à-dire des lignes et des surfaces déterminées *a priori* par certaines lois; d'autre part, ces lignes et ces surfaces interviennent d'une manière utile et même nécessaire dans les questions de Mécanique et de Physique mathématique, et même aussi quelquefois dans les questions d'Analyse pure. Il nous faudra donc, non-seulement scruter les travaux de Géométrie proprement dite, mais encore rechercher dans les ouvrages et les nombreux mémoires publiés sur les différentes branches des Mathématiques les résultats partiels qui constituent un progrès dans la théorie des courbes et des surfaces, et en général dans quelque partie de la Géométrie. C'est ainsi que les noms de nos confrères MM. Ch. Dupin, Lamé, Duhamel, Liouville, Delaunay, Bertrand, Hermite, Serret, Ossian Bonnet, de Saint-Venant, dont les travaux, pour la plupart, ont pour objet principal l'étude des théories analytiques et de leur application à la Physique, à l'Astronomie, à la Mécanique, se présenteront naturellement dans le travail qui nous est confié, sans que d'ailleurs nous ayons la pensée de faire connaître complétement les progrès dont les sciences mathématiques leur sont redevables, et qui assurent leur place parmi les chefs et les représentants du mouvement scientifique général de notre temps.

II. — POINT DE DÉPART DU PRÉSENT RAPPORT.

La Géométrie, cette partie primordiale, cette base des Mathématiques, présente, de nos jours, au point de vue de la méthode, deux directions différentes, qui prennent leur point de départ principalement dans les ouvrages de Monge et de Carnot : dans le traité de l'*Application de l'Analyse à la Géométrie* et la *Géométrie descriptive*, de Monge ; et dans la *Géométrie de position* et la *Théorie des transversales*, de Carnot.

Il nous faut donc remonter, dans notre exposé, jusqu'à ces importants ouvrages et à ceux qu'ils ont inspirés aussitôt.

C'est dans l'École Polytechnique, presque à sa naissance, que ceux-ci se sont produits. C'est que, en effet, l'enseignement théorique et profond qui a été la base de la première et judicieuse organisation de ce grand établissement était éminemment favorable aux progrès de la science, en même temps qu'il préparait sérieusement les élèves à l'entrée dans les *Écoles d'application*[1].

---

[1] Depuis, on a cru pouvoir s'écarter de ces principes, en restreignant l'enseignement théorique, pour introduire des matières qui auraient dû rester du ressort des diverses écoles d'application. Ce n'est pas seulement la force des études dans l'établissement, et la haute capacité des ingénieurs des services publics, qui souffriront de cet abaissement des études théoriques et de leur association anticipée avec la pratique ; ce sera aussi et surtout l'avenir, dans notre pays, des sciences proprement dites, particulièrement des Mathématiques, qui ont dû leurs progrès et

Ces ouvrages des premières années du siècle, étant la base des recherches multiples dont nous avons à rendre compte, nous nous trouvons obligé de doubler l'intervalle de vingt-cinq à trente années qui nous était assigné d'abord, pour suivre la chaîne non interrompue des progrès qui se sont succédé jusqu'à nos jours.

III. — Sur les ouvrages de Monge et de Carnot.

Nous n'avons point à faire ici une analyse de ces ouvrages, dont l'importance ressort si bien des fruits qu'ils ont portés. Nous nous bornerons à indiquer en quelques mots l'esprit dans lequel ils ont été conçus.

L'*Analyse appliquée* repose sur l'emploi des coordonnées de Descartes. Mais les profondes considérations de l'auteur sur la génération des surfaces définies par des propriétés relatives à la courbure, et les conséquences qu'il en tire pour l'intégration des équations aux différentielles partielles, constituent un corps de doctrine entièrement nouveau, se rattachant à la fois aux plus belles questions de la Géométrie générale et aux théories les plus ardues du Calcul intégral.

La *Géométrie descriptive*, bien qu'elle n'ait pas de méthode de recherches qui lui soit propre, a néanmoins contribué aux progrès de la Géométrie rationnelle, en familiarisant les esprits avec les conceptions de l'espace, et en donnant les moyens de les ramener à des constructions rigoureuses sur un plan.

Les travaux de Carnot ont un caractère très-différent. Fondés sur la méthode des anciens, ils ont eu une influence considérable

leur éclat depuis trois quarts de siècle, on ne peut en disconvenir, à la forte organisation conçue par les fondateurs de l'École Polytechnique.

Puisse cette simple observation fixer l'attention de tous ceux que le sentiment de la haute renommée de l'École Polytech- nique dans le monde entier, et l'intérêt de la science, comme celui des services publics, peuvent porter à partager nos craintes et à seconder nos vœux pour le retour à des études théoriques plus éle- vées et plus en rapport avec les progrès de la science!

et des plus heureuses, en inspirant aux jeunes géomètres le goût des recherches de Géométrie pure, et en faisant naître l'espoir de trouver des ressources suffisantes dans une méthode simple et lumineuse, qui avait été entièrement délaissée depuis l'apparition de la *Géométrie* de Descartes, c'est-à-dire de la Géométrie analytique, admirable conception, bientôt suivie de l'Analyse infinitésimale, qui est devenue la clef de toutes les recherches de Physique mathématique. On conçoit que, pendant plus d'un siècle, ces deux puissantes méthodes analytiques se soient emparées de toutes les pensées, de tous les efforts des géomètres; et nous n'entendons exprimer ici aucun blâme, aucun regret à cet égard.

La *Géométrie de position* renfermait une conception heureuse sur la nature des quantités *positives* et *négatives*, qui permettait de généraliser chaque question, dans ce sens qu'une seule démonstration, quelles que fussent les positions relatives des différentes parties d'une figure, devait suffire; tandis que jusqu'alors chaque question exigeait autant de démonstrations qu'il y avait de variétés de position dans les points et dans les lignes d'une figure. Cette conception nous paraît être l'idée principale qui caractérise l'ouvrage de Carnot.

La *Théorie des transversales* reposait sur un théorème connu des anciens, formant même la base de leur trigonométrie, et qui parfois avait été utile à quelques géomètres du xviie siècle, à Desargues et à Pascal notamment, mais qui depuis avait en quelque sorte disparu de la science. Il s'agit de la relation entre les six segments qu'une transversale fait sur les trois côtés d'un triangle, dont Carnot montre l'utilité comme moyen de démonstration et de recherches dans des questions très-variées.

IV. — Ordre suivi dans ce Rapport.

Il convient de dire ici quelques mots de l'ordre que nous avons cru devoir adopter.

Dans un exposé des progrès successifs de la science, qui naissent généralement les uns des autres, l'ordre chronologique peut paraître, au premier abord, naturel et nécessaire. Mais on reconnaît bientôt que, suivi rigoureusement, il introduirait une confusion très-regrettable, à raison surtout de la variété des sujets de recherches contemporaines et de la différence des méthodes employées, et aussi parce qu'on fractionnerait par trop ce qui se rapporte à un même auteur.

Nous avons donc éprouvé la nécessité de ne pas nous astreindre absolument à l'ordre chronologique des faits partiels, et de prendre au contraire en considération, dans chacun, la nature de la question résolue, la méthode suivie, et l'auteur auquel il se rapporte. La condition d'ordre et de clarté, notre loi principale, nous a fait reconnaître aussi que nous devions rapprocher autant que possible les diverses recherches de chaque géomètre.

Les travaux qui rentrent dans notre cadre, avons-nous dit ci-dessus (§ 2), présentent deux branches distinctes : les uns étant d'*Analyse appliquée*, et les autres de *Géométrie pure*.

On peut ajouter qu'il y a encore une distinction à observer, au sujet des recherches de Géométrie pure. Les unes, en effet, se rattachent à la *Géométrie ancienne*, en y comprenant les considérations infinitésimales directes qui suppléent au calcul analytique, et qui ont contribué si puissamment aux grands progrès de la théorie des lignes et des surfaces depuis une trentaine d'années; et les autres appartiennent aux méthodes que l'on désigne sous le nom de *Géométrie moderne*.

Cette distinction accroît encore la variété des sujets de recherches, qui est un obstacle à l'ordre chronologique rigoureux.

CHAPITRE PREMIER.

EXPOSÉ DES PROGRÈS DE LA GÉOMÉTRIE.

(1800 — 1830.)

I

Le grand traité de l'*Analyse appliquée à la Géométrie,* de Monge, écrit d'abord sous le titre de *Feuilles d'Analyse appliquée à la Géométrie,* pour l'usage de l'École Polytechnique [1], est en grande partie le résumé des différents Mémoires de l'auteur, insérés, durant une trentaine d'années, dans le recueil des *Savants étrangers,* dans les *Mémoires de l'Académie* et dans le *Journal de l'École Polytechnique.*

A cette époque, Meusnier, officier du génie très-distingué, cultivait aussi ce genre de recherches, et avait même, à la suite d'Euler, devancé Monge dans la théorie de la courbure des surfaces. Son travail a conservé une si grande importance, qu'il y aurait une lacune dans l'exposé des recherches dont nous avons à rendre compte, si nous n'associions pas ici le nom de Meusnier à celui de Monge par une mention spéciale.

Nous pensons donc devoir faire précéder la série des articles relatifs aux travaux des premiers temps du siècle, d'une courte notice sur les belles recherches dont il s'agit.

---

[1] Le programme des études de 1799 nous apprend qu'alors vingt-cinq leçons étaient affectées à cette partie très-importante des Mathématiques.

En 1813, le nombre des leçons était de quinze, professées par Arago, suppléant de Monge depuis 1810. Et maintenant ces leçons spéciales ont disparu des programmes annuels : exemple de l'affaiblissement des études théoriques, qui nous inspire des craintes sérieuses pour l'avenir.

II. — MEUSNIER.

1785.   *Mémoire sur la courbure des surfaces* [2]. — Meusnier donne, dans ce travail, une théorie complète de la courbure des surfaces en un point, entièrement distincte de celle qu'Euler avait fait connaître en 1760 [2]. Observant qu'un élément de courbe résulte de la rotation d'un point, Meusnier se demande si un élément de surface admet une génération analogue; et il trouve qu'un pareil élément peut être obtenu toujours de deux manières, en faisant tourner un élément de circonférence autour d'un axe situé dans son plan; en d'autres termes, qu'une surface est toujours osculée, en un quelconque de ses points, par deux tores. Ces deux tores sont engendrés par la rotation du cercle osculateur de l'une des sections principales de la surface autour de l'axe du cercle osculateur de l'autre section principale. Après ce premier résultat, qui montre de la manière la plus claire la loi suivant laquelle le plan tangent, ou la normale, s'incline quand on passe d'un point de la surface à un point infiniment voisin, l'auteur s'occupe des rayons de courbure des sections faites dans une surface par des plans passant par un même point de celle-ci. Il obtient ainsi d'une manière très-simple les propriétés découvertes par Euler, et de plus le beau et utile théorème connu sous le nom de *théorème de Meusnier,* qui rattache les rayons de courbure des sections obliques à ceux des sections normales.

Le Mémoire contient en outre la solution de plusieurs questions traitées depuis de bien des manières, mais qui, à cette époque, avaient un grand intérêt. Nous citerons en premier lieu la détermination des surfaces dont tous les points sont des ombilics. A ce sujet, Meusnier démontre que la condition qui exprime l'égalité des rayons de courbure principaux d'une surface se décompose toujours en deux équations; résultat que Monge paraît avoir ignoré

[1] Lu à l'Académie le 14 et le 21 février 1776; inséré dans le recueil des *Savants étrangers,* t. X. 1785, p. 477-510.

[2] *Recherches sur la courbure des surfaces. (Mémoires de l'Académie de Berlin,* année 1760, p. 119.)

lors de la publication de l'*Analyse appliquée à la Géométrie*, et qui depuis a été remarqué dans l'ouvrage de M. Ch. Dupin. Puis il intègre les deux équations par la méthode même dont Poisson a fait usage dans son *Mémoire sur la courbure des surfaces*[1].

Signalons encore les résultats relatifs aux surfaces *minima*. Après avoir montré, par des considérations infinitésimales très-ingénieuses, que les surfaces minima ont en chaque point leurs rayons de courbure principaux égaux et de signes contraires, ce qui conduit immédiatement à l'équation aux différences partielles du second ordre que Lagrange avait obtenue par le calcul des variations, l'auteur intègre cette équation dans deux cas particuliers : 1° lorsque la surface est gauche et à plan directeur; 2° lorsque la surface est de révolution. Il trouve ainsi les deux seules surfaces que l'on ait connues jusqu'à ces derniers temps : l'hélicoïde à plan directeur, et la surface engendrée par la rotation d'une chaînette autour d'un certain axe parallèle à sa base.

Il faut observer toutefois que Meusnier, en se proposant de reconnaître s'il existe des surfaces gauches *à plan directeur* satisfaisant à l'équation aux différences partielles des surfaces minima, et en trouvant ainsi l'hélicoïde, s'est arrêté à ce résultat, et n'a pas examiné si cet hélicoïde était la seule surface gauche qui satisfît à la question. Nous verrons que cette question intéressante n'a été traitée que depuis une vingtaine d'années, en premier lieu par M. Catalan.

Le Mémoire de Meusnier est, comme on voit, extrêmement remarquable. La théorie de la courbure des surfaces qui y est exposée est simple, lumineuse et féconde. Cette théorie rend intuitif, par exemple, ce théorème important, dû à Sturm, et utilisé dans plusieurs recherches récentes, savoir, que : *Les normales à une surface, en ses points infiniment voisins d'un point* A, *rencontrent les axes des cercles osculateurs des sections principales relatives à ce point* A.

<hr>

[1] Lu à l'Académie des sciences le 5 mars 1832. (Voir *Journal*, etc. de Crelle, t. VIII, p. 280-297, et *Journal de l'École Polyt.* xxiie cahier, p. 204-227.)

Il y a lieu de s'étonner que cette partie du beau travail de Meusnier n'ait pas été reproduite, même de nos jours, dans l'enseignement secondaire.

III. — LANCRET [1].

Monge avait jeté les premiers fondements de la théorie des lignes à double courbure, en découvrant ce qui se rapporte à la première courbure, aux développées, aux droites polaires, à la surface formée par l'ensemble de ces droites et à la sphère osculatrice [2]. Lancret, dans deux Mémoires présentés à la première classe de l'Institut en 1802 et 1806, porta cette théorie au degré de perfection où elle se trouve aujourd'hui. Indiquons les principaux résultats contenus dans ces importantes recherches.

1802. *Mémoire sur les courbes à double courbure* [3]. —Ce travail se compose de trois paragraphes. Dans le premier, l'auteur rappelle les propriétés connues avant lui, et notamment ce beau théorème de Fourier, alors inédit, que : *La première flexion de la développante est égale à la seconde flexion de la développée par le plan, et, réciproquement, la première flexion de la développée par le plan est égale à la seconde flexion de la développante.* Lancret nomme *développée par le plan* l'arête de rebroussement de l'enveloppe des plans normaux à la développante, et *première* et *seconde flexion*, ce qu'on appelle maintenant angles de *contingence* et de *torsion*.

Le deuxième paragraphe traite de la surface rectifiante. C'est la surface développable enveloppe des plans menés par les points d'une

[1] Lancret, ancien élève de l'École Polytechnique, ingénieur des ponts et chaussées, membre de l'Institut d'Égypte, est mort en 1807, à l'âge de trente-trois ans.

[2] *Mémoire sur les développées, les rayons de courbure et les différents genres d'inflexion des courbes à double courbure;* présenté à l'Académie en 1771, inséré au recueil des *Savants étrangers,* t. X, p. 511-550. —*Application de l'Analyse à la Géométrie.*

[3] Lu le 6 floréal an x, inséré dans le recueil des *Mémoires des Savants étrangers,* t. I, 1806, p. 416-454.

courbe perpendiculairement aux normales principales. Cette surface jouit de la propriété que, dans son développement sur un plan, la courbe devient une droite. Après avoir donné les propriétés qui rattachent cette surface à la surface osculatrice, à l'enveloppe des plans normaux, etc. l'auteur détermine l'angle sous lequel les génératrices de la surface rectifiante coupent la courbe, et donne deux formules dont l'une exprime que la tangente de cet angle est égale au rapport de la première flexion à la seconde; puis, se proposant de déterminer dans quel cas une courbe est une hélice, il reconnaît que le rapport des deux flexions de la courbe doit être constant. La réciproque de cette propriété, qui forme un théorème remarquable, n'a été découverte que dans ces derniers temps, par M. Bertrand [1].

On trouve encore dans ce second paragraphe une relation importante entre l'angle de deux rayons de courbure infiniment voisins et les deux flexions de la courbe.

Dans le troisième paragraphe, Lancret considère les développées proprement dites, ou développées par le fil. Monge avait donné les équations différentielles de ces développées, mais sans s'occuper de leur intégration [2]. C'est cette intégration que Lancret se propose d'effectuer. Il démontre d'abord ce théorème : *Si par une courbe on fait passer une surface développable dont les génératrices coupent la courbe à angle droit, l'angle que chaque plan tangent à cette surface fait avec le plan osculateur de la courbe varie, quand on passe d'un point de la courbe au point infiniment voisin, d'une quantité égale à l'angle des deux plans osculateurs en ces deux points* [3]. Puis il forme l'équation $(T) = o$ du plan tangent à la surface (plan osculateur de la développée), en fonction de l'angle θ que ce plan

[1] *Journal de Mathématiques*, t. XIII, 1848, p. 423.

[2] *Mémoires des Savants étrangers*, t. X, 1785, p. 17.

[3] Ce théorème comprend comme cas particulier celui-ci : *Pour toute ligne de courbure d'une surface, l'angle de deux plans osculateurs consécutifs est égal à la différence des angles que ces plans font respectivement avec les deux plans tangents à la surface*, dont M. Liouville a donné une démonstration géométrique très-simple. (*Journal de Mathématiques*, t. XI, 1846, p. 88.)

fait avec le plan osculateur de la courbe; et, en différentiant deux fois par rapport au paramètre α qui fixe les points de la courbe, θ étant considéré comme une fonction de α ayant la seconde flexion pour différentielle, il obtient trois équations : $(T) = 0$, $\frac{d(T)}{d\alpha} = 0$, $\frac{d^2(T)}{d\alpha^2} = 0$, entre lesquelles il suffit d'éliminer α pour avoir les équations des développées [1].

Ce troisième paragraphe, qui est de beaucoup le plus important du Mémoire, contient en outre plusieurs relations élégantes entre les deux flexions de la courbe donnée et celles de l'une quelconque des développées.

1806.   *Mémoire sur les développoïdes des courbes planes, des courbes à double courbure, et des surfaces développables* [2]. — Ce second Mémoire de Lancret est consacré à l'exposition d'une théorie entièrement nouvelle, celle des *développoïdes* des courbes planes ou gauches. L'auteur appelle *développoïde* d'une courbe l'arête de rebroussement d'une surface développable passant par la courbe, et dont les génératrices coupent la courbe sous un angle constant θ. Les développoïdes jouissent d'un grand nombre de propriétés, parmi lesquelles nous indiquerons les suivantes :

A une même valeur de l'angle θ correspondent une infinité de développoïdes, dont le lieu (surface des développoïdes) est l'enveloppe d'un cône droit d'ouverture 2θ, qui se meut de manière que son sommet glisse sur la courbe donnée, et que son axe soit toujours tangent à la courbe.

---

[1] Observons que Lancret commet ici une inadvertance, en disant que, dans l'élimination de α, θ doit être considéré comme une constante. Il est clair qu'avant de faire l'élimination il faut remplacer θ par la valeur $\theta_o + \upsilon$ que l'auteur obtient ensuite, et qui du reste résulte immédiatement de l'équation $\frac{d\theta}{d\alpha} = \frac{d\upsilon}{d\alpha}$,

qu'il a démontrée quelques pages auparavant.

Cette remarque a déjà été faite par M. Transon, dans une séance de la Société philomathique, 3 août 1845. (Voir le journal *l'Institut*, t. XII, 1844, p. 284.)

[2] Le 22 décembre 1806. (Voir le recueil des *Mémoires des Savants étrangers*, t. II, 1811, p. 1-79.)

Les développoïdes sont des lignes géodésiques de la surface des développoïdes.

Les caractéristiques de la surface des développoïdes sont des hyperboles situées dans des plans parallèles au plan rectifiant.

Les développoïdes et les caractéristiques forment deux systèmes de lignes dont les tangentes en chaque point sont deux tangentes conjuguées de la surface des développoïdes, dans le sens de la théorie de M. Dupin, etc.

Signalons encore les propriétés de la surface lieu des foyers des ellipses osculatrices, surface qui peut être considérée comme le lieu des cercles décrits dans les différents plans touchants sur les rayons de courbure correspondants, comme diamètres. Disons enfin que, quoique la détermination en termes finis des développoïdes se ramène à l'intégration d'une équation de forme remarquable, cette intégration ne peut être effectuée que lorsque la courbe donnée est plane.

IV. — POINSOT.

Sur la composition des moments et des aires[1]. — Euler et Laplace 1804. avaient fait connaître quelques théorèmes relatifs aux *moments* d'un système de forces; mais on n'avait point eu l'idée de composer ces moments à l'instar des forces, parce qu'ils étaient de simples produits numériques, des quantités abstraites. La composition des moments demandait une notion nouvelle; et cette notion s'est présentée dans le développement naturel de la conception des *couples* qui fait la base et le caractère original de la *Statique* de Poinsot. Un système quelconque de forces dans l'espace se réduit, d'une infinité de manières, à une force et à un couple. La force et le couple

---

[1] Mémoire lu à l'Institut en 1804. (Voir *Journal de l'École Polytechnique,* xiiie cahier, 1806, p. 182-205.) — Un *Mémoire sur la composition des moments en Mécanique,* lu à l'Académie des sciences le 17 septembre 1827, et inséré au *Bulletin des sciences mathématiques* du baron de Férussac (t. VIII, p. 230-237), se rapporte au même sujet.

deviennent ainsi les deux éléments de la science. Les couples se composent à l'instar des simples forces. Or leur valeur, ou intensité statique, s'exprime par le *moment* même d'une force. C'est ainsi que la composition des couples devient ce que l'auteur appelle *composition des moments*, ou *des aires*.

Tout ce beau Mémoire est de la Géométrie, comme le Traité de Statique lui-même, admirable ouvrage [1], qui a été traduit dans plusieurs langues étrangères, et qui sert actuellement de base à l'enseignement de la Mécanique dans les universités d'Angleterre et d'Allemagne [2], nonobstant les incertitudes que, nous le disons à regret, l'on a paru concevoir en France, il y a quelques années, lorsque l'on a modifié si profondément l'étude de la Mécanique, comme nous aurons à le dire plus loin (chap. ii).

1806.   *Théorie générale de l'équilibre et du mouvement des systèmes* [3]. —L'objet principal de ce Mémoire est de démontrer le théorème suivant : *Dans un système de points liés entre eux d'une manière quelconque et soumis à des forces quelconques, quelles que soient les équations* L = 0, *etc. qui règnent entre les coordonnées de ces points, chacune*

---

[1] Ce traité, publié en 1803, et qui introduisait des considérations si nouvelles, a été aussitôt le sujet d'une analyse, insérée dans le *Magasin encyclopédique* (t. VI, p. 105), par Poullet de Lisle, alors ingénieur des ponts et chaussées, puis inspecteur général de l'Université. Cette analyse, sans doute inconnue de nos jours, aurait mérité d'être reproduite, car elle serait lue encore avec intérêt. Mais nous devons rappeler surtout que Fourier, qui avait pu prendre part au jugement porté sur l'ouvrage de Poinsot, à son apparition, ayant à en parler vingt ans plus tard, comme secrétaire perpétuel de l'Académie des sciences, associa le nom de Poinsot aux grands noms d'Archimède et de Galilée.

Voici ses propres paroles : «Cet ouvrage a «cela de remarquable, que l'auteur a dé-«couvert des principes nouveaux dans une «des théories les plus anciennement con-«nues, inventée par Archimède et perfec-«tionnée par Galilée.» (*Analyse des travaux de l'Académie des sciences pendant l'année 1822.* Voir *Mémoires de l'Académie des sciences*, t. V, 1826, p. 233.)

[2] L'excellent Traité de Statique de Möbius, notamment, reposé sur la considération des couples. (*Lehrbuch der Statik*, Leipzig, 2 vol. in-8°, 1837.)

[3] *Journ. de l'École Polyt.* xiiie cahier, 1806, p. 206-241. Cet important Mémoire a été reproduit dans les 6e, 7e, 8e et 9e éditions du *Traité de Statique* de l'auteur.

d'elles, pour l'équilibre, demande qu'on applique à ces points, le long de leurs coordonnées, des forces quelconques proportionnelles aux fonctions primes de cette fonction L, relativement à ces coordonnées respectives.

De ce travail de Mécanique, l'auteur conclut une méthode pour déterminer les normales aux surfaces définies par une relation entre les distances de chaque point à des foyers fixes, méthode que l'on peut énoncer en ces termes :

Une surface courbe étant exprimée par une équation

$$F\left(r,\, r',\, r'',\, \ldots\right) = 0$$

entre les distances r, r', r'', ... *de chacun de ses points à des centres fixes, on obtient la normale en un point en portant sur les rayons* r, r' ... *qui partent de ce point, des lignes proportionnelles aux dérivées premières* F'r, F'r', ..., *et en considérant ces lignes comme des forces, la résultante de ces forces est la normale* [1].

Mémoire sur les polygones et les polyèdres [2]. — C'est dans ce Mé-   1809. moire que Poinsot a donné la théorie complète des polygones étoilés, et fait connaître de nouveaux polyèdres réguliers, lesquels sont aussi étoilés.

Les polygones étoilés ont été connus fort anciennement; le polygone de cinq côtés se trouve même dans la *Géométrie* de Boèce [3]. On a su aussi qu'il pouvait y avoir plusieurs polygones étoilés de même nombre de côtés, par exemple deux de sept côtés. Mais c'est Poinsot qui, sans connaître ces premiers résultats, dont les ouvrages de Géométrie publiés depuis n'avaient fait aucune mention, a donné une théorie générale, en démontrant le théorème suivant : *Dans*

[1] On sait que cette question, réduite aux courbes planes, avait été soulevée par Tschirnhausen et résolue par Fatio de Duiller et le marquis de Lhopital. (Voir *Bibliothèque universelle et historique*, t. III, 1686, et t. V, 1688. — *Analyse des infiniment petits*, sect. II, prop. 10.)

[2] Lu à l'Institut le 24 juillet 1809. (Voir *Journal de l'École Polytechnique*, x^e cahier, 1810, p. 16-48, et *Mémoires présentés à l'Institut*, sciences mathématiques et physiques, t. II, 1811, p. 552-591.)

[3] Voir *Aperçu historique*, p. 478 et 485-487.

l'ordre des polygones de m *côtés, il y a autant d'espèces différentes qu'il y a de nombres premiers à* m, *depuis l'unité jusqu'au nombre* $\frac{m-1}{2}$; ce que l'on exprime encore en disant : α, β, γ, ... étant les facteurs premiers du nombre m, en sorte que $m = \alpha^p . \beta^q . \gamma^r . . .$, et N désignant le nombre des espèces de polygones, on a

$$N = \tfrac{1}{2}\alpha^{p-1} . \beta^{q-1} . \gamma^{r-1} . . . (\alpha-1)(\beta-1)(\gamma-1) . . .$$

Poinsot entre dans quelques considérations concernant la somme des angles dans chaque espèce de polygones étoilés, et il donne l'expression générale de cette somme : $S = 2(m - 2h)$, m étant le nombre des côtés, et h l'espèce du polygone. Passant aux polyèdres, il en décrit quatre nouveaux, un *icosaèdre* et trois *dodécaèdres*.

Nous reviendrons sur ce dernier sujet en parlant des travaux de Cauchy.

1834.   *Théorie nouvelle de la rotation des corps* [1]. — Dans ce Mémoire, que nous citons à raison de la méthode géométrique dont il fait usage, l'auteur, guidé par une sagacité admirable, parvint par le simple raisonnement à la solution d'une question difficile, qui jusqu'alors avait été du ressort de l'Analyse la plus savante. On y trouve de beaux théorèmes, qui avaient échappé à cette méthode, et qui présentent une image claire de toutes les circonstances de la rotation d'un corps.

On peut dire que les ouvrages de Poinsot ont donné en France l'exemple le plus frappant des facilités et des avantages que peut procurer l'habitude des conceptions de la pure Géométrie toujours fondées sur la considération directe des éléments de chaque question. « Son esprit supérieur, dit M. Mathieu, essentiellement philo- « sophique, portait la lumière dans les matières les plus abstraites,

---

[1] Présenté à l'Académie le 19 mai 1834; imprimé, in-8°, 56 pages. Bachelier. Le Mémoire complet a été inséré dans le *Journal de Mathématiques*, t. XVI, 1851, p. 9-129, 289-336.

« et les rendait accessibles à tous par une exposition simple et presque
« géométrique. »

A ces paroles du vénéré doyen de l'Institut, organe du Bureau
des longitudes, nous ajouterons celles que notre confrère M. Bertrand a prononcées au nom de l'Académie : « La clarté et la précision
« étaient, aux yeux de M. Poinsot, l'apanage essentiel des Mathéma-
« tiques, et il éprouvait la répugnance la moins dissimulée pour tout
« ce qui ne présentait pas ce double caractère d'élégance et de sim-
« plicité, qui brille à un si haut degré dans les précieux écrits qu'il
« nous a laissés... La postérité, qui ne conserve de nos travaux
« que ce qui est excellent et définitif, n'aura rien à retrancher de
« l'œuvre de l'illustre géomètre[1]. »

V. — HACHETTE.

Hachette, professeur de Géométrie descriptive à l'École Poly- 1804.
technique, à son origine, a secondé très-utilement les premiers
efforts des élèves de cette école dans la culture des sciences, de la
Géométrie particulièrement, par ses conseils actifs, et surtout en
fondant, en 1804, la *Correspondance sur l'École Polytechnique*, qui
pendant douze ans a offert aux anciens comme aux nouveaux élèves
le moyen de publier le résultat de leurs travaux.

Ce recueil précieux renferme plusieurs recherches de Hachette,
sur les questions de la Géométrie de l'espace auxquelles donnent
lieu les procédés et les applications de la Géométrie descriptive.
Nous citerons d'abord, sans entrer dans aucun détail, celles qui se 1807.
rapportent : à la théorie des ombres et à la Gnomonique[2]; aux
courbes du quatrième ordre qui sont la projection de l'intersection
de deux cônes du second ordre[3]; aux surfaces gauches[4]; aux
épicycloïdes sphériques[5]; à la surface hélicoïdale[6].

<hr>

[1] Discours prononcés aux funérailles
de M. Poinsot, le 12 décembre 1859.

[2] Voir *Correspondance sur l'École Polytechnique*, t. I, p. 295, ann. 1807.

[3] *Ibid.* t. I, p. 368.

[4] *Ibid.* t. II, p. 14, ann. 1809.

[5] *Ibid.* t. II, p. 22, 87.

[6] *Ibid.* t. II, p. 447, ann. 1813; t. III,
p. 18, ann. 1814.

Dans une Note sur les plans tangents à l'hyperboloïde à une nappe, on remarque cette propriété des paraboloïdes : *Les sections planes d'un paraboloïde se projettent sur un plan quelconque, par des droites parallèles à l'axe du paraboloïde, suivant des coniques semblables et semblablement placées* [1].

1809.   Au sujet des surfaces gauches, Hachette démontre que deux surfaces qui ont une génératrice commune et trois plans tangents communs en trois points de cette droite sont tangentes en chacun des autres points de la génératrice [2]. Ce théorème bien simple, démontré aussi par Binet quelque temps après [3], mérite d'être signalé ici, non-seulement parce qu'il a permis de perfectionner certains traits de l'ancienne Stéréotomie, où le raccordement des surfaces gauches n'était pas assuré (par exemple, dans l'arrière-voussure de Marseille), mais aussi parce qu'il marque les premiers pas dans cette théorie des surfaces réglées, qui s'est tant développée depuis et qui se présente maintenant dans une foule de recherches.

1817.   On doit à Hachette un ouvrage ayant pour titre : *Éléments de Géométrie à trois dimensions.*

Cet ouvrage, publié en 1817, est formé de deux parties, l'une *synthétique*, et l'autre *algébrique*. Celle-ci est consacrée à la théorie des surfaces du second ordre, et renferme les principales propriétés connues alors de ces surfaces. La première partie contient des notions générales sur les lignes et les surfaces courbes, et les diverses questions que l'on savait traiter par la simple considération de la Géométrie générale ou de la Géométrie descriptive. Citons en particulier la démonstration géométrique de la double génération de l'hyperboloïde à une nappe par une droite, qui avait été donnée en 1813, par un élève, dans la *Correspondance* [4], ce qui avait permis

---

[1] Voir *Correspondance sur l'École Polytechnique*, t. II, p. 330.
[2] *Ibid.* t. II, p. 14.
[3] *Ibid.* t. II, p. 331.
[4] *Ibid.* t. II, v⁰ cahier, janvier 1813, p. 446.

de ne plus faire intervenir l'Analyse dans le cours de Géométrie descriptive, pour établir cette proposition importante. La démonstration géométrique dont il s'agit et la construction de l'hyperboloïde osculateur, communiquée aussi à Hachette par le même élève[1], sont devenues plus tard la base d'un travail sur les surfaces réglées, où se trouve la notion du point *central* sur chaque génératrice et de la ligne de *striction* de la surface, travail dont il sera question ultérieurement (chap. II).

Il faut signaler encore, dans le traité de *Géométrie à trois dimensions* de Hachette, cette belle conséquence du théorème de Meusnier, laquelle rattache le rayon de courbure de la courbe d'intersection de deux surfaces aux rayons de courbure des sections normales des deux surfaces par des plans menés par la tangente de la courbe : *Le plan osculateur en un point de la courbe d'intersection de deux surfaces est perpendiculaire à la droite qui joint les centres de courbure des sections normales des surfaces faites par des plans menés par la tangente de la courbe; et le centre de courbure de la courbe est le point où ce plan coupe la droite.*

Binet, comme nous le dirons plus tard (chap. III), a été conduit depuis à cette même construction, par des considérations analytiques.

Le traité de *Géométrie descriptive* de Monge renfermait les principes abstraits de cette méthode des arts de construction. Mais ces principes mêmes étaient susceptibles d'applications dans plusieurs questions de la théorie des lignes et des surfaces courbes. Ces applications, qui avaient fait le sujet de la plupart des recherches de Hachette, ont été réunies par lui dans un ouvrage étendu, ayant pour titre : *Traité de Géométrie descriptive, comprenant les applications aux Ombres, à la Perspective et à la Stéréotomie.* Ce traité, publié en 1822, et auquel a été joint un *Supplément* en 1824, résume avec clarté le cours complet de l'École Polytechnique à cette époque.

1822.

---

[1] *Éléments de Géométrie à trois dimensions,* in-8°, 1817, p. 86.

2.

C'est dans cet ouvrage que Hachette a considéré, pour la première fois, les points remarquables, et si importants dans la théorie des ombres et de la perspective, auxquels on a donné depuis le nom de *points de passage*. L'auteur ramène la construction de ces points à la construction d'une certaine courbe d'erreur, quand la surface est de révolution.

VI. — M. Ch. Dupin.

A la tête des disciples de Monge, se distingue M. le baron Charles Dupin, dont les travaux ont eu la plus grande influence sur les progrès de la science, et sont encore invoqués constamment, de nos jours, dans les recherches de pure Géométrie, comme dans celles de Mécanique et de Physique mathématique.

1803. Le goût et l'aptitude rares du jeune ingénieur constructeur de vaisseaux, sorti de l'École Polytechnique en 1803, se sont révélés dès la première année de son séjour à cette école, par la solution du problème de la sphère tangente à trois autres, et par la découverte des théorèmes admirables auxquels cette question l'a conduit. Il nous suffira de dire, pour justifier ce mot, qu'il s'agit de cette propriété de la surface enveloppe des sphères tangentes à trois autres, *d'avoir pour lignes de courbure deux systèmes de cercles*, et de cette propriété des coniques, *d'avoir une infinité de foyers*.

1804. Ce premier travail de M. Dupin avait été communiqué à Monge; et Hachette, en réunissant, peu de temps après, dans un *Mémoire sur le contact des sphères* [1], les recherches faites dans l'École Polytechnique par plusieurs élèves, y a compris les deux belles propositions découvertes par M. Dupin, qu'il résume en ces termes, après en avoir donné la démonstration :

Toutes les lignes de courbure de la surface enveloppe de l'espace par-

---

[1] *Correspondance sur l'École Polytechnique*, t. 1, II⁰ cahier, 1804, p. 17-28.

couru par une sphère qui se meut en touchant trois sphères fixes sont des cercles ; en sorte que cette enveloppe peut être engendrée par une sphère mobile, de deux manières différentes : les courbes parcourues par le centre de la sphère mobile, dans les deux systèmes de génération, sont des lignes du second degré telles, que les foyers de l'une sont les sommets de l'autre [1].

Les propriétés de ce système de deux coniques, dont l'une est le lieu des foyers de l'autre, se retrouvent dans l'analyse d'un Mémoire de M. Dupin *sur les déblais et remblais,* insérée en 1807 dans la *Correspondance sur l'École Polytechnique* [2].

M. Dupin a fait paraître en 1806, sous le titre d'*Essai sur la description des lignes et des surfaces du second degré* [3], un Mémoire remarquable, qui offre un premier exemple de la construction par points des surfaces du second degré. On savait que, lorsqu'une droite se meut sur un plan de manière que deux de ses points glissent sur deux axes fixes, un point quelconque de la droite engendre une conique. Après quelques développements sur ce procédé de description, M. Dupin l'applique au cas où les deux axes directeurs ne sont plus dans un même plan, et prouve qu'alors un point de la droite mobile décrit encore une conique ; puis il transporte ce mode de description aux surfaces du second degré, et démontre ces deux propositions importantes : 1° *Lorsqu'une droite sur laquelle sont pris deux points directeurs se meut dans l'espace, de manière qu'un des deux points décrive une droite fixe, et que l'autre glisse sur un plan, tout autre point de la droite décrit une surface du second degré.* 2° *Lorsque trois points directeurs de la droite glissent sur trois plans fixes, tout autre point de la droite décrit une surface du second degré.*

1806.

---

[1] Mémoire de M. Dupin. (*Correspond. sur l'École Polytechnique,* t. I, IIe cahier, 1804, p. 28.)

[2] T. I, VIIe cahier, p. 218-225.

[3] Une analyse de ce Mémoire a paru dans la *Correspondance sur l'École Polytechnique,* t. I, V^e cahier, 1806, p. 144-148 ; et le Mémoire se trouve dans le *Journal de l'École Polytechnique,* XIVe cahier, 1808, p. 45-83.

Un paragraphe est consacré à la détermination des rayons de courbure et des tangentes aux lignes de courbure de la surface décrite.

1813.   Mais c'est dans le grand ouvrage publié sous le titre de *Développements de Géométrie*[1], dédié «à M. Monge, membre de l'Ins-«titut,» que M. Dupin s'est montré le véritable continuateur de Monge, en complétant plusieurs parties importantes de l'*Application de l'Analyse à la Géométrie*, et en dotant la science de théories nouvelles, qui sont entrées aussitôt dans l'enseignement de l'École Polytechnique, et sont restées depuis le point de départ, constamment invoqué, de toutes les recherches sur la théorie des surfaces.

A raison de l'importance de cet ouvrage, nous relaterons ici les cinq parties qui le composent, sous le titre de *Mémoires*, qui avaient été soumis primitivement au jugement de la classe des sciences physiques et mathématiques de l'Institut[2], et se trouvent réunis en deux sections.

La première section, qui traite de la forme des surfaces à partir de chacun de leurs points, contient trois Mémoires : 1er Mémoire. Géométrie pure. De l'osculation des surfaces. De la courbure des surfaces, et de celle de leurs sections. Théorie des tangentes conjuguées. — 2e Mémoire. Géométrie analytique spécialement consacrée à la théorie des tangentes conjuguées. — 3e Mémoire. Géométrie analytique. Suite de la théorie des tangentes conjuguées. De l'indicatrice.

La deuxième section traite de la courbure considérée sur toute l'étendue des surfaces; elle contient le quatrième et le cinquième Mémoire : 4e Mémoire. Géométrie pure. De la courbure considérée

[1] 1 vol. in-4°, Paris, 1813.
Une analyse de cet ouvrage, lue à l'Institut le 14 décembre 1812, a paru dans la *Correspondance sur l'École Polytechnique*, t. II, janvier 1813, p. 387-396.
[2] Les trois premiers Mémoires ont été présentés à l'Institut le 14 décembre 1812, et les deux suivants, le 8 mars 1813. Le cinquième avait été déposé en 1809 à l'Académie royale de Naples, l'auteur habitant alors, dans l'exercice de ses fonctions d'ingénieur des constructions maritimes, les îles Ioniennes.

sur toute l'étendue des surfaces. — 5e Mémoire. Géométrie analytique. Théorie des trajectoires orthogonales appliquée à la détermination des lignes de courbure.

On voit que, dans cet ensemble de recherches parfaitement coordonnées, M. Dupin se proposait, ce qui était une tâche bien hardie
à cette époque, de traiter par les ressources de la Géométrie, aussi
bien que par l'Analyse, les questions relatives à la courbure des
surfaces, que l'on regardait alors comme devant appartenir exclusivement aux méthodes analytiques.

L'importante théorie des *tangentes conjuguées* et de l'*indicatrice*
de la courbure d'une surface en chaque point résumait et élucidait,
sous un aspect nouveau et très-heureux, les premiers résultats
d'Euler [1] relatifs aux rayons de courbure des sections normales
d'une surface, et se prêtait aux applications et aux développements
les plus féconds.

Passant de la courbure en un point à la courbure sur toute
l'étendue de la surface, M. Dupin introduit la considération de deux
systèmes de courbes, qu'il nomme *asymptotiques*, parce qu'une telle
courbe a pour tangente en chaque point une asymptote de l'indicatrice de la surface. De là naît la propriété caractéristique de ces
courbes : que leurs tangentes ont toutes un contact du second
ordre avec la surface. Ces courbes *asymptotiques*, qui ont tardé
longtemps à fixer l'attention des géomètres, se retrouvent maintenant dans la plupart de leurs travaux sur la théorie des surfaces.

Mais nous avons hâte de citer surtout ce beau théorème : *Trois
séries de surfaces orthogonales se coupent toujours suivant leurs lignes
de courbure,* qui est devenu la base d'une foule de recherches relatives aux surfaces, soit que l'on étudie leurs propriétés générales,
soit que l'on ait à considérer leur intervention dans les questions
de Physique mathématique.

M. Dupin montre ensuite, comme application particulière du

<hr>

[1] *Mémoires de l'Académie de Berlin,* 1760, p. 119.

théorème général, que : *Les surfaces du second ordre dont les sections principales ont les mêmes foyers forment un tel système de trois séries de surfaces orthogonales.* Il retrouve dans ce système triple les deux coniques dont chacune est le lieu des foyers de l'autre, coniques que lui avait offertes en premier lieu la question de l'enveloppe des sphères tangentes à trois autres.

Ces coniques se présentent ici tout à la fois comme les limites des surfaces du second ordre dont un axe diminue et devient nul, et comme le lieu des ombilics de ces surfaces.

Considérées indépendamment du système de surfaces orthogonales, non-seulement ces deux courbes, ellipse et hyperbole, sont telles, que la somme des distances de deux points de l'hyperbole à chaque point de l'ellipse est constante, et que la différence des distances de deux points de l'ellipse à chaque point de l'hyperbole est aussi constante; mais elles jouissent encore de cette propriété, reconnue par M. Dupin : que chaque courbe est le lieu des sommets des cônes de révolution qui passent par l'autre courbe, et que les axes de ces cônes sont les tangentes à la courbe lieu de leurs sommets.

Le théorème sur le système triple de surfaces orthogonales, et ses applications aux surfaces du second ordre, se recommandaient à un double titre, d'abord par leur importance au point de vue de la théorie des surfaces, puis aussi, on peut le dire, par la merveilleuse facilité des démonstrations de l'auteur, qui offraient un exemple bien propre à inspirer confiance aux jeunes géomètres, et à les encourager dans cette voie simple et naturelle de la pure Géométrie.

1822. Dans un second ouvrage, intitulé : *Applications de Géométrie et de Méchanique* [1], M. Dupin a fait diverses applications des théories exposées dans les *Développements* à des questions importantes, telles que : la *stabilité des corps flottants* [2]; la théorie des *déblais* et des *rem-*

[1] In-4°, 1822; Bachelier.

[2] Présenté à la première classe de l'Institut le 10 janvier 1814. Une ana-lyse de ce Mémoire a paru dans la *Correspondance sur l'École Polytechnique*, t. III, 1814, p. 212-224.

blais [1] ; les *routes de la lumière, dans les phénomènes de la réflexion et de la réfraction* [2], etc.

Dans le Mémoire sur les corps flottants, l'auteur étudie deux classes de surfaces, qu'il nomme *surface de flottaison* et *surface des centres de carène.* Il fait connaître des propriétés élégantes qui permettent de déterminer les plans tangents, les directions des lignes de courbure et les rayons de courbure principaux de ces surfaces [3].

Le Mémoire sur les routes de la lumière renferme la généralisation importante, et dont on avait pu douter, de ce théorème de Malus : *Des rayons de lumière partis d'un même point se réfléchissent sur une surface quelconque dans des directions toutes normales à une même surface.* M. Dupin démontre généralement que *des rayons normaux à une surface se réfléchissent ou se réfractent suivant des directions normales à une surface.*

Ce théorème, général à un double point de vue, puisqu'il s'étend à la réfraction, a été reproduit souvent dans diverses recherches.

On trouve dans ce Mémoire la théorie complète des surfaces *cyclides.* L'auteur appelle ainsi les surfaces dont toutes les lignes de courbure sont des cercles. Il prouve que, outre la sphère, le cône et le cylindre de révolution, il existe une autre surface cyclide, qui est l'enveloppe des sphères tangentes à trois autres. C'est, comme on voit, la belle découverte par laquelle M. Dupin avait débuté dans la carrière des sciences, et que l'on ne connaissait encore que par la mention qu'en avait faite Hachette, comme nous l'avons dit précédemment (§ 5), et par une analyse que l'auteur lui-même en avait donnée longtemps après [4]. De là, M. Dupin passe natu-

[1] Ce Mémoire est un des premiers travaux de l'auteur, car on en trouve une analyse étendue dans le premier volume de la *Correspondance polytechnique,* vɪɪ^e cahier, janvier 1807, p. 218-225.

[2] Présenté à l'Académie le 22 janvier 1816.

[3] M. Codazzi a consacré de savantes pages d'analyse à la démonstration de plusieurs des importants théorèmes de M. Dupin. (Voir *Annali di scienze matematiche e fisiche,* de M. Tortolini, t. VIII, 1857, p. 309-324 : *Intorno ad alcuni teoremi di Dupin.*)

[4] Voir *Correspondance sur l'École Polytechnique,* t. II, 1812, p. 420-425.

rellement à la considération des deux coniques dont l'une est le lieu des foyers de l'autre; puis il démontre plusieurs propriétés nouvelles des surfaces du second ordre de révolution; par exemple, que *deux tangentes conjuguées en un point d'une surface sont vues d'un foyer de la surface, sous un angle droit; qu'une section plane de la surface est vue d'un foyer suivant un cercle;* en d'autres termes, que *les sections planes ont pour foyers ceux de la surface.*

Tous les résultats principaux des recherches sur lesquelles s'est fixé l'esprit actif de M. Dupin se retrouvent constamment depuis dans les travaux des géomètres. C'est que les conceptions de l'auteur ne se portaient pas sur des questions prises au hasard et sans avenir; le sentiment du beau et de l'utile et un enthousiasme intelligent pour la science n'ont jamais cessé de l'inspirer.

Après avoir accompli les beaux travaux théoriques que nous venons de passer en revue, M. Dupin a reporté ses rares facultés sur les applications directes de la théorie aux travaux de construction des services publics; et les leçons qu'il a résumées sous le titre de *Géométrie et Méchanique des arts et métiers et des beaux-arts* [1] sont devenues la base d'un enseignement nouveau, qui s'est développé aussitôt en France et a donné lieu aux grandes écoles industrielles.

1848. Cependant, l'illustre géomètre, conduit depuis à des recherches de pure théorie dans une question concernant la courbure des bois, en a fait le sujet de deux communications à l'Académie, sous le titre de *Mémoire sur les éléments du troisième ordre de la courbure des lignes* [2]. Dans ce travail M. Dupin s'est proposé de donner une représentation géométrique nouvelle de la courbure des courbes planes. Maclaurin, dans son *Traité des propriétés générales des courbes géométriques*, avait déjà traité cette question. Mais le point de vue

[1] 3 vol. in-8°, 1825.

[2] *Comptes rendus hebdomadaires des* *séances de l'Académie des sciences,* t. XXVI, 1848, p. 321-325, 373-398.

sous lequel M. Dupin l'envisage le conduit à une représentation plus générale et plus féconde.

Que sur la tangente à la courbe en un point P on prenne, de part et d'autre de ce point, deux longueurs égales infiniment petites, PQ, PR, et que par leurs extrémités Q, R on mène deux droites parallèles de direction arbitraire, terminées à la courbe en M et N, la figure formée des trois droites MQ, QR, RN sera ce que l'auteur nomme un *télégraphe géométrique*. La corde MN rencontre la tangente en P, en un point F, appelé *foyer* des rayons déviateurs. M. Dupin calcule les expressions générales des coordonnées de ce point remarquable, expressions qui le conduisent à une discussion intéressante des différentes circonstances que peut présenter la courbure de la courbe au point P. Ce point coïncide avec P, lorsque la courbe a une inflexion en ce point. Il est à l'infini, lorsque les bras du télégraphe sont parallèles à la droite *diamétrale* de l'arc de courbe dont la direction se trouve déterminée par les formules de l'auteur. M. Dupin examine aussi le cas dans lequel les bras du télégraphe sont perpendiculaires à la tangente : il remarque qu'alors le foyer se construit fort simplement, et que, si le foyer se trouve à l'infini, le rayon de courbure en P satisfait à la condition de maximum ou de minimum.

VII. — LIVET.

Livet, dans un Mémoire intitulé : *Formules pour passer d'un système de coordonnées rectangulaires à un système de coordonnées obliques*[1], a démontré le premier ces deux propriétés des diamètres conjugués des surfaces du second degré, savoir : 1° que *la somme des carrés de trois diamètres conjugués est constante;* 2° que *le volume du parallélipipède construit sur trois diamètres conjugués est aussi constant* [2];

1806.

[1] *Journal de l'École Polytechnique,* xIII° cahier, 1806, p. 270-296.

[2] Ces propositions avaient été énoncées primitivement sans démonstration, dans la *Correspondance sur l'École Polytechnique,* t. I, 1804, p. 28.

généralisation, comme on le voit, des théorèmes sur les sections coniques, connus d'Apollonius.

VIII. — BRIANCHON.

1806.　　Diverses recherches de Brianchon, qui aujourd'hui sont entrées dans les éléments de la science, méritent, à ce titre même, d'être citées ici. Nous dirons donc que c'est dans un *Mémoire sur les surfaces courbes du second degré*[1] que se trouve le premier exemple d'un théorème conclu d'un autre par la simple considération des polaires réciproques, considération qui depuis s'est développée et a pris une si haute importance dans les travaux de Poncelet. L'auteur conclut, du théorème de Pascal sur l'hexagone inscrit à une conique, cette proposition non moins utile, et qui porte le nom de *théorème de Brianchon : Dans tout quadrilatère circonscrit à une conique, les trois diagonales qui joignent les sommets opposés passent par un même point.* Il prouve aussi que *la surface polaire d'une surface du second ordre est une surface du second ordre.*

1817.　　Dans un opuscule intitulé : *Mémoire sur les lignes du second ordre* (in-8°, 1817), Brianchon, en s'appuyant sur le théorème de Desargues, d'après lequel une transversale coupe une conique et les quatre côtés d'un quadrilatère inscrit en six points en involution, résout d'une manière fort simple les différentes questions sur la construction d'une conique déterminée par cinq conditions, de passer par des points et de toucher des droites.

Ces ouvrages ont notablement contribué à inculquer aux élèves le goût des recherches de pure Géométrie.

IX. — MALUS.

1807.　　Malus, auteur d'une des plus importantes découvertes du siècle,

---

[1] *Journal de l'École Polytechnique*, xiiie cahier, 1806, p. 297-311.

celle de la *polarisation* de la lumière, a débuté dans cette branche de la Physique par la publication d'un *Traité d'Optique* [1] qui contient des recherches géométriques du plus haut intérêt.

Le premier chapitre de cet ouvrage est consacré à l'étude des propriétés générales des faisceaux de rayons ou de droites.

Malus considère d'abord les droites partant de tous les points de l'espace dans une direction déterminée, tout à fait quelconque : c'est ce qu'il appelle un *système général de droites.* Il prouve que, si l'on prend une droite A du système, partant d'un point O, toutes les droites infiniment voisines qui rencontrent A partent de points situés sur un cône du second ordre ayant le point O pour sommet et la droite A pour l'une de ses génératrices. Se bornant ensuite aux droites du système général qui ont leur point de départ sur une surface déterminée quelconque, il montre que ces droites peuvent toujours se grouper de manière à former deux séries de surfaces développables, ou, en d'autres termes, qu'elles sont toujours le lieu de l'intersection de deux systèmes de surfaces développables. Deux surfaces développables de système différent se coupent, en général, sous un angle quelconque; mais si les droites considérées sont normales à une surface et par suite à une infinité de surfaces parallèles, cet angle devient droit; et réciproquement, lorsque des droites sont le lieu de l'intersection de deux systèmes de surfaces développables orthogonales, elles sont normales à une série de surfaces parallèles. Ces deux théorèmes avaient déjà été donnés par Monge, et avaient conduit l'illustre auteur de l'*Analyse appliquée* à la théorie des lignes de courbure.

Le deuxième chapitre de l'ouvrage de Malus traite de la Catoptrique, c'est-à-dire de la théorie des phénomènes de la réflexion. On y trouve ce beau théorème, généralisé depuis par M. Dupin :

[1] Présenté à la première classe de l'Institut le 20 avril 1807, et inséré dans le recueil des *Savants étrangers*, t. II.

Deux Mémoires insérés dans le *Journal* de l'*École Polytechnique,* XIVᵉ cahier, 1808, p. 1-44 et 84-129, sont la reproduction de ce traité, avec quelques applications n'intéressant que la Physique.

Si les rayons incidents émanent d'un point, les rayons réfléchis sur une surface donnée sont le lieu de l'intersection de deux systèmes de surfaces développables orthogonales, et sont par conséquent normaux à une série de surfaces parallèles. Les rayons incidents correspondants aux rayons réfléchis situés sur une même surface développable forment deux séries de cônes orthogonaux.

Dans le troisième chapitre, l'auteur s'occupe de la Dioptrique, c'est-à-dire de l'étude des phénomènes de la réfraction. Il démontre, comme dans la Catoptrique, que les rayons réfractés sont le lieu de l'intersection de deux séries de surfaces développables orthogonales. Mais ici les rayons incidents correspondants aux rayons réfractés situés sur une même surface développable ne forment plus deux systèmes de cônes orthogonaux, lorsque la surface de séparation dés milieux est quelconque. Cherchant dans quel cas cette dernière condition est satisfaite, Malus trouve que la surface de séparation des milieux doit être l'enveloppe d'une surface de révolution de forme invariable dont l'axe décrit un cône quelconque. Pour une telle surface, les lignes de courbure se confondent avec les lignes de réflexion et de réfraction; par conséquent, les normales, les rayons réfléchis et les rayons réfractés sont tangents à un même cône, qui est à la fois surface des centres de courbure, surface caustique par réflexion, et surface caustique par réfraction.

Malus a été, comme Lancret[1], enlevé bien jeune encore aux sciences, qui avaient tant à attendre de son génie pénétrant : il est mort en 1812, à l'âge de trente-sept ans.

X. — BINET.

1811.   *Mémoire sur la théorie des axes conjugués et des moments d'inertie des corps* [2]. — Sans qu'il y ait lieu de rappeler ici la généralisation

<hr>

[1] L'un et l'autre, entrés à l'École Polytechnique lors de sa fondation en 1794, avaient fait partie de l'expédition d'Égypte: Malus comme officier du génie, et Lancret comme ingénieur des ponts et chaussées.

[2] Mémoire présenté à l'Institut en mai

que Binet introduit dans la théorie des *moments d'inertie* d'un corps par rapport à un plan, et ce qu'il appelle *axe conjugué* au plan, nous dirons seulement que, en cherchant le lieu des origines pour lesquelles l'un des moments d'inertie principaux a une valeur donnée, il est conduit à cette belle propriété des surfaces du second ordre, à laquelle M. Ch. Dupin était aussi parvenu par des considérations directes, et qui consiste en ce que *les surfaces dont les sections principales ont les mêmes foyers forment trois systèmes de surfaces qui se coupent deux à deux orthogonalement et suivant leurs lignes de courbure* [1]. L'auteur rattache d'une manière très-remarquable ce triple système orthogonal à la théorie des moments d'inertie. Il prouve que les trois axes principaux d'inertie d'un corps relatifs aux différents points de l'espace sont les normales aux trois surfaces passant par ces points, qui font partie d'un même système de surfaces du second degré homofocales, et que les moments d'inertie principaux dépendent aussi d'une manière simple des axes majeurs des mêmes surfaces.

C'est dans ce travail que se trouvent pour la première fois l'équation du troisième degré qui détermine la grandeur des axes d'une surface du second ordre rapportée à des axes de coordonnées obliques [2], et cette propriété des mêmes surfaces, faisant suite aux deux propositions dues à Livet, savoir, que *la somme des carrés des aires des faces du parallélipipède construit sur trois diamètres conjugués est constante* [3].

1811; inséré dans le *Journal de l'École Polytechnique*, xvie cahier, 1813, p. 41-67.

[1] La date de 1811 du Mémoire actuel étant antérieure à celle de l'ouvrage de M. Dupin (1813), nous devons rappeler que la partie même de cet ouvrage, le 5e Mémoire, où se trouve le théorème dont il s'agit, avait été déposée en 1809 à l'Académie royale de Naples. Mais, du reste, la parfaite indépendance des recherches de

part et d'autre n'a fait aucun doute dans l'esprit d'aucun géomètre, et particulièrement des deux auteurs. On trouve à ce sujet une note intéressante dans l'ouvrage de M. Dupin (p. 305).

[2] Vers le même temps, M. Bret a aussi donné cette équation dans les *Annales de Mathématiques* de Gergonne, t. II, 1811, p. 33-37.

[3] Proposition reproduite, ainsi que l'équation qui détermine les axes de la

Ces résultats se concluent immédiatement d'une interprétation particulière de certaines équations relatives aux moments d'inertie d'un corps. L'auteur bientôt après les a démontrés directement dans un *Mémoire sur un système de formules analytiques, et leur application à des considérations géométriques* [1].

Nous aurons à citer ci-après (chap. III) quelques autres résultats géométriques. Mais les principaux travaux de Binet se rapportent aux différentes parties de l'Analyse pure, et à l'Analyse appliquée aux recherches de Mécanique céleste.

XI. — CAUCHY.

Le Mémoire de Poinsot sur les polyèdres étoilés donna lieu à un jeune ingénieur des ponts et chaussées de révéler au monde savant le génie mathématique qui devait jeter tant d'éclat sur le nom d'Augustin-Louis Cauchy.

Peut-il exister des polyèdres réguliers dont le nombre des faces soit autre que 4, 6, 8, 12 ou 20 ? « Voilà une question, avait dit « Poinsot, qui mériterait d'être approfondie, et qu'il ne paraît pas « facile de résoudre en toute rigueur. »

C'est cette question que Cauchy parvint à traiter complétement dans deux Mémoires sur les polygones et les polyèdres.

1811.   Dans le premier [2], en étendant quelques principes empruntés au travail même de Poinsot, Cauchy fait dériver les polyèdres réguliers d'espèces supérieures, de ceux de première espèce : il lui suffit de prolonger les arêtes ou les faces de ceux-ci, ainsi que Poinsot avait fait à l'égard des polygones. Cette remarque impor-

---

surface, dans la *Correspondance sur l'É-cole Polytechnique,* t. II, 1812, p. 323.

[1] Lu à l'Institut le 30 novembre 1812 ; inséré dans le *Journal de l'École Polytechnique,* xvie cahier, 1813, p. 280-354.

[2] *Recherches sur les polyèdres:* 1er Mémoire, lu à la première classe de l'Institut en février 1811 ; inséré dans le *Journal de l'École Polytechnique,* xvie cahier, p. 68-86.

tante permet à l'auteur de conclure que l'on ne peut former d'autres polyèdres réguliers d'espèces supérieures que les quatre décrits par Poinsot[1].

Ce même Mémoire contient une généralisation du théorème d'Euler, d'après lequel, *dans tout polyèdre, le nombre des sommets, ajouté à celui des faces, surpasse de deux unités le nombre des arêtes.* Cette généralisation consiste en ce que : *Si l'on décompose un polyèdre en tant d'autres que l'on voudra, en prenant à volonté, dans l'intérieur, de nouveaux sommets, la somme faite du nombre des sommets et de celui des faces surpassera d'une unité la somme faite du nombre des arêtes et de celui des polyèdres.*

Dans le second Mémoire[2], entrepris sur les encouragements de Legendre, Cauchy, réalisant les espérances de ce juge éminent, démontre que *deux polyèdres convexes sont égaux, lorsqu'ils sont compris sous un même nombre de polygones égaux chacun à chacun et disposés entre eux de la même manière;* proposition admise par Euclide dans les définitions de ses IXe, X[e] et XIe livres, et qui laissait dans les *Éléments* une lacune regrettable. Voici les paroles mêmes de Legendre dans son rapport à l'Institut sur le travail dont il s'agit : «Nous voulions ne donner qu'une idée de la démonstra«tion de M. Cauchy, et nous avons rapporté cette démonstration «presque tout entière. Nous avons ainsi fourni une preuve plus «évidente de la sagacité avec laquelle ce jeune géomètre est par«venu à vaincre une difficulté qui avait arrêté des maîtres de l'art, «et qu'il était important de résoudre pour le perfectionnement de «la théorie des solides[3].»

1812.

---

[1] Nous aurons à dire plus tard que M. Bertrand est parvenu, il y a quelques années, à une démonstration plus simple de ce théorème important.

[2] 2° *Mémoire sur les polygones et les polyèdres,* lu à la première classe de l'Institut le 20 janvier 1812; inséré dans le *Journal de l'École Polytechnique,* xvi° cahier, p. 87-98.

[3] Voir *Correspondance sur l'École Polytechnique,* t. II, p. 366.

La démonstration du théorème d'Euclide donna lieu à Lagrange de remarquer que le problème de la déformation d'une surface sans déchirure ni duplicature est insoluble toutes les fois que la surface, étant convexe ou fermée, devra rester telle après la déformation.

Cauchy évoque ce souvenir de 1812 dans son rapport sur un Mémoire de M. Ossian Bonnet, concernant *quelques propriétés générales des surfaces et des lignes tracées sur les surfaces* [1].

Si un début aussi brillant semblait promettre à la pure Géométrie un esprit vigoureux, qui certainement aurait hâté ses progrès, bientôt on a reconnu que les prédilections du jeune géomètre étaient pour l'Analyse : et nous n'aurons malheureusement que quelques occasions rares de signaler un nom devenu si illustre.

XII. — GAULTIER, DE TOURS.

La question de construire une sphère tangente à quatre sphères données a fixé l'attention d'un grand nombre de géomètres. Descartes dit, dans une de ses lettres à Mersenne, qu'il l'a résolue par la ligne droite et le cercle [2]. Fermat en a fait le sujet d'un travail, dans lequel il ramène la solution cherchée à celles de plusieurs autres problèmes qu'on peut regarder comme des cas particuliers de celui des quatre sphères [3]. Ce travail laissait donc à désirer une solution générale et directe, de laquelle se pourraient conclure au contraire celles des cas particuliers. Depuis, de telles solutions directes avaient été obtenues, mais toujours par le calcul, d'abord par Euler, qui en communiqua deux, en 1779, à l'Aca-

---

[1] *Comptes rendus des séances de l'Académie des sciences*, t. XXI, p. 564, ann. 1845.

[2] Lettre du 15 avril 1630: «Pour les «problèmes..... j'en mettrai ici trois, «que j'ai autrefois trouvés sans aide que «la géométrie simple, c'est-à-dire avec la «règle et le compas : *Invenire diametrum* «*spheræ tangentis alias quatuor positione et* «*magnitudine datas...*» (Voir *OEuvres de Descartes*, éd. Cousin, t. VI, p. 99.)

[3] Ce traité a été traduit par Hachette, et inséré dans le *Journal de l'École Polytechnique*, VIIe cahier, p. 279.

démie de Saint-Pétersbourg[1]; par Carnot, dans sa *Géométrie de position*[2]; par J. Français[3], Poisson[4], Binet[5] et Hachette[6].

M. Gaultier, ancien élève de l'École Polytechnique et professeur de Géométrie descriptive au Conservatoire des arts et métiers, donna le premier une solution géométrique générale du problème. Le beau travail qui contient cette solution est intitulé : *Mémoire sur les moyens généraux de construire graphiquement un cercle déterminé par trois conditions, et une sphère déterminée par quatre conditions*. Il fut présenté en 1812 à la première classe de l'Institut, qui en ordonna l'insertion dans le recueil des *Savants étrangers*[7].

C'est dans ce Mémoire que se trouvent pour la première fois les expressions *axe radical, centre radical*, etc. qui se sont conservées.

1812.

XIII. — SOPHIE GERMAIN.

Nous avons à citer ici un fait bien rare dans l'histoire des sciences, une savante mathématicienne, Mlle Sophie Germain, remportant un grand prix de l'Institut, sur une des questions de Physique mathématique les plus nouvelles et les plus ardues : la théorie des *surfaces élastiques*[8]. Mlle Sophie Germain avait développé ses

1813.

---

[1] Ces deux solutions n'ont paru qu'au commencement de ce siècle, dans le *Recueil de l'Académie de Saint-Pétersbourg*, 1807-1808 (imprimé en 1810).

[2] *Géométrie de position*, p. 416.—Carnot se propose de déterminer le rayon de la sphère cherchée, par un calcul trigonométrique d'une exposition fort simple, mais d'une longueur pénible.

[3] Voir *Correspondance sur l'École Polytechnique*, t. II, 1810, p. 63; et *Annales de Mathématiques* de Gergonne, t. III, 1812, p. 153.

[4] *Bulletin de la Société philomathique*, 1812, p. 141.

[5] *Journal de l'École Polytechnique*, xviie cahier, 1815, p. 113.

[6] *Journal de l'École Polytechnique*, xviie cahier, p. 129.

[7] Mémoire imprimé dans le *Journal de l'École Polytechnique*, xvie cahier, 1813, p. 124-214.

[8] La question proposée dans la séance du 5 avril 1809 était de : *Donner la théorie mathématique des vibrations des surfaces élastiques, et la comparer à l'expérience*. Le prix devait être décerné dans la séance publique du premier lundi de janvier 1812.

Dans la séance publique du 6 janvier 1812, le concours fut prorogé au 1er oc-

3.

heureuses dispositions pour les Mathématiques par l'étude des ouvrages de Lagrange, de Legendre, de Gauss, de Fourier, et dans ses
entretiens avec ces grands géomètres. Bien qu'elle ne connût pas
personnellement Gauss, elle correspondait avec lui, sous le nom
fictif d'ancien élève de l'École Polytechnique. Elle fut plus profondément mathématicienne que la marquise du Chastellet et que
Mlle Agnesi, et elle avait l'esprit philosophique de cette dernière.

M. Terquem a consacré à Mlle Sophie Germain un intéressant
article biographique dans ses *Nouvelles Annales de Mathématiques* [1].

XIV. — OLINDE RODRIGUES.

O. Rodrigues, après s'être signalé très-jeune encore, en 1814,
par quelques travaux relatifs à la Mécanique analytique, insérés
dans la *Correspondance sur l'École Polytechnique*, publia vers le même
temps un Mémoire fort remarquable, renfermant des *Recherches sur
la théorie analytique des lignes et des rayons de courbure des surfaces,
et sur la transformation d'une classe d'intégrales doubles qui ont un
rapport direct avec les formules de cette théorie* [2].

Dans la première partie de ce travail, l'auteur exprime pour la
première fois les équations qui déterminent les lignes et les rayons
de courbure des surfaces, au moyen des cosinus X, Y, Z des
angles que la normale fait avec les axes coordonnés. Les formules

1815.

tobre 1813; le prix devait être décerné le
premier lundi de 1814. Un Mémoire (c'était
celui de Mlle Sophie Germain) obtint alors
une *mention honorable;* et la même question fut de nouveau proposée, pour le prix
à décerner le premier lundi de janvier
1816.

Le prix a été décerné, dans la séance
du 8 janvier 1816, à Mlle SOPHIE GERMAIN.

Commissaires: MM. Poisson, Laplace,
Legendre, Poinsot, Biot. — Rapport, le
26 décembre 1815.

[1] T. XIX, 1860, p. 9-12 du *Bulletin
de bibliographie, d'histoire et de biographie
mathématiques.* On trouve encore dans le
tome XX, p. 14-16, une analyse de l'ouvrage laissé par Mlle Sophie Germain, sous
le titre de : *Considérations sur l'état des
sciences et des lettres aux diverses époques
de leur culture,* publié deux ans après sa
mort; in-8° de 102 pages, 1834.

[2] Voir *Correspondance sur l'École Polytechnique,* 3e volume (n° 2, mai 1815),
p. 162-182.

élégantes et simples que l'on obtient ainsi ont été depuis employées
bien souvent dans les recherches analytiques relatives à la théorie
des surfaces. Rodrigues montre combien elles facilitent les intégrations et l'interprétation géométrique des résultats, en les appliquant
à la solution des questions suivantes : 1° détermination des surfaces dont un des rayons de courbure principaux est infini; 2° détermination des surfaces dont un des rayons de courbure principaux est constant; 3° détermination des surfaces dont une des
lignes de courbure, en chaque point, doit être parallèle à un plan
donné. Ces questions avaient été traitées par Monge dans l'*Analyse
appliquée*, mais par des considérations beaucoup plus compliquées.

La seconde partie du Mémoire est consacrée à l'étude d'une
classe d'intégrales doubles. L'expression de l'inverse du produit des
rayons de courbure principaux d'une surface, en fonction des cosinus X et Y, donnée dans la première partie, a un rapport mani-
feste avec la formule qui sert à transformer les intégrales doubles.
Cette remarque est le point de départ des recherches de Rodrigues.
Parmi les résultats obtenus par l'auteur, nous citerons le suivant,
qui est le plus remarquable : *Si l'on multiplie chaque élément d'une
surface S par l'inverse du produit des rayons de courbure principaux en
un point de cet élément, et que l'on fasse la somme des produits relatifs à
tous les éléments contenus dans un contour fermé* C, *on aura l'expression
de la portion de surface d'une sphère de rayon* 1, *terminée au contour lieu
des extrémités des rayons respectivement parallèles aux normales de la
surface* S *menées par les différents points du contour* C.

Cette proposition, que Binet démontra aussitôt par une considération géométrique fort simple [1], ne diffère pas du beau théorème
donné plus tard par Gauss, et dont l'illustre géomètre a déduit
la notion si importante de la courbure totale en chaque point d'une
surface.

La thèse de Rodrigues pour le doctorat, ayant pour sujet l'at-

[1] Voir *Bulletin de la Société philomathique*, année 1815, p. 36.

traction des sphéroïdes [1], est un travail important, qui se distingue, comme le précédent, par l'originalité et l'élégance de la marche suivie par l'auteur. Toutefois cette marche était en partie semblable à celle que Gauss avait suivie deux ans auparavant dans cette même question [2]. Comme Gauss, Rodrigues est amené à introduire l'intégrale qui exprime la somme des éléments d'une surface fermée, multipliés chacun par le cosinus de l'angle que la normale à la surface, dirigée de dedans au dehors, fait avec le rayon mené au point attiré, et divisés par le carré de ce rayon. Et il prouve que cette somme est nulle ou égale à 4π, selon que le point attiré est à l'extérieur ou à l'intérieur de la surface. C'est ce qu'avait fait déjà Gauss, en démontrant en outre que l'intégrale est égale à 2π lorsque le point attiré est sur la surface. Mais Rodrigues s'écarte d'une manière fort heureuse de ce travail (qu'il ne connaissait probablement pas). Il introduit l'idée de la couche infiniment mince comprise entre deux ellipsoïdes homothétiques, concentriques. Il regarde le volume élémentaire dx, dy, dz comme appartenant à une telle couche; et ce mode de décomposition de l'ellipsoïde, employé pour la première fois, lui procure une solution nouvelle de la question. Cette considération l'a conduit immédiatement à la démonstration générale du théorème de Maclaurin sur l'attraction des ellipsoïdes de mêmes excentricités.

La couche ellipsoïdale n'avait point été remarquée dans le travail de Rodrigues, parce qu'elle est introduite tacitement en quelque sorte. On sait que Poisson y a été conduit de son côté dans son Mémoire de 1833 sur l'attraction des ellipsoïdes [3].

---

[1] *Correspondance polytechnique*, t. III, p. 361-385.

[2] *Theoria attractionis corporum sphæroidicorum ellipticorum homogeneorum methodo nova tractata.* (Nouveaux Mémoires de la Société royale de Gœttingue, vol. II, 1813.)

[3] *Mémoires de l'Académie des sciences*, t. XIII, 1835, p. 497-545.

XV. — Poncelet.

Le général Poncelet, alors capitaine du génie, a fait connaître, 1817.
en 1817, par quelques articles insérés dans les *Annales de Mathé-*
matiques de Gergonne, et par des réflexions sur l'usage de l'Analyse algébrique, sa prédilection bien prononcée pour les recherches
de pure Géométrie. Il était bien inspiré, car cette voie l'a conduit
à de brillantes découvertes.

En 1822 il mit au jour le *Traité des propriétés projectives des* 1822.
figures, qui marque un pas considérable dans la science.

L'objet principal de ce grand ouvrage est d'établir certaines relations entre deux figures qui sont la perspective l'une de l'autre;
ce qui permet de ramener la recherche des propriétés d'une
figure à celle des propriétés d'une figure plus simple; par exemple,
des propriétés d'un système de deux coniques à celles de deux
cercles. Dans la perspective, les deux figures sont situées dans
deux plans différents; si l'on fait tourner le plan de l'une autour de l'arête commune, elles sont encore en perspective, c'est-
à-dire que les droites qui joignent les points homologues concou-
rent encore en un même point de l'espace. Et cela a lieu même
lorsque le plan tournant vient coïncider avec le plan resté fixe.
C'est dans cette position relative que Poncelet considère les deux
figures : il les appelle *homologiques;* le point de concours des droites
qui joignent les points correspondants est le *centre d'homologie,* et
l'arête commune des deux plans, l'*axe.d'homologie.*
Une figure étant donnée, Poncelet construit dans le même plan
une figure homologique, au moyen du *centre* et de l'*axe d'ho-*
mologie. Cette théorie des figures homologiques l'a conduit à de
nombreuses propriétés des sections coniques et à quelques notions
nouvelles, telles que celle des foyers, qui se sont étendues plus tard
aux courbes d'ordre quelconque.

Quand deux coniques ont un même foyer, *ce point est un centre d'homologie.* Il s'ensuit qu'une conique et un cercle qui a son centre en un des foyers ont pour centre d'homologie ce foyer. Par conséquent, *les tangentes d'une conique menées par un foyer sont les asymptotes d'un cercle.* En d'autres termes : *Les foyers d'une conique sont les points de rencontre des tangentes menées à la conique par les deux points imaginaires d'un cercle situés à l'infini.*

On peut encore dire que : *Les foyers d'une conique sont des points qu'on peut considérer comme des cercles de rayon nul, ayant un double contact avec la conique*[1].

Ces considérations ont permis de généraliser la notion du *foyer,* comme nous venons de le dire, et de l'étendre à des courbes d'ordre quelconque. C'est à M. Plücker que l'on doit cette généralisation[2]. M. Salmon l'a reproduite dans son excellent *Traité sur les courbes d'ordre supérieur.*

On distingue surtout, dans le *Traité des propriétés projectives,* ce beau théorème, qui a fixé l'attention des analystes, et dont Jacobi a fait une application utile dans la théorie des fonctions elliptiques[3] :

Lorsque plusieurs coniques ont mêmes sécantes communes, si l'on inscrit dans l'une de ces courbes un polygone dont tous les côtés, moins un, soient tangents aux autres courbes, puis que l'on déforme le polygone, en faisant glisser ses sommets sur la première conique, et ses côtés sur les autres coniques, le côté libre et toutes les diagonales du polygone rouleront sur d'autres coniques ayant mêmes sécantes communes avec les proposées.

Outre la théorie des figures homologiques, l'ouvrage de Poncelet renferme une autre méthode de transformation des figures, dans laquelle ce sont des *droites* qui correspondent à des *points*

[1] *Traité des propriétés projectives,* art. 457.

[2] *Über solche Puncte, die bei Curven einer höhern Ordnung als der zweiten den Brennpuncten der Kegelschnitte entsprechen.* (Voir *Journal* de Crelle, t. X, 1833, p. 84-91.)

[3] *Journal* de Crelle, t. III, 1828, p. 376-389. — *Journal de Mathématiques* de M. Liouville, t. X, 1845, p. 435-444.

et des *points* à des *droites.* C'est la théorie des *polaires réciproques,*
figures construites à l'aide d'une section conique prise arbitrairement.

Quelques exemples de ce procédé de transformation des figures
se trouvaient déjà, d'abord dans un Mémoire de 1806, de Brianchon,
comme nous l'avons dit, puis dans les *Annales de Mathématiques* de
Gergonne [1]; mais Poncelet l'a mis en usage avec un grand succès
dans le *Traité des propriétés projectives,* et bientôt après en a fait
le sujet d'un Mémoire important, sous le titre de *Théorie générale
des polaires réciproques* [2]. Cette théorie en se répandant donna
lieu à un grand nombre de recherches qui enrichirent notamment
la Géométrie des courbes et des surfaces du second ordre.

La correspondance qu'offrait ainsi la théorie des polaires réciproques reçut de M. Gergonne le nom de *principe de dualité* [3]. Toutefois il est juste de dire que la théorie des polaires était alors le seul
procédé connu pour faire les transformations qui constituent aujour-
d'hui ce *principe de dualité.*

Nous citerons ici un théorème du *Traité des propriétés projectives,*
fort simple, mais où l'on peut reconnaître le point de départ d'une
autre méthode de transformation des figures, qui a donné lieu à
des applications fort utiles.

Voici ce théorème : *Étant données deux coniques et une droite quelconque, le lieu du point d'intersection des polaires de chaque point de
cette droite relatives aux deux coniques est une conique qui passe par les
trois points d'intersection des trois couples de cordes communes aux deux
coniques proposées* [4].

On transforme ainsi une droite en une conique, et l'on peut
reconnaître immédiatement qu'une courbe d'ordre m produit une
courbe d'ordre $2m$, ayant trois points multiples d'ordre m, qui sont
les points de concours des trois couples de cordes conjuguées com-

[1] T. I, 1810-1811, p. 122 et 190, articles de MM. Encontre et de Stainville.

[2] *Journ.* de Crelle, t. IV, p. 1-71, 1829.

[3] *Annales de Mathématiques,* t. XVI, 1825-1826, p. 209.

[4] P. 198, art. 370.

munes aux deux coniques. On peut même remplacer les deux coniques par deux de ces trois couples de cordes, c'est-à-dire par
deux couples de droites quelconques; en d'autres termes, par deux
angles rectilignes, par rapport auxquels on prend les polaires de
chaque point de la figure que l'on veut transformer [1].

Le *Traité des propriétés projectives* est précédé d'une préface fort
instructive, dans laquelle l'auteur a rappelé avec beaucoup de soin
et un esprit de justice bien louable toutes les recherches, tous les
résultats de ses prédécesseurs.

L'ouvrage se termine par un *Supplément,* où Poncelet étend
aux figures à trois dimensions son principe des figures homologiques. Il appelle ce mode de transformation des figures : *perspective-relief.* Il l'applique à la déformation d'une et de deux sphères,
qui deviennent des surfaces du second ordre, et il démontre ainsi
quelques propriétés de ces surfaces, notamment ce beau théorème,
qui se présente maintenant dans beaucoup de recherches, savoir :
*Par les courbes d'intersection de deux surfaces du second ordre passent,
en général, quatre cônes du second ordre.*

A ce théorème correspond le suivant, que Poncelet a démontré
dans son *Mémoire sur les polaires réciproques,* savoir : *La surface développable circonscrite à deux surfaces du second ordre a quatre lignes
de striction qui sont des coniques.*

L'auteur appelle *ligne de striction* la courbe lieu des points de
rencontre, deux à deux, des génératrices de la développable.

---

[1] Cette construction au moyen de deux couples de droites a été employée par M. H. A. Newton, de New-Haven (si connu des astronomes par ses études sur les phénomènes des bolides et des étoiles filantes), dans un Mémoire *On the geometrical construction of certain curves by points.* (Voir *The Mathematical Monthly,* t. III, p. 235-244, 268-279; Cambridge.)

Il existe d'autres modes de transformation des figures, qui conduisent aux mêmes résultats, savoir : que, à une courbe d'ordre *m,* correspond une courbe d'ordre 2*m,* douée de trois points multiples d'ordre *m.* Nous aurons à en parler ultérieurement (ch. III), et à citer diverses méthodes, soit analytiques, soit géométriques, de MM. Magnus, Steiner, Schiaparelli, Transon, Hirst et Darboux.

Le *Traité des propriétés projectives* fut suivi presque aussitôt de   1824.
deux Mémoires également fort importants :

1° *Mémoire sur les centres des moyennes harmoniques, pour faire suite
au* Traité des propriétés projectives des figures *et servir d'introduction à la théorie générale des propriétés projectives des courbes et surfaces
géométriques* [1].

2° *Mémoire sur la théorie générale des polaires réciproques, pour*   1824.
faire suite au Mémoire sur les centres des moyennes harmoniques [2].

Dans le Mémoire sur la théorie générale des polaires réciproques, Poncelet considère surtout le cas où la surface auxiliaire
par rapport à laquelle on prend les plans polaires des points de
l'espace est une sphère. Il transforme ainsi les relations métriques
projectives qui existent entre des segments, en relations entre des
sinus d'angles, et parvient à de nombreux théorèmes nouveaux.

Poncelet a remarqué que, dans ce système, la transformée
polaire d'une sphère est une surface du second ordre de révolution, ayant un foyer au centre de la sphère directrice : ce qui
permet de transporter les propriétés connues d'un système de
sphères à un système de surfaces de révolution de même foyer.

Un troisième Mémoire, présenté comme faisant suite aux deux   1841.
précédents, a pour titre : *Analyse des transversales, appliquée à la recherche des propriétés projectives des lignes et surfaces géométriques* [3].

L'auteur part d'un théorème de la *Géométrie de position* de Carnot, sur la relation qui existe entre les segments formés sur les
côtés d'un triangle par une courbe d'ordre quelconque. Il tire de

---

[1] Lu à l'Académie le 8 mars 1824.
(*Journal* de Crelle, t. III, 1828, p. 213-
272.)

[2] Lu à l'Académie le 12 avril 1824.
(*Journal* de Crelle, t. IV, 1829, p. 1-71.)

[3] Lu à l'Académie le 30 septembre

1831. (*Journal* de Crelle, t. VIII, 1832,
p. 21-41, 117-137, 213-252, 370-410.)
— Ces trois Mémoires ont été reproduits
dans le second volume d'une nouvelle
édition du *Traité des propriétés projectives;*
Gauthier-Villars, 2 vol. in-4°, 1866.

là diverses conséquences, dont il double même le nombre par la théorie des polaires réciproques.

1832. *Note sur quelques principes généraux de la transformation des relations métriques des figures, et spécialement sur la transformation des relations métriques projectives orthogonalement en d'autres qui le soient coniquement* [1]. — Cette Note, fort étendue, se rapporte aux Mémoires précédents, et a pour objet principal, comme le titre l'indique, de transformer des relations projectives orthogonalement en d'autres qui le soient d'une manière générale. C'est à l'occasion de deux Mémoires sur les *transformations paraboliques*, publiés dans les tomes V et VI de la *Correspondance mathématique* de M. Quetelet, dont il sera question plus loin, que Poncelet a cherché à étendre les applications de la méthode générale des polaires réciproques.

Dans le Mémoire sur l'*Analyse des transversales*, de 1831, puis
1843. dans une Note insérée aux *Comptes rendus de l'Académie*, Poncelet a généralisé l'*involution* de Desargues, en établissant que :

Trois groupes de m *points, en ligne droite, sont en involution lorsqu'ils appartiennent à trois courbes ou trois surfaces d'ordre* m *qui ont les mêmes points ou les mêmes courbes d'intersection* [2].

Ce sont, comme on le voit, des systèmes de points représentés par l'équation

$$X + \lambda X' = 0,$$

dans laquelle X et X' sont des polynômes en x d'ordre m, et λ, un paramètre variable.

Poncelet ajoute que : *Le rapport des produits des distances d'un point du premier groupe aux points des deux autres est constant, quel que soit le point du premier groupe.*

C'est cette involution, formée de groupes de m points appartenant à un faisceau de courbes d'ordre m, que M. de Jonquières, dans ces derniers temps, a nommée *involution du* $m^{ième}$ *ordre* [3].

---

[1] *Correspondance mathématique et physique de l'Observatoire de Bruxelles,* t. VII, 1832, p. 118-123 et 141-158.

[2] *Comptes rendus de l'Académie des sciences,* t. XVI, 1843, p. 953.

[3] *Généralisation de la théorie de l'invo-*

La théorie des polaires servait à transformer une courbe d'ordre quelconque en une autre dont l'ordre était égal au nombre des tangentes de la première courbe passant par un même point quelconque. Ce nombre des tangentes d'une courbe fut appelé par Gergonne *classe* de la courbe. Ainsi, dans deux courbes *polaires réciproques*, la classe de l'une était égale à l'ordre de l'autre.

Mais quelle était la classe d'une courbe proposée d'ordre m? On savait que les points de contact des tangentes menées à la courbe par un point extérieur se trouvaient sur une courbe d'ordre $(m-1)$; que ce nombre était donc $m(m-1)$ au plus. Poncelet fit la remarque que, si la courbe proposée avait un point double, la courbe d'ordre $(m-1)$ passerait par ce point, qui compterait même pour deux dans le nombre $m(m-1)$; qu'ainsi un point double diminuait de deux unités le nombre des tangentes, c'est-à-dire la classe de la courbe proposée, et par suite l'ordre de la courbe polaire. Il fit remarquer aussi qu'à un point double d'une courbe correspondait dans ses polaires une tangente double, et à un point de rebroussement une *tangente d'inflexion*.

Il restait encore à connaître l'effet d'un point de rebroussement et d'un point multiple d'ordre quelconque, relativement à la *classe* d'une courbe, et conséquemment à l'ordre de la courbe polaire.

Ces questions firent le sujet des recherches de M. Plücker : ce géomètre éminent détermina en outre le nombre des tangentes d'inflexion et celui des tangentes doubles d'une courbe affectée de points de rebroussement et de points multiples. Les formules qui portent son nom sont aujourd'hui d'un usage continuel dans la théorie des courbes, et souvent même dans celle des surfaces[1].

lution. (Voir *Annali di Matematica*, t. II, 1859, p. 86-94.)

[1] *Journal de Mathématiques* de Crelle, t. XII, 1834 : *Solution d'une question fondamentale concernant la théorie générale des courbes*, p. 105-108. — *Journal de Mathématiques* de M. Liouville, t. II, 1837 : *Sur les points singuliers des courbes*, p. 11-15. — *Theorie der algebraischen Curven*; Bonn, 1839, in-4°.

XVI. — M. Lamé.

1818. Dans un petit volume intitulé : *Examen des différentes méthodes employées pour résoudre les problèmes de Géométrie* [1], M. Lamé, alors élève au corps des Mines, a présenté des réflexions fort justes sur l'étude des Mathématiques et fait connaître des résultats nouveaux, qui ont donné lieu à des recherches ultérieures.

Voici, d'après le jeune auteur lui-même, les points qui méritaient surtout de fixer l'attention des géomètres : l'expression analytique de la communauté d'intersection des lieux géométriques; la détermination complète des courbes et surfaces du second degré lorsqu'on donne un nombre suffisant de leurs points; la théorie des courbes et surfaces représentées par les équations

$$\frac{x^\alpha}{a^\alpha}+\frac{y^\alpha}{b^\alpha}=1\,,\qquad \frac{x^\alpha}{a^\alpha}+\frac{y^a}{b^\alpha}+\frac{z^\alpha}{c^\alpha}=1\,;$$

α étant entier ou fractionnaire, positif ou négatif.

M. Lamé recommande la culture simultanée des ressources que peuvent offrir dans chaque question la Géométrie pure et l'Analyse. Dans un passage intitulé : *Avantages de la Géométrie*, il dit : « Que « doit-on le plus admirer, ou du calcul qui commence les travaux « avec confiance et finit presque toujours par répondre à la ques- « tion, ou de la Géométrie qui part sans rien promettre et revient « quelquefois offrir, avec la solution du problème, celle de plusieurs « autres qu'on ne lui demandait pas et qu'elle a recueillis sur son « passage? » (P. 19.)

C'est dans cet ouvrage que se trouve l'équation $A + \lambda B = 0$ d'un système de courbes ou de surfaces ayant une communauté d'intersection deux à deux. Parmi les applications de cette équation, si utile dans toutes les recherches de Géométrie, nous citerons les théorèmes suivants, qui alors n'étaient pas sans mérite : *Lorsque plusieurs surfaces du second ordre se coupent suivant une même courbe, les plans diamétraux conjugués à des diamètres parallèles de ces surfaces*

[1] Paris, 1818, in-8°.

se coupent tous suivant une même droite. — Lorsque plusieurs surfaces du second ordre passent par huit points donnés, leurs plans diamétraux conjugués à des diamètres parallèles passent tous par un même point.

Signalons encore ce beau théorème, complété si élégamment par M. Hesse : *Lorsque des surfaces du second ordre ont sept points communs, elles en ont un huitième, qui se déduit des sept premiers* [1].

Tel a été le début de M. Lamé, dont le nom se retrouvera dans l'analyse des travaux les plus importants de notre époque.

XVII. — Fresnel.

Surface des ondes.

Les questions de Physique mathématique donnent souvent lieu à la considération de surfaces courbes et conduisent ainsi à des résultats qui rentrent dans le domaine de la Géométrie.

Les grands travaux du siècle, dans cet ordre de recherches, prennent leur point de départ dans la théorie de la chaleur créée par Fourier [2], et surtout dans les travaux de Fresnel sur la double réfraction et sur la polarisation de la lumière.

Si l'Analyse est redevable à Fourier, qui le premier, en 1807 [3],

---

[1] L'éminent géomètre de Kœnigsberg a donné une construction linéaire de ce huitième point. (Voir *Journal de Mathémat.* de Crelle, t. XXVI, 1843, p. 147-154.)

[2] Les phénomènes de la chaleur avaient fixé, dès 1736, l'attention de l'ancienne Académie, qui avait proposé comme sujet de prix l'*Étude de la nature et de la propagation du feu.* Il y eut quinze concurrents : trois furent couronnés; l'un était Euler. On sut que parmi les autres se trouvaient Voltaire et la marquise du Chastellet, qui traduisit le grand ouvrage des *Principes mathématiques de la Philosophie naturelle,* de Newton.

C'est à Lambert, second Leibnitz pour la variété et la profondeur de ses vues, qu'est due la loi de la propagation de la chaleur dans une barre métallique mince exposée par l'une de ses extrémités à l'action constante d'un foyer de chaleur. L'expérience confirma ses résultats théoriques, qui devinrent la base des recherches ultérieures et de l'importante théorie de la chaleur, qui demandait le génie mathématique de Fourier.

[3] *Théorie du mouvement de la chaleur dans les corps solides,* Mémoire envoyé à l'Institut à la fin de 1807. Un extrait a paru, en 1808, dans le *Bulletin de la Société philomathique,* p. 112. Ce Mémoire, couronné par l'Institut dans la séance du

apprit à traiter l'équation qui exprime la loi de propagation de la chaleur dans un corps à trois dimensions, c'est à Fresnel que la Géométrie doit la connaissance de la surface des ondes lumineuses, que son génie sut découvrir dans des phénomènes compliqués et délicats dont l'étude a toujours été depuis le sujet des recherches d'un grand nombre de géomètres.

1821. Les premiers travaux de Fresnel furent présentés à l'Académie des sciences en 1821, sous le titre de : *Mémoires sur la double réfraction* [1].

On devait à Huygens [2] la connaissance de l'onde ellipsoïdale, par laquelle le grand géomètre expliquait le phénomène de la double

---

6 janvier 1812, fait partie des *Mémoires de l'Académie des sciences*, t. IV, 1824, p. 185-555, et t. V, 1826, p. 153-246.

[1] Voir *Mémoires de l'Académie des sciences*, t. VII, 1827, p. 45-176.

[2] Le nom d'Huygens est écrit ici exactement, et n'a jamais été *Huyghens*, comme on le trouve dans quelques ouvrages, notamment dans la réimpression récente des *OEuvres de Fresnel*, qui lui-même cependant n'avait point commis cette erreur dans ses Mémoires originaux insérés dans les *Mémoires de l'Académie des sciences* (t. V et VII), où il a toujours écrit *Huygens*.

Il n'existe en fait aucune signature d'Huygens qui excuse l'inadvertance que nous devons signaler. Ses lettres sont nombreuses : on en connaît notamment une vingtaine adressées à Boulliau, et deux à Colbert; elles sont signées *Huygens de Zuylichem*. Trois, qui appartiennent à la Bibliothèque de l'Institut, sont signées *Hugens de Zulichem*, parce que, pendant son séjour en France (de 1666 à 1684), Huygens a parfois supprimé l'*y*, pour se conformer à la prononciation française;

mais sans introduire l'*h* qui constitue l'erreur actuelle.

Dans les procès-verbaux de l'ancienne Académie des sciences, ainsi que dans les *Philosophical Transactions* de la Société royale de Londres, on a toujours suivi cette orthographe de convention, en écrivant *Hugens*. C'est celle aussi de Leibnitz et du marquis de Lhopital, dans leur correspondance publiée par M. C. I. Gerhardt, sur les manuscrits originaux de la bibliothèque de Hanovre (*Leibniz's mathematische Schriften*, Berlin, 1850). On sait que, dans tous les ouvrages latins publiés par Huygens lui-même, et dans ses volumes d'œuvres posthumes, son nom est toujours écrit *Hugenius*.

Les journaux littéraires de ce temps, dont plusieurs s'imprimaient en Hollande et devaient respecter le nom du grand géomètre, s'accordaient, en effet, à écrire *Huygens*, et auraient dû servir d'exemple. Tels sont : la *Bibl. universelle et historique* (Amsterdam); les *Nouvelles de la République des lettres* (Amsterdam); les *Mémoires de mathématique et de physique*, tirés des registres de l'Académie royale des sciences

réfraction. Fresnel reconnut qu'une surface aussi simple était insuffisante dans le cas général des cristaux à deux axes, et que la surface devait alors être formée de deux nappes distinctes, se réduisant, dans le cas des cristaux à un seul axe, à l'ellipsoïde de révolution d'Huygens et à une sphère concentrique; qu'elle devait par conséquent s'élever au quatrième ordre. Quelques circonstances indiquaient en outre qu'elle ne pouvait pas être d'un ordre supérieur. Ces considérations suffirent au grand physicien pour former, en quelque sorte expérimentalement, l'équation d'une surface qui satisfaisait à tous les phénomènes. C'était la véritable équation des ondes, qui fut vérifiée théoriquement, quelque temps après, par Ampère, comme nous le dirons tout à l'heure. Ajoutons d'abord que Fresnel sut reconnaître, dans l'équation trouvée par lui, une construction élégante de la surface, qui s'exprime par un beau théorème, devenu le point de départ, en Géométrie, de nombreuses recherches depuis près d'un demi-siècle, et dont voici l'énoncé :

Que l'on coupe un ellipsoïde (dont les trois demi-axes sont proportionnels aux racines carrées des trois élasticités principales du

(Amsterdam, 1723); les *Mémoires pour servir à l'histoire des hommes illustres de la république des lettres* de Nicéron (t. XXX, Paris, 1732); le *Dictionnaire historique* de Chauffepié (Amsterdam, 1750).

L'altération quant à l'*h* s'est rencontrée parfois dans le siècle dernier, et a été le sujet d'observations précises de Lalande, dans les Mémoires de l'Académie des sciences de 1773, et de Biot dans la *Biographie universelle,* en 1818. Aussi Montucla, dans son *Histoire des Mathématiques;* Bailly, dans son *Histoire de l'Astronomie moderne* (3e édition, 1785); Delambre, dans ses *Analyses* des travaux de l'Académie, et dans son *Histoire de l'Astronomie moderne;* Laplace, dans sa *Mécanique céleste* (édition de 1825, re-

produite en 1843-47, Imprimerie royale); M. Mathieu, dans l'*Histoire de l'Astronomie au XVIIIe siècle* par Delambre; Ampère, dans son *Mémoire sur la surface des ondes* (*Annales de Chimie,* t. XXXIX); Fourier, dans les Mémoires de l'Académie de 1824 (*Éloge de Herschel*); Arago, dans sa *Notice biographique sur Ampère,* dans sa *Carte de la lune,* etc. ont écrit *Huygens.* Dans les deux volumes d'œuvres posthumes publiés à la Haye, en 1833, par M. P. J. Uylenbroek, où se trouvent de nombreuses lettres adressées à Huygens ou écrites par lui, son nom est toujours *Huygens.* Enfin lord Brougham et sir David Brewster, dans leurs ouvrages sur la vie et les découvertes de Newton, ont aussi toujours écrit *Huygens.*

milieu, ou bien aux vitesses de la lumière suivant les axes de ces élasticités) *par des plans diamétraux, et qu'on mène par son centre, perpendiculairement à chaque plan, des rayons vecteurs égaux à chacun des demi-axes de la section diamétrale, les extrémités de ces rayons forment la surface de l'onde.*

Bientôt après, Ampère et Cauchy obtinrent directement l'équation de la surface : Ampère d'abord, par un calcul très-pénible [1]; puis Cauchy, dans le Mémoire fort étendu qui a pour titre : *Application des formules qui représentent le mouvement d'un système de molécules sollicitées par des forces d'attraction ou de répulsion mutuelle* [2]; et ensuite, plus simplement, dans un Mémoire *sur la polarisation rectiligne et la double réfraction* [3].

L'importance du sujet, au point de vue géométrique, nous porte à présenter ici une analyse rapide de diverses recherches auxquelles a continué de donner lieu l'admirable ouvrage de Fresnel.

Vers le même temps qu'Ampère et Cauchy, sir John W. Herschel parvint aussi à l'équation de Fresnel, par un calcul assez simple, dans son excellent *Traité de la lumière*, écrit pour l'*Encyclopédie métropolitaine*, traduit aussitôt en français par MM. Verhulst et Quetelet, et accru d'un *Supplément* étendu, de M. Quetelet [4].

Plus tard, deux célèbres géomètres de Dublin, Hamilton [5] et Mac Cullagh [6], soumettaient les phénomènes si compliqués et si délicats de la lumière à de nouveaux procédés d'investigation empruntés de l'Analyse et de la Géométrie. Mac Cullagh trouva cette nouvelle construction de la surface de l'onde : *Que par le centre O*

----

[1] *Annales de Chimie et de Physique,* t. XXXIX, année 1828, p. 113-145.

[2] *Exercices de Mathématiques,* t. V, 1830, p. 19. — Ce volume est resté incomplet, ne comprenant que trois livraisons, XLIX, L et LI.

[3] *Mémoires de l'Académie des sciences,* t. XVIII, 1842, p. 153-216. — L'illustre géomètre est revenu souvent sur cette grande question. (Voir *Comptes rendus de l'Académie,* t. XI, 1841, p. 341, 364, 417, 455; t. XII, p. 184, 188, 319, 398, 455, 487.)

[4] 2 vol. in-8°, Paris, 1829 et 1833.

[5] *The Transactions of the Royal irisk Academy,* t. XVI, 1830.

[6] *Ibid.* t. XVI, part I; t. XVII, part I, et t. XVIII, part I.

d'un ellipsoïde on mène un plan passant par la normale en un point M
de la surface, et dans ce plan un rayon OM₁, *perpendiculaire et égal à*
OM, *le point* M₁ *sera sur la surface de l'onde.* De cette définition de
la surface, l'auteur déduit une construction élégante de la normale en chaque point M₁. Il démontre que cette normale est
située dans le plan des deux rayons OM, OM₁, de même que la
normale à l'ellipsoïde en M; et que les deux normales sont perpendiculaires entre elles.

Hamilton découvrait, de son côté, par la considération seule des
propriétés géométriques de la surface de l'onde, la *réfraction conique*,
c'est-à-dire ces phénomènes merveilleux, qu'un simple rayon entrant
dans un cristal en sort sous l'aspect d'un *cône lumineux*, cône du
second ordre; et, en outre, qu'il existe une infinité de rayons, formant aussi un cône du second ordre, qui donnent lieu à un seul
rayon réfracté; phénomènes vérifiés aussitôt par l'éminent physicien M. Lloyd.

M. Sylvester, qui consacre ses puissantes facultés plus particulièrement à la culture de la haute Analyse, avait dirigé néanmoins
ses premières recherches sur la théorie de Fresnel, quand elle était
encore très-peu connue. Il s'est proposé dans une étude approfondie
d'appliquer les ressources de la Géométrie à l'étude des propriétés
physiques du phénomène de la double réfraction; et dans le cours
de ce travail il est parvenu à une démonstration fort simple de
l'équation de Fresnel[1].

M. Archibald Smith, frappé de la complication de la méthode
d'Ampère, et prenant l'analyse de Fresnel au point où les difficultés
d'élimination l'avaient arrêté, parvint aussi dans le même temps,
et par un calcul facile, à l'équation de la surface[2].

---

[1] *Analytical Development of Fresnel's optical Theory of Crystals.* (*Philosophical Magazine*, t. XI, 1837, p. 461-469, 537-541; t. XII, p. 341-345.)

[2] *Investigation of the Equation to Fresnel's Wave surface.* Lu à la Société philosophique de Cambridge, en mai 1835. (Voir *Trans. of the Cambridge Philosophical Society*, t. VI, 1838, p. 85-89.)

M. Plücker ne connaissait encore que l'annonce des beaux résultats de MM. Hamilton et Lloyd, quand il se livra à l'étude de la *Forme générale des ondes lumineuses* [1]. Des considérations de Géométrie analytique, fondées sur la théorie des polaires réciproques, conduisirent l'éminent géomètre non-seulement à la démonstration des théorèmes déjà connus, mais à diverses propriétés nouvelles, qui établissent des relations intimes entre la surface de l'onde et l'ellipsoïde qui sert à sa construction.

Ainsi il vit que : *La polaire réciproque de la surface des ondes par rapport à une sphère concentrique est une nouvelle surface des ondes.* (Art. 22.)

Il démontra d'une manière élégante les propriétés des points singuliers et des plans tangents qui touchent la surface suivant un cercle.

Citons encore ce beau théorème : *Une des nappes de la surface est la polaire réciproque de l'autre nappe par rapport à un certain ellipsoïde.* (Art. 46.)

Blanchet, ancien inspecteur général de l'Université, a appliqué avec beaucoup de bonheur et de talent les méthodes de Cauchy à des questions importantes de Physique mathématique, particulièrement à la théorie de la surface des ondes, au double point de vue analytique et physico-mathématique [2].

M. Cayley, dont les recherches s'étendent avec succès sur toutes les branches des Mathématiques, a fait connaître une surface générale du quatrième ordre, qu'il nomme *tétraédroïde*, dont la surface des ondes est un cas particulier.

Cette surface est coupée par les plans d'un certain tétraèdre suivant des couples de coniques par rapport auxquelles les trois sommets du tétraèdre, dans chaque plan, sont des points conju-

---

[1] *Journal de Mathématiques* de Crelle, t. XIX, année 1839, p. 1-44. — t. XIII, p. 18, 339, 958, 1152; t. XIV, p. 38, 634; t. XXI, 1845, p. 505; — *Journal de Mathématiques*, t. VII, 1842, p. 13-34.

[2] Voir *Comptes rendus de l'Académie des sciences*, t. XII, 1841, p. 1165;

gués. Les seize points d'intersection des quatre couples de coniques sont des points singuliers de la surface, c'est-à-dire des points où, au lieu d'un plan tangent, il existe un cône tangent du second ordre[1].

De Senarmont, admirateur intelligent des découvertes de Fresnel, et à qui ses propres découvertes en Physique générale, en Cristallographie et en Optique, assignent un rang distingué dans l'histoire des sciences physico-mathématiques, s'est proposé de commenter et de compléter par des démonstrations faciles, en s'écartant à peine de la marche que Fresnel avait adoptée, les résultats obtenus par le génie pénétrant de l'illustre physicien-géomètre. Ce travail, où se trouve notamment une démonstration fort simple de l'équation de la surface de l'onde, a conduit l'auteur à diverses conséquences nouvelles, fort intéressantes[2].

On doit à M. Robert Moon un résumé très-instructif des travaux de Fresnel et des divers géomètres et physiciens qui l'ont suivi dans l'étude des phénomènes de la lumière[3].

M. Lamé, dans son bel ouvrage sur la *Théorie mathématique de l'élasticité des corps solides* (1852), a consacré un chapitre à l'étude des propriétés géométriques de la surface des ondes, dans lequel on distingue cette importante proposition, qu'*il existe sur la surface deux séries de courbes, les unes sphériques, les autres ellipsoïdales, formant un double système orthogonal.* Les premières courbes proviennent de l'intersection de la surface par une série de sphères concentriques, et les secondes par une série d'ellipsoïdes concentriques et homothétiques.

On peut dire encore que les deux séries de courbes appartiennent

---

[1] *Journal de Mathém.* de M. Liouville, t. XI, 1846, p. 291-296.

[2] *Note sur la théorie mathématique de la double réfraction.* (Voir *Journal de Mathématiques*, t. VIII, 1843, p. 361-378; — *Journal de l'École Polytechnique,* xxxv° cahier.) — M. Bertrand, dans un éloge de Senarmont, lu à la Société de secours des Amis des sciences (séance annuelle de 1863), a parfaitement fait apprécier l'étendue et le mérite des travaux de l'éminent physicien.

[3] *Fresnel and his followers. A Criticism, to which are appended Outlines of theories of diffraction and transversal vibration;* Cambridge, 1849, in-8°.

à deux séries de cônes qui ont les mêmes lignes focales, et se coupent conséquemment à angle droit [1].

M. W. Walton a fait connaître une génération de la surface des ondes par deux séries de cylindres du second ordre, qui se coupent deux à deux suivant des courbes gauches du quatrième ordre appartenant à la surface. Il a reconnu en outre une certaine propriété physique de ces courbes [2].

M. W. Roberts a exprimé l'équation de la surface des ondes en coordonnées elliptiques, et les volumes des deux nappes de la surface, par des fonctions elliptiques complètes des deux premières espèces [3].

Enfin, plusieurs jeunes géomètres ont pris pour sujet de thèse du doctorat, depuis peu d'années, la théorie de la surface des ondes, en y introduisant quelques découvertes particulières. Nous citerons dès ce moment MM. Galopin (1858), Massieu (1861), Durrande (1864), et nous indiquerons plus tard les progrès accomplis par M. Mannheim dans la théorie géométrique de cette surface, en construisant, outre les normales, ce qu'on savait déjà faire, les directions des lignes de courbure et les rayons de courbure principaux en chaque point.

XVIII. — GERGONNE.

Annales de Mathématiques.

1810.

Les *Annales de Mathématiques*, fondées en 1810 par Gergonne, ancien officier d'artillerie, professeur alors au lycée de Nîmes, puis au lycée de Montpellier, ont rendu de grands services, en offrant aux géomètres un recueil périodique qui leur manquait, au grand préjudice de la science ; car le *Journal de l'École Polytechnique* et la

---

[1] *Leçons sur la Théorie mathématique de l'élasticité des corps solides*, in-8°, 1852, p. 261-267.

[2] *The Cambridge and Dublin Mathematical Journal*, t. VII, 1852, p. 105-110, et t. VIII, p. 33-34. — [3] *Annali di Matematica*, t. IV, 1861, p. 345-347 : *Cubature de la surface des ondes.*

Correspondance de Hachette, ainsi que le *Bulletin de la Société philomathique* [1], ne paraissaient qu'à des époques peu rapprochées, et avaient des destinations spéciales.

La publication mensuelle des *Annales de Mathématiques*, qui pendant quinze ans fut la seule de ce genre, se prolongea avec une régularité parfaite jusqu'en 1831, époque où les fonctions de recteur de l'Académie de Montpellier, confiées au savant et respectable Gergonne, réclamèrent tous ses soins.

C'est dans ce recueil que plusieurs géomètres étrangers, notamment Steiner et Plücker, ont révélé par leurs premières recherches leur génie mathématique, et continué leurs importantes publications, jusqu'à ce que l'exemple de Gergonne donnât naissance à de pareils recueils dans leurs propres pays [2].

[1] La Société philomathique, fondée sur la fin de 1788, a compté au nombre de ses membres, depuis cette époque, les hommes les plus illustres, dont les noms ont honoré aussi les diverses sections de l'Académie des sciences.

[2] Ces recueils furent : la *Correspondance mathématique et physique* de M. Quetelet, publiée à Bruxelles, dont onze volumes ont paru de 1825 à 1839 ; et le *Journal für die reine und angewandte Mathematik*, publié à Berlin en 1826, par M. Crelle jusqu'en 1855 (51 vol. in-4°), et que continue l'éminent géomètre M. Borchardt.

Il faut citer aussi le *Bulletin des sciences mathématiques, astronomiques, physiques et chimiques*, publié par le baron de Férussac, de 1824 à 1831, destiné à faire connaître par des analyses développées ou de simples mentions, selon l'importance des matières, les productions renfermées dans les recueils académiques et les journaux scientifiques de tous les pays. On a regretté vivement que cette belle entreprise, secondée par des collaborateurs d'un grand mérite, parmi lesquels il suffit de citer Sturm et M. Cournot, pour la partie mathématique, n'ait pas été continuée.

Maintenant surtout que les sciences mathématiques sont cultivées avec tant d'émulation et de succès à l'étranger, la publication d'un pareil Bulletin devient d'une nécessité absolue. Puisse l'expression de notre conviction et de nos vœux n'être pas vaine !

Une publication hebdomadaire, le journal *l'Institut*, qui a commencé en 1833 et se continue fort régulièrement, quoique très-utile assurément, ne comporte pas un plan aussi étendu, puisqu'il a pour objet de rendre compte plus spécialement des travaux des *Académies* et *Sociétés scientifiques*, et non de toutes les autres publications.

Les géomètres regrettaient vivement d'être privés, depuis la cessation des *Annales* de M. Gergonne, d'un secours nécessaire à leurs travaux et aux progrès

Les premiers essais dans plusieurs ordres de recherches de pure Géométrie se trouvent dans les *Annales de Mathématiques*. Ainsi :

1810.   Encontre et de Stainville s'y servent de la considération des *polaires réciproques*, comme avait déjà fait tacitement Brianchon, pour ramener la solution d'un problème à celle du problème corréla-

1811.   tif[1]; et aussitôt après, Servois et Gergonne emploient les expressions *pôle* et *polaire* [2].

1811.   Bret donne l'équation du troisième degré qui détermine la grandeur des axes d'un ellipsoïde dont on connaît trois diamètres conjugués[3].

1812.   Bérard démontre la même équation et les trois propriétés des systèmes de diamètres conjugués des surfaces du second ordre, avant de connaître le Mémoire de Binet, cité précédemment, qui avait été présenté à l'Institut, mais qui n'était pas encore publié [4].

---

de la science, lorsque M. Liouville fonda, en 1836, le *Journal de Math. pures et appliquées*, recueil mensuel, dont un volume a paru chaque année, sans discontinuité.

Une publication d'un ordre moins élevé, et accessible aux premiers essais des jeunes mathématiciens, était indispensable aussi. L'enthousiaste et infatigable Terquem, et le savant professeur M. Gerono, qui en conçut l'idée, fondèrent, en 1842, les *Nouvelles Annales de Mathématiques, journal des candidats aux Écoles Polytechnique et Normale*.

Cette utile publication, à la mort du vénérable Terquem, en 1862, s'est continuée sous la direction de M. Gerono et de l'érudit et zélé M. Prouhet, répétiteur d'Analyse à l'École Polytechnique, dont de nombreux amis déplorent la perte récente. M. Bourget, le savant professeur de la Faculté des sciences de Clermont, auteur de beaux Mémoires de Physique mathématique et de Mécanique céleste,

est venu s'associer à l'œuvre si utile de M. Gerono, et combler le vide que laissait le savant et excellent Prouhet.

Le volume de 1862 des *Nouvelles Annales* renferme une *Notice sur la vie et les travaux d'O. Terquem*, par Prouhet, et le volume de 1863, un *Rapport sur les travaux mathématiques d'O. Terquem*, lu devant le conseil de la Société de secours des Amis des sciences, par M. Chasles.

Un nouveau recueil, fondé en 1864 sous le titre d'*Annales scientifiques de l'École Normale supérieure* (1 vol. in-4° par année, en 6 livraisons), renferme notamment d'excellents Mémoires de hautes Mathématiques.

[1] T. I, 1810-1811. p. 122 et 190.

[2] T. I, p. 337, et t. III, p. 297.

[3] T. II, 1811-1812, p. 33; t. IV, p. 95.

[4] T. III, 1812-1813, p. 105-113. L'équation des trois axes d'une surface du second ordre a été donnée aussi dans le

Des théorèmes relatifs aux *polygones réguliers*, dus à feu Français   1814.
(ancien professeur aux Écoles d'artillerie), qui les avait envoyés à
Legendre, en 1806, sont insérés dans le tome V des *Annales*.

Fregier démontre que, *Si un angle solide trirectangle tourne autour*   1816.
de son sommet situé sur une surface du second ordre, le plan des trois
points où ses arêtes rencontrent la surface passe toujours par un même
point de la normale [1].

C'est aussi dans les *Annales* que l'on trouve pour la première fois   1826.
l'équation de la caustique par réfraction dans le cercle, équation
du sixième degré, due à M. Thomas de Saint-Laurent [2].

Gergonne, qui était très-versé dans les différentes branches des   1816.
Mathématiques, a traité lui-même des questions très-variées. Nous
citerons parmi celles qui se rapportent à la Géométrie : première-
ment les problèmes du cercle tangent à trois autres, et de la sphère
tangente à quatre sphères, dont l'auteur a donné les constructions
qui sont encore maintenant les plus simples [3] et qu'il a su tirer d'une
Analyse claire et instructive. Quelques années après, Durrande résolvait ces mêmes questions par des considérations de pure Géométrie
et était conduit brièvement aux mêmes solutions [4].

Dans deux Mémoires, intitulés : *Démonstration des principaux théo-*   1813.
rèmes de M. Dupin sur la courbure des surfaces [5], et *Théorie élémen-*   1818.
taire de la courbure des lignes et des surfaces courbes [6], Gergonne initie
ses lecteurs à la théorie des *tangentes conjuguées* et de l'*indicatrice*,
et aux beaux résultats qui en avaient été déduits dans les *Dévelop-*
pements de Géométrie. Le savant géomètre a consacré plus tard à la   1830.

même temps par Hachette et par Petit.
(*Correspondance sur l'École Polytechnique*,
t. II, 1812, p. 324, 327.)—Depuis, elle a
été démontrée dans diverses recherches et
sous des points de vue différents, par plusieurs géomètres, M. St-Guilhem (*Journal*
de Mathém. t. I, 1835, p. 317); Lebesgue
(*Nouvelles Annales*, t. VII, 1848, p. 406);

Mention (*ibid.* t. XVI, 1857, p. 221).
[1] T. VI, 1815-1816, p. 229 et 321;
t. VII, p. 91.
[2] T. XVII, 1826-1827, p. 214.
[3] T. VII, 1816-1817, p. 289.
[4] T. XI, 1820-1821, p. 1.
[5] T. IV, 1813-1814, p. 368.
[6] T. IX, 1818-1819, p. 127-196.

même théorie de la *courbure des lignes et des surfaces* deux Mémoires d'Analyse fort étendus [1].

1827.　Dans un travail *sur quelques lois générales qui régissent les lignes et les surfaces algébriques* [2], Gergonne a fait connaître les théorèmes suivants, nouveaux alors, et qu'on peut regarder comme le point de départ d'un genre de recherches fort importantes, de Plücker et de Jacobi, continuées par MM. Cayley et G. Salmon :

I. *Si deux courbes d'ordre* m *ont* mp *points d'intersection sur une courbe d'ordre* p, *leurs* m (m−p) *autres points d'intersection se trouvent sur une courbe d'ordre* (m−p);

II. *Si trois courbes d'ordre* m *ont* mp *points communs situés sur une courbe d'ordre* p, *les trois courbes d'ordre* (m−p) *sur lesquelles sont les* m (m−p) *points communs aux courbes, prises deux à deux, passent par* (m−p)³ *points communs;*

Et des théorèmes analogues pour les surfaces.

C'est dans les *Annales* que Plücker a fait connaître bientôt après (t. XIX) ses beaux théorèmes sur les courbes et les surfaces assujetties à passer par des points donnés, que nous signalerons suffisamment par l'énoncé d'un seul, le plus simple de tous, savoir :

Les courbes d'ordre m *assujetties à passer par* $\dfrac{(m\,m+3)}{2} - 1$ *points ont toutes* m² *points communs.*

1824.　Gergonne a pris part aux recherches concernant les caustiques dans le cercle, et les lois de la réflexion et de la réfraction d'un système de rayons lumineux à la rencontre d'une surface, questions auxquelles avaient donné lieu les beaux Mémoires de Malus et de M. Charles Dupin [3].

1827.　Il a démontré ce théorème de Statique, dont l'énoncé lui avait été communiqué, et qui a été le point de départ de développements ultérieurs sur les systèmes de forces : *De quelque manière qu'on*

<hr>

[1] T. XXI, 1830-1831, p. 1-40, 217-248.

[2] T. XVII, 1826-1827, p. 214-252.

[3] T. XIV, 1823-1824, p. 129; t. XV, p. 283; t. XVI, p. 1, 65, 247, 307.

réduise à deux toutes les forces d'un système, le tétraèdre construit sur les droites qui représentent ces deux forces a un volume constant. La démonstration de Gergonne repose sur l'emploi des coordonnées [1]. M. Möbius donna aussitôt une démonstration simplement géométrique, en ajoutant ce théorème, que, *Si plusieurs forces se font équilibre, la somme des tétraèdres construits sur ces forces, prises deux à deux, est nulle* [2]; proposition reproduite dans le traité de Statique de l'éminent géomètre [3].

Cherchant tous les moyens de contribuer aux progrès de la science et de provoquer chez les jeunes géomètres une louable émulation, Gergonne proposait souvent dans les *Annales* des questions à résoudre. Ces questions donnaient lieu à des recherches utiles; et, si dans le moment quelques-unes présentaient de trop grandes difficultés, de nouveaux efforts devaient néanmoins en triompher avec le temps. Voici quelques-unes de ces questions : *Démontrer que toutes les surfaces du second ordre tangentes à sept plans ont leurs centres sur un plan* [4]. — *Trouver le lieu des sommets des cônes du second ordre qui passent par six points* [5]. — *Quel est le nombre des coniques tangentes à cinq coniques données* [6]? Question reproduite trois ans plus tard [7], et qui n'a été résolue que dans ces derniers temps.

C'est Gergonne qui a émis l'idée du *principe de dualité* en Géométrie, idée inspirée, on peut le croire, par les beaux résultats

[1] *Annales*, t. XVIII; démonstration d'un théorème de M. Chasles, p. 372-377.

[2] *Journal de Mathématiques* de Crelle, t. IV, 1829, p. 179-184 : *Beweis eines neuen, von Herrn Chasles in der Statik entdeckten Satzes, nebst einigen Zusätzen.* — *Bulletin des sciences mathématiques* de Férussac, t. XII, 1829, p. 201.

[3] *Lehrbuch der Statik*, von A. F. Möbius, Leipzig, 1837, 2 vol. in-8°.

M. W. Spottiswoode, à qui toutes les ressources des nouvelles théories de l'Analyse sont si familières, s'est plu à les appliquer à la démonstration de cette proposition et d'un autre passage du traité de Statique de Möbius, sur les axes d'équilibre. (*The Quarterly Journal of pure applied Mathematics*, t. I, 1857, p. 38-40.)

[4] T. XVII, p. 200; proposition démontrée par M. Bobillier (*ibid.* p. 360).

[5] T. XVIII, p. 184. — Voir *Aperçu historique*, etc. p. 403, et *Comptes rendus de l'Académie*, t. LVII, p. 1159.

[6] T. VIII, p. 284.

[7] T. XI, p. 220.

de la théorie des *polaires réciproques* de Poncelet, seule méthode que l'on connût alors pour les transformations de cette nature. Sur la fin de sa carrière, le vénérable géomètre s'est plu à revenir sur cette partie de ses travaux, dans les *Mémoires de l'Académie des sciences et lettres de Montpellier.* Nous extrairons de ce dernier travail une phrase qui montre combien était grande sa sollicitude patriotique pour l'avenir scientifique de notre pays :

« Dans le siècle et dans le pays où nous vivons, tout ce qui peut « contribuer à développer et à fortifier l'intelligence ne saurait « être regardé avec indifférence; et il est bien connu d'ailleurs « *qu'une nation qui ne cultiverait les sciences que sous l'unique point de* « *vue de leurs applications pratiques et immédiates, et de leurs résultats* « *matériels, ne saurait se flatter de les voir longtemps fleurir au milieu* « *d'elle.* »

Nous doutons qu'on ait jamais émis, sur le vrai caractère des sciences et le point de vue principal sous lequel elles doivent être considérées, une pensée plus profonde et qui mérite plus d'être méditée et pratiquée.

XIX.

Nouvelle doctrine des imaginaires.

Les *Annales de Mathématiques* renferment plusieurs articles sur les symboles imaginaires, qui ont provoqué plus tard, mais cependant sans en être les premières lueurs, la nouvelle théorie des *quantités imaginaires,* si cultivée depuis une vingtaine d'années, et dont les travaux de Cauchy et de ses disciples ont montré toute l'importance et la fécondité.

Nous n'avons pas à entrer dans le développement d'une doctrine qui a surtout profité aux progrès de l'Analyse. Mais nous croyons devoir, en rappelant les titres des ouvrages successivement publiés, indiquer la part qui revient à chacun dans la conception et l'élaboration lente de cette importante découverte.

En 1806 parurent deux écrits dans lesquels l'expression $\sqrt{-1}$

était regardée comme un signe ou une condition de perpendicularité; de sorte que les expressions $\pm a\sqrt{-1}$ représentaient des lignes perpendiculaires aux directions suivant lesquelles étaient comptées les quantités réelles.

L'un de ces ouvrages, dû à Robert Argand, a pour titre : *Essai sur une manière de représenter les quantités imaginaires dans les constructions géométriques.*

L'autre, de l'abbé Buée (retiré alors en Angleterre), fut communiqué à la Société royale de Londres, le 20 juin 1805, sous le titre de *Mémoire sur les quantités imaginaires*, et inséré dans les *Transactions philosophiques* de la Société, pour 1806, p. 23-88 [1].

Ces deux ouvrages, quoique renfermant une idée neuve et heureuse, étaient restés ignorés, lorsque J. F. Français, ancien élève de l'École Polytechnique, professeur alors à l'École d'artillerie et du génie, publia dans les *Annales de Mathématiques* [2] un article intitulé : *Nouveaux principes de Géométrie de position, et interprétation géométrique des symboles imaginaires*, dans lequel il expose les mêmes vues, mais en prévenant que le fond des idées qu'il émet ne lui appartient pas; qu'il l'a trouvé dans une lettre ancienne adressée à feu son frère (l'ancien professeur aux Écoles d'artillerie, cité précédemment, p. 57) par Legendre, qui en parle comme d'une communication curieuse qui lui a été faite autrefois. Français exprime en même temps le désir que le premier auteur de ces idées nouvelles mette au jour son travail.

Argand répondit aussitôt à cet appel [3], et cita l'ouvrage qu'il avait publié en 1806 sous le titre d'*Essai*, et qu'il avait effectivement communiqué à Legendre en manuscrit. Cela donna lieu à plusieurs autres articles de Français, d'Argand, de Servois et de Gergonne, insérés dans les *Annales* [4].

[1] On trouve dans la *Revue d'Édimbourg*, vol. XII, 1808, p. 306-318, une analyse critique, fort étendue, de cet ouvrage (due au célèbre professeur Playfair).

[2] T. IV, 1813, p. 61-71.

[3] *Ibid.* p. 133-147.

[4] T. IV, p. 222, 228, 364; t. V, p. 197; années 1813-1815.

Cependant la nouvelle doctrine semblait ne pas avoir beaucoup fixé l'attention des géomètres, quand elle reparut en 1828 dans deux écrits, l'un de C. V. Mourey, en France, et l'autre de John Warren, en Angleterre.

L'ouvrage de Mourey a pour titre : « *La vraie théorie des quantités* « *négatives et des quantités prétendues imaginaires.* Dédié aux amis de « l'évidence [1]. » L'auteur généralise les idées d'Argand et de Buée. Il appelle *nombres directifs* les nombres qui expriment à la fois une longueur et une direction, et qui correspondent au symbole général des imaginaires $a + b\sqrt{-1}$.

L'ouvrage de John Warren, fellow à l'université de Cambridge, est intitulé : *A Treatise on the Geometrical Representation of the Square Roots of Negative Quantities* [2]. Cet écrit a été suivi de deux articles insérés dans les *Philosophical Transactions* de 1829, où l'auteur cite les ouvrages de Buée et de Mourey [3].

Quelques années après, vers 1832, le savant professeur de Padoue, M. Bellavitis, employa des considérations semblables dans sa *Méthode des équipollences*, méthode qu'il a développée depuis et dont il a fait des applications heureuses à diverses questions de Géométrie, dans deux ouvrages assez étendus [4].

M. Vallès, en adoptant les mêmes principes dans ses *Études philosophiques sur la science du calcul* (in-8°, 1841), a présenté néanmoins quelques réflexions critiques sur les divers articles des *Annales*.

---

[1] Une seconde édition a paru en 1861 (Mallet-Bachelier, in-12).

[2] In-octavo de 154 pages, Cambridge, 1828.

[3] *Considerations of the objections raised against the geometrical representation of the square roots of negative quantities,* p. 241-254. — *On the geometrical representation of the powers of quantities, whose indices involve the square roots of negative quantities,* p. 339-359.

M. Peacock s'est aussi occupé de cette théorie des imaginaires. — On trouve une Notice succincte de M. Thomas Steph. Davies sur les premiers auteurs de cette nouvelle doctrine, dans le *Mathematical Repository* de Th. Leybourn, vol. VI, part II, 1835, p. 62.

[4] *Metodo delle equipollenze.* (Voir *Annali delle scienze del regno Lombardo-Veneto,* t. VII, 1837.) — *Sposizione del metodo delle equipollenze.* (T. XXV des *Memorie della Società Italiana delle scienze,* Modena, 1854.)

En 1845, M. A. Faure, professeur émérite du lycée de Gap, a développé et étendu la doctrine nouvelle dans un *Essai sur la théorie et l'interprétation des quantités dites* imaginaires.

Enfin, et bientôt après, Cauchy, qui avait varié pendant longtemps sur l'interprétation des quantités imaginaires, adopta cette théorie dans un Mémoire de 1847, intitulé : *Sur les quantités géométriques* [1], où il cite ses prédécesseurs, l'abbé Buée, Robert Argand, Français, Mourey, Faure, Vallès [2]. L'illustre géomètre n'a point tardé à faire d'importantes applications analytiques de cette doctrine féconde, dans laquelle il a été suivi aussitôt par des disciples tels que MM. Puiseux, Briot, Bouquet, Em. Martin.

M. de Saint-Venant a aussi développé les mêmes principes dans un Mémoire *sur les sommes géométriques* [3].

Citons encore M. Transon, qui, après avoir donné une analyse succincte des diverses recherches de ses prédécesseurs [4], en a fait lui-même des applications nouvelles à de nombreuses questions d'Analyse et de Géométrie, dans un Mémoire intitulé : *Application de l'Algèbre directive à la Géométrie* [5]. L'auteur démontre notamment comment certaines propositions relatives à des points situés en ligne droite, concernant, par exemple, la *section déterminée* d'Apollonius ou les *divisions homographiques,* s'appliquent à des points placés d'une manière quelconque sur un plan.

[1] *Exercices d'Analyse et de Physique mathématique,* t. IV, 1847, p. 157-180; reproduit dans les *Mémoires de l'Académie des sciences,* t. XXII, p. 131-180, 1850.

[2] M. Houel, dans son ouvrage intitulé : *Théorie élémentaire des quantités complexes,* in-8°, 1867, a consacré un paragraphe à l'*Histoire de la théorie géométrique des quantités imaginaires.* Il revient sur ce sujet dans les *Nouvelles Annales de Mathématiques,* 2ᵉ série, t. VII, p. 421, pour signaler particulièrement l'étendue et l'importance de la *Méthode des équipollences* de M. Bellavitis.

[3] *Comptes rendus,* t. XXI, 1845, p. 620-625.

[4] *Bulletin de la Société philomathique,* année 1864, p. 61-65.

[5] *Nouvelles Annales de Mathématiques,* 2ᵉ série, t. VII, 1868, p. 145-157, 193-208 et 241-264.

XX. — STURM.

1824. Parmi les savants dont le nom se remarque dans les *Annales de Mathématiques*, nous distinguerons Sturm et Bobillier.

Nous ne citerons pas tous les nombreux articles que l'on doit à Sturm, et qui furent le prélude de recherches ultérieures d'une plus haute importance. Nous nous bornerons à dire que l'éminent géomètre a publié des *Recherches sur les caustiques* [1], où il prouve que :

1° *Pour un faisceau de rayons émanés d'un point, la caustique par réfraction sur une droite est la développée d'une conique ayant un foyer au point lumineux;* c'est-à-dire, suivant l'expression introduite par M. Quetelet, que *la caustique secondaire est une conique;*

2° *Dans la réfraction sur un cercle, la caustique secondaire est une courbe dont les distances de chaque point à deux points fixes, multipliées par deux constantes, ont leur somme constante;* c'est-à-dire que cette courbe est une *ovale de Descartes.*

Ce beau théorème était aussi démontré dans le m ême temps, par M. Quetelet [2].

1824. Au sujet d'un théorème sur les polygones réguliers, énoncé par Lhuillier, de Genève, Sturm en démontre plusieurs autres du même genre, dont nous citerons le suivant, à raison du caractère de généralité qu'il présente : *Le lieu géométrique des points du plan d'un polygone régulier tels, qu'une fonction symétrique rationnelle et*

---

[1] *Annales de Mathématiques*, t. XV, 1824-1825, p. 205-218.

[2] *Mémoire sur une nouvelle manière de considérer les caustiques*, présenté à l'Académie de Bruxelles en 1823. (Voir *Nouveaux Mémoires de l'Académie royale des sciences de Bruxelles*, t. III, 1826, p. 89-140.) — M. Quetelet a donné suite à ce premier travail dans deux autres Mémoires: 1° *Résumé d'une nouvelle théorie des caustiques, suivi de différentes applications à la théorie des projections stéréographiques*, présenté à l'Académie le 5 novembre 1825. (Voir t. IV des *Nouveaux Mémoires de l'Académie.*) — 2° *Démonstration et développement des principes fondamentaux de la théorie des caustiques secondaires.* (Voir t. V des *Nouveaux Mémoires de l'Académie royale des sciences de Bruxelles.*)

entière de forme quelconque des longueurs des perpendiculaires abaissées de chaque point sur les côtés du polygone ait une valeur constante, est une circonférence concentrique au polygone, toutes les fois du moins que le nombre des dimensions de la fonction est inférieur au nombre des côtés du polygone [1].

Nous signalerons encore un *Mémoire sur les lignes du second ordre* [2], où l'on trouve la généralisation du théorème de Desargues relatif à l'*involution* des six points dans lesquels une conique et les quatre côtés d'un quadrilatère inscrit coupent une transversale quelconque. Sturm prouve que l'involution a lieu aussi entre les trois couples de points dans lesquels trois coniques circonscrites à un quadrilatère rencontrent une droite. 1825.

XXI. — Bobillier.

On doit des recherches fort remarquables à Bobillier, géomètre distingué, qui donnait de grandes espérances aux sciences mathématiques, auxquelles il a été enlevé en 1832, à l'âge de trente-cinq ans.

Dans un Mémoire intitulé : *Essai sur un nouveau mode de recherche des propriétés de l'étendue* [3], l'auteur propose de représenter par de simples lettres certaines fonctions des coordonnées, que fournissent les données d'une question. Il arrive ainsi à des résultats fort simples, par exemple, qu'une conique circonscrite à un triangle est représentée par l'équation 1827.

$$a\, \mathrm{BC} + b\, \mathrm{CA} + c\, \mathrm{AB} = 0,$$

A, B, C désignant des fonctions linéaires des coordonnées x, y, telles, que les équations A = 0, B = 0, C = 0 soient les équations des trois côtés du triangle, et a, b, c, des constantes indéterminées.

---

[1] *Annales de Mathématiques*, t. XV, p. 250-256.

[2] *Annales de Mathématiques*, t. XVI,

1825-1826, p. 265; t. XVII, p. 173.

[3] *Ibid.* t. XVIII, années 1827-1828, p. 321.

Parmi les nombreux théorèmes obtenus dans ce travail se trouve le suivant : *Lorsqu'un tétraèdre est inscrit dans une surface du second ordre, les plans tangents en ses sommets rencontrent les plans des faces opposées suivant quatre droites qui appartiennent à un hyperboloïde à une nappe;* théorème démontré aussi, dans le même temps, par M. Möbius.

Un second Mémoire renferme de nouvelles applications de la même méthode[1].

L'idée heureuse du jeune géomètre s'est propagée depuis et a contribué d'une manière notable aux progrès de la Géométrie analytique.

Bobillier s'est ensuite occupé de la théorie des *polaires successives* des courbes d'ordre quelconque. Monge avait démontré, dans l'*Application de l'Analyse à la Géométrie,* que la courbe de contact d'une surface d'ordre m et d'un cône est située sur une surface d'ordre $(m-1)$; et, par suite, que les tangentes menées d'un point à une courbe plane d'ordre m ont leurs points de contact sur une courbe d'ordre $(m-1)$. C'est cette courbe que l'on a appelée la *polaire* du point; expression introduite par Bobillier.

Dans une suite de Mémoires [2] Bobillier a démontré que :

1° *Les polaires d'une série de points en ligne droite passent par* $(m-1)^2$ *points communs;*

2° *Les polaires d'un point* P, *relatives à un faisceau de courbes d'ordre* m, *forment un faisceau d'ordre* $(m-1)$; c'est-à-dire que *ces polaires passent par* $(m-1)^2$ *points communs;*

3° *Si le point* P *décrit une droite, ces* $(m-1)^2$ *points décrivent une courbe d'ordre* $2(m-1)$.

Considérant les polaires successives d'un même point, lesquelles ont leurs équations de degrés $(m-1), (m-2), \ldots, 2$ et 1, l'auteur est conduit à ce théorème important :

---

[1] *Annales de Mathématiques,* t. XVIII, 1827-1828, p. 359.

[2] *Ibid.* t. XVIII, p. 89, 157, 253; t. XIX, p. 106, 138, 302.

Si l'on prend la polaire d'ordre n *d'un point* P, *relative à une courbe* C_m *d'ordre* m, *puis la polaire d'ordre* (m—n) *d'un point* Q *de cette polaire d'ordre* n, *relative à la même courbe* C_m, *cette polaire d'ordre* (m—n) *passe par le point* P.

En d'autres termes : *La polaire d'ordre* n *d'un point* P *est le lieu des points dont les polaires d'ordre* (m—n) *passent par le point* P [1].

On a appelé, depuis, *axe harmonique* la dernière polaire d'un point, laquelle est une droite; le théorème donne donc en particulier cette double relation entre l'axe harmonique et la première polaire d'un point :

La première polaire d'un point P *est le lieu des points dont les axes harmoniques passent par ce point;*

Et, réciproquement, l'axe harmonique d'un point P *est le lieu des points dont les premières polaires passent par le point* P.

Bobillier établit aussi les mêmes théorèmes pour des surfaces d'ordre *m*.

Cette théorie des polaires des courbes et des surfaces, dont nous trouvons ici l'origine et un développement très-étendu, a été, depuis, le sujet des recherches de différents géomètres et s'est introduite dans plusieurs ouvrages.

Bobillier avait composé un Mémoire sur les *lois géométriques du mouvement*, dont un extrait seulement a paru dans une des éditions de son *Cours de Géométrie* [2]. On voit par ce travail que :

1° *Tout mouvement d'un triangle dans son plan peut être produit par le roulement d'une certaine ligne sur une ligne fixe;* la première ligne est le lieu des *centres instantanés* de rotation successifs;

2° *Lorsque deux côtés d'un triangle glissent sur deux circonférences, l'enveloppe du troisième côté est aussi une circonférence;* et les

---

[1] M. Plücker avait adressé un théorème semblable, sans démonstration, à M. Gergonne. (Voir *Annales de Mathématiques,* t. XIX, p. 3o5.)

[2] 1o° édition, 185o. — Cet ouvrage, écrit pour les *Écoles d'arts et métiers,* où Bobillier était professeur de Mécanique, est fort bien fait.

centres de ces trois circonférences en déterminent une quatrième qui est
le lieu des centres instantanés de rotation de la figure mobile.

Enfin, étant donnés les centres de courbure des deux courbes
sur lesquelles glissent deux sommets d'un triangle, l'auteur détermine le centre de courbure de la courbe décrite par le troisième
sommet.

XXII. — Th. Olivier.

1825.   On doit à Olivier de nombreux écrits sur la Géométrie descriptive et sur les applications de ce mode de représentation des figures
de l'espace.

On doit distinguer principalement ceux qui se rapportent à la
théorie géométrique des engrenages. Dans un Mémoire présenté à
l'Académie des sciences le 5 décembre 1825 [1], Olivier a démontré
pour la première fois que *l'engrenage de White* n'a pas de frottement
de glissement comme les engrenages ordinaires, mais seulement un
frottement de roulement. On sait que White avait énoncé cette propriété, mais sans la démontrer, dans un travail destiné au concours
pour les prix décennaux décernés en 1810.

Un autre Mémoire, présenté aussi à l'Académie des sciences en
décembre 1825, est consacré à l'étude générale des *engrenages dans*
lesquels les axes des deux roues dentées ne sont pas dans un même plan,
et qui ne présentent, comme celui de White, *qu'un frottement de roule-*
ment [2]. L'auteur donne plusieurs solutions du problème.

1831.   Plus tard, Olivier a fait exécuter un engrenage particulier dans
lequel les axes des roues ne sont pas dans le même plan. La construction en est très-ingénieuse et très-simple : les dents de la pre-

---

[1] Imprimé dans le *Journal de Mathé-*
matiques de M. Liouville, t. IV, 1839,
p. 281-303.— Olivier est revenu sur ce
sujet (*Journal de Mathématiques*, t. V,
p. 146-153), par suite d'une Note de

M. Delaunay *sur la Théorie de l'engrenage*
de White (*Journal de Mathématiques*, t. V,
p. 38-41).

[2] *Journal de Mathématiques*, t. IV,
p. 305-316.

mière roue sont cylindriques et ont pour profil des développantes de cercle, tandis que les dents de la seconde roue sont des héliçoïdes [1] développables. Mais cet engrenage donne lieu à un frottement de glissement.

Des modèles de cet appareil, construits d'après les dessins de l'auteur, existent dans les collections de machines de l'École Polytechnique et du Conservatoire des arts et métiers.

Des propriétés osculatrices de deux surfaces en contact par un point [2]. 1841. — Les propositions dont l'auteur donne ici des démonstrations directes et analytiques se peuvent conclure la plupart de la théorie des indicatrices de M. Dupin. Nous citerons celle-ci : *Les tangentes aux deux branches de la courbe d'intersection d'une surface quelconque et d'une sphère tangente à la surface en un point sont également inclinées sur la tangente à l'une des lignes de courbure de la surface en ce point.* D'où il suit, comme corollaire, que *les tangentes aux deux sections circulaires d'une surface du second ordre en un point sont également inclinées sur les lignes de courbure de la surface.*

Olivier, dans ses *Développements de Géométrie descriptive* [3], a démontré (p. 436), par des considérations simples de Géométrie pure, que la surface de la vis à filets carrés est la seule surface gauche ayant en chacun de ses points les deux rayons de courbure principaux égaux et de sens contraires, proposition dont M. Catalan venait de donner une démonstration analytique, comme nous le dirons ci-après (chap. iii). 1843.

On doit à Olivier la construction de plusieurs appareils ingénieux, entre autres de divers modèles représentant la double génération de l'hyperboloïde et du paraboloïde par une droite, où l'on peut, par des changements de position des courbes directrices, varier les formes des surfaces qui en résultent.

[1] C'est par erreur que, ci-dessus p. 9, on a écrit *hélicoïde*. — [2] *Journal de Mathématiques,* t. VI, p. 297-308. — [3] In-4°, 1843.

XXIII. — M. Duhamel.

Les anciens n'avaient résolu le problème des tangentes que pour quelques courbes particulières. Roberval, le premier, donna une méthode générale, qui s'appliquait à une classe très-nombreuse de courbes, et dont le principe même pouvait encore se généraliser et se transporter à une infinité d'autres cas. En effet, cette méthode est simplement le principe de la composition des mouvements rectilignes. Roberval l'énonce ainsi : RÈGLE GÉNÉRALE. *Par les propriétés spécifiques de la ligne courbe (qui vous seront données), examinez les divers mouvements qu'a le point qui la décrit, la ligne de direction du mouvement composé est la touchante de la ligne courbe* [1]. Il fait l'application de cette règle à treize courbes [2]. Montucla, en exposant cette méthode, l'a appliquée à d'autres courbes [3]; et Monge, dans sa *Géométrie descriptive*, l'a même étendue à des courbes décrites dans l'espace [4].

Il avait échappé à tous les géomètres que quelques-unes de ces diverses recherches sont empreintes d'erreur. Le principe énoncé par Roberval est sans nul doute juste et général; et, dans toutes les applications qu'il en a faites, les résultats sont incontestables. Néanmoins le raisonnement par lequel il fait la composition des mouvements n'est pas exact dans plusieurs cas; et c'est ce raisonnement

[1] *Observations sur la composition des mouvements, et sur le moyen de trouver les touchantes des lignes courbes.* (Voir *Mémoires de l'Acad. royale des sciences*, depuis 1666 jusqu'à 1699, t. VI, 1730, p. 1-89.)

[2] La parabole, l'hyperbole, l'ellipse; la conchoïde de Nicomède; diverses autres conchoïdes; le limaçon de Pascal; la spirale d'Archimède; la quadratrice de Dinostrate; la cissoïde de Dioclès; la cycloïde; la compagne de la cycloïde et la parabole de Descartes (courbe du troisième ordre, que Descartes engendrait d'un mouvement continu, et dont il faisait usage dans sa Géométrie, pour la construction des équations du sixième degré).

[3] *Histoire des Mathématiques*, t. II, p. 47-49 et 100.

[4] Art. 84-87 : *Méthode de Roberval pour mener une tangente à une courbe qui est donnée par la loi du mouvement d'un point générateur.*

qui, reproduit par Montucla et par Monge, a conduit ces géomètres à des conséquences erronées.

Les erreurs dont il s'agit, restées longtemps inaperçues, ont été signalées, pour la première fois, dans une Note présentée à l'Académie le 16 avril 1829[1], par M. Duhamel, dont l'esprit rigoureux et réellement géométrique ne se porte jamais sur une question sans en approfondir toutes les difficultés.

Supposons, pour fixer les idées, qu'il s'agisse de l'ellipse, définie par cette propriété : que la somme des distances de chaque point de la courbe aux deux foyers est constante. Roberval remarque que l'accroissement d'un rayon vecteur est égal à la diminution de l'autre; et il prend pour les mouvements du point, dans le sens des deux rayons, deux éléments égaux, l'un sur un rayon, et l'autre sur le prolongement de l'autre rayon. La diagonale du parallélogramme construit sur les deux éléments est la tangente. Roberval, comme on voit, fait abstraction de la rotation de chaque rayon autour de son foyer; il fait donc une fausse décomposition de mouvement.

Voilà l'erreur de raisonnement acceptée jusqu'ici dans l'histoire de la science[2], et que M. Duhamel a remarquée et parfaitement expliquée, en faisant voir par quelles circonstances particulières à

1829.

[1] *Note sur la méthode des tangentes de Roberval*, insérée dans les *Mémoires des Savants étrangers*, t. V, 1838, p. 257-266.

[2] Il est à propos de dire ici que l'ouvrage de Roberval, qui avait fait le sujet de leçons particulières données à un jeune homme, a été rédigé par l'élève même et non par le maître.

Les ouvrages de Roberval, reproduits dans le tome VI des anciens *Mémoires de l'Académie des sciences*, en 1730, avaient déjà été publiés dans le beau volume donné en 1693, in-folio, sous le titre : *Divers ouvrages de Mathématiques et de Physique, par Messieurs de l'Académie royale des sciences.* Dans ce volume, la méthode des tangentes par la composition des mouvements est précédée de cet *Avertissement,* qu'on a omis dans le tome VI des *Mém. de l'Académie :*

« On a trouvé, escrit de la main de M. de « Roberval, au commencement du ma- « nuscrit d'où cet ouvrage a esté pris, que « l'invention en est de luy, mais qu'il ne « l'a pas mis en l'estat qu'il est; que ç'a esté « un gentilhomme bourdelois, à qui il avoit « donné des leçons en particulier, qui, les

chaque question Roberval était parvenu à une détermination exacte de la tangente cherchée.

M. Duhamel montre ensuite que le beau théorème donné par Poinsot dans son *Mémoire sur l'équilibre et le mouvement des systèmes,* et sur lequel repose la méthode générale des normales aux surfaces dont les points sont déterminés par leurs distances à des centres fixes, s'applique à la détermination des tangentes à la courbe d'intersection de deux surfaces.

Le travail de M. Duhamel a été le sujet d'un de ces rapports lumineux et instructifs dans lesquels excellait l'illustre géomètre que nous venons de nommer [1].

XXIV. — M. Chasles.

L'ordre chronologique marque ici la place de quelques résultats obtenus par l'auteur dans diverses questions qui depuis ont pris une certaine extension. Ses premiers essais avaient paru dans la *Correspondance sur l'École Polytechnique,* lors de son séjour à cette école.

1828.   *Quelques propriétés du triangle, de l'angle trièdre et du tétraèdre, considérés par rapport aux lignes et aux surfaces du second ordre* [2]. — Parmi les propositions que renferme ce travail, se trouve celle-ci :

Les droites qui joignent les sommets d'un tétraèdre aux pôles des faces

« ayant rédigées par escrit, en a composé « ce traité à sa manière. Il est vray qu'en « 1668 M. de Roberval revit cet ouvrage « avant que de le lire dans l'Académie royale « des sciences; mais il n'y mit pas la der- « nière main, s'estant contenté d'escrire « seulement en divers endroits quelques « remarques, que l'on trouvera à la marge « de ce livre. »

Parmi ces remarques se trouve, par exemple, celle-ci, relative au limaçon de Pascal : « Cette proposition est vraye, « mais elle est expliquée en ce lieu avec « beaucoup de confusion. » Plusieurs fois il est fait mention, dans le texte, de M. de Roberval; ce qui indique que la rédaction n'est pas de lui.

[1] Ce rapport a été inséré dans le *Bulletin des sciences mathématiques* du baron de Férussac, t. XV, 1831, p. 1-9.

[2] *Annales de Mathématiques,* t. XIX, 1828-1829, p. 65-85.

opposées, relatifs à une surface du second ordre, sont quatre génératrices, d'un même système, d'un hyperboloïde; et les droites d'intersection des faces du tétraèdre et des plans polaires des sommets opposés sont quatre génératrices d'un second hyperboloïde.

Lorsque les plans des quatre faces du tétraèdre sont tangents à la surface, on retrouve un théorème déjà démontré par Bobillier et par M. Möbius [1].

Recherches sur les projections stéréographiques et sur diverses propriétés générales des surfaces du second ordre [2]. — Ce travail contient cette proposition générale : 1828.

Lorsque des surfaces du second ordre sont inscrites dans une même surface du même ordre A, l'œil étant placé en un point de celle-ci, et le plan du tableau étant parallèle au plan tangent en ce point: 1° les perspectives des contours apparents de toutes les surfaces sont des coniques homothétiques; 2° les centres de ces coniques sont les perspectives des pôles des plans des courbes de contact de ces surfaces, relatifs à la surface A.

Les surfaces circonscrites à la surface A peuvent être infiniment aplaties, c'est-à-dire se réduire à des sections planes de cette surface. Alors la seconde partie du théorème exprime que *les centres des coniques, perspectives des sections planes de la surface A, sont les perspectives des sommets des cônes circonscrits à A suivant ces sections.*

De là résulte une troisième propriété de la projection stéréographique d'un cercle de la sphère, savoir : *Le centre du cercle,*

---

[1] *Annales de Mathématiques,* t. XVIII, p. 326.—*Der barycentrische Calcul,* 3ᵉ section, c. II.

M. Cayley ayant démontré analytiquement le théorème relatif au triangle, et dit qu'il s'appliquait au tétraèdre (*The Quarterly Journal of Mathematics,* t. I, 1857, p. 7-10), M. Ferrers a donné pour ce cas de l'espace deux démonstrations analytiques (*ibid.* t. I, p. 193 et 241), et M. Brioschi, dans le même temps, une démonstration fondée sur la théorie des déterminants, d'une simplicité bien remarquable. (*Ibid.* t. I, p. 369.)

[2] *Annales de Mathématiques,* t. XIX, 1828-1829, p. 157-175.

*projection d'un cercle de la sphère, est la projection du sommet du cône
circonscrit à la sphère suivant le cercle* [1].

Au théorème général ci-dessus en correspond corrélativement
un autre, dont nous citerons ce cas particulier : *Lorsque deux surfaces du second ordre sont circonscrites l'une à l'autre, le plan tangent
à l'une en un de ses ombilics coupe l'autre suivant une conique qui a
un foyer en ce point et pour directrice correspondante la trace du plan
de la courbe de contact des deux surfaces sur le plan coupant.* Dans le
cas d'une sphère et d'un cône circonscrit, on retrouve le théorème
de MM. Dandelin et Quetelet, qui en ont fait un utile usage pour
la théorie des coniques.

1829.   *Transformation parabolique.* — En prenant une parabole pour
courbe *directrice*, dans la théorie des polaires, on transforme immédiatement la grandeur d'un segment rectiligne ; ce qui conduit avec
une grande facilité à de nombreux résultats. Ce procédé de transformation des figures a été le sujet de deux Mémoires qui ont paru
dans la *Correspondance mathématique et physique* de M. Quetelet [2].

C'est là que se trouve démontrée, en premier lieu, cette propriété
curieuse des courbes géométriques : *Le centre des moyennes distances des points de contact d'une courbe géométrique et de ses tangentes
(réelles ou imaginaires) parallèles entre elles est un point fixe, quelle
que soit la direction commune des tangentes ;* théorème étendu aux surfaces par voie de transformation et par une démonstration directe [3].

---

[1] Cette propriété de la projection stéréographique avait été communiquée antérieurement à Hachette, et insérée dans
ses *Éléments de Géométrie à trois dimensions,* partie algébrique, p. 270. Elle a été
démontrée aussi depuis par Dandelin.

On trouve dans le *Mathematical Repository* (vol. V, part II, 1830, p. 143-
156; et vol. VI, part II, 1835, p. 41-
53) des Notes historiques intéressantes de
Th. S. Davies, sur la *Projection stéréographique.*

[2] *Premier Mémoire sur la transformation métrique des figures.* (Voir *Correspondance mathématique,* etc. t. V, 1829,
p. 281-324.) — *Second Mémoire sur la
transformation parabolique des relations
métriques des figures.* (*Ibid.* t. VI, 1830,
p. 1-25.)

[3] *Ibid.* t. VI, p. 81-84.

Ces Mémoires sur les transformations paraboliques ont donné
lieu à des observations et à des développements de la part de
M. Poncelet, publiés dans le même recueil[1].

Cônes et surfaces du second ordre de révolution. — Coniques sphériques.

On peut s'étonner que, jusque vers la fin du premier tiers de ce
siècle, on n'ait eu l'idée d'étudier ni les propriétés des cônes du second ordre, qui servent à engendrer les coniques, ni celles des
courbes qui tiennent sur la sphère le rang des coniques sur le
plan.

Les anciens formaient les coniques dans le cône à base circulaire.
La question inverse se présentait naturellement : *Le cône mené par
une conique, et ayant pour sommet un point quelconque de l'espace, est-il
à base circulaire;* en d'autres termes, *peut-on couper ce cône suivant
un cercle?* C'est Descartes qui, le premier, se posa cette question,
qu'il résolut affirmativement, comme on le voit dans le recueil de
ses lettres [2].

C'était là peut-être la seule propriété des cônes du second ordre
que l'on connût, quand M. Magnus, dans le tome XVI des *Annales de Mathématiques* de Gergonne, démontra l'existence, dans
ces cônes, de deux droites analogues aux foyers des coniques,
qu'il appela *lignes focales*, lesquelles jouissent de ces deux propriétés : 1° *La somme des angles que les arêtes du cône font avec les
deux lignes focales est constante;* 2° *Les plans menés par une arête et par
les deux lignes focales font des angles égaux avec le plan tangent au
cône suivant l'arête.*

M. Magnus fit observer que ces propriétés du cône impliquaient

---

[1] *Notes sur quelques principes généraux de transformation des relations métriques des figures et spécialement des relations métriques projectives orthogonalement,
en d'autres qui le soient coniquement.* (Voir
Correspondance mathématique et physique
de M. Quetelet, t. VII, 1832, p. 118-
123, et 141-158.)

[2] Édition in-12, 1725, tome VI,
p. 328.

de pareilles propriétés dans les *coniques sphériques*, et que la première s'accordait avec un théorème donné par Fuss dans le tome III des *Nova Acta Petropolitana*, sur le lieu des sommets des triangles sphériques ayant même base et la somme de leurs côtés constante.

Telles étaient, je crois, les seules propriétés des cônes et des coniques sphériques que l'on connût, il y a une quarantaine d'années. Il semblait cependant que l'étude des cônes dût donner lieu à de nombreuses questions analogues à celles que l'on résolvait déjà sur les coniques planes, et en outre qu'elle dût être une introduction nécessaire à l'étude générale des surfaces complètes du second ordre.

La théorie des cônes fut alors le sujet de deux Mémoires qui, sous les auspices de l'illustre et zélé secrétaire perpétuel de l'Académie royale de Bruxelles, M. Quetelet, très-versé lui-même dans les recherches de pure Géométrie, parurent dans les Mémoires de cette Académie.

1829. Le premier, intitulé: *Recherches de Géométrie pure sur les lignes et les surfaces du second degré*[1], comprend trois parties. Dans la première on considère un cône du second ordre comme la surface polaire d'une conique, relative à une sphère; ce qui conduit à diverses propriétés du cône. La deuxième partie, objet principal du Mémoire, renferme d'assez nombreuses propriétés des surfaces du second ordre de révolution. Dans la troisième partie se trouvent quelques propriétés des surfaces générales du second ordre, qui se rapportent notamment à la direction de leurs lignes de courbure en chaque point.

Le second Mémoire[2] est spécial aux cônes du second ordre; et c'est par des considérations directes, indépendantes des transformations polaires, que l'auteur traite ce sujet. Néanmoins toutes les propriétés des cônes s'y correspondent deux à deux, comme dans

[1] Voir *Nouveaux Mémoires de l'Académie des sciences et belles-lettres de* Bruxelles, t. V, 1829. — [2] *Ibid.* t. VI, 1830.

la théorie des polaires. Par exemple, aux lignes focales, déjà définies par M. Magnus, correspondent deux certains plans diamétraux, appelés *plans cycliques*, parce que c'est à ces plans que sont
parallèles les plans des sections circulaires d'un cône.

Ce Mémoire donnait lieu naturellement à un travail analogue relatif aux coniques sphériques. Les deux Mémoires ont été traduits
en anglais par un savant professeur de l'université de Dublin, le
Rev. Charles Graves, qui a joint à sa traduction des Notes et Additions fort importantes, et un Appendice contenant la méthode analytique propre à la Géométrie sphérique[1].

Note sur les propriétés générales du système de deux corps semblables,   1829.
placés d'une manière quelconque dans l'espace, et sur le déplacement fini
ou infiniment petit d'un corps solide libre [2]. — Considérant d'abord
deux polygones égaux placés d'une manière quelconque dans le
même plan (dont l'un soit regardé comme résultant du déplacement de l'autre, qui a glissé dans le plan), l'auteur démontre
qu'il existe un certain point autour duquel il suffit de faire tourner un des deux polygones pour l'amener à coïncider avec l'autre.
Conséquemment, *tout déplacement d'une figure dans son plan n'est*
autre qu'une rotation autour d'un point qui reste fixe.

Méthode des tangentes. — Si l'on suppose le déplacement *infiniment*
petit, il en résulte une méthode pour mener les normales, et conséquemment les tangentes, aux points d'une courbe, quand on
peut considérer celle-ci comme décrite par quelque point d'une
figure en mouvement, ce dont il existe beaucoup d'exemples. Aussi

---

[1] *Two geometrical Memoirs on the pro-*
perties of Cones of the second degree and on
the spherical Conics, by M. Chasles. Trans-
lated from the french, with Notes and Ad-
ditions and an Appendix on the Application
of Analysis to spherical Geometry, by the
Rev. Charles Graves. Dublin, 1841, in-8°.

Cet ouvrage, édité par le *Trinity Col-*
lege, comme étant propre à guider les
jeunes sous-gradués dans la culture des
méthodes de la Géométrie pure, a fait
partie depuis lors de l'enseignement dans
l'université de Dublin.

[2] *Bulletin des sciences mathématiques*
du baron de Férussac, t. XIV (novembre
1830), p. 321-326.

ce théorème sur le *centre instantané de rotation* d'une figure plane, et la méthode des tangentes qui s'ensuit, ont-ils été reproduits et appliqués souvent dans diverses recherches. Ils se prêtent aussi à la détermination des centres de courbure, dans beaucoup de questions, comme on le verra, notamment, au sujet des travaux de MM. Transon, Bresse et Mannheim, et au chapitre IV.

Lorsque les deux polygones construits dans le même plan ne sont plus égaux, mais *semblables*, il existe encore un point qui, considéré comme appartenant à l'un, coïncide avec son homologue dans l'autre.

Passant aux figures à trois dimensions, on démontre que, deux corps semblables étant placés d'une manière quelconque, il existe encore un certain point O qui, considéré comme appartenant à l'un des corps, èst lui-même son homologue dans l'autre corps, et en outre une certaine droite X, passant par ce point, qui, regardée comme appartenant à l'un des corps, coïncide avec son homologue de l'autre corps. Il suffit de faire tourner l'un des corps autour de cette droite pour l'amener à être *homothétique*, c'est-à-dire semblablement placé par rapport à l'autre.

Lorsque les deux corps sont égaux, le point O est à l'infini, et la droite X subsiste. Il s'ensuit que, par une rotation autour de cette droite, puis une translation dans le sens de la droite, on amène un des corps à coïncider avec l'autre. En d'autres termes : *Tout déplacement fini d'un corps dans l'espace peut s'effectuer par le mouvement d'une vis dans son écrou.*

Ce théorème, aujourd'hui bien connu, complète celui du centre instantané des figures planes; l'un et l'autre forment la base première des traités de *Cinématique* introduits depuis quelques années dans l'étude de la Mécanique.

Nous citerons encore cette propriété du système de deux corps égaux : *Les milieux des cordes qui joignent les points correspondants des deux corps forment un troisième corps, qui peut recevoir un mouvement infiniment petit, dans lequel les trajectoires de ses points seront les cordes elles-mêmes.*

Ces questions du déplacement d'un corps dans l'espace sont susceptibles de nombreux développements et d'applications à la théorie des surfaces, comme à celle des courbes planes. Elles ont été le sujet de deux nouveaux Mémoires de l'auteur, relatifs : l'un au déplacement infiniment petit, et l'autre au déplacement fini quelconque, dont il sera parlé ultérieurement (chap. II et IV).

Construction graphique des tangentes et des rayons de courbure des 1830. *courbes géométriques* [1].

La double construction dont il s'agit est toute géométrique, et par conséquent rigoureuse. Elle est dite *graphique*, parce qu'on suppose que la courbe est tracée; mais elle s'exprime analytiquement si l'équation de la courbe est donnée. Cette construction repose sur la propriété suivante, énoncée par Newton dans son *énumération* des courbes du troisième ordre, et étendue depuis aux courbes de tous les ordres dans la *Géométrie de position* de Carnot : « Si par un point O, pris dans le plan d'une courbe d'ordre m, on « mène deux droites OA, OB, parallèles à deux axes fixes, les pro- « duits des segments compris sur ces droites entre le point O et la « courbe ont un rapport constant, quel que soit ce point. »

Appelons θ le rapport constant.

Pour construire la tangente en un point m de la courbe, on mène par ce point deux droites ma', mb', parallèles aux deux premières OA, OB. Ces droites rencontrent la courbe en deux séries de $(m-1)$ points a', a'', ... et b', b'', ..., et l'on forme les deux produits de segments $ma'.\,ma''$...., $mb'.\,mb''$..... Le rapport des sinus des

---

[1] *Bull. des sciences mathématiques* du baron de Férussac, t. XIII, 1830, p. 391-393.

angles α, β, que la tangente à la courbe au point m fait avec les deux droites ma, mb, a pour expression :

$$\frac{\sin\alpha}{\sin\beta} = \frac{1}{\theta} \cdot \frac{ma'.ma''\dots}{mb'.mb''\dots} \, ;$$

ce qui détermine la direction de la tangente.

Pour construire le cercle osculateur au point m, on prend la droite OA parallèle à la tangente en ce point. Cette tangente rencontre la courbe en $(m-2)$ points a'', a''',... L'autre droite, menée par le point m parallèlement à OB, rencontre la courbe en $(m-1)$ points b', b'',... et le cercle osculateur en un point ρ. Ce point se construit par l'expression

$$m\rho = \frac{1}{\theta}\frac{mb'.mb''\dots}{ma''.ma'''\dots} \, .$$

Le cercle osculateur est ainsi déterminé [1].

Des recherches qui ont fait suite immédiate à celles dont il vient d'être question dans ce paragraphe vont se trouver dans le chapitre suivant.

[1] M. H. J. S. Smith, en citant ces constructions des deux problèmes, a considéré le cas où la courbe a un point double. Il construit les tangentes et les cercles osculateurs aux deux branches de la courbe en ce point. (V. *The Cambridge and Dublin Mathem. Journal*, t. VII, 1852 : *On some geometrical Constructions*, p. 118-126.)

CHAPITRE II.

—

I

Une pensée principale a présidé à l'élaboration de l'*Aperçu historique*, celle de montrer que la Géométrie, regardée depuis plus d'un siècle comme impuissante par elle-même, et devant tirer toutes ses ressources et ses acquisitions de l'Analyse algébrique, était, au contraire, susceptible de principes généraux et de méthodes fécondes comme celles de l'Analyse ; que ces méthodes avaient même parfois des avantages propres, en permettant de pénétrer jusqu'à l'origine des vérités et de mettre à nu la chaîne mystérieuse qui les relie entre elles.

L'ouvrage comprend trois parties distinctes. La première est un exposé historique de l'origine et du développement des différentes branches de la science. Dans la deuxième partie se trouvent, sous le titre de *Notes* (au nombre de trente-quatre), quelques développements historiques préparant la solution de certaines questions restées couvertes d'obscurité, et surtout des résultats mathématiques nouveaux, qui ont fait le sujet de divers Mémoires publiés depuis. La troisième partie renferme deux Mémoires distincts sur la *dualité* et sur l'*homographie*, c'est-à-dire sur les figures *corrélatives* et sur les figures *homographiques*, expressions aujourd'hui consacrées.

C'est cette troisième partie qui a donné lieu à la composition de l'ouvrage. Par cette raison, nous en parlerons d'abord. Puis nous ferons connaître le sujet de plusieurs des Notes qui forment la deuxième partie.

II

La *théorie des figures homologiques* et celle des *polaires réciproques*, qui sont la base des beaux travaux de l'illustre général Poncelet, donnèrent une heureuse impulsion aux recherches de pure Géométrie. Mais ces deux méthodes de transformation des figures étaient susceptibles d'une généralisation que les progrès de la science rendaient nécessaire. Si la transformation des propriétés descriptives ne présentait aucune difficulté, il n'en était pas de même des propriétés métriques, dont la transformation ne se faisait que dans des limites assez restreintes. En outre, les deux figures, dans l'une comme dans l'autre méthode, avaient entre elles des relations de position qui restreignaient les conditions auxquelles on aurait voulu satisfaire dans la construction d'une nouvelle figure.

Il y avait donc à désirer, d'une part, un type plus étendu de relations métriques transformables, et, d'autre part, un procédé de construction de figures transformées satisfaisant à des données et à des conditions plus générales que celles auxquelles étaient assujetties les figures *homologiques* et les *polaires réciproques*.

Ces considérations donnèrent lieu à un travail intitulé: *Mémoire de Géométrie sur deux principes généraux de la science, la Dualité et l'Homographie*, adressé (en janvier 1830) à l'Académie royale des sciences de Bruxelles, en réponse à la question suivante: *On demande un examen philosophique des différentes méthodes employées dans la Géométrie récente, et particulièrement de la méthode des polaires réciproques.*

Ce Mémoire était précédé de quelques recherches historiques qui, lors de l'impression, ont pris une plus grande extension, et ont formé le volume intitulé : *Aperçu historique sur l'origine et le développement des méthodes en Géométrie, particulièrement de celles qui se rapportent à la Géométrie moderne, suivi d'un Mémoire de Géométrie sur deux principes généraux de la science, la Dualité et l'Homographie*[1].

III

Par *principe de dualité* on entendait, nous l'avons déjà dit dans le chapitre précédent (§ 15, p. 41), la dépendance qui a lieu entre deux figures dans lesquelles, aux points et aux plans de l'une correspondent respectivement des plans et des points de l'autre, comme dans les figures polaires réciproques.

Ces figures, que l'on a appelées *corrélatives*, offrent une plus grande généralité que celles de la théorie des *polaires réciproques*, parce que, une figure étant donnée, on peut prendre arbitrairement cinq éléments, par exemple, des points ou des plans, qui correspondront, dans la figure corrélative, à cinq éléments, plans ou points de la figure proposée.

Les propriétés descriptives de ces figures se transforment sans aucune difficulté, comme dans la théorie des polaires.

Quant aux propriétés de grandeur ou de mesure *linéaire*, appelées, d'après Poncelet, propriétés *métriques*, on les ramène à un type unique, savoir à une fonction de quatre segments auxquels donnent lieu quatre points en ligne droite. Que ces points soient a, b, c, d, la fonction sera $\frac{ac}{ad} : \frac{bc}{bd}$; les segments ayant des signes, suivant la règle algébrique de la Géométrie de Descartes. Cette fonction a été appelée *rapport anharmonique* des quatre points a, b, c, d; expression maintenant généralement en usage.

La théorie des figures *corrélatives* les plus générales se peut ren-

---

[1] In-quarto, Bruxelles, 1837. — Ce volume forme le tome XI des Mémoires couronnés par l'Académie de Bruxelles. Une traduction allemande de l'ouvrage (moins la troisième partie), due à M. le docteur Sohncke, professeur à l'université de Halle, a paru sous ce titre : *Geschichte der Geometrie, hauptsächlich mit Bezug auf die neueren Methoden. Von Chasles. Aus dem Französischen übertragen durch* Dr *L. A. Sohncke.* Halle, 1839, in-8°.

fermer dans une relation fort simple entre les coordonnées d'un point d'une des deux figures et les paramètres de l'équation du plan correspondant de l'autre figure. Il faut et il suffit pour cela que l'équation du plan renferme au premier degré les coordonnées du point.

Ainsi x', y', z' étant les coordonnées d'un point de la première figure, l'équation du plan corrélatif sera

$$X x' + Y y' + Z z' = D;$$

X, Y, Z, D étant des fonctions linéaires des coordonnées courantes, telles que $(ax + by + cz + d)$.

Cette équation renferme quinze coefficients arbitraires, a, b, c, $d, a', b', \ldots$; de sorte que, une figure étant donnée, on pourra satisfaire, dans la construction de la figure corrélative, à quinze conditions. Aussi peut-on former bien des types différents de figures corrélatives.

On prendra, par exemple, à volonté les cinq plans qui correspondront à cinq points désignés dans la figure donnée. Alors la construction géométrique des points et des plans de la figure corrélative se fait fort simplement.

Cet exemple suffirait, indépendamment de la considération des quinze coefficients arbitraires, pour montrer ce que les figures corrélatives ont de plus général que les figures polaires réciproques; car dans celles-ci les conditions données doivent comporter la détermination d'une surface du second ordre, ce qui généralement n'est pas possible. Par exemple, on ne peut pas construire une telle surface, dans laquelle quatre plans pris à volonté seraient les plans polaires de quatre points donnés [1].

Dans le système de deux figures corrélatives le plus général, il existe toujours une certaine surface du second ordre qui jouit de cette propriété, que les plans corrélatifs des points de cette surface,

---

[1] Cela résulte du théorème énoncé au commencement du paragraphe 24 du chapitre précédent, p. 72.

considérée comme appartenant à la première figure, passent par ces points eux-mêmes; ce qui n'a pas lieu pour d'autres points.

Mais, dans certains systèmes particuliers, cette propriété appartient à tous les points d'une figure. Le déplacement infiniment petit d'une figure dans l'espace en offre un exemple, car, *Lorsqu'une figure éprouve un déplacement infiniment petit, les plans normaux aux trajectoires de ses points enveloppent une figure corrélative.*

Un déplacement fini quelconque d'une figure dans l'espace donne lieu aussi à des figures corrélatives, dans lesquelles les plans d'une figure passent par les points auxquels ils correspondent.

La considération d'un système de forces sollicitant un corps solide libre conduit à un pareil système de figures corrélatives, d'après ce théorème: *Si l'on conçoit dans l'espace un système de forces, et que l'on prenne les plans des moments principaux de ces forces, relatifs à tous les points d'une figure, ces plans envelopperont une figure corrélative.*

On peut se servir d'une surface du second ordre pour former des figures corrélatives différentes des polaires réciproques, et qui se prêtent à des conséquences particulières.

IV

Les figures *homographiques* les plus générales sont caractérisées par l'expression suivante des trois coordonnées d'un point d'une figure, en fonction des coordonnées du point correspondant de l'autre figure :

$$x = \frac{ax' + by' + cz' + d}{a'''x' + b'''y' + c'''z' + d'''},$$

$$y = \frac{a'x' + b'y' + c'z' + d'}{a'''x' + b'''y' + c'''z' + d'''},$$

$$z = \frac{a''x' + b''y' + c''z' + d''}{a'''x' + b'''y' + c'''z' + d'''}.$$

Quinze des coefficients a, b, c, d, a', b', . . ., sont arbitraires. Ce qui montre que, une figure étant donnée, on peut assujettir la construction d'une figure homographique à quinze conditions, de même que la construction des figures corrélatives.

Par exemple, la détermination d'un point ou d'un plan dépendant de trois conditions, on pourra demander qu'à des points et à des plans au nombre de cinq de la première figure correspondent, dans la figure homographique, des points et des plans donnés.

On peut satisfaire ainsi à des conditions de position de la nouvelle figure par rapport à la figure proposée.

Cela suffit pour montrer ce que les figures homographiques ont de plus général que les figures homologiques.

Nous n'entrerons dans aucun détail sur les développements et les nombreuses applications de cette double théorie des figures corrélatives et des figures homographiques, qui forment la troisième partie de l'*Aperçu historique* (p. 575-848).

V

La deuxième partie de l'ouvrage renferme, comme nous l'avons dit, des recherches relatives à quelques points historiques, et surtout des résultats mathématiques.

Nous allons indiquer d'abord les principales questions auxquelles se rapportent ces résultats.

La célèbre question des Porismes d'Euclide, présentée sous un point de vue nouveau, avec les éléments nettement formulés d'une restitution complète des trois livres de l'auteur grec, est le sujet de la Note III (p. 274-284). Ces principes de restitution, développés depuis, ont donné lieu à l'ouvrage publié en 1860 sous ce titre : *Les trois livres de Porismes d'Euclide, rétablis pour la première fois, d'après la Notice et les Lemmes de Pappus, et conformément au sentiment de R. Simson sur la forme des énoncés de ces propositions.* Il sera question de cet ouvrage dans notre quatrième chapitre.

VI

Les théories élémentaires qui ont formé, depuis, les bases du *Traité de Géométrie supérieure* et du *Traité des sections coniques*, ouvrages dont il sera parlé plus loin (chap. ıv), sont aussi le sujet de plusieurs Notes.

Dans la Note IX (p. 302-308) se trouvent la définition et les propriétés principales du *rapport anharmonique* de quatre points ou de quatre droites, et différentes expressions de l'égalité de deux rapports anharmoniques.

La théorie de l'*involution de six points*, qui était tout entière à créer, car, bien que l'on ait appelé involution de six points la relation qui a lieu entre les points d'intersection des côtés et des diagonales d'un quadrilatère et d'une transversale quelconque, on ne pouvait faire aucun usage de cette relation, par la raison que l'on ne donnait pas de signes aux segments; cette théorie, disonsnous, est le sujet de la Note X (p. 308-327), où l'on trouve les équations très-diverses qui expriment l'involution, et les propriétés qui se rapportent à ce système de six points[1].

La Note XV et la Note XVI (p. 334-344) font connaître les propriétés anharmoniques relatives aux points et aux tangentes d'une conique, propriétés qui conduisent à une théorie complète de ces courbes, comme il sera dit au chapitre ıv.

VII

La Note XXI (p. 350-353) renferme quelques propriétés des *Ovales de Descartes*, notamment divers modes de génération de ces

[1] Ces Notes IX et X ont été reproduites et développées par le savant géomètre T. S. Davies, professeur à l'Académie militaire de Woolwich, sous le titre de : *Modern Geometry,* dans le journal *The Mathematician,* vol. I, 1845, p. 169-181, 243-256. Nous devons citer aussi l'excellent ouvrage de M. John Mulcahy : *Principles of modern Geometry, with numerous applications to plane and spherical figures.* Dublin, 1852, in-8°.

courbes au moyen de deux cercles, ou d'un seul, ou de deux séries de paraboles homofocales.

La construction par deux cercles est fort simple : *Qu'autour d'un point fixe pris sur la droite des centres on fasse tourner une transversale: les rayons menés aux points d'intersection de cette droite et des cercles se rencontrent en des points dont le lieu est une ovale ayant ses foyers aux centres des cercles.*

La construction au moyen d'un cercle est une transformation du cercle, qui s'applique à des courbes quelconques. Les équations polaires de deux courbes étant $F(r, \theta)=0$ et $F(\rho, \omega)=0$, si ρ est une fonction de r, et ω une fonction de θ, on dira que la deuxième courbe est une transformée de la première.

Que l'on prenne $\omega = 2\theta$, et $\rho a = r^2$, a étant une constante; alors, si la première courbe est un cercle, le pôle étant un point quelconque, *la transformée sera une ovale de Descartes ayant un foyer au pôle.*

La transformée d'une droite est une *parabole*. On conclut de là qu'une ovale de Descartes est le lieu des points d'intersection de deux séries de paraboles de même foyer, dont les unes passent par un point fixe, les autres par un second point fixe, et dont les axes font entre eux un angle de grandeur constante [1].

En considérant que les ovales de Descartes sont la projection stéréographique de la courbe d'intersection d'une sphère et d'un cône de révolution [2], on a conclu que ces courbes ont toujours

---

[1] M. Salmon, en citant ce procédé de transformation dans son excellent *Traité des courbes d'ordre supérieur,* en a fait diverses applications (*A Treatise on the higher plane curves,* p. 241).

M. W. Roberts a généralisé cette transformation en prenant

$$\omega = n\theta \quad \text{et} \quad \rho = r^{\pm n},$$

et a remarqué que deux courbes transformées se coupent sous le même angle que les deux courbes primitives; proposition importante, qui l'a conduit à de belles propriétés des courbes, particulièrement à divers systèmes de courbes orthogonales. (Voir *Journal de Mathématiques* de M. Liouville, t. XIII, p. 209-220, 1848.)

[2] Théorème de M. Quetelet. (*Correspondance mathématique et physique,* t. V, 1829, p. 114.)

deux points doubles imaginaires à l'infini *sur un cercle* [1]. M. Cayley a remarqué depuis que ces points doubles sont des points de *rebroussement* [2].

Une autre propriété très-importante des ovales se trouve aussi dans cette Note XXI, c'est qu'*elles possèdent trois foyers*, c'est-à-dire que, outre les deux foyers auxquels se rapporte leur équation $ar + br' = c$, elles en possèdent un troisième, qui, associé à l'un ou à l'autre des deux premiers, donne lieu à une équation semblable.

Cette propriété des ovales a été le point de départ de plusieurs recherches récentes, dues notamment à MM. Sylvester, Cayley et Crofton [3]. M. Hart avait déjà reconnu que les ovales qui ont leurs trois foyers communs forment deux séries de courbes qui se coupent deux à deux à angle droit en leurs huit points d'intersection [4]. Nous aurons à citer, au chapitre v, d'autres propriétés de ces ovales, découvertes par MM. Mannheim et Darboux.

VIII

La Note XVIII (p. 372-375) renferme la solution de ce problème : *Étant données quatre surfaces du second ordre inscrites dans une surface du même ordre U, construire une surface du second ordre inscrite aussi dans U et tangente aux quatre surfaces données.* Cette

[1] Ces points appartiennent aux asymptotes du cercle qui est l'*indicatrice* de la sphère au point d'où partent les rayons projetants. (*Aperçu hist.* p. 250 et 353.)

[2] *Journal de Mathématiques*, t. XV, 1850, p. 354.

[3] On doit à M. Sylvester ce beau théorème : *Trois points pris en ligne droite sur une cubique circulaire* (c'est-à-dire qui passe par les deux points imaginaires à l'infini sur un cercle) *sont les foyers d'une ovale qui passe par les quatre foyers de la cubique* (*Educational Times*, juillet 1866,

p. 88), proposition démontrée par M. Cayley (*ibid.* août, p. 106) et par M. Crofton (*ibid.* octobre, p. 160).

M. Crofton a démontré plusieurs autres propriétés des ovales. (Voir *On Certain Properties of the Cartesian Ovals, treated by the Method of Vectorial Co-ordinates*, inséré dans les *Proceedings* de la Société mathématique de Londres, mars 1866.)

[4] *An account of some transformations of curves.* (Voir *The Cambridge and Dublin Mathematical Journal*, t. VIII, 1853, p. 47-50.)

solution devient celle du célèbre problème d'une sphère tangente à quatre sphères données, en supposant que la surface U se réduise à une conique représentant une surface infiniment aplatie, puis que cette conique soit le cercle maginaire situé à l'infini.

IX

Trois diamètres conjugués déterminent un ellipsoïde. La Note XXV a pour objet de construire en grandeur et en direction les trois axes de l'ellipsoïde, question dans laquelle on s'était borné à donner l'équation du troisième degré qui détermine la grandeur des axes. Par un simple raisonnement fondé sur le *principe de continuité*, ou, en d'autres termes, des *relations contingentes*, nommant ainsi les relations qui existent dans un état général d'une figure et disparaissent (devenant imaginaires) dans un autre état également général de la figure, on est conduit à deux constructions de la question. Puis on en conclut quelques théorèmes nouveaux. Nous citerons celui-ci : *Si l'on demande que trois diamètres conjugués d'un ellipsoïde aboutissent à trois points donnés, et que deux axes de l'ellipsoïde soient de grandeur donnée, tous les ellipsoïdes satisfaisant à ces conditions ont leurs centres sur une courbe du quatrième ordre, qui est une ligne de courbure commune à deux surfaces homofocales.*

Si les trois axes de l'ellipsoïde sont donnés en grandeur, huit ellipsoïdes satisfont à la question; leurs centres sont les huit points d'intersection de trois surfaces homofocales.

X

La Note XXX (p. 376-383) se rapporte à un système de *surfaces réciproques*, dont il paraît que Monge s'était occupé, car la définition analytique de ces surfaces nous a été conservée dans une liste de ses Mémoires [1].

[1] Voici la simple note que l'on possède sur ce travail de Monge : «x, y, z étant «les coordonnées d'un point d'une surface courbe, pour lequel on a l'équation

On démontre que les surfaces dont il s'agit sont des polaires réciproques relatives à un paraboloïde.

On fait connaître ensuite un nouveau système de *surfaces réciproques*, dérivé de la considération du mouvement infiniment petit d'un corps dans l'espace, et qui s'exprime par des relations différentes de celles de Monge, mais aussi simples. On donne enfin les formules générales qui comprennent, comme cas particuliers, ces deux systèmes de surfaces réciproques.

Le Mémoire de Monge n'a pas été publié, et l'on n'a jamais su quel en était le sujet; mais, comme l'illustre auteur avait ramené aux quadratures *l'intégration de l'équation différentielle à deux variables* $y = xFp + fp$, F *et* f *étant des fonctions quelconques de* $p = \dfrac{dy}{dx}$, par la considération de *courbes réciproques* [1], on était induit à penser que les *surfaces réciproques* avaient pu servir à l'intégration des équations aux différences partielles à trois variables. Effectivement la Note XXX développe le calcul qui pouvait satisfaire à la question [2]. Et, en outre, cette conjecture a été confirmée depuis par un beau travail de M. A. de Morgan, l'éminent professeur de l'*University College* de Londres.

[1] «$dz = pdx + qdy$, les coordonnées x', y', z' «de son point réciproque ont pour expres-«sions

$$x' = p, \quad y' = q, \quad z' = px + qy - z.$$

«Le lieu de tous ces points réciproques «est la surface *réciproque* de la surface «proposée. La réciprocité de ces deux «surfaces consiste en ce que la première «surface est le lieu des points réciproques «de la deuxième, comme la deuxième est «le lieu des points réciproques de la pre-«mière.» (Voir *Application de l'Analyse à la Géométrie*, 4ᵉ édit. 1809, p. IV.)

[1] *Corresp. sur l'École Polytechnique*, t. I, 1805, p. 73.

[2] M. A. de Morgan, dans un Mémoire sur l'intégration des équations aux différences partielles, donne deux méthodes, dont la seconde coïncide avec celle que propose la Note de l'*Aperçu* comme pouvant avoir été l'objet du Mémoire de Monge; coïncidence que fait connaître M. de Morgan. (Voir *Methods of Integreting Partial Differential Equations. Transactions de la Société philosophique de Cambridge*, vol. VIII, 1849, p. 606-613.) — *On some points of the integral Calculus*. (*Ibid.* vol. IX, part II, 1851, p. 119.)

XI

Les théorèmes de Pascal et de Brianchon relatifs à l'hexagone inscrit ou circonscrit à une conique faisaient désirer quelques propriétés analogues des surfaces du second ordre. Cette recherche a été le sujet de la Note XXXII.

En observant que ces théorèmes se peuvent rapporter à un simple triangle en présence d'une conique, on a été conduit à une double propriété d'un tétraèdre et d'une surface du second ordre, qui, à ce point de vue, est une généralisation admissible. Voici l'énoncé correspondant au théorème de Pascal :

Lorsque les six arêtes d'un tétraèdre rencontrent une surface du second ordre en douze points, on peut considérer ces points comme étant trois à trois sur quatre plans déterminés chacun par trois points appartenant à trois arêtes du tétraèdre issues d'un même sommet: ces plans rencontrent respectivement ceux des faces opposées aux sommets, suivant quatre droites qui sont les génératrices d'un même système d'un hyperboloïde.

Le théorème corrélatif correspond au théorème de Brianchon. Les deux théorèmes donnent lieu à plusieurs corollaires. Il existe d'autres théorèmes généraux relatifs à un tétraèdre et à une surface du second ordre [1].

XII

Diverses propriétés des courbes à double courbure du troisième ordre, dont on ne connaissait encore qu'une seule, due à M. Möbius [2], et des propriétés de la développable lieu des tangentes de cette courbe, font le sujet de la Note XXXIII (p. 403-407). Nous

[1] *Aperçu,* Note XXXII, p. 400-403. Th. Weddle, jeune géomètre enlevé prématurément aux sciences, a démontré ces théorèmes et plusieurs autres présentant aussi de l'analogie avec les théorèmes de Pascal et de Brianchon, dans le *Cambridge and Dublin Mathematical Journal,* t. IV, 1849, p. 26-44; t. V, 1850, p. 58-69, 238-243; t. VII, 1852, p. 10-13. Ajoutons surtout que l'auteur est parvenu, en outre, à une relation entre dix points d'une surface du second ordre, ce qui était le but principal dans ces recherches. (*Ibid.* t. V, p. 226-235.)

[2] L'éminent géomètre, en donnant les expressions barycentriques de la courbe

aurons à revenir sur ces courbes du troisième ordre dans notre chapitre IV.

XIII

Nous citerons enfin la Note XXXI (p. 384-399), qui, sous le titre de *Propriétés nouvelles des surfaces du second ordre, analogues à celles des foyers dans les coniques*, renferme un grand nombre de théorèmes concernant soit une seule surface, soit le système triple de surfaces homofocales : théorèmes qui sont devenus d'un usage important dans beaucoup de recherches depuis quelques années.

Les propriétés relatives à une surface se rapportent principalement à deux coniques qui, dans la surface, jouent, chacune, le rôle des deux foyers dans les coniques. Ces deux courbes sont précisément celles que M. Dupin avait trouvées, ainsi que nous l'avons dit (chap. I), comme étant chacune le lieu des foyers de l'autre, et le lieu des sommets des cônes de révolution passant par une conique, puis comme lieux des ombilics du système triple de surfaces du second ordre orthogonales, et aussi comme limites de ces surfaces, qui, perdant une dimension, s'aplatissent et se réduisent à des coniques; mais l'illustre géomètre n'avait pas étudié leurs rapports avec une des surfaces. Ces courbes avaient aussi été remarquées, à des points de vue différents, par Binet[1], comme lieux des points de l'espace pour lesquels un corps solide a deux de ses moments d'inertie principaux égaux entre eux; par Ampère[2], comme le lieu des points d'un corps qui admettent une infinité d'axes permanents de rotation; par MM. Quetelet[3], Demonfer-

---

gauche du troisième ordre, de ses plans osculateurs et de ses tangentes, a reconnu que *les points d'intersection des tangentes et d'un plan osculateur sont sur une conique. (Der barycentrische Calcul, ein neues Hülfsmittel zur analytischen Behandlung der Geometrie. Leipzig, 1827.)*

[1] *Journal de l'École Polytechnique,* XVIe cahier, p. 63.

[2] *Mémoire sur les axes permanents de rotation des corps. (Voir Mém. de l'Acad. des sciences,* t. V, 1826, p. 86-152.)

[3] *Nouveaux Mémoires de l'Académie de Bruxelles,* t. II, 1820, p. 151. — *Correspondance mathématique,* t. III, p. 274.

rand [1] et Morton [2], comme le lieu des sommets des cônes de révolution qu'on peut faire passer par une conique (ainsi que l'avait fait, dès le principe, M. Dupin); enfin, par Steiner [3] et Bobillier [4], comme le lieu des sommets des cônes de révolution qu'on peut circonscrire à une surface du second ordre.

Mais dans ces recherches rien n'avait fait soupçonner l'analogie qui existe entre les propriétés de ces courbes, à l'égard de la surface dans laquelle on les considère, et les propriétés des foyers d'une conique.

On démontre ici que chacune des deux courbes est, à l'égard de la surface, ce qu'est le système des deux foyers à l'égard d'une conique. Par cette raison, les deux courbes sont nommées *coniques focales* ou *excentriques* de la surface.

Les surfaces qui ont une même conique focale ont nécessairement en commun la seconde conique focale.

Ces surfaces *homofocales* donnent lieu à de nombreuses propriétés; une, entre autres, que l'auteur dit être la plus importante, c'est qu'elles sont toutes inscrites dans une même développable imaginaire, dont les deux coniques focales sont des lignes doubles (ou lignes de striction, suivant l'expression de Poncelet); les deux autres lignes de striction sont imaginaires : l'une est une troisième focale comprise dans le troisième plan principal commun à toutes les surfaces, et l'autre est à l'infini.

Le lieu des pôles d'un plan relatifs aux surfaces est une droite perpendiculaire au plan [5]; etc.

Parmi les théorèmes relatifs à une surface, on distingue celui-ci :

Le cône circonscrit à une surface a pour axes principaux les nor-

[1] *Bulletin de la Société philomathique*, ann. 1825, p. 114.

[2] *Transactions de la Société philosophique de Cambridge*, t. III, 1re partie, p. 185.

[3] *Journal de Mathématiques* de Crelle, t. I, 1820, p. 38, et *Bulletin des sciences mathémat.* de Férussac, t. VII, 1827, p. 2.

[4] *Correspondance mathématique et physique*, de M. Quetelet, t. IV, 1828, p. 157.

[5] Comme au nombre des surfaces se trouvent les quatre coniques, lignes de striction de la développable, on conclut de ce théorème, à l'égard de la quatrième, qu'elle est le *cercle imaginaire situé à l'infini*.

males aux trois surfaces homofocales menées par son sommet, et pour lignes focales les génératrices de l'hyperboloïde à une nappe, qui est l'une de ces trois surfaces; d'où il résulte que les cônes de même sommet circonscrits à deux surfaces homofocales se coupent à angle droit, et, par suite, que *deux surfaces homofocales peuvent être considérées comme les deux nappes lieux des centres de courbure d'une famille de surfaces* [1].

M. Liouville a donné l'équation générale de ces surfaces [2].

Les théorèmes contenus dans cette Note XXXI ont toute la généralité désirable, à l'exception de deux. En signalant ces deux-là aux recherches des géomètres, l'auteur ajoute que leur généralisation permettrait sans doute de lever les difficultés que présente le problème de l'attraction des ellipsoïdes sur les points extérieurs. Effectivement, dans une simple note, à la fin de la partie historique de l'ouvrage (p. 556), se trouve une proposition qui, par sa généralité, satisfait au double *desideratum* signalé. Et depuis, ces théorèmes généralisés ont permis de traiter le problème de l'attraction des ellipsoïdes par des considérations nouvelles et très fécondes (voir ci-après, § 15).

XIV.

Recherches purement historiques.

Nous indiquerons ici les recherches qui, dans la Note XII, intitulée : *Sur la Géométrie des Indiens, des Arabes, des Latins et des Occidentaux au moyen âge* (p. 416-542), se rapportent à un passage célèbre de la Géométrie de Boèce, et à la Géométrie cultivée très-anciennement chez les Indiens.

En jetant un coup d'œil rapide sur l'état de la Géométrie chez les

[1] *Aperçu historique sur l'origine et le développement des méthodes en Géométrie,* p. 392.—Le cas particulier de deux surfaces homofocales de révolution et celui des deux coniques focales qui représentent deux surfaces homofocales infiniment aplaties se trouvaient dans le Mémoire de 1829 sur les surfaces du second ordre, mentionné au chapitre i, p. 76; et le cas général, dans deux écrits de 1831 et 1834. (Voir, à ce sujet, le *Journal,* etc. de M. Liouville, t. XI, 1846, p. 120-123.

[2] *Journal de Mathématiques,* t. XVI, 1851, p. 6.

Romains, l'auteur s'est attaché à la divination d'un passage obscur qui termine le premier livre de la Géométrie de Boèce, et se rapporte à un système arithmétique en usage chez les Pythagoriciens, et dont se servaient les arpenteurs romains. Ce passage avait résisté aux interprétations des érudits, depuis plus de deux siècles. L'explication qu'on en donne montre que le système décrit par Boèce, comme étant celui dont on se servait de son temps dans les calculs de la mesure des surfaces, était notre système actuel, qui se pratiquait alors avec neuf chiffres, sans le zéro; ces chiffres prenaient des valeurs de position croissantes en progression décuple, dans des colonnes, ce qui permettait de laisser une place vide où nous employons un zéro.

Dans le cours de cette explication se trouve une remarque alors inattendue, savoir, qu'il y a identité entre le système décrit par Boèce, et le sujet d'un petit traité de Gerbert (le pape Sylvestre II), intitulé : *De numerorum divisione*, dont on ignorait aussi la signification, et que l'on croyait dérivé en termes mystérieux de la science arabe.

Ces deux textes obscurs de Boèce et du pape Gerbert demandaient des développements qui ont fait le sujet de plusieurs communications à l'Académie des sciences [1], et les vues émises dans l'*Aperçu* ont été adoptées par les érudits [2]. Ainsi, il est reconnu

[1] Voir : *Comptes rendus de l'Académie des sciences*, t. VI, 1838, p. 618; t. VIII, p. 72; t. IX, p. 447; t. XVI, 1843 : *Explication des traités de l'Abacus*, p. 156-173 et 218-246; *Développements et détails historiques sur divers points du système de l'Abacus*, p. 1293-1320; t. XVII : *Recherche des traces du système de l'Abacus, après que cette méthode a pris le nom d'Algorisme; — Preuves que, à toutes les époques jusqu'au XVIe siècle, on a su que l'Arithmétique vulgaire avait pour origine cette méthode ancienne*, p. 143-154.

[2] Notamment par Humboldt, qui prenait d'autant plus d'intérêt au sujet, qu'il avait fait une étude approfondie des divers systèmes de chiffres usités chez les différents peuples, et sur l'origine de la valeur de position. (*Über die bei verschiedenen Völkern üblichen Systemen von Zahlzeichen und über den Ursprung des Stellenverthes in den indischen Zahlen.* Voir *Journal* de Crelle, t. IV, 1829, p. 205-231.) L'illustre auteur a approuvé pleinement, dans son *Cosmos* (t. II, p. 198 et 275 de la traduction française), les résultats consignés dans

que notre système de numération ne nous a point été importé par les Arabes, et qu'il était pratiqué vulgairement au temps de Boèce. Il n'y a même aucune raison de dire qu'il ne remonte pas jusqu'à Pythagore, à qui Boèce l'attribue très-formellement [1].

La Géométrie de Boèce renferme un autre passage beaucoup moins important, mais qui méritait une mention spéciale. C'est la description du *pentagone étoilé*, qui n'y avait point encore été remarquée. Ce passage curieux induisait naturellement à rechercher si l'on rencontrerait, dans le cours du moyen âge, des traces de cette théorie des polygones étoilés, dont l'ouvrage de Boèce présentait ainsi le germe. Effectivement cette recherche fit reconnaître que Bradwardin, au commencement du xive siècle, et, deux siècles après, Charles de Bouvelles avaient traité assez amplement de ces polygones, qu'ils nomment *figures à angles égrédients;* puis enfin que Kepler, dans son immortel ouvrage de l'*Harmonique du Monde,* a été conduit à la véritable notion analytique qui lie ces figures étoilées aux polygones anciens, savoir, que les côtés des polygones de même nombre de sommets sont les racines d'une même équation; par exemple, que les côtés des trois heptagones sont les racines d'une équation du troisième degré; vue analytique profonde, qui aurait dû suffire pour préserver de l'oubli cette partie de l'ouvrage du grand Kepler.

l'*Aperçu historique* et développés depuis dans les *Comptes rendus* de l'Académie.

Mais il faut consulter surtout, sur cette matière, l'important ouvrage du savant professeur de l'université d'Heidelberg, le Dr Morice Cantor, sur l'intervention des Mathématiques dans le développement de la civilisation des peuples : *Mathematische Beiträge zum Kulturleben der Völker,* Halle, 1863, 1 vol. in-8°, 432 pages. Une

analyse fort étendue de cet ouvrage, due à l'éminent helléniste et érudit M. Henri Martin, doyen de la Faculté des lettres de Rennes, se trouve dans les *Annali di Matematica* de M. Tortolini, t. V, 1863, p. 257-304 et 337-391.

[1] *Recherche des traces anciennes du système de l'Abacus. Calcul de Victorinus et Commentaire d'Abbon. (Comptes rendus,* t. LXIV, 1867, p. 1059-1067.)

XV

Une analyse des ouvrages indiens mis au jour par le célèbre orientaliste Colebrooke[1] trouvait une place nécessaire dans l'*Aperçu historique;* car ces ouvrages renferment, indépendamment d'une partie algébrique qui avait causé un grand étonnement, une partie géométrique qui n'avait point été suffisamment étudiée, sur laquelle on s'était mépris, et qui méritait autant que l'Algèbre de fixer l'attention des géomètres.

Le fragment d'algèbre qui se trouve dans l'ouvrage de Brahmegupta se rapporte à l'analyse indéterminée du premier et du second degré. Les solutions de l'auteur sont supérieures à tout ce que renferme sur ce sujet l'ouvrage de Diophante; elles ont un cachet d'originalité qui distingue la science hindoue de la science grecque. Les formules y sont précisément celles auxquelles Euler est parvenu, dans le siècle dernier, après que Viète, Fermat et d'autres s'étaient occupés de cette partie de l'Analyse.

Colebrooke avait pensé que la Géométrie avait été cultivée par les Hindous avec beaucoup moins de succès que l'Algèbre, parce qu'il ne remarquait, dans la partie géométrique de Brahmegupta, que quelques propositions élémentaires, telles que le carré de l'hypoténuse dans le triangle rectangle, la proportionnalité des côtés homologues dans les triangles semblables, et l'aire du triangle en fonction des trois côtés, qui paraissait être la proposition la plus considérable de l'ouvrage.

En outre, l'illustre orientaliste et les érudits qui rendaient compte de l'ouvrage avaient admis qu'un autre auteur hindou, Bhascara Acharya, du XIIᵉ siècle, postérieur à Brahmegupta de cinq à six

---

[1] *Algebra with arithmetic and mensuration, from the sanscrit of Brahmegupta and Bhascara,* London, 1817, in-4°.
Nous écrivons *Brahmegupta,* d'après Colebrooke et les auteurs anglais. D'autres, depuis, ont remplacé l'*e* par un *a,* et ont écrit *Brahmagupta.*

siècles, avait écrit d'une manière plus savante que celui-ci, et l'avait même rectifié sur quelques points. C'eût été là un fait bien singulier dans l'histoire de la civilisation hindoue, qu'on sait avoir été toujours en déclinant depuis un grand nombre de siècles, à tel point que, depuis longtemps, on ne comprend plus, sur les lieux, les ouvrages qui ont été transmis par une longue tradition.

Cette considération, et la discordance surtout qui avait lieu entre la perfection du fragment d'algèbre de Brahmegupta et l'infériorité apparente de la partie géométrique, provoquaient à un nouvel examen de l'ouvrage hindou.

Cet examen est le sujet principal de la partie de la Note XII relative à la Géométrie des Indiens. On y a reconnu que cette partie géométrique de l'ouvrage de Brahmegupta renfermait diverses propositions dont Colebrooke n'avait point tenu compte, probablement parce qu'elles y sont en quelque sorte comme autant d'énigmes par le laconisme et l'obscurité de leurs énoncés, dans chacun desquels certaines conditions qui forment l'hypothèse sont toujours sous-entendues. Ces propositions sont précisément les plus importantes; elles sont le sujet de l'ouvrage, et elles montrent que, loin de renfermer des éléments de Géométrie, comme on l'avait cru d'abord, ce fragment n'est autre qu'une théorie du *quadrilatère inscriptible au cercle.* L'auteur s'y propose et résout avec un plein succès ce problème, alors remarquable : *Trouver quatre lignes exprimées en nombres rationnels tels, que le quadrilatère inscriptible dans le cercle, formé avec ces lignes pour côtés, ait toutes ses autres parties, telles que sa surface, ses diagonales, le diamètre du cercle circonscrit, etc. exprimées aussi en nombres rationnels.*

La théorie dont il s'agit est exposée complétement et avec une grande précision; toutes les propositions s'enchaînent naturellement; mais les énoncés y sont très-laconiques, parce qu'on y suppose connues les conditions principales de la question.

Ce fragment de géométrie n'a rien de plus pratique que le fragment d'algèbre qui renferme la théorie des équations indéterminées du premier et du second degré. Les deux prouvent que l'Algèbre et la Géométrie avaient été cultivées avec le même succès, au point de vue théorique, c'est-à-dire de la science proprement dite, par l'ancien peuple hindou, et nous pouvons ajouter, d'une manière originale et supérieure à la science grecque. Car s'il est question du quadrilatère inscriptible au cercle dans Ptolémée, et probablement dès lors dans Hipparque, c'est simplement pour le calcul des cordes (doubles des sinus actuels), utile en Trigonométrie. Et il ne nous a été transmis aucun fragment, ni par les auteurs grecs, ni par les Arabes qui les ont étudiés pendant trois siècles avec zèle, qui nous autorise à croire que les Grecs se soient occupés de la question du quadrilatère inscriptible, imaginée et résolue par les Indiens.

Est-ce fortuitement que la théorie des équations indéterminées du second degré et celle du quadrilatère inscriptible au cercle se trouvent réunies dans l'ouvrage de Brahmegupta? On pourrait le croire, puisque ces deux questions, l'une de pure Analyse et l'autre de pure Géométrie, ne paraissent pas comporter de points de contact. Mais il existe des liens secrets dans toutes les parties des Mathématiques; il y avait donc lieu ici à réflexion et examen, d'autant plus que l'on savait par Lucas de Burgo que les formules données par Léonard de Pise, dans son *Traité des nombres carrés*, pour la résolution de l'équation $x^2 + y^2 = A$, y étaient démontrées *par la considération des figures géométriques* [1].

L'étude de la question a fait reconnaître qu'effectivement les formules algébriques de Brahmegupta se pouvaient déduire des cons-

---

[1] Ce traité de Fibonacci, dont on déplorait la perte, depuis que Lucas de Burgo en avait fait mention, a été retrouvé et publié par le prince Balthasar Boncompagni, à qui les sciences mathématiques doivent la publication de nombreux ouvrages du moyen âge et de la renaissance que l'on croyait perdus. (V. *Comptes rendus de l'Acad. des sciences*, t. XXXIV, 1852, p. 889; t. XXXIX, 1854, p. 1171; t. XL, 1855, p. 775; t. XLVIII, 1859, p. 1054; t. LXIV, 1867, p. 82.)

tructions de la question géométrique : cela a été le sujet d'un travail que nous nous bornerons à indiquer ici [1].

Pour compléter cette notice sur les progrès que l'histoire des Mathématiques chez les Indiens a faits depuis une trentaine d'années, nous mentionnerons des *Recherches sur l'Astronomie indienne à une époque reculée*, d'après un manuscrit inédit, qui renferment des révélations nouvelles, notamment une méthode de calcul du mouvement des planètes, que les Indiens attribuent aux Chaldéens et qui diffère de celle des Grecs transmise par Ptolémée dans l'*Almageste* [2]. Ces recherches ont été le sujet d'une communication à l'Académie, dans sa séance du 2 novembre 1846 [3]. Elles offrent un nouvel exemple de l'originalité des travaux mathématiques des Indiens à l'égard de ceux des Grecs.

XVI.

Recherches de Géométrie qui ont fait suite à l'APERÇU HISTORIQUE.

Attraction des ellipsoïdes. — Nous avons dit que l'étude des propriétés des surfaces-homofocales, qui est le sujet de la Note XXXI de l'*Aperçu historique*, complétée par une Note additionnelle de l'ouvrage (p. 556), permettait de traiter la question de l'attraction des ellipsoïdes par des considérations nouvelles très-fécondes. C'est effectivement le propre des spéculations de pure Géométrie de s'étendre naturellement et d'offrir, par un enchaînement continu, des ressources inattendues. Aussi la question de l'attraction se pré-

---

[1] *Note sur les équations indéterminées du second degré. — Démonstration géométrique des formules des algébristes indiens.* (Voir *Journ. de Math.* t. II, 1837, p. 37-55.)

[2] On remarque aussi dans cette *Astronomie indienne* une mesure de la terre en pas de chameau, unité de mesure dont il ne se trouve nulle part aucune mention,

même dans le très-savant ouvrage de M. Vazquez Queipo : *Essai sur les systèmes métriques et monétaires des anciens peuples, depuis les premiers temps historiques jusqu'à la fin du khalifat d'Orient,* 2 vol. in-8°, 1859.

[3] *Comptes rendus,* t. XXIII, p. 845-854.

senta-t-elle à l'auteur sous plusieurs points de vue, qui donnèrent lieu à divers Mémoires, et s'étendirent même au problème général de l'attraction d'un corps de forme quelconque.

1837.   Un premier travail [1] a pour objet de montrer que les formules connues pour l'attraction de l'ellipsoïde sur un point extérieur conduisent immédiatement, par un simple changement de variables, auquel on n'avait pas encore songé, à l'expression de l'attraction d'une couche infiniment mince comprise entre deux surfaces ellipsoïdales concentriques, semblables et semblablement placées; attraction qu'on prouve être normale à l'ellipsoïde mené par le point et homofocal à la surface externe de la couche; ce qui fait connaître les *surfaces de niveau* relatives à l'attraction de la couche. Ce changement de variables par lequel on réduisait les intégrales doubles à des intégrales simples permettait d'étendre la solution au cas de l'ellipsoïde hétérogène, résultat auquel Poisson a attaché de l'importance [2].

1837.   Dans un second Mémoire, intitulé : *Sur l'attraction d'une couche ellipsoïdale infiniment mince; — Des rapports qui ont lieu entre cette attraction et les lois de la chaleur dans un corps en équilibre de température* [3], l'auteur détermine directement, par de simples considérations de Géométrie, l'expression de l'attraction de la couche infiniment mince, qu'il avait déduite, dans le Mémoire précédent, des formules connues de l'attraction d'un ellipsoïde. Il est conduit à une propriété nouvelle des points *correspondants* que, dans son Mémoire sur l'attraction des ellipsoïdes homogènes [4], Ivory avait considérés sur deux ellipsoïdes homofocaux, et par lesquels il ramenait immédiatement le calcul de l'attraction sur des points extérieurs au cas des points

[1] *Journal de l'École Polytechnique,* xxv⁰ cahier, 1837, p. 244-265.

[2] *Comptes rendus de l'Académie des sciences,* t. VI, 1838, p. 839 et 871.

[3] *Journal de l'École Polytechnique,* xxv⁰ cahier, p. 266-316.

[4] *Philosophical Transactions,* 1809.

intérieurs. Cette propriété consiste en ce que : *Le lieu d'une série de points correspondants sur des ellipsoïdes homofocaux est une trajectoire orthogonale à leur surface* (c'est-à-dire la courbe d'intersection de deux hyperboloïdes homofocaux).

Ce théorème, qui s'applique, bien entendu, à une série d'hyperboloïdes ou de paraboloïdes homofocaux, avait ici une très-grande importance, parce que cette propriété des points correspondants indiquait une voie de généralisation des théorèmes relatifs à l'ellipsoïde[1], et de leur extension à l'attraction des corps de forme quelconque, comme on le dira plus loin.

Le même Mémoire renferme diverses analogies entre les propriétés de l'attraction d'une couche ellipsoïdale et les lois de la chaleur dans un corps en équilibre de température. On y démontre aussi quelques théorèmes généraux sur l'attraction de couches différentes de la couche elliptique, sujet dont les géomètres ne s'étaient pas encore occupés.

C'est dans ce Mémoire et dans le précédent que l'on a considéré pour la première fois les *surfaces de niveau* relatives à l'attraction d'un corps, qui sont maintenant d'un usage continuel.

Nous citerons une propriété importante de ces surfaces : *Si l'on conçoit un canal infiniment étroit dont les arêtes curvilignes soient des trajectoires orthogonales aux surfaces de niveau relatives à un corps quelconque, les attractions que ce corps exercera sur les éléments des surfaces de niveau interceptés par ce canal auront toutes la même valeur* [2].

Le célèbre théorème de Maclaurin sur l'attraction des ellipsoïdes consiste en ce que : *Deux ellipsoïdes homofocaux exercent sur un point ex-*

[1] L'auteur annonce (§ 22) que l'attraction des paraboloïdes elliptiques présente tous les mêmes résultats que l'attraction des ellipsoïdes, et qu'il en fera le sujet d'un Mémoire spécial. Ce travail n'a pas paru. La question a été traitée depuis par M. Bourget, comme il sera dit au chapitre v.

[2] Art. 40 et 45 du Mémoire. — Dans une *Note sur l'attraction*, M. C. Briot a donné une nouvelle démonstration de ce théorème. (Voir *Journal de Mathématiques*, t XI, 1846, p. 174-176.)

térieur des attractions qui ont la même direction et sont entre elles comme les masses des deux ellipsoïdes. Maclaurin n'avait démontré ce théorème que dans le cas le plus simple, celui où le point attiré est situé sur un des axes des deux ellipsoïdes. Sa généralisation était fort désirée et avait exercé en vain la sagacité de plusieurs géomètres, notamment de d'Alembert et de Lagrange. Ce fut Laplace qui parvint à démontrer le théorème pour une position quelconque du point attiré; et cela lui permit de déduire l'expression de l'attraction sur un point extérieur de l'expression sur un point intérieur, qui ne présentait pas de difficultés. Mais l'analyse de Laplace, fondée sur l'emploi des séries, ne parut pas rigoureuse[1]. Legendre, suivant une marche différente, après avoir surmonté les difficultés analytiques les plus grandes, parvint à calculer directement l'expression de l'attraction sur un point extérieur, d'où il conclut le théorème de Maclaurin[2].

Dans les premières années de ce siècle, Ivory, par sa conception heureuse des points *correspondants* sur des ellipsoïdes homofocaux, ramena le calcul relatif aux points extérieurs à celui des points intérieurs, ce qui permettait encore de conclure le théorème de Maclaurin. Peu de temps après, Gauss traita aussi cette grande question de l'attraction. Une analyse, qui embrasse les deux cas d'un point extérieur et d'un point intérieur, a conduit l'illustre géomètre au théorème de Maclaurin et à l'expression de l'attraction sur un point intérieur[3]. Enfin, deux ans après, Rodrigues résolut ces mêmes questions, comme nous l'avons dit précédemment (chap. I, § 14), par une méthode élégante et simple, fondée sur la décomposition de l'ellipsoïde en couches infiniment minces.

Persuadé que certaines grandes questions ne sont accessibles

---

[1] *Mémoires de l'Académie des sciences,* année 1783, et *Mécanique céleste,* t. III.

[2] *Mémoires de l'Académie des sciences,* année 1788, p. 454-486.

[3] *Theoria attractionis corporum sphæroidicorum ellipticorum methodo nova tractata.* (*Commentationes recent. Soc. Gott. lib. II,* 1813.)

qu'à l'analyse, et que, si la synthèse a fait les premiers pas dans l'attraction des ellipsoïdes par les beaux résultats de Maclaurin, cette question ne devait néanmoins être résolue complétement que par des transformations analytiques, Poisson voulut triompher des difficultés que cette voie pouvait présenter; ce qu'il fit avec succès dans un Mémoire de 1833 [1].

Mais il restait toujours à désirer une démonstration directe et rigoureuse du théorème de Maclaurin. On était loin de croire que de simples considérations de Géométrie pourraient y suffire [2].

[1] *Mémoires de l'Académie des sciences,* t. XIII, 1835, p. 497-545.

[2] Voici à ce sujet le sentiment de deux de nos plus illustres contemporains, et même aussi de Lagrange.

Legendre, à la suite de sa solution de l'attraction sur des points extérieurs, s'exprime ainsi : «Ce problème est probable-«ment un de ceux auxquels *la méthode «synthétique ne serait point applicable;* car, «pour rendre l'intégration possible, il ne «paraît pas qu'il y ait d'autre moyen que «de décomposer, comme nous avons fait, «le sphéroïde en couches ou en enveloppes «coniques; or l'attraction d'une de ces en-«veloppes exige une intégration très-diffi-«cile et fort au-dessus des moyens ordi-«naires de la synthèse.» (*Mém. de l'Acad. des sciences,* année 1788, p. 486.)

Poisson, après avoir exprimé l'opinion que l'analyse seule peut résoudre les problèmes un peu difficiles, et que la synthèse y est impuissante, dit que néanmoins le livre des *Principes mathématiques de la philosophie naturelle* fait exception à cette règle, et il ajoute ce qui suit : «On «peut encore citer le beau théorème de «Maclaurin sur l'attraction d'un ellipsoïde; «mais s'il est vrai que dans cette question «la synthèse ait d'abord devancé l'analyse,

«celle-ci a bientôt repris sa supériorité «entre les mains de Lagrange, et la ques-«tion n'a été enfin résolue complétement «que par des transformations analytiques, «que l'on n'a pas tout de suite imaginées, «et *auxquelles la synthèse n'aurait pu sup-«pléer.»* (*Note sur le mouvement de rotation d'un corps solide,* lue à l'Académie des sciences, le 26 mai 1834. Voir le journal *l'Institut,* année 1834, p. 217.)

Lagrange, au sujet du célèbre théorème de Lambert sur les arcs d'ellipses de même grand axe, décrits dans un même temps, théorème démontré par l'auteur synthétiquement, exprimait aussi la pensée que l'analyse géométrique ne pouvait avoir de l'avantage sur l'analyse algébrique que fort rarement. (*Mémoires de l'Académie de Berlin* pour 1778, p. 183. — *Mécanique analytique* de Lagrange, annotée par M. J. Bertrand, 1855, note v, p. 334.)

On trouve, dans un Mémoire de M. Chelini, *Delle legge onde un ellissoide eterogeneo propaga la sua attrazione dà punto a punto,* une analyse intéressante des solutions du problème données par Legendre, Laplace, Ivory, Gauss, Rodrigues, Poisson et M. Chasles. (Voir *Memorie della Accademia delle scienze dell' Istituto di Bologna;* serie seconda, t. I, 1862, p. 3-52.)

1837. C'est cependant principalement en vue de ce théorème si célèbre de Maclaurin, que les recherches sur les surfaces homofocales, dont l'*Aperçu historique* renfermait une analyse, avaient été entreprises. Peu de temps après, un Mémoire dans lequel le théorème était démontré directement dans toute sa généralité fut présenté à l'Académie[1]. Ce travail est précédé d'une notice historique sur les recherches des divers géomètres qui se sont occupés, quelques-uns à plusieurs reprises, de cette célèbre question de l'attraction des ellipsoïdes. Il a été le sujet d'un rapport de M. Poinsot, où se trouvent des considérations sur l'analyse et la synthèse, bien propres à inspirer confiance aux jeunes géomètres dans les ressources de la pure Géométrie, trop négligée depuis près de deux siècles en faveur du perfectionnement des nouveaux calculs de Leibnitz et de Newton, auquel les géomètres, avec une émulation naturelle, ont consacré tous leurs efforts. Mais les paroles mêmes de l'illustre rapporteur trouvent ici leur place naturelle, parce qu'elles constatent un progrès de la Géométrie, et surtout parce qu'elles montrent la nécessité d'une culture simultanée de cette partie des Mathématiques et de l'analyse proprement dite. Les voici :

Ce Mémoire remarquable nous offre un nouvel exemple de l'élégance et de la clarté que la Géométrie peut répandre sur les questions les plus obscures et les plus difficiles. Cette belle méthode géométrique des anciens, *qu'on appelle vulgairement quoique improprement la Synthèse*, a plus d'une fois devancé la méthode algébrique, qu'on appelle aujourd'hui l'*Analyse*. C'est ce qu'on a vu surtout par les ouvrages immortels de Newton, et par un travail admirable de Maclaurin sur la question même qui nous occupe : chef-d'œuvre de Géométrie, que Lagrange compare à tout ce qu'Archimède nous a laissé de plus beau et de plus ingénieux. Que si, dans ce problème célèbre, l'analyse, à son tour, maniée si habilement par Lagrange, Laplace, Legendre et les meilleurs analystes de notre temps, a repris enfin l'avantage et n'a plus, comme on dit, rien laissé à désirer, on ne pourra plus néanmoins apporter cet exemple comme une preuve de la supériorité de l'analyse sur la méthode des anciens. Car l'au-

[1] *Comptes rendus*, t. V, 1837, p. 842; inséré dans le recueil des *Savants étrangers*, t. IX, 1846, p. 629-715.

teur nous fait voir aujourd'hui que par cette méthode, qui n'est qu'une suite lumineuse de raisonnements conduits par la synthèse, on pouvait également parvenir, et d'une manière plus facile, à une solution complète du problème. La question n'était donc point, comme on avait pu le croire, au-dessus des forces de la synthèse. Les dernières difficultés, il est vrai, n'en avaient été vaincues que par la seule analyse; mais il nous semble que ce succès même ne prouvait pas bien ici la supériorité de l'instrument, car il fallait d'abord remarquer que, depuis Newton et Maclaurin, la synthèse avait été négligée et comme abandonnée; tandis que l'analyse, exclusivement cultivée, avait reçu de jour en jour de nouveaux perfectionnements; ce qui donnait une explication toute naturelle des avantages alternatifs qu'avaient présentés ces deux méthodes.

Quoi qu'il en soit, il est certain qu'on ne doit négliger ni l'une ni l'autre; elles sont au fond presque toujours unies dans nos ouvrages, et forment ensemble comme l'instrument le plus complet de l'esprit humain. Car notre esprit ne marche guère qu'à l'aide des signes et des images; et quand il cherche à pénétrer pour la première fois dans les questions difficiles, il n'a pas trop de ces deux moyens et de cette force particulière qu'il ne tire souvent que de leur concours. C'est ce que tout le monde peut sentir, et ce qu'on peut reconnaître dans le Mémoire même, dont il faut que nous donnions maintenant une idée plus précise [1].

Bientôt après fut communiquée à l'Académie une *Nouvelle solution de l'attraction d'un ellipsoïde hétérogène sur un point extérieur* [2], 1838. solution extrêmement simple, n'exigeant qu'une propriété des surfaces du second ordre, relative aux points *correspondants* introduits par Ivory. On démontre d'abord, ce qui se fait sans difficulté, que *pour une couche infiniment mince, comprise entre deux surfaces ellipsoïdales concentriques, semblables et semblablement placées, la somme des éléments de la couche, divisés par leurs distances à un point extérieur, est la même pour tous les points d'un ellipsoïde homofocal à la surface externe de la couche.* De cette proposition se déduit ensuite aisément l'expression de la valeur et la direction de l'attraction d'une couche sur un point extérieur, puis l'expression connue de l'attraction d'un ellipsoïde.

<hr>

[1] *Comptes rendus*, t. VI, 1838, p. 808-812.

[2] *Comptes rendus*, t. VI, 1838, p. 902-915.

1839.   *Théorèmes généraux sur l'attraction des corps et la théorie de la chaleur* [1]. — Les considérations sur lesquelles reposent les recherches relatives à l'attraction des ellipsoïdes contenaient le germe de théorèmes généraux relatifs à l'attraction d'un corps de forme quelconque, et s'appliquaient aussi à la théorie de la chaleur, comme à celle de l'électricité à la surface des corps. Deux théorèmes sur ce sujet furent communiqués à l'Académie dans sa séance du 11 février 1839. Voici l'énoncé du premier, relatif à l'attraction : *Si l'on a un corps de forme quelconque, terminé par une surface fermée; que l'on considère au dehors une surface de niveau relative à l'attraction du corps; et que cette surface recouvre une couche homogène infiniment mince, dont les épaisseurs en ses différents points soient en raison inverse des distances de ces points à la surface de niveau infiniment voisine, cette couche jouira des deux propriétés suivantes : 1° elle n'exercera aucune action sur un point quelconque situé dans l'intérieur de sa paroi interne; 2° l'attraction qu'elle exercera sur un point extérieur aura la même direction que l'attraction exercée par le corps lui-même sur ce point ; et ces deux attractions seront, en intensité, proportionnelles aux deux masses attirantes.*

1842.   Ce théorème général a été démontré dans un Mémoire inséré dans la *Connaissance des temps* pour 1845 (Paris, 1842). Il s'applique aux couches électriques formées à la surface des corps conducteurs, et aux couches que l'on peut former par les flux de chaleur sur les surfaces *isothermes* d'un corps en équilibre de température, considérées par M. Lamé dans son beau Mémoire sur ce sujet [2]. Quant à l'électricité, on ne connaissait que deux couches électriques : la couche ellipsoïdale vérifiée par Coulomb, et les couches formées par l'électricité en équilibre sur deux sphères, cé-

[1] *Comptes rendus des séances de l'Académie des sciences*, t. VIII, 1839, p. 209. — *Connaissance des temps* pour 1845, juin 1842; *Additions*, p. 1833.
[2] *Mémoires des Savants étrangers*, t. V, 1838. — *Journal de Mathématiques*, t. II, 1837, p. 147-183. — Il s'agit ici du cas où la température V, qui correspond au potentiel de l'attraction, s'annule comme lui pour les points situés à l'infini.

lèbre problème traité par Poisson [1]. Le Mémoire actuel fait connaître une infinité de couches semblables, puisque chaque surface de niveau relative à l'attraction d'un corps recouvre une telle couche, à laquelle il suffit de donner pour épaisseur en ses différents points l'inverse des distances de ces points à la surface de niveau infiniment voisine [2].

La démonstration de ces théorèmes généraux n'exige que des considérations de Géométrie. Sturm, que le sujet intéressait, a donné depuis une démonstration analytique des résultats principaux [3]. 1838.

XVII.

Recherches diverses.

Mémoire sur les lignes conjointes dans les coniques [4]. — On appelle 1838.
lignes conjointes le système de deux cordes communes à une conique et à un cercle. Le travail dont il s'agit renferme d'assez nombreuses propriétés relatives à certains systèmes de coniques coupées par un cercle ou par une série de cercles concentriques. Il se termine par quelques propositions analogues, concernant les surfaces du second ordre coupées par des sphères. Les énoncés suivants présentent le résumé de ces propositions :

I. *Si l'on a un système de surfaces du second ordre concentriques et*

[1] *Mémoire sur la distribution de l'électricité à la surface des corps conducteurs.* — Second Mémoire sur le même sujet. (Voir *Mémoires de la Classe des sciences mathématiques et physiques de l'Institut de France,* année 1811.)

[2] Les résultats que renferment les différents Mémoires sur l'attraction des corps, dont il vient d'être question, particulièrement sur les couches infiniment minces construites sur les surfaces de niveau, ont été reproduits, ainsi que les beaux théorèmes de Poinsot sur la *rotation des corps,* dans l'important ouvrage publié en Amérique par le célèbre astronome M. Benjamin Peirce : *Physical and celestial Mechanics.* Boston, 1853, in-4°.

[3] *Journal de Mathématiques,* t. VII, 1842, p. 245-275.

[4] *Journal de Mathématiques,* t III, 1838, p. 385-434.

homothétiques et une série de sphères décrites d'un centre commun, 1° les sommets des cônes du second ordre qui passent par les courbes d'intersection de chaque surface et de chaque sphère sont sur une cubique gauche; 2° cette cubique passe par le centre des surfaces, par le centre des sphères et par les pieds des six normales abaissées de ce point sur chacune des surfaces [1].

II. *Si par la courbe d'intersection d'une sphère et d'une surface du second ordre on fait passer une infinité d'autres surfaces du second ordre, 1° les normales abaissées du centre de la sphère sur ces surfaces forment un cône du second ordre et ont leurs pieds sur une cubique gauche, qui est aussi le lieu des centres des surfaces; 2° cette courbe passe par le centre de la sphère et par les sommets des quatre cônes qu'on peut mener par la courbe d'intersection commune à la sphère et aux surfaces.*

1839.   *Propriétés nouvelles de l'hyperboloïde à une nappe* [2]. — Les propriétés dont il s'agit sont relatives aux génératrices *d'un même système* de l'hyperboloïde, qu'on associe deux à deux, de la manière suivante :

Par un point pris dans un plan quelconque on mène, dans ce plan, une série de droites dont chacune rencontre deux des génératrices d'un même système. Ce sont ces génératrices, ainsi *associées* deux à deux, qui donnent lieu à de nombreuses propriétés de l'hyperboloïde, parmi lesquelles nous citerons les suivantes :

Un plan quelconque coupe chaque couple de génératrices associées en deux points; les cordes qui joignent ces points passent toutes par un même point.

---

[1] On n'avait peut-être pas encore eu à considérer le nombre de six normales qu'on peut mener par un point à une surface du second ordre.

Bientôt après, Terquem a démontré analytiquement que, en général, pour une surface d'ordre m, le nombre des normales est $m(m^2 - m + 1)$. (Voir *Journal de Mathématiques,* t. IV, 1839, p. 175.) Et plus tard Steiner a donné une démonstration géométrique de ce résultat. (*Journal* de Crelle, t. XLIX, 1855, p. 333-348. — *Journal* de M. Liouville, t. XX, 1855, p. 36-53.)

[2] *Journal de Mathématiques,* t. IV, 1839, p. 348-350.

Et réciproquement : *Si d'un point de l'espace on mène des droites s'appuyant chacune sur deux génératrices associées, toutes ces droites sont dans un même plan qui passe par le point.*

Appelons ce point le *foyer* du plan.

Lorsque des plans passent par une droite D, *leurs foyers sont sur une droite* Δ; et, réciproquement, *les plans menés par cette droite* Δ *ont leurs foyers sur la droite* D.

Deux couples de droites telles que D *et* Δ *appartiennent à un même hyperboloïde.*

Ces couples de droites D, Δ *jouissent des mêmes propriétés que les couples de génératrices associées de l'hyperboloïde proposé.*

Les droites sur lesquelles se mesurent les plus courtes distances, soit des couples de génératrices associées, soit des couples de droites D *et* Δ, *rencontrent toutes un même axe auquel elles sont perpendiculaires.*

Nous nous arrêtons dans cette indication des propriétés de ces systèmes de droites conjuguées, qui vont se retrouver ci-après dans une question fort différente, celle du déplacement infiniment petit d'un corps solide.

Cependant nous devons dire dès ce moment que ces systèmes de droites qu'on mène par chaque point de l'espace dans un même plan forment précisément, dans leur ensemble, ce que M. Plücker a appelé depuis un *complexe linéaire de rayons,* dans son bel ouvrage *Sur une nouvelle Géométrie de l'espace* [1].

C'est un point de vue très-différent et purement analytique qui a conduit M. Plücker à l'étude de ces systèmes de droites et de plans, relatifs à chaque point de l'espace.

Toute droite, dans l'espace, est représentée par les deux équations

$$x = rz + \rho, \quad y = sz + \sigma,$$

dont les quatre coefficients r, ρ, s, σ sont arbitraires. Or, s'il existe une relation entre ces coefficients, les deux équations ne re-

[1] Lu à la Société royale de Londres en 1865. (Voir *Journal de Mathématiques,* 2ᵉ série, t. XI, 1866, p. 337-404.)

présentent plus toutes les droites de l'espace, mais seulement un ensemble particulier de droites en nombre infini. M. Plücker a reconnu que, si la relation est linéaire, les droites, également en nombre infini, qui passent par chaque point de l'espace, sont toutes dans un même plan; et que, si les points sont pris en ligne droite, tous les plans passent par une autre droite; et, réciproquement, que, pour les points de cette droite, les plans passent par la première. Ce sont, comme on le voit, les droites *conjuguées* D, Δ, dans la théorie de l'hyperboloïde.

Ainsi la simple étude de l'hyperboloïde conduit aux mêmes propriétés des droites de l'espace que la méthode analytique générale, et d'une manière beaucoup plus facile, devons-nous croire d'après la comparaison des résultats obtenus de part et d'autre.

1839.   *Mémoire sur les surfaces engendrées par une ligne droite* [1]. — Les propositions assez nombreuses que renferme ce Mémoire dérivent de la notion du rapport anharmonique de quatre points, et de cette propriété fort simple : *Quatre plans menés par une génératrice d'une surface réglée sont tangents à la surface en quatre points qui ont le même rapport anharmonique que les quatre plans.* En d'autres termes, les plans et leurs points de contact se correspondent anharmoniquement. On trouve dans ce travail la notion du point *central* d'une génératrice d'une surface réglée, qui depuis a été utilisée dans les recherches de plusieurs géomètres. Un plan mené par une génératrice touche la surface en un point a, et lui est normal en un point a'. Ces couples de points a, a' forment une involution; de sorte qu'il existe un point o, point central de l'involution, pour lequel *le produit* $oa.oa'$ *est constant.* C'est ce point qu'on a appelé le point *central* de la génératrice.

Ce point appartient à la droite qui mesure la plus courte distance entre la génératrice et la génératrice infiniment voisine.

[1] *Correspondance mathématique et physique*, de M. Quetelet, t. XI, année 1839, p. 49-113.

On peut définir encore le point *central* comme étant le sommet du paraboloïde formé par les normales à la surface en tous les points de la génératrice.

Appelons O le plan tangent au point central, et P le plan tangent en un autre point a de la génératrice : on a la relation

$$oa = \lambda \ \text{tang} \ (O, P),$$

λ étant une constante pour tous les points de la génératrice.

Si l'on prend sur chaque génératrice de la surface le point central, tous ces points forment une courbe, et les tangentes à la surface menées par ces points perpendiculairement aux génératrices forment une seconde surface gauche sur laquelle les mêmes points sont les points centraux des génératrices, de même que sur la surface proposée; de sorte que les deux surfaces jouissent, à cet égard, de propriétés réciproques.

Le lieu des points centraux des génératrices d'une surface a reçu le nom de *ligne de striction*. Sur les surfaces développables, cette ligne devient l'arête de rebroussement.

On est conduit, dans le cours du Mémoire, à quelques théorèmes concernant l'ensemble de deux surfaces du second ordre, puis à quelques propriétés relatives aux normales menées d'un même point à une surface. Nous citerons celles-ci : *Par un point de l'espace on peut mener six normales à une surface du second ordre; ces normales sont les arêtes d'un cône du second ordre, auquel appartiennent huit autres droites : la droite menée au centre de la surface; les droites parallèles aux axes de la surface; la perpendiculaire au plan polaire du sommet du cône, et les axes principaux du cône de même sommet circonscrit à la surface.*

Les normales abaissées des points d'une droite sur une surface du second ordre ont leurs pieds sur une courbe gauche du quatrième ordre, intersection de la surface et d'un hyperboloïde à une nappe qui passe par la droite.

Si l'on a une série de surfaces du second ordre toutes concentriques et homothétiques, les normales abaissées d'un point de l'espace sur ces sur-

faces forment un cône du second ordre, et leurs pieds sont sur une cubique gauche.

1843.   Dans une Note insérée aux *Comptes rendus de l'Académie* (t. XVI, p. 831) se trouve démontré le théorème suivant, relatif aux focales des surfaces du second ordre, et qui a eu depuis de nombreuses applications : *Un point d'une focale peut être regardé comme le centre d'une sphère de rayon nul, qui coupe la surface suivant deux cercles.*

Les deux points d'intersection des deux cercles sont des points de contact de la sphère et de la surface, de sorte que *la sphère de rayon nul a un double contact avec la surface.*

Une autre Note du même volume (p. 1108) contient cette autre propriété des focales d'une surface du second ordre : *Deux points d'une focale d'une surface* A *sont les foyers d'une surface du second ordre de révolution inscrite dans* A; *le plan de la courbe de contact des deux surfaces est perpendiculaire à celui de la focale, et le cône circonscrit aux surfaces suivant cette courbe a pour sommet le point de rencontre des tangentes à la focale en ses deux points.*

1843.   *Propriétés géométriques du mouvement infiniment petit d'un corps solide libre dans l'espace* [1]. — Les principales propositions renfermées dans ce Mémoire sont maintenant bien connues, car depuis on s'est beaucoup occupé de la question. Nous citerons les suivantes :

Les plans normaux aux trajectoires des points d'un plan passent tous par un point de ce plan, nommé *foyer* du plan. Ce point se distingue de tous autres, en ce que sa trajectoire est normale au plan.

Il existe dans un plan une infinité de points dont les trajectoires

____

[1] *Comptes rendus*, t. XVI, 1843, p. 1420-1432.

sont comprises dans le plan : ces points sont sur une même droite, qu'on a appelée la *caractéristique* du plan. Cette droite est tangente à la trajectoire d'un de ses points, celui qui est le pied de la perpendiculaire abaissée du *foyer* du plan sur la droite.

Le mouvement du plan peut être considéré comme produit par deux rotations : une rotation du plan autour de sa caractéristique, et une rotation de cette droite dans la position primitive du plan autour du foyer.

Les plans qui passent par une même droite D ont leurs foyers sur une droite Δ; et, réciproquement, les plans qui passent par cette droite Δ ont leurs foyers sur la première droite D.

Ce qui signifie, en d'autres termes, que :

Les plans normaux aux trajectoires des points d'une droite Δ passent par une droite D; et les plans normaux aux trajectoires des points de cette droite D passent par Δ.

Les deux droites D et Δ, qui jouissent ainsi de propriétés réciproques, sont dites *droites conjuguées*.

Des plans parallèles ont leurs foyers sur une droite, qui dans le mouvement du corps reste parallèle à elle-même. En outre, cette droite a toujours la même direction dans l'espace, quelle que soit la direction commune des plans parallèles.

Lorsque les plans sont perpendiculaires à cette direction constante, la droite lieu de leurs foyers leur est perpendiculaire, et les trajectoires de tous les points de cette droite coïncident avec elle, de sorte que la droite n'a pas d'autre mouvement qu'un glissement sur elle-même. Pendant ce glissement, le corps tourne autour de la droite, qui est dite *axe de rotation*. Ainsi tout mouvement infiniment petit d'un corps est le même que celui d'une vis dans son écrou[1].

Deux droites conjuguées, telles que D et Δ, jouissent d'un grand nombre de propriétés.

[1] Théorème déjà démontré pour un déplacement fini quelconque, comme on l'a vu dans le chapitre I, p. 78.

La droite qui mesure leur plus courte distance rencontre l'axe de rotation, et lui est perpendiculaire. Les distances des deux droites à cet axe sont dans le rapport des tangentes des angles que les deux droites font avec l'axe.

Toute droite qui s'appuie sur deux droites conjuguées est normale aux trajectoires de tous ses points.

Les points dont les trajectoires se dirigent vers un point fixe de l'espace sont sur une courbe à double courbure du troisième ordre qui passe par ce point; et les directions des trajectoires sont les arêtes d'un cône du second ordre.

Les plans dont les caractéristiques sont situées dans un même plan enveloppent une développable du quatrième ordre.

Deux couples de droites conjuguées sont quatre génératrices du même système d'un hyperboloïde à une nappe.

Réciproquement, quatre génératrices d'un hyperboloïde, associées deux à deux, peuvent être prises pour axes de rotation conjugués D, Δ, et D', Δ' dans un mouvement infiniment petit qui est déterminé.

De là résultent diverses propriétés des génératrices de l'hyperboloïde [1].

Les plans normaux aux trajectoires des différents points d'une figure forment une seconde figure, qui est *corrélative* de la première; de sorte que le mouvement infiniment petit d'un corps offre un des modes de construction des figures corrélatives définies d'une manière générale dans l'*Aperçu historique*.

Nous aurons à citer ultérieurement (chap. iv) des théorèmes analogues concernant le déplacement fini d'un corps dans l'espace.

1843.   *Des arcs d'une section conique dont la différence est rectifiable; et des polygones de périmètre minimum circonscrits à une conique* [2]. — Di-

---

[1] Ce sont les propriétés dont nous avons fait mention ci-dessus, à la date de 1839. — [2] *Comptes rendus*, t. XVII, 1843, p. 838-844.

verses propositions relatives aux arcs d'une conique dont la différence est rectifiable découlent des trois théorèmes suivants :

I. *Si l'on a deux coniques homofocales de même espèce, et que de chaque point de la conique externe on mène deux tangentes à la conique interne, la somme des deux tangentes moins l'arc compris entre leurs points de contact est une quantité constante.*

II. *Lorsque deux coniques homofocales se coupent en un point i, si d'un point a de l'une on mène deux tangentes at, at′ à l'autre, la différence des deux arcs it, it′ est égale à la différence des deux tangentes at, at′.*

III. *Les tangentes menées de deux points d'une conique à une conique homofocale forment un quadrilatère circonscriptible au cercle.*

C'est cette propriété importante des coniques homofocales qui rattache la question des polygones circonscrits de périmètre minimum à la considération des arcs dont la différence est rectifiable.

On en conclut d'abord que : *Les tangentes aux extrémités de deux arcs d'une conique, dont la différence est rectifiable, forment un quadrilatère circonscriptible au cercle;*

Et par suite : *Si, dans l'angle de deux tangentes d'une conique, on inscrit un cercle tangent à la conique, la différence des deux tangentes est égale à la différence des arcs de la conique compris entre le point de contact du cercle et les points de contact des deux tangentes.*

De là dérivent immédiatement les propriétés suivantes des polygones de périmètre minimum circonscrits à une conique :

IV. *La portion de polygone de m côtés circonscrite à un arc d'une conique, de périmètre minimum, a ses sommets sur une conique homofocale.*

V. *Si l'on conçoit une seconde portion de polygone de m côtés de périmètre minimum circonscrite à un autre arc de la même conique, les sommets de ce polygone sont sur la même conique que ceux du premier polygone.*

VI. *Tous les polygones de m côtés circonscrits à une même conique Σ, et dont les sommets sont situés sur m coniques homofocales à Σ, ont le même périmètre.*

Ces théorèmes conduisent à d'autres concernant les polygones inscrits de périmètre maximum, tels que celui-ci :

VII. *Un polygone de périmètre maximum, inscrit à une conique, a ses côtés tangents à une conique homofocale.*

Ces divers théorèmes s'appliquent aux coniques sphériques.

Les deux premiers, relatifs aux arcs d'une conique compris entre les points de contact des tangentes menées de chaque point d'une conique homofocale, avaient déjà été énoncés par M. Mac Cullagh dans les *Annuaires* de l'université de Dublin pour les années 1841 et 1842 [1], et le premier avait été démontré pour les coniques sphériques par M. Graves, dans l'*Appendix on the application of analysis to spherical Geometry* [2] cité dans notre premier chapitre (p. 77). M. Terquem a donné aussi une démonstration fort simple du premier théorème, pour le cas des coniques planes [3].

1844.　*Construction des amplitudes dans les fonctions elliptiques.* — Lorsqu'une fonction elliptique de première espèce est égale à la somme ou à la différence de deux fonctions de même espèce, il existe entre les amplitudes des trois fonctions la relation algébrique

$$\cos \varphi \cos \varphi' \pm \sin \varphi \sin \varphi' \sqrt{1 - c^2 \sin^2 \mu} = \cos \mu.$$

Lagrange a construit géométriquement cette relation au moyen d'un triangle sphérique, et a fait voir qu'avec une série de triangles on opère aussi la *multiplication* des fonctions, c'est-à-dire qu'on détermine l'amplitude d'une fonction égale à un multiple d'une fonction donnée [4].

Depuis, Jacobi est parvenu à une construction beaucoup plus

[1] On trouve, au sujet de ces deux théorèmes, une Note de Mac Cullagh, à la suite de son beau Mémoire *Sur les surfaces du second ordre,* inséré dans les *Proceedings* de la Société royale d'Irlande, vol. II, 1844, p. 508. (Voir aussi le *Journal* de M. Liouville, t. XI, 1846, p. 120-123 ; et le *Traité des sections coniques* de M. G. Salmon, 2ᵉ édit. 1850, p. 296.)

[2] In-8°, Dublin, 1841.

[3] *Nouvelles Annales,* t. III, 1844, p. 506.

[4] *Théorie des fonctions analytiques,* p. 85.

simple[1], au moyen de deux cercles, qui a été reproduite en partie et commentée par Legendre dans le troisième Supplément au *Traité des fonctions elliptiques*.

Le Mémoire actuel, présenté à l'Académie des sciences le 9 novembre 1844[2], contient un grand nombre de constructions diverses, qui se font, pour la plupart, au moyen de sections coniques, et qui expriment toutes des propriétés nouvelles de ces courbes. Souvent les mêmes considérations s'étendent aux coniques sphériques, qui peuvent donc aussi servir à la construction des amplitudes.

Nous extrairons de ce travail la réflexion suivante, qui se rapporte à la culture des méthodes de la Géométrie synthétique, et que semblent autoriser les travaux de plusieurs géomètres à l'étranger comme en France :

« Si l'on considère que tant de résultats, dont chacun exigerait en « Géométrie analytique une démonstration différente et peut-être « parfois difficile, dérivent aisément ici d'un seul théorème primitif, « dont ils ne sont, en quelque sorte, que des transformations qui se « font par le seul raisonnement, sans exiger ni calcul ni figures, on « verra, je crois, dans cette fécondité et cette facilité de démonstra- « tion, un nouvel exemple des ressources que pourraient offrir les « méthodes géométriques, si cette partie si importante des Mathé- « matiques était plus cultivée. »

De quelques propriétés des arcs égaux de la lemniscate [3]. — Les propriétés des arcs d'une conique dont il a été question ci-dessus ont conduit à quelques propriétés des arcs de la lemniscate de Bernoulli, qui ont la même longueur. La lemniscate est le lieu des pieds des perpendiculaires abaissées du centre d'une hyperbole équilatère sur les tangentes de l'hyperbole. Il y a entre les arcs de la

1845.

---

[1] *Journal de Mathématiques* de Crelle, t. III, p. 376-389, année 1828. — *Journal de Mathématiques* de M. Liouville, t. X, 1845, p. 435-444.

[2] *Comptes rendus*, t. XIX, 1844, p. 1239-1261.

[3] *Comptes rendus*, t. XXV, 1845, p. 199-201.

lemniscate et les arcs correspondants de l'hyperbole cette relation fort simple : *A deux arcs de l'hyperbole, dont la différence est rectifiable, correspondent deux arcs égaux de la lemniscate.*

Ce théorème permet d'appliquer aux arcs égaux de la lemniscate plusieurs propositions relatives aux arcs de l'hyperbole.

1845.   Dans une Note sur la *Construction des rayons de courbure des courbes décrites dans le mouvement d'une figure plane qui glisse sur son plan*[1], on résout ces deux problèmes :

1° *Construire les normales à la courbe lieu des centres instantanés de rotation dans le mouvement d'une figure plane sur son plan.*

2° *Construire les centres de courbure de la courbe enveloppe d'une courbe entraînée dans le mouvement de la figure.*

Lorsque la courbe entraînée se réduit à un point, la courbe enveloppe est la ligne décrite par le point; et ce sont les centres de courbure de cette ligne que l'on construit.

1846.   *Sur les lignes géodésiques et les lignes de courbure des surfaces du second ordre* [2]. — A l'occasion du Mémoire sur la construction des amplitudes des fonctions elliptiques dont il a été parlé ci-dessus, M. Liouville avait entretenu l'Académie d'une certaine équation représentant une intégrale première de l'équation différentielle du second ordre des lignes géodésiques tracées sur l'ellipsoïde, et exprimant, sous forme finie, une belle propriété de ces lignes, savoir :

$$\mu^2 \sin^2 i + \nu^2 \sin^2 i' = \text{const.},$$

où μ, ν sont les demi-axes majeurs des deux hyperboloïdes homofocaux à l'ellipsoïde, menés par un point de la ligne géodésique, et

---

[1] *Journal de Mathématiques*, t. X, p. 204-208.

Cette Note fait suite à un Mémoire de M. Transon, intitulé : *Méthode géométrique pour les rayons de courbure d'une* certaine classe de courbes, dont il sera parlé ci-après (chap. III).

[2] *Comptes rendus*, t. XXII, 1846, p. 63-72. — *Journal de Mathématiques*, t. XI, 1846, p. 5-15.

i, i', les angles que cette ligne fait en ce point avec les normales aux deux lignes de courbure communes à l'ellipsoïde et aux hyperboloïdes respectivement. M. Liouville émettait le désir que l'on parvînt à une démonstration purement géométrique de cette équation[1]. C'est cette circonstance qui donna lieu au Mémoire actuel. L'équation signalée y est déduite d'un théorème général relatif à un système de surfaces homofocales, qui se conclut de deux propositions démontrées dans l'*Aperçu historique* (p. 363-365). Voici l'énoncé de ce théorème : *Étant donnée une surface du second ordre, si en chaque point d'un plan fixe on conçoit les normales aux trois surfaces homofocales qui passent par ce point, et qu'on porte sur ces normales des segments égaux respectivement aux demi-axes majeurs des trois surfaces, la somme des carrés des perpendiculaires abaissées des extrémités de ces trois segments sur le plan sera constante et égale au carré du demi-axe majeur de la surface homofocale qui serait tangente au plan.*

De sorte que, ρ, μ, ν étant les demi-axes majeurs des trois surfaces; i, i', i'', les angles que les normales aux surfaces font avec le plan, et α, le demi-axe majeur de la surface tangente au plan, on a l'équation

$$\rho^2 \sin^2 i + \mu^2 \sin^2 i' + \nu^2 \sin^2 i'' = \alpha^2.$$

De là se conclut cette propriété nouvelle, et qui paraît être la plus importante, des lignes géodésiques : *Les plans osculateurs d'une ligne géodésique d'une surface du second ordre sont tous tangents à une surface homofocale.* Et par suite : *Les tangentes de la ligne géodésique sont toutes tangentes à la surface homofocale.*

Ces considérations conduisent à l'équation suivante des lignes géodésiques tracées sur une surface A dont les trois demi-axes majeurs sont a, b, c :

$$\mu^2 \sin^2 i' + \nu^2 \sin^2 i'' = \alpha^2 - \frac{a^2 b^2 c^2}{P^2 D^2}.$$

[1] *Comptes rendus*, t. XIX, p. 1262.

μ, v sont les demi-axes majeurs des deux surfaces homofocales passant par un point de la ligne géodésique; i', i'', les angles que cette ligne fait en ce point avec les normales aux deux surfaces respectivement; D, le demi-diamètre de A qui aboutit au point de la ligne géodésique, et P, la perpendiculaire abaissée du centre de A sur son plan tangent en ce point.

1846. *Théorème général sur la description des lignes de courbure des surfaces du second ordre* [1]. — Voici l'énoncé de ce théorème : *Étant données deux surfaces homofocales* A, B, *d'espèce différente* (pour que l'une ne soit pas entièrement comprise dans l'autre), *si les extrémités d'un fil sont fixées en deux points de* B, *et qu'un stylet qui glisse sur* A *tende le fil de manière qu'il s'applique librement sur les deux surfaces, c'est-à-dire qu'il s'applique sur* B *à partir de ses deux extrémités, qu'ensuite il devienne rectiligne, puis qu'il se courbe sur* A (suivant deux lignes géodésiques), *le stylet décrira une ligne de courbure de* A.

Si la surface B est infiniment aplatie et devient une conique, qui sera une *focale* de A (ellipse si A est un hyperboloïde, et hyperbole si A est un ellipsoïde), on en conclura que : *Les lignes de courbure d'une surface* A *peuvent être décrites par un stylet qui tend un fil dont les extrémités sont fixées en deux points de la conique focale, d'espèce différente, de* A.

Et si c'est la surface A qui devient une conique, il s'ensuit que : *La conique focale, d'espèce différente, d'une surface du second ordre peut être décrite par un stylet qui tend un fil dont les extrémités sont en deux points fixes de la surface et dont les deux branches s'appliquent librement sur la surface.*

Ce nouveau procédé de description d'une conique est une généralisation du beau théorème de M. Dupin sur le système des deux coniques dont l'une est le lieu des foyers de l'autre.

[1] *Comptes rendus,* t. XXII, p. 107-111. — *Journal de Mathématiques,* t. XI, p. 15-20.

Nous citerons encore cette conséquence fort simple du théorème général : *Lorsqu'un cône de révolution est circonscrit à un ellipsoïde, l'arête du cône comprise entre le sommet et un point de la courbe de contact, et l'arc géodésique mené de ce point à un ombilic situé sur la même branche de l'hyperbole focale que le sommet du cône, ont une différence constante.* Ce théorème donne lieu lui-même à plusieurs conséquences.

Dans deux communications à l'Académie se trouvent de nouvelles démonstrations de l'équation $\mu^2 \sin^2 i' + \nu^2 \sin^2 i'' = \text{const.}$ et quelques autres propriétés relatives soit aux droites tangentes à deux surfaces homofocales, soit aux lignes géodésiques et aux lignes de courbure d'une surface [1].

Nous citerons ce théorème : *Si, par chaque tangente commune à deux surfaces homofocales, on mène un plan faisant avec le plan tangent à la première surface, mené par la tangente commune, un angle de*

---

[1] *Nouvelles démonstrations des deux équations relatives aux tangentes communes à deux surfaces du second ordre homofocales, et propriétés des lignes géodésiques et des lignes de courbure de ces surfaces.* (*Comptes rendus de l'Académie des sciences,* t. XXII, p. 313-318.) — Autre démonstration, et propriétés qui en dérivent. (*Ibid.* p. 517-521. — *Journal de Mathématiques,* t. XI, p. 105-117.) Plusieurs de ces résultats ont été reproduits et démontrés de diverses manières, notamment par M. Saint-Loup dans une excellente thèse de Géométrie pour le doctorat : *Sur les propriétés des lignes géodésiques,* 1857 ; par M. G. Salmon dans son très-savant et précieux traité : *On the analytic Geometry of three dimensions,* Dublin, 1862 ; et par M. Ph. Gilbert, de l'université de Louvain, dans un article des *Nouvelles Annales de Mathématiques* (2ᵉ série,

t. VI, 1867, p. 529-541), intitulé : *Sur une propriété des surfaces homofocales du second ordre et sur quelques conséquences qui en découlent,* travail d'autant plus remarquable que l'auteur a su rattacher toutes ses propositions, dont plusieurs sont nouvelles, à un théorème unique. M et M′ étant deux points quelconques de deux surfaces homofocales, le théorème exprime une relation dans laquelle entrent : le cosinus de l'angle des normales extérieures aux deux surfaces en M et M′ ; les cosinus des angles que ces normales font avec la droite MM′ ; la longueur de cette droite ; les distances du centre des deux surfaces à leurs plans tangents en M et M′ ; et enfin la différence des carrés des paramètres des deux surfaces. Le cas où la droite MM′ est tangente à l'une des deux surfaces suffit seul pour donner lieu à des conséquences importantes.

grandeur constante, ce plan enveloppera une surface homofocale aux proposées.

Il est clair que ce théorème s'applique aux tangentes d'une ligne géodésique, ainsi qu'aux tangentes d'une ligne de courbure d'une surface, puisque ce sont, dans les deux cas, des tangentes communes à deux surfaces homofocales.

1847. *Théorèmes généraux sur les systèmes de forces et leurs moments* [1]. — Les théorèmes dont il s'agit ont un caractère général : ils concernent certaines sommes de produits numériques formés avec un ou deux systèmes de forces, qui conservent la même valeur relativement à un ou deux autres systèmes de forces équivalents aux premiers. Ces théorèmes dérivent tous d'une proposition principale dont voici l'énoncé : *Lorsqu'on a deux systèmes de forces, si l'on multiplie chaque force du premier système par chaque force du second système et par le cosinus de l'angle des deux forces, la somme de tous ces produits a la même valeur que la somme des produits semblablement faits à l'égard de deux autres systèmes équivalents respectivement aux deux proposés.*

Un théorème analogue a lieu relativement aux moments de deux systèmes de forces.

Voici une des conséquences de ces propositions générales :

Étant donnés deux systèmes de forces, si sur chaque force du premier système et chaque force du second système, regardées comme arêtes opposées, on construit un tétraèdre, la somme des volumes de tous ces tétraèdres aura la même valeur que la somme semblable faite à l'égard de deux autres systèmes de forces équivalents aux deux premiers respectivement.

Dans ces sommes chaque produit (formant l'expression du volume d'un tétraèdre) a le signe +, quand l'une des deux forces, vue de l'extrémité de l'autre force, paraît tourner dans un sens

[1] *Journal de Mathématiques,* t. XII, 1847, p. 213-224.

convenu; et le signe —, quand cette force semble tourner dans le sens contraire.

Si les deux premiers systèmes sont identiquement les mêmes, ainsi que les deux autres, le théorème devient celui-ci :

Quand deux systèmes de forces sont équivalents, la somme des volumes des tétraèdres construits sur les forces d'un système, prises deux à deux pour arêtes opposées, est la même que dans l'autre système.

D'où il suit que :

De quelque manière qu'on remplace par deux seules forces un système quelconque de forces, le tétraèdre construit sur ces deux forces a toujours le même volume. C'est le théorème qui avait été communiqué anciennement par l'auteur à M. Gergonne, comme on l'a vu au chapitre I (p. 58).

On conclut aussi des deux propositions générales les deux équations d'équilibre d'un système de forces, données par Poinsot dans son Mémoire sur la composition des moments et des aires, dont il a été parlé précédemment (chap. I, § 4).

Diverses propriétés des rayons vecteurs et des diamètres d'une conique. 1848. *— Propriétés analogues des rayons de courbure des sections normales d'une surface, en un point* [1].

Plusieurs de ces propositions se trouvaient déjà dans l'*Aperçu historique*, au sujet des théorèmes de Stewart sur les polygones réguliers inscrits au cercle, que l'auteur a étendus à la théorie des sections coniques, en montrant qu'ils se multiplient par différentes transformations [2].

Les recherches dont il s'agit ici sont groupées sous quatre titres différents et traitent de propriétés relatives : 1° aux rayons vecteurs d'une section conique formant une rose des vents; 2° aux diamètres d'une conique; 3° aux rayons de courbure des sections normales

---

[1] *Comptes rendus*, t. XXVI, 1848, p. 531-535. — [2] *Aperçu historique*, p. 179 et 670.

d'une surface en un point; 4° enfin, aux arêtes d'un cône droit à base elliptique.

Nous avons déjà eu à citer quelques théorèmes semblables de Stürm (p. 64); nous en trouverons aussi, dans le chapitre suivant, de MM. Breton (de Champ) et Transon, puis d'un jeune géomètre, M. Pigeon, qui a donné à quelques propositions une certaine extension en considérant des points dans l'espace.

CHAPITRE ·III.

(1832-1846.)

———

I. — M. Liouville.

Les travaux nombreux et importants de M. Liouville se rapportent spécialement aux diverses branches de l'Analyse pure, aux fonctions transcendantes, à la théorie des nombres et aux applications de l'Analyse infinitésimale à l'Astronomie et à la Physique mathématique. Mais on y trouve souvent des résultats qui intéressent la Géométrie, qui concernent même directement la théorie des surfaces, et des vues qui, en donnant lieu à de nouvelles recherches, ont contribué aux progrès de la science.

Mémoire sur quelques questions de Géométrie et de Mécanique et sur un nouveau genre de calcul pour résoudre ces questions [1]. — Le calcul dont il s'agit a été nommé par l'auteur *Calcul des différentielles à indices quelconques.* Nous devons nous borner ici à donner un exemple des questions de Géométrie et de Mécanique auxquelles M. Liouville applique sa nouvelle théorie : *Déterminer la courbe telle, que le temps qu'un corps pesant qui glisse sur cette courbe met à aller d'un point* M *en un point* A *soit une fonction donnée de la hauteur verticale du point* M *au-dessus du point* A.

Les recherches des géomètres qui se sont tant occupés de la tautochrone, depuis Huygens et Newton, ne s'étendaient pas à une telle question. Toutefois nous devons ajouter que ce problème, dont la solution n'est qu'une des nombreuses applications de la méthode de M. Liouville, avait été traité déjà par l'illustre Norwégien Abel [2].

[1] *Journal de l'École Polytechnique,* XXIe cahier, 1832, p. 1-69.

[2] *OEuvres complètes de N. H. Abel,* in-4°, Christiania, 1839, t. I, p. 27.

1834.   *Note sur la figure d'une masse fluide homogène, en équilibre, et douée d'un mouvement de rotation* [1]. — Jacobi avait annoncé qu'une masse fluide ellipsoïdale à trois axes inégaux pouvait être animée d'un mouvement de rotation autour d'un de ses axes, sans changer de forme et sous l'influence des attractions mutuelles de ses diverses parties. M. Liouville donna aussitôt une démonstration de ce beau théorème, et fit aussi connaître plus tard l'expression de la loi de la pesanteur en chaque point de la surface de la masse fluide,

1843. savoir, que : *La pesanteur varie en raison inverse de la perpendiculaire abaissée du centre de l'ellipsoïde sur le plan tangent à la surface, au point que l'on considère* [2].

1841.   *Mémoire sur quelques propositions générales de Géométrie et sur la théorie de l'élimination dans les équations algébriques* [3]. — C'est au sujet d'un théorème démontré par de simples considérations de Géométrie [4], et consistant en ce que : *Les points de contact d'une surface géométrique et de ses plans tangents parallèles à un même plan ont pour centre des moyennes distances un point fixe, quelle que soit la direction de ce plan*, que M. Liouville, voulant traiter la question par l'Analyse, a composé ce Mémoire. Il y démontre de nombreuses propriétés des courbes et des surfaces, qui dérivent toutes d'un même ordre de considérations générales sur l'élimination dans les équations algébriques. Nous citerons les propositions suivantes :

Le centre des moyennes distances des points de rencontre de deux courbes algébriques est aussi le centre des moyennes distances des points de rencontre des asymptotes de l'une avec l'autre, ou avec ses asymptotes.

La somme des cotangentes des angles sous lesquels se coupent deux

[1] *Journal de l'École Polytechnique,* XXIIIe cahier, 1834, p. 289-296.

[2] *Journal de Mathématiques,* t. VIII, 1843, p. 360.

[3] *Comptes rendus de l'Académie des* sciences, t. XIII, 1841, p. 412-416. — *Journal de Mathématiques,* t. VI, 1841, p. 345-411.

[4] *Aperçu historique,* etc. p. 260 et 624.

courbes est égale à la somme des cotangentes des angles sous lesquels se coupent leurs asymptotes.

Si, par les points d'intersection d'une courbe et d'un cercle, on mène les normales à la courbe, ces normales font sur une transversale menée par le centre du cercle des segments comptés à partir de ce point, dont la somme algébrique des valeurs inverses est égale à zéro.

M. Liouville a remarqué plus tard[1] que ce théorème fournit une construction du centre de courbure d'une courbe en un point, au moyen d'un seul cercle tangent à la courbe en ce point. Il suffit de prendre pour la transversale la normale à la courbe.

Au sujet du théorème relatif au centre des moyennes distances des points de contact d'une courbe et de ses tangentes parallèles à une même droite, M. Duhamel, lors d'une communication de M. Liouville à la Société philomathique[2], avait reconnu que les centres de courbure de la courbe relatifs aux points de contact avaient le même centre des moyennes distances que ces points de contact eux-mêmes[3]; et, de plus, que la somme des rayons de courbure était égale à zéro.

M. Liouville établit aussi ces deux propriétés, et y ajoute celle-ci : *La somme des valeurs inverses des rayons de courbure est égale à zéro.*

Passant aux surfaces, il démontre des propositions analogues, savoir, que :

La somme des rayons de courbure principaux d'une surface géométrique en ses points de contact avec ses plans tangents parallèles à un même plan est nulle.

---

[1] *Journal de Mathématiques*, t. IX, 1844, p. 435.

[2] Voir le Mémoire de M. Liouville. (*Journal de Mathématiques*, t. VI, p. 364 et 365.)

[3] Ce théorème a été généralisé par M. Terquem, qui a démontré que : *Dans une courbe d'ordre* m, *si, à partir de chacun des* m (m — 1) *points de contact des tangentes parallèles, on porte sur la normale, dans le sens du rayon de courbure,* p *fois le rayon de courbure, ce qui donne* m (m — 1) *points, extrémités de ces normales, le centre des moyennes distances de ces points est le même que celui des points de contact. Si* p = 1, on retrouve le théorème de M. Duhamel. (*Nouvelles Annales*, t. IV, 1845, p. 179.)

La somme des valeurs inverses des mêmes rayons de courbure est aussi égale à zéro.

Trois surfaces donnent lieu au théorème suivant : *Le centre des moyennes distances des points d'intersection de trois surfaces géométriques coïncide avec le centre des moyennes distances des points où l'une de ces surfaces est rencontrée par les asymptotes rectilignes communes aux deux autres.*

1844.   *Développements sur un théorème de Géométrie*[1]. — Ce travail fait suite au Mémoire précédent, et se rapporte à la même propriété des tangentes parallèles dans une courbe géométrique. L'auteur y démontre ce théorème nouveau : *Le centre des moyennes distances des points de contact d'une courbe et de ses tangentes parallèles est aussi le centre des moyennes distances des points de rencontre mutuelle des asymptotes de la courbe.*

On sait que les $m(m-1)$ points de contact d'une courbe d'ordre m et de ses tangentes parallèles sont situés sur une courbe d'ordre $(m-1)$. Pour toute autre direction des tangentes, on a une autre courbe du même ordre. Toutes ces courbes passent par $(m-1)^2$ points communs. M. Liouville démontre que : *Le centre des moyennes distances de ces $(m-1)^2$ points est le même que celui des points de contact des tangentes à la courbe, parallèles à une même droite.* Il étend aussi ce théorème aux surfaces.

1844.   *De la ligne géodésique sur un ellipsoïde quelconque*[2]. — L'équation différentielle de la ligne géodésique sur l'ellipsoïde à trois axes inégaux se présente sous une forme extrêmement compliquée lorsqu'on fait usage des coordonnées ordinaires. Mais Jacobi a observé que les difficultés s'aplanissent quand on détermine la position d'un point sur l'ellipsoïde, au moyen des deux lignes de courbure passant par ce point, comme Legendre l'avait fait autrefois pour

[1] *Journal de Mathématiques*, t. IX, 1844, p. 337-349.

[2] *Journal de Mathématiques*, t. IX, p. 401-408.

réduire l'intégrale double qui représente l'aire d'un ellipsoïde. L'illustre géomètre de Kœnigsberg est parvenu ainsi à ramener la détermination de la ligne géodésique à de simples quadratures, à des transcendantes abéliennes[1]. Ce succès conduisit M. Liouville à s'occuper aussi de la question. Prenant pour coordonnées d'un point dans l'espace, à l'instar de M. Lamé, les trois demi-axes majeurs des trois surfaces homofocales à un ellipsoïde fixe, menées par le point, lesquelles se réduisent à deux lorsque le point est situé sur l'ellipsoïde fixe lui-même, et partant de la définition de la ligne géodésique fondée sur cette considération dynamique, que c'est la courbe que décrirait, à la suite d'une impulsion quelconque, un mobile assujetti à demeurer sur la surface, sans intervention d'aucune force accélératrice, M. Liouville obtint le résultat de Jacobi, et en outre une belle propriété de la courbe, exprimée par l'équation

$$[1] \qquad \mu^2 \cos^2 i + v^2 \sin^2 i = \text{const.,}$$

μ et v étant les demi-axes majeurs des deux surfaces homofocales menées par un point de la ligne géodésique, et i, l'angle que la tangente à la courbe, en ce point, fait avec la ligne de courbure située sur la surface (μ).

M. Liouville remarqua en outre que cette équation ne diffère pas au fond de l'équation PD $=$ const. donnée par Joachimsthal[2], D étant le demi-diamètre de l'ellipsoïde parallèle à la tangente en un point de la ligne géodésique, et P, la perpendiculaire abaissée du centre sur le plan tangent à la surface en ce point[3].

Nous avons dit précédemment (chap. II, p. 120) que le désir qu'avait exprimé M. Liouville, que son équation fût établie par de

---

[1] *Comptes rendus de l'Académie des sciences*, t. VIII, 1838, p. 284; et *Journal de Mathématiques*, t. VI, 1841, p. 267-272.

[2] *Observationes de lineis brevissimis et curvis curvaturæ in superficiebus secundi gradus.* (Voir *Journal* de Crelle, t. XXVI, 1843, p. 155.)

[3] M. Michael Roberts a tiré de l'équation PD $=$ const. quelques propriétés des lignes géodésiques. (*Journal de Mathématiques*, t. XI, 1846 p. 1-4.)

simples considérations de Géométrie, avait donné lieu à plusieurs communications à l'Académie, où se trouvent diverses propriétés nouvelles des lignes géodésiques et des lignes de courbure des surfaces du second ordre.

1846.　　Depuis, M. Liouville a démontré lui-même l'équation de Joachimsthal, par des considérations directes extrêmement simples [1].

1845.　　A la suite d'un rapport sur un Mémoire de M. J. A. Serret, concernant la *représentation géométrique des fonctions elliptiques et ultra-elliptiques*, M. Liouville a trouvé qu'une certaine quantité, que M. Serret supposait devoir être un nombre entier, pouvait aussi devenir fractionnaire sans altérer le résultat; ce qui étend considérablement le nombre des fonctions elliptiques de première espèce exprimables par des arcs de courbes algébriques, le module des fonctions n'étant assujetti qu'à la seule condition d'avoir pour carré une fraction proprement dite [2].

1846.　　Les théorèmes sur les polygones de périmètre minimum ou maximum, circonscrits ou inscrits à une conique plane ou sphérique, dont il a été question précédemment (chap. II, p. 117), ont donné lieu à une extension remarquable concernant les polygones géodésiques tracés sur un ellipsoïde.

M. Liouville, dans une communication à l'Académie [3], a énoncé les deux propositions suivantes :

I. *Parmi tous les polygones géodésiques, d'un nombre de côtés donné, qu'on peut circonscrire à une ligne de courbure donnée sur un ellipsoïde, celui qui offre le périmètre minimum a tous ses sommets sur une même ligne de courbure déterminée, le premier sommet pouvant être pris à volonté en un point quelconque de cette dernière ligne.*

[1] *Comptes rendus,* t. XXII, 1846, p. 111. — *Journal de Mathématiques,* t. XI, p. 21-24.

[2] *Journ. de Math.* t. X, 1845, p. 292.

[3] *Comptes rendus de l'Académie des sciences,* t. XXII, 1846, p. 893.

II. *Les côtés du polygone de périmètre maximum, inscrit à une ligne de courbure donnée, sont tous tangents à une seconde ligne de courbure.*

Le théorème, cité précédemment (chap. II, p. 121), d'après lequel les tangentes d'une ligne géodésique d'une surface du second ordre sont toutes tangentes à une même surface homofocale, avait permis d'exprimer en coordonnées elliptiques les deux équations d'une droite tangente à deux surfaces homofocales [1], et l'on ajoutait que ces équations se pouvaient transformer en deux équations différentielles. Donnant suite à cette remarque, M. Liouville reconnaît 1847 que les deux équations différentielles sont de la forme de celles que Jacobi a appelées *abéliennes*, en sorte que les deux équations de la tangente commune à deux surfaces homofocales représentent les intégrales du système des deux équations abéliennes [2].

M. Liouville reproduit cette observation dans un Mémoire *Sur quelques cas particuliers où les équations du mouvement d'un point matériel peuvent s'intégrer* [3].

Note au sujet d'un article de M. Thomson [4]. — M. W. Thomson avait 1847 fait usage, dans des recherches relatives à la distribution de l'électricité sur deux corps conducteurs, d'une transformation des figures qu'il appelait *principe des images :* c'était la transformation dans laquelle deux points correspondants a, a' sont sur une même droite issue d'un point fixe O et à des distances de ce point réciproques l'une de l'autre, c'est-à-dire telles, que l'on ait

$$Oa . Oa' = \text{const.}$$

Si le point a appartient à une sphère, le point a' est sur une seconde sphère, que M. Thomson appelle *l'image* de la pre-

---

[1] *Comptes rendus,* t. XXII, 1846, p. 518. — *Journal de Mathématiques,* t. XI, p. 112.

[2] *Note au sujet d'un Mémoire de* M. *Chasles.* (*Journal de Mathématiques,* t. XII, p. 255.)

[3] *Journ. de Math.* t. XII, p. 424.

[4] *Ibid.* t. XII, p. 265-290.

mière. L'image d'un plan est aussi une sphère. Les images de deux
sphères se coupent sous le même angle que les deux sphères. Ces
considérations avaient conduit le jeune géomètre et physicien de
Glasgow à un système de coordonnées courbes, dans lequel les surfaces coordonnées sont des sphères orthogonales qui passent par
un point fixe et sont tangentes en ce point à trois plans rectangulaires. C'est ce système, dont il indiquait l'application dans certains
problèmes de physique [1], qui a donné lieu à la Note de M. Liouville dont il s'agit ici.

M. Liouville appelle ce principe des images *transformation par
rayons vecteurs réciproques*, expression aujourd'hui employée par
la plupart des géomètres. On savait déjà que, dans cette transformation, les angles conservent la même grandeur. M. Liouville
démontra en outre ce théorème important, que c'est la seule transformation pour laquelle cette propriété de la conservation des
angles a lieu. Il donna les formules analytiques qui expriment
plusieurs transformations successives, et il conclut que l'on peut
passer d'une surface à l'une de ses transformées directement par
une transformation unique. Enfin, il indiqua plusieurs questions relatives à la Géométrie pure, à la Physique mathématique, à l'électricité, au magnétisme, à la chaleur, à l'attraction, dans lesquelles
cette transformation pouvait être utile. Effectivement elle avait déjà
eu quelques rares applications, et depuis elle a été fréquemment
employée. Nous réunirons dans un paragraphe, à la suite de l'analyse actuelle des recherches géométriques de M. Liouville, l'indication des différents ouvrages dans lesquels nous trouvons cette
transformation des figures.

1847. *Sur un théorème de M. Gauss, concernant le produit des deux rayons
de courbure principaux en chaque point d'une surface* [2]. — Gauss,
dans le célèbre Mémoire intitulé : *Disquisitiones generales circa super-*

---

[1] Extraits de deux lettres adressées à M. Liouville. (Voir *Journal de Math.* t. XII, 1847, p. 256-264.) — [2] *Journal de Math.* t. XII, 1847, p. 291-304.

ficies curvas, avait démontré ce théorème : *L'expression du produit* RR_1 *des deux rayons de courbure principaux en un point d'une surface* (produit dont la valeur inverse est ce que Gauss nomme la *courbure* de la surface en ce point) *dépend uniquement de l'expression générale de l'élément linéaire qui joint deux points infiniment voisins.* D'où l'on conclut que, *quand une surface est applicable sur une autre par déformation, sans rupture ni duplicature, le produit* RR_1 *est toujours le même pour les deux surfaces en deux points correspondants* [1].

M. Liouville appelle l'attention sur ce théorème important, dont il donne une démonstration reposant sur une expression nouvelle du produit RR_1.

Peu de temps après, le même théorème a aussi été démontré par MM. Bertrand [2] et Puiseux [3], et par M. Diguet, alors élève de l'École Normale [4].

M. Liouville, en donnant une nouvelle édition du grand ouvrage 1850. de Monge, l'*Application de l'Analyse à la Géométrie*, y a joint comme complément et commentaire les *Disquisitiones generales circa superficies curvas* de Gauss, et diverses Notes importantes dont nous allons dire le sujet.

Note I. *Sur les courbes à double courbure.*

M. Liouville démontre quelques formules générales relatives aux deux courbures des courbes gauches. Il fait connaître un beau travail de M. Serret, sur ce sujet, travail qui a été reproduit depuis par l'auteur dans un Mémoire inséré au tome XVI du *Journal de Mathématiques*, et dont nous parlerons plus loin.

---

[1] Présenté à la Société royale de Gœttingue le 8 octobre 1827, et imprimé au tome VI des *Commentationes recentiores.* Ce Mémoire a été joint à l'*Application de l'Analyse à la Géométrie*, de Monge, dans l'édition donnée par M. Liouville. Une traduction par M. T. A., ancien élève de l'École Polytechnique, a été insérée dans le tome XI des *Nouvelles Annales de Mathématiques*, 1852, p. 195-262.

[2] *Journal de Mathématiques*, t. XIII, p. 80.

[3] *Ibid.* p. 87.

[4] *Ibid.* p. 83.

C'est dans cette Note que M. Liouville a défini l'*angle de contingence relatif* et la *courbure géodésique.* Comme il s'agit d'un point important de la théorie, nous citerons les propres paroles de l'auteur :

« Lorsque deux courbes, dit-il, ont un élément commun ds, « les deux éléments qui suivent ds font un angle infiniment « petit dv, que nous nommerons l'*angle de contingence relatif;* et « le rapport $\frac{dv}{ds}$ mesurera la *courbure* ou la *déviation relative* des « deux courbes. Le rapport inverse sera la valeur de ce qu'on « appellera, par analogie, le *rayon de la courbure* ou *de la déviation* « *relative*… Le lecteur verra qu'on peut tirer un grand parti de ces « idées générales. Bornons-nous à signaler, parmi les courbures « relatives, celle d'une courbe tracée sur une surface, par rapport « à la ligne géodésique tangente. J'ai proposé pour la désigner le « nom expressif de *courbure géodésique*, que M. Bonnet a bien voulu « adopter dans un Mémoire remarquable inséré au xxxiie cahier du « *Journal de l'École Polytechnique* [1]. »

[1] Ce Mémoire de M. Ossian Bonnet, ou plutôt la partie de ce Mémoire qui traite des propriétés des lignes tracées sur une surface avait été présentée à l'Académie en 1844, et l'auteur s'y servait déjà de cette notion de la courbure géodésique, sous l'expression $\frac{\cos\theta}{\rho} = \frac{dv}{ds}$, mais sans lui donner un nom : θ étant l'angle que le plan osculateur fait avec le plan tangent à la surface, et ρ, le rayon de courbure de la courbe. M. Bonnet dit à ce sujet, en offrant un exemplaire de son Mémoire à l'Académie : « Dans cette partie, la plus impor- « tante du Mémoire, j'ai fait un grand « usage du rapport $\frac{\cos\theta}{\rho}$, qui est l'élément « que l'on doit substituer à la courbure « des lignes lorsqu'on considère ces lignes « comme tracées sur une surface déter- « minée ; les propriétés les plus importantes « de ce rapport, notamment celles qui « sont exprimées par les égalités (7), (8), « (u), (9), (12), (13) du § 3, se trou- « vent dans le Mémoire de 1844. Ainsi, « j'avais aperçu et démontré, dès cette « époque, que ce rapport était l'élément « qui devait remplacer la courbure des « lignes ; seulement je n'avais pas alors « pensé à lui donner un nom particulier : « je me suis servi, dans le Mémoire actuel, « de la dénomination de *courbure géodé-* « *sique.* Cette dénomination est due à « M. Liouville, qui l'a employée dans un « Mémoire composé depuis longtemps, « mais non encore publié. » (*Comptes rendus de l'Académie des sciences,* t. XXVIII, 1849, p. 449.)

Dans la Note II, intitulée : *Expressions diverses de la distance de deux points infiniment voisins et de la courbure géodésique des lignes, sur une surface*, M. Liouville parvient, par des considérations nouvelles fort simples, à cette expression remarquable du rayon de courbure géodésique,

$$\frac{1}{\rho} = -\frac{di}{ds} + \frac{\cos i}{\rho_2} + \frac{\sin i}{\rho_1},$$

que l'on trouve aussi dans le Mémoire de M. Ossian Bonnet. Depuis, M. Liouville a donné une généralisation importante de cette formule, en supposant que les lignes des coordonnées, au lieu d'être orthogonales, se coupent sous un angle variable ω [1].

La Note III contient un théorème *concernant l'intégration de l'équation des lignes géodésiques.*

M. Liouville fait connaître certaines conditions générales qui permettent d'intégrer l'équation des lignes géodésiques sur une surface donnée, et dans lesquelles rentre en particulier le cas de l'ellipsoïde.

La Note IV se rapporte au *théorème de M. Gauss concernant le produit des deux rayons de courbure principaux en chaque point d'une surface.*

Après avoir reproduit les démonstrations de MM. Bertrand et Puiseux, M. Liouville rappelle plusieurs expressions connues de la courbure $\frac{1}{RR_1}$, notamment la formule

$$\frac{1}{RR_1} = -\frac{1}{2\lambda}\left(\frac{d^2 l\lambda}{d\alpha^2} + \frac{d^2 l\lambda}{d\beta^2}\right),$$

qu'il a donnée dans le tome XII du *Journal de Mathématiques*. Il indique ensuite une solution de ce problème important : *Deux surfaces étant données, reconnaître si ces surfaces sont ou ne sont pas applicables l'une sur l'autre.* Enfin, des considérations sur les surfaces dont les rayons de courbure ont un produit constant, et

---

[1] *Comptes rendus*, t. XXXII, p. 533. — *Journal de Math.* t. XVI, 1851, p. 130.

l'intégration d'une équation aux différences partielles du second ordre se rattachant à la théorie de ces surfaces, terminent cette Note, remarquable à plusieurs égards.

Note V. *Du tracé géographique des surfaces les unes sur les autres.*

M. Liouville appelle *tracé géographique*, ou plutôt *représentation géographique*, celle dans laquelle les angles se conservent, de sorte que deux parties infiniment petites de deux figures correspondantes sur deux surfaces sont semblables.

Lambert et Lagrange avaient déjà traité cette question dans des cas particuliers. Gauss l'a résolue d'une manière complète dans un Mémoire important couronné par l'Académie de Copenhague. Après avoir rappelé cette solution de Gauss, M. Liouville fait remarquer que, le problème du tracé géographique comprend, comme cas particulier, celui qui a pour but de reconnaître si deux surfaces sont applicables l'une sur l'autre. Il donne alors une nouvelle solution, indépendante de la considération des rayons de courbure, de ce problème déjà traité dans la Note IV. «Entre cette méthode et «celle de la Note IV, et d'autres que je pourrais ajouter, dit M. Liou-«ville, le choix devra dépendre des circonstances.»

Note VI. *Extension au cas des trois dimensions de la question du tracé géographique.*

La question revient à trouver des fonctions de α, β, γ qui, prises pour α', β', γ', vérifient l'équation

$$d\alpha'^2 + d\beta'^2 + d\gamma'^2 = l\,(d\alpha^2 + d\beta^2 + d\gamma^2),$$

où l est une fonction inconnue de α, β, γ. M. Liouville traite d'abord le cas où $l=1$; puis, par des considérations extrêmement ingénieuses, il ramène le cas général au cas de $l=1$. Il trouve ainsi comme unique solution de la question celle qui correspond à la transformation par rayons vecteurs réciproques. «J'avais fait ob-«server, dit-il, que la transformation par rayons vecteurs récipro-«ques donne une solution du problème; mais j'ignorais alors que «la formule ainsi obtenue fût la plus générale possible. L'analyse

« précédente, qui établit ce fait important, n'est pas indigne, ce
« me semble, de l'attention des géomètres. »

Le résultat de M. Liouville est, effectivement, tout à fait capital.
Parmi les conséquences qu'on en peut déduire, nous citerons le
beau théorème de M. Lamé, d'après lequel les systèmes triples de
surfaces isothermes orthogonales se réduisent au seul formé par
les surfaces du second degré homofocales [1].

Note VII. *A l'occasion des cordes vibrantes.*

Dans cette Note, purement analytique, M. Liouville rappelle les
différentes méthodes que les géomètres ont imaginées pour intégrer l'équation des cordes vibrantes; puis il applique ces méthodes
à d'autres équations rentrant dans des types plus généraux.

Sur un théorème de M. Chasles [2]. — Deux surfaces homofocales,   1851.
ainsi qu'on l'a dit précédemment (chap. ii, p. 95), peuvent être considérées comme les deux nappes du lieu des centres de courbure
d'une certaine surface Θ.

M. Liouville se propose de compléter ce théorème en donnant
l'équation de la surface Θ. Elle dérive des formules de son Mémoire
sur le mouvement d'un point matériel, déjà cité (p. 133). Il ajoute
que ces résultats, relatifs aux lignes géodésiques des surfaces du
second ordre, se peuvent aussi démontrer directement, d'une manière fort simple.

Sur la théorie générale des surfaces [3]. — M. Liouville donne une   1851.
nouvelle expression concise du produit RR_1 des deux rayons de
courbure principaux d'une surface en un point, ou plutôt de
$\frac{1}{RR_1}$, puis une expression générale du *rayon de courbure géodésique*,
dont il a indiqué de nombreuses conséquences dans ses leçons au
Collége de France.

<hr>

[1] *Journal de Mathématiques*, t. XV,
1850, p. 103.

[2] *Ibid.* t. XVI, 1851, p. 6-8.

[3] *Comptes rendus*, t. XXXII, p. 533-
535. —*Journal de Mathématiques*, t. XVI,
p. 130-132.

1852.   *Théorème sur le rapport anharmonique* [1]. — Lorsque quatre courbes déterminées sur une surface par des équations telles que $f(u, v) = 0$, entre deux coordonnées u, v quelconques, passent par un même point, M. Liouville donne l'expression du rapport anharmonique des tangentes de ces courbes en leur point commun. Il en conclut que ce rapport anharmonique est toujours le même, quel que soit le système de coordonnées auquel se rapportent les variables u et v, et quelle que soit aussi la surface sur laquelle ces coordonnées sont comptées.

1854.   *Expression simple du rayon de courbure géodésique d'une ligne tracée sur un ellipsoïde* [2]. — Soient ds l'élément de la courbe au point que l'on considère ; ρ, le rayon de courbure géodésique ; θ, l'angle que la tangente à la courbe fait avec la tangente conjuguée, et H, la perpendiculaire abaissée de l'extrémité du demi-diamètre de l'ellipsoïde parallèle à cette seconde tangente sur le diamètre parallèle à la première, on a l'expression

$$\frac{1}{\rho} = \operatorname{tang} \theta \, \frac{d \log \mathrm{H}}{ds}.$$

II.

Transformation par rayons vecteurs réciproques.

Si, sur les rayons menés d'un pôle fixe aux points d'une figure, on prend des segments proportionnels aux valeurs inverses de ces rayons, les extrémités de ces segments forment une nouvelle figure, qui est la *transformée* de la première. On dit que la transformation se fait *par rayons vecteurs réciproques*. La projection stéréographique, connue des anciens, et dont il nous reste un traité de Ptolémée, est une transformation de cette nature. En effet, l'œil étant en O sur la sphère, si la projection d'un point a de la sphère est en a' sur le

---

[1] *Journal de Mathématiques*, t. XVII, p. 391.

[2] *Journal de Mathématiques*, t. XIX, p. 368.

plan diamétral perpendiculaire au rayon à l'extrémité duquel se trouve le point O, on voit sur-le-champ que le produit $Oa.Oa'$ est constant (et égal au produit du rayon par le diamètre). Ainsi, la transformée de la sphère est un plan perpendiculaire au rayon qui passe par le point O. Cela aurait lieu évidemment pour une autre valeur du produit constant $Oa.Oa'$, puisqu'on aurait un plan parallèle au premier. Il s'ensuit que les plans qui sont les transformées de deux sphères se coupent sous le même angle que ces sphères. Et l'on conclut de là immédiatement que deux surfaces quelconques se coupent en chaque point sous le même angle que leurs transformées, au point correspondant; c'est-à-dire que *les angles se conservent.*

Ainsi, cette transformation par rayons vecteurs réciproques aurait pu se conclure naturellement de la projection stéréographique.

Le rapprochement que nous venons d'indiquer se trouve effec- 1827. tivement dans les premiers exemples de cette méthode de transformation des figures, que renferme le beau Mémoire de M. Quetelet, intitulé : *Résumé d'une nouvelle théorie des caustiques* [1]. M. Quetelet appelle *inverse* la transformée d'une figure, et démontre ces deux propositions : *La polaire d'une courbe* (relative au cercle de centre O) *a pour inverse la caustique secondaire de cette courbe.* — *La polaire d'une courbe plane quelconque, après avoir subi deux projections stéréographiques successives, devient semblable à son inverse.*

Mais l'idée d'une méthode générale de transformation des fi- 1836. gures, fondée sur des considérations directes, paraît due à M. Bellavitis, qui l'a exposée sous le titre de *Teoria delle figure inverse, e loro uso nella Geometria elementare* [2]. Il appelle *inverse* la transformée d'une courbe. Il démontre que *les inverses de deux courbes se coupent sous le même angle que ces courbes.* Il établit ensuite plusieurs

[1] *Nouveaux Mémoires de l'Académie royale de Bruxelles*, t. IV, 1827, p. 81.

[2] *Annali delle scienze del regno Lombardo-Veneto*, 1836, t. VI, p. 126.

propriétés des inverses des sections coniques, et dit que les mêmes considérations s'appliquent aux figures dans l'espace [1].

1843.   M. Stubbs, professeur à l'université de Dublin, a fait usage de ce mode de transformation dans un Mémoire intitulé : *On the application of a new methode to the Geometry of Curves and curve Surfaces* [2], où il appelle aussi *inverse* la transformée d'une courbe ou d'une surface. S'appuyant sur les théorèmes de M. Dupin concernant les surfaces orthogonales, et sur la conservation des angles, il est conduit à ce beau théorème général, que *les lignes de courbure d'une surface se transforment en lignes de courbure de la nouvelle surface;* et il déduit de là une construction géométrique des lignes de courbure de la surface d'élasticité.

Dans le même temps, M. Ingram s'est aussi occupé de ces courbes inverses [3].

1847.   Nous avons cité, en parlant ci-dessus des travaux de M. Liouville, l'usage que M. Thomson a fait de cette méthode de transformation dans des questions de physique mathématique, et les développements ajoutés par M. Liouville lui-même, en donnant à la méthode son nom actuel de transformation *par rayons vecteurs réciproques.*

1848.   Les mêmes considérations ont conduit M. W. Roberts à une méthode de transformation des courbes planes et sphériques, qui

[1] M. Bellavitis a encore fait usage de ces courbes inverses dans un Mémoire sur la classification des courbes du troisième ordre. (*Mémoires de la Société italienne,* Modène, t. XXV, 1851, p. 18.) Ensuite il s'en sert pour la solution d'un problème. (*Nouvelles Annales,* t. XII, 1853, p. 443.) Il en expose la théorie dans un paragraphe d'un travail intitulé : *Principii della Geometria di derivazione.* (*Annali di scienze matematiche e fisiche* de M. Tor-tolini, t. V, 1854, p. 241, 248 et 473.) Il cite cette transformation des figures dans son ouvrage intitulé : *Sposizione dei nuovi metodi di Geometria analitica* (Venezia, 1860, in-4°) et dans les *Annali di Matematica* de Tortolini, t. III, 1860, p. 60.

[2] *Philosophical Magazine,* London, novembre 1843, t. XXIII, p. 338-347.

[3] *Transactions of the Dublin philosophical Society.* (Voir Salmon, *Higher plane curves,* 1852, p. 243.)

comprend comme cas particulier celle des rayons vecteurs réciproques, et dans laquelle les angles se conservent. L'équation polaire d'une courbe étant $F(r, \omega) = 0$, on a pour l'équation de sa transformée $F(r^{\pm n}, n\omega) = 0$. M. W. Roberts a conclu de cette transformation de nombreux théorèmes [1].

M. H. Faure, capitaine d'artillerie, a aussi étudié, plus tard, ce même mode général de transformation, dans lequel les angles se conservent [2]. 1854.

M. Salmon, en exposant la méthode de transformation par rayons vecteurs réciproques [3], a indiqué les causes d'abaissement du degré des courbes transformées, et fait remarquer que, dans la courbe du quatrième ordre, ayant pour points doubles les deux points imaginaires situés à l'infini sur un cercle, il existe quatre points qui, pris pour pôles de transformation, permettent de transformer la courbe en elle-même : propriété importante, sur laquelle nous aurons à revenir au sujet des belles recherches de M. Moutard sur les surfaces anallagmatiques (chap. v). 1852.

M. Andrew S. Hart, dans le même temps, tirait de l'équation générale des courbes inverses leur propriété relative aux trois points multiples [4]. Soit l'équation d'une courbe 1852.

$$u_0 + u_1 + u_2 + \ldots + u_m = 0,$$

u_0 étant une constante, et u_1, u_2, …, u_m des fonctions de x et y de degrés 1, 2, …, m, l'équation de la courbe inverse est

$$u_0 \left(x^2 + y^2\right)^m + u_1 \left(x^2 + y^2\right)^{m-1} \ldots + u_m = 0.$$

[1] *Journal de Mathématiques*, t. XIII, 1848, p. 209-220.

[2] Extrait d'un Mémoire sur la transformation des courbes, inséré dans les *Mémoires de l'Académie des sciences de Montpellier*, 1854, p. 463-478.

[3] Salmon, *Higher plane curves*, 1852, p. 306.

[4] *An account of some transformations of curves.* (Voir *The Cambridge and Dublin Mathematical Journal*, t. VIII, 1853, p. 47-50.)

M. Hart conclut de là que cette courbe a trois points multiples d'ordre m : l'un situé au pôle ou centre d'inversion, et les deux autres, imaginaires, coïncidant avec les deux points *circulaires* à l'infini, c'est-à-dire avec les deux points de contact des tangentes au cercle qui a son centre au pôle fixe.

Nous verrons plus loin, en parlant de la *projection gauche*, proposée par M. Transon, que, à l'égard des trois points multiples d'ordre m, les courbes inverses ne sont qu'un cas particulier de courbes que l'on obtient par divers autres modes de transformation, et qui ont toujours ces trois points multiples, mais dans lesquelles la conservation des angles, qui fait le caractère principal des courbes inverses, n'a plus lieu.

1853. MM. Ossian Bonnet [1] et J. A. Serret [2] se sont servis de cette transformation par rayons vecteurs réciproques, dans leurs Mémoires sur les lignes de courbure des surfaces, pour passer du cas des surfaces à lignes de courbure planes à celui des surfaces à lignes de courbure sphériques, comme on le verra plus loin.

1855. M. Paul Serret, en réunissant dans son livre instructif : *Des méthodes en Géométrie* (in-8°, 1855), les propriétés du mode de transformation dont il s'agit, en a fait diverses applications à la théorie des surfaces, concernant leurs lignes de courbure et les rayons de courbure des sections normales.

1858. M. Hirst, après avoir fait un usage très-heureux des figures *inverses*, qu'il appelle ainsi d'après M. Stubbs, d'abord dans un Mémoire sur les corps qui exercent une égale attraction sur un point [3], puis dans un Mémoire *sur la courbure d'une série de surfaces*

---

[1] *Journal de l'École Polytechnique,* xxxv⁰ cahier, p. 248 et suiv.

[2] *Journal de Mathématiques,* t. XVIII, 1853, p. 113.

[3] *On equaly attracting surfaces.* (Voir *Philosophical Magazine,* vol. XVI, 1858, p. 152-197.)

et de lignes [1], a proposé l'un de ces modes de transformation d'une construction plus générale, dont nous venons de parler.

M. Lamé, dans son grand ouvrage *sur les coordonnées curvilignes,* 1859. a fait aussi les applications les plus fécondes de la *transformation par rayons vecteurs réciproques* aux problèmes des températures stationnaires dans plusieurs systèmes de corps, coniques, cylindriques, etc. Nous citerons le jugement de l'illustre analyste sur ce procédé de transformation : « Quand on considère le très-petit « nombre de corps que l'on savait traiter, il y a peu d'années, dans « la théorie analytique de la chaleur, on est émerveillé de la puis- « sance de généralisation du nouvel instrument que nous venons « d'analyser [2]. »

M. J. Booth a fait connaître, dans son très-remarquable Mé- 1860. moire sur la courbe qu'il a appelée *Logocyclique,* une relation fort simple concernant les cercles osculateurs des *courbes inverses,* en deux points correspondants. R et r étant les rayons vecteurs des deux points, et C, c les cordes interceptées sur ces rayons par les cercles osculateurs, on a

$$\frac{R}{C} + \frac{r}{c} = 1 \ ^{(3)}.$$

Nous citerons plus tard, en parlant des travaux de MM. Mannheim et Moutard, d'autres applications importantes de la méthode des rayons vecteurs réciproques.

La propriété de la conservation des angles se vérifie, dans le cas des figures *planes,* pour une infinité d'autres méthodes de

[1] Inséré dans les *Annali di Matematica* de M. Tortolini, t. II, 1859, p. 95-112 et 148-164.

Ce Mémoire de M. Hirst a donné lieu à M. Tortolini de réunir, dans une Note *sur les figures inverses,* d'intéressants développements analytiques. (*Ibid.* p. 189.)

[2] *Leçons sur les coordonnées curvilignes et leurs diverses applications;* Paris, in-8°, 1859, p. 238.

[3] *On the Logocyclic Curve, and the Geometrical Origin of Logarithms.* (Voir *Quarterly Journal,* t. III, 1860, p. 135.)

transformation. Ainsi, x, y étant les coordonnées d'un point de la première figure, et x', y', celles du point correspondant dans la seconde, si l'on pose

$$x+y\sqrt{-1}=z \quad \text{et} \quad x'+y'\sqrt{-1}=z',$$

il suffit que l'on ait entre z et z' une relation déterminée, de forme quelconque, comme on le voit dans les Mémoires de Cauchy sur la représentation géométrique des quantités imaginaires, dont il a été question dans notre premier chapitre.

M. F. Lucas a remarqué[1] que, si l'on prend pour relation

$$zz'+az+bz'+c=0,$$

il y a alors transformation par rayons vecteurs réciproques.

III. — M. Lamé.

Lorsqu'on a un système triple de surfaces du second ordre homofocales, chaque point de l'espace est déterminé par les demi-axes majeurs des trois surfaces qui passent par le point. Ces trois demi-axes, désignés en général par μ, ν, ρ, peuvent être pris pour *coordonnées* du point.

1833.   C'est à M. Lamé que l'on doit l'idée complète de ce système de coordonnées, et les développements qu'il demandait. Dans un *Mémoire sur les surfaces isothermes dans les corps solides homogènes en équilibre de température*, présenté à l'Académie en juin 1833[2], l'illustre géomètre a fait la première application de ce système des trois variables μ, ν, ρ, qu'il appelle *coordonnées elliptiques*. Il s'est servi depuis de ces coordonnées dans plusieurs autres recherches

---

[1] *Études analytiques sur la théorie générale des courbes planes*, 1 vol. in-8°, 1864, p. 187.

[2] Voir *Mémoires des Savants étrangers*, t. V, et *Journal de Mathématiques*, t. II, 1837, p. 147-183.

de Physique mathématique[1], et même d'Analyse pure[2], notamment dans ses *Leçons sur les fonctions inverses des transcendantes* [3].

Dans cet ouvrage, M. Lamé a pu signaler, après vingt années d'expérience, ces *coordonnées elliptiques* comme devant être la source d'un grand nombre de recherches importantes, et dire que, substituées aux coordonnées sphériques habituelles, elles généraliseraient et transformeraient avec avantage toutes les branches de la Physique mathématique, ainsi que la Mécanique céleste.

Bientôt après, M. Lamé a généralisé la conception des *coordon-* 1834. *nées elliptiques*, en substituant aux surfaces du second ordre un système triple de surfaces orthogonales quelconques. Un *Mémoire sur les lois de l'équilibre du fluide éthéré*[4] contenait déjà un chapitre ayant pour titre *Surfaces orthogonales conjuguées*, où l'on trouve les relations générales qui ont lieu entre les coordonnées ordinaires x, y, z d'un point, et les trois paramètres μ, ν, ρ appartenant aux trois surfaces orthogonales qui passent par ce point. Mais c'est surtout dans un autre travail, intitulé : *Mémoire sur les coordonnées curvilignes* [5], que l'auteur a donné toutes les formules de cette impor- 1838. tante théorie, avec leur interprétation géométrique, ainsi que ces nombreuses relations entre les paramètres des surfaces et les rayons de courbure de leurs sections principales, qui sont devenues depuis le point de départ de tant de recherches utiles.

[1] *Mémoire sur l'équilibre des températures dans un ellipsoïde à trois axes inégaux*, présenté à l'Académie en février 1839. (Voir *Comptes rendus*, t. VII, p. 236; — *Journal de Mathématiques*, t. IV, 1839, p. 126-163.)

[2] *Note sur des intégrales définies déduites de la théorie des surfaces orthogonales*. (Voir *Journal de Mathématiques*, t. III, 1838, p. 552-555.) — *Mémoire sur plusieurs théorèmes d'Analyse démontrés* par la théorie des surfaces orthogonales. (*Comptes rendus*, t. XXI, 1845, p. 112.)

[3] 1 volume in-8°; Gauthier-Villars, 1850.

[4] Présenté à l'Académie en mai 1834. (Voir *Journal de l'École Polytechnique*, xxiiie cahier, p. 191-288.)

[5] Présenté à l'Académie en janvier 1838. (Voir *Comptes rendus*, t. VI, p. 43; — *Journal de Mathématiques*, t. V, 1840, p. 313-347.)

1843. M. Lamé a appliqué les coordonnées curvilignes dans son beau *Mémoire sur les surfaces orthogonales et isothermes* [1].

Cette condition, que les surfaces orthogonales soient isothermes, introduit trois équations aux différentielles partielles linéaires et du premier ordre, qui permettent d'effectuer l'intégration, tandis que, dans le cas général, elle est inabordable. M. Lamé a pu ainsi reconnaître que tous les systèmes de surfaces orthogonales isothermes sont formés de surfaces du second ordre, et que ces systèmes sont de cinq genres :

1° Ellipsoïdes et hyperboloïdes homofocaux;

2° Paraboloïdes elliptiques et hyperboliques ayant même axe et mêmes foyers;

3° Ellipsoïdes de révolution autour du petit axe et autour du grand axe;

4° Sphères concentriques et cônes du second ordre;

5° Plans parallèles conjugués à des cylindres isothermes.

L'auteur dit que ces recherches lui ont été inspirées par cette proposition importante de M. Bertrand : *Toute surface appartenant à un système triple de surfaces orthogonales isothermes peut être divisée en carrés infiniment petits, par ses lignes de courbure* [2].

1851. M. Lamé s'est livré à une nouvelle étude des coordonnées curvilignes dans un *Mémoire sur les variations des coordonnées curvilignes* [3].

Ce travail contient une solution du problème suivant, qui a une très-grande importance dans les questions de Physique mathématique : *Trouver tous les systèmes triplement orthogonaux dont font partie une surface quelconque donnée et la surface parallèle infiniment voisine.*

[1] *Journal de Mathématiques*, t. VIII, 1843, p. 397-434.

[2] *Ibid.* p. 398.

[3] *Journal de Mathématiques*, t. XVI, 1851, p. 171-186.

Enfin, M. Lamé a consacré, il y a peu d'années, aux coordon- 1859.
nées curvilignes, un ouvrage spécial, fruit de ses leçons à la Faculté
des sciences [1].

La théorie des coordonnées elliptiques, puis des coordonnées
curvilignes, s'est introduite dans les recherches de tous les géomètres. La plupart des travaux les plus remarquables, depuis une
trentaine d'années, en renferment des applications.

Nous avons cité, au sujet de la surface des ondes de Fresnel, 1852.
l'important ouvrage de M. Lamé sur la théorie mathématique de
l'élasticité des corps solides.

IV. — P. L. Wantzel.

Wantzel, élève des plus distingués de l'École Polytechnique,
enlevé, en 1848, à l'âge de trente-quatre ans, aux sciences mathématiques, qu'il cultivait avec succès, s'est surtout occupé d'Algèbre
et de la théorie des nombres. Nous pouvons cependant citer de lui
plusieurs recherches importantes concernant la Géométrie.

En premier lieu, un travail qu'il publia étant encore élève ingé- 1837.
nieur des ponts et chaussées, est intitulé : *Recherches sur les moyens
de reconnaître si un problème de Géométrie peut se résoudre avec la règle
et le compas* [2]. Après avoir traité la question d'une manière générale et complète, le jeune auteur applique sa méthode aux problèmes célèbres de la duplication du cube, des deux moyennes
proportionnelles et de la trisection de l'angle. Il démontre, pour la
première fois d'une manière entièrement rigoureuse, l'impossibilité
de résoudre ces problèmes par la règle et le compas. On trouve en
outre dans le même Mémoire une démonstration fort simple d'un
beau théorème énoncé par Gauss dans ses *Disquisitiones arithmeticæ*,
et d'après lequel *la division de la circonférence en N parties égales ne
peut être effectuée avec la règle et le compas que si les facteurs premiers*

[1] *Leçons sur les coordonnées curvi-*
lignes et leurs diverses applications; Paris,
Mallet-Bachelier, 1 vol. in-8°, 1859.

[2] *Journal de Mathématiques,* t. II,
1837, p. 366-372.

de N *différents de* 2 *sont de la forme* 2^{n+1} *et s'ils entrent seulement à
la première puissance dans ce nombre.*

1843.   Un second travail de Wantzel est relatif à la théorie des surfaces
minima. M. Catalan venait de démontrer que, parmi toutes les
surfaces réglées, l'hélicoïde à filets carrés est la seule qui soit *minima* [1]. Mais son analyse était fort compliquée. Wantzel fit voir,
dans une Note présentée à la Société philomathique (séance du
11 février 1843), qu'en combinant les équations de la génératrice
rectiligne de la surface avec la condition qui exprime que cette surface est *minima*, on obtenait le résultat d'une manière plus rapide.
M. Michael Roberts a aussi donné depuis une démonstration du
théorème de M. Catalan, fondée sur les mêmes considérations [2].

1848.   Wantzel avait repris la question des *diamètres* des courbes d'ordre
supérieur, déjà traitée par Euler, mais qui n'y avait fait que les premiers pas, en s'y bornant à quelques considérations restreintes. Ce
dernier travail du jeune géomètre, trouvé dans ses papiers après
sa mort, a été présenté à l'Académie des sciences, dans sa séance
du 5 juin 1848, sous le titre de *Mémoire sur la théorie des diamètres
rectilignes des courbes quelconques* [3], et a été publié dans le *Journal
de Mathématiques* [4].

Les hyperboles redondantes de l'*Énumération des courbes du troisième ordre*, de Newton, offraient un exemple de courbes ayant un
ou trois diamètres. Euler a donné l'équation d'autres courbes du
même genre, mais sans en faire connaître aucune propriété générale. Wantzel est parvenu d'une manière fort simple à ce beau

[1] *Sur les surfaces réglées dont l'aire
est un minimum.* (Voir *Journal de Mathématiques,* t. VII, 1842, p. 203-211.)

[2] *Sur les surfaces dont les rayons de
courbure sont égaux, mais dirigés en sens
opposé.* (Voir *Journal de Mathématiques,*
t. XI, 1846, p. 300-312.)

[3] *Comptes rendus des séances de l'Académie des sciences,* t. XXVI, p. 600. —
Ce Mémoire a été l'objet d'un rapport
de MM. Lamé, Binet, et Sturm, rapporteur. (Voir *Comptes rendus,* t. XXVIII,
p. 66.)

[4] T. XIV, 1849, p. 111-122.

résultat : *Les diamètres d'une courbe, en nombre limité ou illimité, jouissent de cette propriété, qu'il existe une certaine conique dans laquelle ces diamètres retranchent des secteurs de même surface.*

De là il a déduit le moyen de former l'équation générale des courbes qui ont un nombre déterminé de diamètres, et même des courbes qui en ont un nombre infini.

V. — Sturm.

Les principaux travaux de Sturm se rapportent à l'Analyse. Mais, comme on l'a déjà vu dans notre premier chapitre, on doit à ce savant éminent quelques recherches de Géométrie.

Dans un *Mémoire sur l'optique* [1], Sturm s'est proposé la détermina- 1838. tion des surfaces caustiques par réflexion ou réfraction d'une surface quelconque donnée. Il établit d'abord des formules qui font con- naître la direction des lignes de courbure et la grandeur des rayons de courbure principaux de la surface normale aux rayons réfléchis ou réfractés, en fonction des éléments correspondants de la surface normale aux rayons incidents. L'interprétation géométrique de ces formules conduit l'auteur à une propriété fort simple des indi- catrices de la surface de séparation des milieux et des surfaces res- pectivement normales aux rayons incidents et aux rayons réfléchis ou réfractés. La construction par points de la caustique est alors ra- menée à une question de Géométrie descriptive.

Quelques années plus tard, Sturm a donné suite au Mémoire 1845. précédent, dans trois communications à l'Académie sur la *théorie de la vision*, qui contiennent de nouveaux résultats géométriques à l'appui d'idées ingénieuses émises par l'auteur sur les causes des phénomènes de la vision [2].

On remarque dans ce beau travail une propriété importante des normales d'une surface courbe : *Les normales d'une surface en des*

[1] *Journal de Mathématiques*, t. III, 1838, p. 357-384.

[2] *Comptes rendus*, t. XX, 1845, p. 554, 761, 1238.

points infiniment voisins d'un point A *de la surface rencontrent toutes deux droites, qui sont les perpendiculaires aux plans des deux sections principales, menées par les centres de courbure de ces sections.*

Ce théorème, l'un des plus importants de la théorie des surfaces, a été démontré aussi depuis par M. Kummer dans son Mémoire sur la *théorie des systèmes de rayons rectilignes*[1]. Et nous le retrouverons encore dans un Mémoire de M. Transon, puis dans un travail récent de M. Mannheim.

On remarque également dans le Mémoire de Sturm la proposition suivante, relative à un système de droites qui ne peuvent être les normales d'aucune surface; laquelle complète, comme le dit l'auteur, un théorème de M. Bertrand[2] :

Si l'on considère un système de lignes droites disposées dans l'espace suivant une loi analytique quelconque et qui ne puissent être normales à aucune surface, en prenant un point quelconque O *dans l'espace et la droite* OZ *correspondante à ce point, puis portant perpendiculairement à* OZ *deux longueurs infiniment petites* OM, OM', *égales et perpendiculaires entre elles, les angles infiniment petits* μ *et* μ' *que feront la droite correspondante au point* M *avec le plan* ZOM, *et la droite correspondante au point* M' *avec le plan* ZOM', *auront leur somme* (algébrique) $(\mu+\mu')$ *différente de zéro et constante, quelles que soient les directions des deux lignes* OM, OM', *pourvu qu'elles soient toujours égales, perpendiculaires l'une à l'autre et à* OZ *au même point* O. *La somme* $(\mu+\mu')$ *est nulle dans le seul cas où les droites du système sont normales à une même surface* [3].

1841. A l'occasion d'un travail de M. Delaunay sur la surface de révolution dont la courbure moyenne est constante, Sturm s'est proposé de *trouver la courbe qui, par sa révolution autour d'un axe, engendre la surface minimum qui renferme un volume donné* [4]. Il reconnaît

[1] Voir *Journal* de Crelle, t. LVII, 1860, p. 189-230.

[2] Voir *Mém. sur la théorie des surfaces.* (*Journ. de Mathém.* t. IX, 1844, p. 143.)

[3] *Comptes rendus de l'Académie des sciences,* t. XX, p. 1245.

[4] *Journal de Mathématiques,* t. VI, 1841, p. 315-320.

que l'équation différentielle qui exprime les conditions de la question appartient à la courbe décrite par le foyer d'une ellipse ou d'une hyperbole qui roule, sans glissement, sur l'axe autour duquel on fera tourner la courbe.

Les théorèmes généraux de l'attraction des corps, démontrés par des considérations géométriques dans un Mémoire de la *Connaissance des temps* pour 1845, dont il a été question dans le chapitre précédent, avaient fixé l'attention de Sturm, qui en donna une démonstration analytique dans le *Journal de Mathématiques* [1].   1842.

Sturm a été enlevé à la science qu'il cultivait avec tant de supériorité, le 18 décembre 1855, à l'âge de cinquante et un ans [2].

VI.—M. BRETON (DE CHAMP).

M. Breton (de Champ), dans un travail intitulé : *Application d'un principe de Mécanique rationnelle à la résolution de quelques problèmes de Géométrie* [3], fait quelques applications de la méthode des tangentes résultante de la considération du centre instantané de rotation d'une figure plane qui glisse dans son plan. Il résout quelques questions relatives aux courbes enveloppes. Il construit l'enveloppe d'une droite dont deux points glissent sur les côtés d'un angle.   1838.

Pour montrer l'importance du centre instantané de rotation,

[1] *Journ. de Math.* t. VII, p. 345-355 : *Note sur un Mémoire de M. Chasles.*

[2] On lit avec émotion l'éloquent et substantiel discours prononcé aux funérailles de Sturm par notre confrère M. Liouville. (Voir *Journal de Mathématiques*, t. XX, 1855, p. 395.)

Les *Nouvelles Annales de Mathématiques* (t. XV, 1856, p. 72-89) contiennent une *Notice* fort intéressante *sur la vie et les travaux* de Sturm, suivie d'une *liste bibliographique* de ses Mémoires et Notes insérés dans les divers recueils scientifiques. Cette notice est de M. Prouhet, que ses connaissances mathématiques étendues, auxquelles se joignait une instruction littéraire peu commune, et un fond de bienveillance et surtout d'équité bien précieux, rendaient éminemment propre à continuer l'œuvre du vénérable Terquem dans la publication des *Nouvelles Annales.* Une mort récente et inattendue a enlevé aux sciences et à ses amis cet excellent homme, qui mérite tous nos regrets.

[3] *Journal de Mathématiques*, t. III, p. 488-494.

M. Breton prend une question de l'espace, le déplacement d'un angle trièdre trirectangle dont les faces glissent sur un ellipsoïde; et il démontre que le sommet de l'angle décrit une surface *dont la normale passe toujours par le centre de l'ellipsoïde;* d'où il conclut, comme on le savait par le théorème si connu de Monge, que cette surface est une sphère.

1845.   *Indication de quelques théorèmes généraux de Géométrie* [1]. — M. Breton énonce ce théorème : *Si l'on a dans un plan une courbe fixe de degré quelconque et un groupe circulaire mobile autour de son centre, la somme des valeurs de toute fonction symétrique entière et homogène, de degré pair 2θ, des réciproques des segments interceptés par la courbe sur les rayons du groupe, est constante, pourvu que leur nombre surpasse θ.*

On voit que par *groupe circulaire* l'auteur entend un système de rayons divisant l'espace circulaire autour d'un point en angles égaux; ce que d'autres ont appelé *rosette*.

M. Breton étend ces considérations à des *groupes elliptiques*, appelant ainsi la projection, sur un plan, de *groupes circulaires*.

Quelques exemples de ce genre de questions se sont déjà trouvés dans nos deux chapitres précédents (p. 64 et 125).

1848.   Un travail subséquent, intitulé : *Note sur quelques propriétés des rayons de courbure des sections faites dans une surface par des plans conduits suivant une même normale* [2], renferme des applications des propriétés des groupes circulaires ou elliptiques.

Dans un Mémoire qui a pour titre : *Analyse de l'ouvrage de Stewart, intitulé : Quelques théorèmes généraux d'un grand usage dans les hautes Mathématiques* [3], M. Breton montre que la plupart de ces théorèmes

---

[1] *Comptes rendus de l'Académie,* t. XX, p. 499. — [2] *Comptes rendus,* t. XVI, p. 178 et 644. — Rapport de M. Cauchy. (*Ibid.* p. 494.) — [3] *Journal de Mathématiques,* t. XIII, 1848, p. 281-332.

peuvent être considérés comme des corollaires de trois propositions principales, auxquelles d'autres se rattachent par l'analogie. Il fait voir en outre que plusieurs de ces théorèmes ne se vérifient que sous certaines conditions non indiquées par l'auteur. Cette remarque avait déjà été le sujet d'une Note adressée par M. Breton à l'Académie des sciences le 2 juin 1846 [1]. Nous devons ajouter que le savant professeur de l'Académie royale militaire de Woolwich, T. S. Davies, avait déjà fait cette observation dans un excellent travail sur l'ouvrage de Stewart [2].

M. Breton, après avoir présenté à l'Académie, en 1849 et 1853, deux aperçus succincts sur la question des Porismes [3], en a fait plus tard le sujet d'un travail fort étendu, sous le titre de : *Recherches nouvelles sur les Porismes d'Euclide* [4].

Dans une première partie l'auteur donne une traduction du passage et des lemmes de Pappus sur les Porismes d'Euclide, ainsi que des passages de Proclus. Puis il fait connaître les opinions ou conjectures de divers géomètres sur les Porismes. Dans une seconde partie il commente les textes de Pappus et de Proclus, et il émet ses propres conclusions sur cette grande question.

Depuis, M. Breton est revenu sur le même sujet dans de nouvelles communications à l'Académie [5], qui ont donné lieu alors à des observations contradictoires [6], puis enfin à un rapport de MM. Bertrand et Serret, contraire aux vues de l'auteur [7].

[1] *Note sur la fausseté de quelques propositions non encore démontrées de Matthew Stewart.* (Voir *Comptes rendus*, t. XXII, 1846, p. 951.)

[2] *An Analytical Discussion of D' Matthew Stewart's general Theorems.* (Voir *Transactions of the royal Society of Edinburgh*, t. XV, 1844, p. 573-608.)

[3] *Mémoire sur les Porismes d'Euclide.* (*Comptes rendus*, t. XXIX, 1849, p. 479-482.) — *Note sur un point important de la* question des Porismes. (*Comptes rendus*, t. XXXVI, 1853, p. 1008-1012.)

[4] *Journal de Mathématiques*, t. XX, 1855, p. 209-304.

[5] *Comptes rendus*, t. L, année 1860, p. 938 et 995; t. LI, 1860, p. 1034; t. LIII, 1861, p. 336.

[6] *Comptes rendus*, t. L, p. 940, 799, 1007; t. LI, p. 1036, 1043-1061.

[7] *Comptes rendus*, t. LIII, p. 699-714.

1856. *Sur les sections circulaires du tore et des surfaces de révolution algébriques d'ordre quelconque* [1]. — M. Yvon Villarceau avait fait connaître, dans une Note présentée à l'Académie [2], que le tore, indépendamment des sections méridiennes et des parallèles qui sont des couples de cercles, admet un troisième système de sections circulaires, situées dans des plans inclinés à l'axe de révolution et doublement tangents à la surface. M. Breton démontre ce théorème, et, en outre, il démontre que le tore est la seule surface de révolution qui admette des sections circulaires obliques à l'axe.

VII. — M. DUHAMEL.

M. Duhamel, dont nous avons fait connaître, dans notre premier chapitre, un travail intéressant sur la méthode des tangentes de Roberval, s'est occupé surtout de Physique mathématique, de la théorie de la chaleur particulièrement, et de Mécanique. Ses nombreux Mémoires ont paru la plupart (de 1832 à 1856) dans le *Journal de l'École Polytechnique.*

1839. Nous extrairons d'une *Note sur les surfaces isothermes dans les corps solides dont la conductibilité n'est pas la même dans tous les sens* [3], une remarque qui peut trouver place ici. M. Duhamel, faisant une application particulière au cas où les surfaces isothermes sont des ellipsoïdes, reconnaît que ces ellipsoïdes ne sont pas homofocaux, et qu'il existe une loi très-simple entre leurs axes et leur conductibilité respective, savoir, que : *Les différences des demi-axes sont proportionnelles aux conductibilités principales.*

Il trouve encore que : *Le flux de chaleur qui traverse la surface d'un ellipsoïde isotherme, en un point quelconque, est proportionnel à la perpendiculaire abaissée du centre sur le plan tangent en ce point,* « comme

<hr>

[1] *Nouvelles Annales de Mathématiques,* 1856, t. XV, p. 40-46.

[2] *Comptes rendus des séances de l'A-* cadémie des sciences, t. XXVII, 1848, p. 246.

[3] *Journal de Math.* t. IV, p. 63-78.

« cela avait été trouvé, ajoute-t-il, par M. Chasles, pour le cas par-
« ticulier d'une conductibilité constante [1]. »

Note sur la méthode de Fermat pour la détermination des maxima et 1860.
minima, et son application au problème des tangentes et des centres de
gravité [2]. — Peu de temps après que Roberval eut donné sa méthode des tangentes, le même problème fut résolu d'une manière
différente par Descartes, dans sa Géométrie, puis par Fermat, au
moyen de la méthode *de maximis et minimis*. Ces deux dernières
solutions excitèrent une vive rivalité et des discussions entre Descartes et Fermat, auxquelles prit part aussi Roberval. Montucla, en
rendant compte de ces débats, qui avaient un très-grand intérêt
dans l'histoire des Mathématiques, a accusé la grande vivacité de
Descartes, et regardé la méthode de Fermat comme se rapprochant
le plus de celle qui aujourd'hui forme l'application la plus simple
du calcul différentiel. Depuis, plusieurs géomètres, d'Alembert,
Lagrange, Laplace, Fourier, ont paru confirmer ce jugement du
célèbre historien des Mathématiques. Cependant M. Duhamel, ayant
repris, il y a quelques années, l'examen de la question, a dû conclure, d'une part, contrairement au jugement porté par Montucla
sur la querelle entre Descartes et Fermat, que les considérations
présentées par Descartes étaient bien fondées; et, d'autre part,
que c'est surtout dans la seconde méthode donnée par ce grand
géomètre, plus que dans celle de Fermat, que l'on peut voir la
méthode actuelle, et dès lors l'origine du calcul différentiel.

Nous citerons les propres paroles de M. Duhamel :

« Lagrange s'est trompé dans son appréciation de la méthode de
« Fermat : ce qu'il en a dit devait, au contraire, s'appliquer à celle
« de Descartes, qui est le premier qui ait considéré la tangente

---

[1] *Mémoire sur l'attraction d'une couche ellipsoïdale infiniment mince, et les rapports qui ont lieu entre cette attraction et les lois de la chaleur en mouvement dans un corps en* équilibre de température. (Voir *Journal de l'École Polytechnique*, xxv⁰ cahier, p. 38.)

[2] *Comptes rendus de l'Académie des sciences*, t. L, 1860, p. 741-746.

« comme la limite d'une sécante dont deux points de rencontre
« avec la courbe se rapprochent indéfiniment; et c'est sa méthode,
« et non celle de Fermat, qui est, en conservant l'expression de La-
« grange, analogue à celle du calcul différentiel. »

Cette Note sur la méthode *de maximis et minimis* de Fermat, lue
à l'Académie, était un extrait d'un travail fort important, qui a paru
depuis dans les Mémoires de l'Académie, sous le titre de *Mémoire
sur la Méthode des maxima et des minima de Fermat, et sur les Méthodes
des tangentes de Fermat et de Descartes* [1].

Il appartenait naturellement à l'auteur de l'ouvrage lumineux et
instructif sur les *Méthodes dans les sciences de raisonnement* [2] d'approfondir ainsi et de juger de haut les débats relatifs à des questions
si considérables dans l'histoire de la science.

On doit, comme l'on sait, à M. Duhamel plusieurs ouvrages
didactiques, *Cours de Mécanique* et *Cours d'Analyse de l'École Polytechnique, Éléments de Calcul infinitésimal*, fruit d'une longue expérience
et d'un enseignement qui a eu sur la jeunesse de nos écoles une
influence considérable.

VIII. — O. RODRIGUES.

Nous avons à ajouter aux recherches déjà citées de Rodrigues
un travail fort étendu, traitant *des lois géométriques qui régissent les
déplacements d'un système solide dans l'espace, et de la variation des coordonnées provenant de ces déplacements considérés indépendamment des
causes qui peuvent les produire* [3]. — Plusieurs paragraphes sont con-
sacrés à la composition des translations et des rotations d'un corps
autour de plusieurs axes, parallèles, convergents, ou de position
quelconque dans l'espace. L'auteur démontre l'existence de l'*axe
central*; il donne l'expression des coordonnées des points du corps

[1] *Mémoires de l'Académie des sciences*, t. XXII, 1864, p. 269-330. — [2] 3 volumes in-8°, 1865, 1866 et 1868; Gauthier-Villars. — [3] *Journal de Mathématiques*, t. V, 1840, p. 380-440.

1864.
1840.

transporté dans sa nouvelle position. Puis il examine le cas du déplacement infiniment petit, et donne les conditions analytiques d'équilibre de plusieurs déplacements successifs infiniment petits, qu'il compare ensuite aux conditions d'équilibre d'un système de forces. Cette partie du Mémoire paraît avoir été l'objet principal de Rodrigues, qui s'y propose de marquer le point qui sépare la Géométrie de la Mécanique.

IX. — M. Delaunay.

Dans une *Note sur la théorie de l'engrenage de White* [1], M. Delaunay 1840. a donné une démonstration, fondée sur des considérations géométriques fort simples, de la propriété dont jouit cet engrenage, de ne présenter qu'un frottement de roulement.

Sur la surface de révolution dont la courbure moyenne est constante [2]. 1841. — M. Delaunay appelle *courbure moyenne*, en un point d'une surface, la demi-somme des courbures principales. Cela posé, la courbe méridienne d'une surface de révolution dont la courbure moyenne soit la même en chaque point est définie par la condition

$$\frac{1}{\rho} + \frac{1}{N} = \frac{1}{a};$$

ρ étant le rayon de courbure en un point de la courbe; N, la portion de la normale terminée à l'axe de révolution, et $\frac{1}{2a}$, la courbure moyenne constante.

M. Delaunay tire de là l'équation différentielle du premier ordre de la courbe; puis, interprétant géométriquement cette équation, il parvient au résultat suivant :

Pour trouver la courbe méridienne de la surface de révolution dont la courbure moyenne est constante et égale à $\frac{1}{2a}$, il faut faire rouler sur

[1] *Journal de Mathématiques*, t. V, 38-41.

[2] *Journal de Mathématiques*, t. VI, 1841, p. 309-315.

l'axe de la surface une ellipse ou une hyperbole dont le grand axe ou l'axe transverse soit égal à 2a : *le foyer décrit la courbe cherchée.*

Ainsi la relation $\frac{1}{\rho} + \frac{1}{N} = \frac{1}{a}$ exprime une propriété de la courbe décrite par le foyer d'une conique qui roule sur une droite.

M. Mannheim a démontré directement cette propriété dans un travail dont nous aurons à parler ultérieurement (chap. v).

Le Mémoire de M. Delaunay a donné lieu aussi à un travail fort intéressant de Sturm sur quelques questions analogues [1].

1843. *Note sur une ligne de longueur donnée qui renferme une aire maximum sur une surface* [2]. —— La courbe qui sur un plan renferme sous un périmètre donné l'aire maximum est le cercle. Quelle est, parmi les courbes isopérimètres tracées sur une surface courbe, celle qui renferme une aire maximum? M. Delaunay, en résolvant cette question, est parvenu au résultat suivant :

La courbe cherchée jouit de la propriété, que, *en chacun de ses points, le rayon de courbure est proportionnel au cosinus de l'angle formé par son plan osculateur avec le plan tangent à la surface.*

On peut dire encore que, *en chaque point de la courbe, la sphère qui contient le cercle osculateur de la courbe, et dont le centre est sur le plan tangent à la surface, a un rayon constant* [3].

1842. Dans un travail important sur le calcul des variations des intégrales multiples [4], M. Delaunay a donné plusieurs autres interprétations géométriques intéressantes des résultats de l'Analyse. Ainsi, par exemple, il montre que, dans la surface d'une étendue donnée renfermant un volume maximum, pour chaque point de

---

[1] *Journal de Mathématiques*, t. VI, p. 315.

[2] Voir *Journal de Mathématiques*, t. VIII, 1843, p. 241-244.

[3] Cette question, de trouver sur une surface la ligne de plus petit périmètre renfermant une aire donnée, avait été proposée dans le *Journal* de Crelle, t. III, p. 99, problème vi, et résolue par M. Minding (*ibid.* t. V, p. 297-304).

[4] *Journal de l'École Polytechnique*, xxixᵉ cahier, p. 37-120.

la courbe limite, le centre de moyenne courbure de la surface est à une distance du plan tangent à la surface limite au même point, double de la distance du pied de l'ordonnée à ce plan tangent.

On sait que depuis plusieurs années M. Delaunay s'est consacré presque entièrement à l'achèvement d'une nouvelle théorie du mouvement de la lune, fondée sur une méthode qui lui est propre et qui permet de pousser les approximations beaucoup plus loin qu'on ne l'avait fait avant lui [1].

X. — BINET.

Remarque sur une courbe qui est sa propre développée, et sur un genre 1841. *de surfaces qui contiennent le lieu des centres de l'une de leurs espèces de courbure* [2]. — La cycloïde jouit de la propriété que sa développée est une cycloïde, et en outre que celle-ci est égale à la première. Il en est de même de la spirale logarithmique. Binet se propose de chercher en général les courbes qui sont elles-mêmes leurs propres développées; il donne l'équation de certaines spirales logarithmiques qui satisfont à la question.

S'occupant ensuite des surfaces, il en fait connaître une classe pour laquelle les centres de l'une des deux espèces de courbure sont situés sur la surface même. Ces surfaces sont un cas spécial de celles qu'engendre une courbe plane dont le plan roule sur une surface développable. On sait que ces surfaces générales, qui sont le sujet d'un beau Mémoire de Monge [3], sont représentées par une équation aux différences partielles du troisième ordre; l'équation qui exprime la génération particulière indiquée par Binet n'est que du second ordre.

[1] Ce travail occupe les tomes XXVIII et XXIX, 1860 et 1867, des Mémoires de l'Académie. Il n'est pas terminé, et un troisième volume lui sera consacré.

[2] *Comptes rendus de l'Académie des sciences*, t. XII, 1841, p. 435. — *Journal de Mathématiques*, t. VI, 1841, p. 61-64.

[3] *Mémoire sur la surface courbe dont toutes les normales sont tangentes à une même surface développable quelconque.* (Voir *Journal de l'École Polytechnique*, XIIIᵉ cahier, 1806, p. 1-59.)

Une analyse de ces résultats se trouve dans le tome XII des *Comptes rendus de l'Académie*, année 1841, p. 435-437.

1844.   *Note sur la courbure des lignes considérées comme provenant de l'intersection mutuelle de deux surfaces données* [1]. — L'auteur détermine la courbure de la courbe d'intersection de deux surfaces, de deux manières différentes qui résultent des mêmes calculs.

Par la première il obtient la *courbure* de la courbe, au moyen des courbures des sections faites dans chaque surface par un plan tangent à l'autre.

Et la seconde donne le *rayon de courbure* ρ de la courbe en fonction des rayons de courbure v et v_1 des sections normales des deux surfaces, faites par des plans passant par la tangente à la courbe. On a

$$\frac{1}{\rho^2} = \frac{1}{\sin^2(v, v_1)} \left[\frac{1}{v^2} + \frac{1}{v_1^2} - \frac{2\cos(v, v_1)}{v v_1} \right] \text{[2]}.$$

Cette expression correspond à la construction à laquelle Hachette était parvenu par de simples considérations de Géométrie. Binet en fait l'observation.

Quant à la courbure même de la courbe, sa détermination est toute différente et constitue un beau théorème qu'on peut énoncer ainsi :

Lorsque deux surfaces S, S_1 *se coupent suivant une courbe* C, *que par la tangente en un point* m *de la courbe on mène le plan tangent à chacune des surfaces, le plan tangent à* S *coupera* S_1 *suivant une courbe* s_1, *et le plan tangent à* S_1 *coupera* S *suivant une courbe* s; *que sur les normales principales de ces deux courbes on prenne des segments* $m\rho$, $m\rho_1$ *représentant leurs courbures, et que sur ces segments on construise un parallélogramme, la diagonale de ce parallélogramme sera, en direction,*

[1] *Comptes rendus,* t. XIX, 1844, p. 210-220.

[2] M. W. Spottiswoode est parvenu à la même expression dans une Note sur la courbure des courbes provenant de l'intersection de deux surfaces. (*The Cambridge and Dublin Mathematical Journal,* t. IX, 1854, p. 234-238.)

la normale principale de la courbe C, *et, en grandeur, la courbure de cette courbe.*

XI. — M. A. TRANSON.

Recherches sur la courbure des lignes et des surfaces [1]. — M. Transon 1841. appelle *déviation de la courbure* en un point, la tangente de l'angle que le diamètre commun aux coniques, qui ont en ce point un contact du troisième ordre avec la courbe, fait avec la normale. Il trouve une expression très-simple de cette tangente trigonométrique en fonction du rayon de courbure ρ de la courbe, et du rayon de courbure ρ' de sa développée, savoir :

$$\tan \delta = \frac{1}{3}\frac{\rho'}{\rho}.$$

Ensuite M. Transon détermine la grandeur et le signe du diamètre de la conique qui a un contact du quatrième ordre avec la courbe. Le signe fait connaître si la courbe est une ellipse ou une hyperbole.

Ces déterminations se font en fonction des rayons de courbure de la courbe et de ses deux développées successives. Soient ρ, ρ', ρ'' ces trois rayons de courbure; δ, l'angle que fait le diamètre commun en direction aux coniques osculatrices du second ordre, et R, le demi-diamètre de la conique osculatrice du troisième ordre ; on a

$$\tan \delta = \frac{1}{3}\frac{\rho'}{\rho}, \qquad R = \frac{3\rho^2\sqrt{\rho'^2 + 9\rho^2}}{4\rho'^2 + 9\rho^2 - 3\rho\rho'}.$$

Lorsque $\delta = 0$, on dit que la courbe a un *sommet*, de même que pour les coniques.

Quant aux lois relatives à la déviation de la courbure des lignes tracées sur une surface, M. Transon arrive aux résultats suivants :

1° *Parmi les sections normales en un point, il en existe en général trois (dont deux peuvent être imaginaires) qui ont en ce point une déviation nulle, et conséquemment un sommet.*

---

[1] *Journal de Mathématiques*, t. VI, 1841, p. 191-208.

 2° *Parmi les sections obliques dont les plans passent par une même tangente, il y en a une dont la déviation est la plus grande possible.* — *Le rapport entre cette déviation maximum et celle d'une autre section est celui de l'unité au cosinus de l'inclinaison mutuelle des plans des deux courbes.*

 3° *Parmi les sections normales, il y en a en général six (qui peuvent être imaginaires par couples) pour lesquelles la conique osculatrice du quatrième ordre est une parabole.*

1841. M. Transon, dans une Note sur les courbes qui sont à elles-mêmes leurs propres caustiques, et sur les surfaces qui sont à elles-mêmes une de leurs deux nappes focales, démontre quelques théorèmes parmi lesquels nous citerons cette propriété de la spirale logarithmique :

 Si des rayons issus du pôle subissent sur la courbe un nombre quelconque de réflexions ou de réfractions, leur caustique est toujours une spirale logarithmique, de même angle et de même pôle que la proposée[1].

1845. *Méthode géométrique pour les rayons de courbure d'une certaine classe de courbes* [2]. — Cette méthode est une application de la propriété du centre instantané de rotation d'une figure plane qui glisse sur son plan. M. Transon donne l'expression du rayon de courbure de la courbe décrite par un point dans le roulement d'une courbe sur une courbe fixe, en fonction des rayons de courbure de ces deux dernières en leur point de contact : puis le rayon de courbure de la courbe décrite par un point d'une figure dont le mouvement est défini par celui de deux de ses points; ce qui comprend toutes les courbes, comme le dit M. Transon, auxquelles s'applique la méthode des tangentes fondée sur la considération du centre instantané de rotation d'une figure qui se déplace sur son plan.

1861. *Mémoire sur les propriétés d'un ensemble de droites menées de tous*

<hr>

[1] *Journal de Mathématiques*, t. VI, 1841, p. 441-447.

[2] *Journal de Mathématiques*, t. X, 1845, p. 148-156.

les points de l'espace suivant une loi quelconque [1]. — Si par chaque point de l'espace on mène une droite dont la direction dépende de la position du point, on a le système de droites que M. Transon étudie, en vue surtout de leur distribution en groupes de droites normales à des surfaces.

Il démontre d'abord ce théorème connu, que les droites ne peuvent se partager en *groupes normaux* à des surfaces *lieux des points de départ des droites;* puis il cherche, et c'est là l'objet principal du Mémoire, si les droites se peuvent partager en des groupes normaux à des surfaces différentes de celles des points de départ de chaque groupe. La question se résout affirmativement par cette considération, que son énoncé s'exprime par une équation différentielle dont la condition d'intégrabilité est une équation aux différentielles partielles comportant une intégrale générale avec une fonction arbitraire.

Ce travail, qui renferme des résultats nouveaux et importants, a été le sujet d'un rapport à l'Académie [2].

Sur les polygones semi-réguliers inscrits à l'ellipse [3]. — M. Transon appelle *polygone semi-régulier inscrit à l'ellipse* un polygone qui est la projection d'un polygone régulier inscrit au cercle. Il démontre ce théorème : R_1, R_2, ..., R_n *étant les rayons de courbure de l'ellipse, aux sommets d'un polygone semi-régulier inscrit, de* n *sommets, la moyenne arithmétique des quantités* $R_1^{\frac{2}{3}}$, $R_2^{\frac{2}{3}}$, ..., $R_n^{\frac{2}{3}}$ *est indépendante de la position particulière du polygone, ainsi que du nombre de ses côtés.*

De la projection gauche [4]. — M. Transon nomme *projection gauche* la projection d'une figure plane faite sur un *tableau*, par des droites

1863.

1865.

---

[1] Présenté à l'Académie des sciences le 11 février 1861. (Voir *Comptes rendus,* t. LII, p. 243.) Inséré dans le *Journal de l'École Polytechnique,* xxxviiiª cahier, 1861, p. 195-207.

[2] Commissaires : MM. Bertrand et Chasles, rapporteur. (*Comptes rendus,* t. LII, p. 1013.)

[3] *Nouvelles Annales de Mathématiques,* 2ª série, t. II, 1863, p. 317-320.

[4] *Ibid.* 2ª série, t. IV, 1865, p. 385-393, et t. V, p. 65-70.

qui partent des points de la figure que l'on projette et qui s'appuient
sur deux droites fixes de l'espace appelées *directrices*. Soient A, B
les points où ces deux droites directrices rencontrent le plan de la
figure projetée, et A', B', ceux où les mêmes droites rencontrent le
plan du tableau. Toute droite L de la figure a pour projection une
conique, qui est l'intersection du tableau et de l'hyperboloïde déterminé par la droite L et les deux directrices, et qui par conséquent passe par trois points fixes, le point où la droite AB perce
le plan du tableau, et les deux points A', B'. La projection d'une
courbe d'ordre m est une courbe d'ordre $2m$ qui a trois points
multiples d'ordre m, savoir : le point où la droite AB perce le plan
du tableau, parce que la courbe rencontre cette droite en m points;
et les deux points A', B', parce que par l'un de ces points, A' par
exemple, passent m droites qui s'appuient sur la courbe et sur la
droite BB'.

Si l'on fait tourner le plan du tableau autour de l'arête commune aux deux plans, les deux figures ne cessent pas d'être les
projections l'une de l'autre; ce qui permet de supprimer la considération des trois dimensions de l'espace et de faire la transformation dans le plan même de la figure proposée. Cette transformation
consiste en ce théorème : *Si des deux points* A, B *on mène à chaque
point* o *de la figure proposée deux droites* Ao, Bo *qui rencontrent un
axe fixe* D *en* α *et* ε, *les deux droites* A'α, B'ε *se coupent en un point* o'
appartenant à la nouvelle figure. Les trois points multiples d'ordre m
sont les points A' et B' et le point où la droite AB rencontre l'axe
fixe D [1].

<hr>

[1] *Nouvelles Annales,* 2ᵉ série, t. V,
1866, p. 63-70.

A la suite de cette seconde partie du
travail de M. Transon, M. Hirst a conçu
aussitôt une construction qui a quelque
chose de plus général, tout en conduisant
aux mêmes résultats. Il fait correspondre
les rayons A'α, B'ε homographiquement
aux rayons Ao, Bo respectivement. Cela
permet de prendre arbitrairement les trois
points de la nouvelle figure, qui devront
correspondre à trois points désignés de
la première. (Voir *Sur la transformation
quadrique,* dans les *Nouvelles Annales,*
t. V, p. 213-218.)

On doit encore à M. Hirst une autre

Ces modes de transformation, fondés sur de simples considérations de Géométrie, conduisent, comme le dit M. Transon, aux mêmes figures qu'un procédé dont M. Magnus a donné l'expression analytique sous le titre de : *Nouvelle méthode pour découvrir des théorèmes de Géométrie* [1]. M. Transon ajoute même que les formules de M. Magnus offrent plus de généralité, en ce que deux des trois points fondamentaux peuvent y être des points imaginaires [2]. Mais quant à la construction de l'espace, M. Transon n'a pas eu connaissance d'un passage de l'ouvrage de Steiner, *Systematische Entwickelung...*, où elle se trouve.

Nous aurions à citer ici, si nous ne l'avions fait dans notre premier

méthode de transformation, qui produit les mêmes figures, mais par des considérations très-différentes, et qu'il appelle *inversion quadrique*. (*On the quadric inversion of plane Curves*, extrait des *Proceedings* de la Société Royale, mars 1865, p. 92-186.) On prend une conique *fondamentale* et un point fixe A, appelé *origine*. Par ce point A on mène un rayon à chaque point *o* de la figure proposée, et l'on prend sur ce rayon le point *o'* conjugué de *o* par rapport à la conique. Ces points *o'* forment la nouvelle figure. A une courbe d'ordre *m* correspond une courbe d'ordre $2m$, douée de trois points multiples d'ordre *m* : l'un est en A, et les deux autres sont les points de contact des tangentes menées à la conique fondamentale par le point A (points réels ou imaginaires).

L'éminent professeur de l'université de Londres, qui cite toujours avec une précision qu'on ne saurait trop louer les points de contact que ses propres travaux peuvent avoir avec quelques autres recherches, constate que M. Bellavitis avait déjà émis l'idée de ce mode de transformation, mais sans aucun développement,

dans son Mémoire de 1838, intitulé : *Saggio di Geometria derivata* (inséré dans le tome IV des *Nuovi Saggi dell'Accademia di scienze, lettere ed arti di Padova*). Il remarque aussi qu'un théorème démontré dans le *Traité des sections coniques,* dont il sera question dans notre chapitre IV, offre un exemple de cette transformation, savoir : une droite transformée en une conique.

Le Mémoire de M. Hirst est un travail fort complet, où se trouve, indépendamment des propriétés générales de ce mode de transformation, ce qui se rapporte aux tangentes des courbes transformées, aux singularités que peuvent présenter ces courbes relativement à leurs points multiples, puis enfin aux positions particulières des courbes à l'égard de la conique fondamentale.

[1] *Journal* de Crelle, t. VIII, 1831, p. 51-63.

[2] M. Schiaparelli a aussi donné les formules analytiques de cette transformation des figures. (Voir *Mémoires de l'Académie des sciences de Turin*, 2ᵉ série, t. XXI, 1862, p. 227-319.)

chapitre, un travail de M. Transon concernant la nouvelle doctrine des imaginaires, dont l'auteur fait de très-intéressantes applications.

XII. — M. E. CATALAN.

Les travaux de M. Catalan datent de 1837 et sont très-variés. Le plus grand nombre et les principaux se rapportent aux différentes parties de l'Analyse; toutefois plusieurs touchent par quelques côtés à la Géométrie, ou lui sont même exclusivement relatifs.

1842. *Sur les surfaces réglées dont l'aire est minimum* [1]. — Nous avons dit que Meusnier avait reconnu que la surface de l'*héliçoïde à plan directeur*, ou surface de la vis à filets carrés, satisfaisait à la condition d'aire minimum, mais que ce géomètre n'avait pas cherché s'il en existait d'autres. M. Catalan est le premier qui se soit proposé la question générale en ces termes : *Quelles sont, parmi les surfaces réglées, celles dont l'aire est minimum?* Il démontre qu'*il n'existe que l'héliçoïde à plan directeur.*

1843. *Mémoire sur les surfaces gauches à plan directeur* [2]. — M. Catalan étudie dans ce travail les propriétés de la surface engendrée par une droite qui se meut parallèlement à un plan fixe, et particulièrement de la surface de la vis à filets carrés. Entre autres résultats importants on remarque l'intégration complète des équations des lignes de courbure et des lignes géodésiques de cette dernière surface.

L'auteur traite aussi, sous le titre d'ADDITION, *de la ligne de longueur donnée qui renferme une aire maximum sur une surface.* Il démontre le théorème suivant :

Lorsqu'une courbe L de longueur donnée renferme une aire maximum sur une surface S, la développable circonscrite à S suivant cette courbe

---

[1] *Journal de Mathématiques,* t. VII, 1842, p. 203-211.

[2] *Journal de l'École Polytechnique,* xxixe cahier, 1843, p. 121-156.

jouit de la propriété que, si on la développe sur un plan, la courbe L *devient une circonférence de cercle* [1].

Cette proposition ne diffère pas au fond de celle à laquelle a été conduit aussi M. Delaunay, dans le même temps, comme on l'a vu précédemment (p. 160).

Théorème sur les surfaces développables [2]. — Il s'agit du théorème suivant, que l'auteur démontre fort simplement : 1843.

Si l'on considère une courbe tracée sur une surface développable, et la transformée de cette courbe dans le développement de la surface sur un plan, le rapport des rayons de courbure des deux courbes, en deux points correspondants, est égal au cosinus de l'angle que le plan osculateur de la première fait avec le plan tangent à la surface [3].

Sur les trajectoires orthogonales des sections circulaires d'un ellipsoïde [4]. — L'intégration de l'équation des trajectoires orthogonales des sections circulaires de l'ellipsoïde, comprises dans des plans parallèles, présentait d'assez grandes difficultés. M. Catalan parvient à les surmonter en s'aidant de certaines considérations géométriques. Depuis, l'emploi des coordonnées elliptiques a procuré une nouvelle solution, due à M. Michael Roberts [5]. 1847.

Note sur la projection stéréographique [6]. — M. Catalan démontre fort simplement, en se servant des propriétés de la projection stéréographique, ce théorème, dû à M. O. Bonnet [7], que *les plans* 1854.

---

[1] Steiner, comme le dit M. Catalan, est parvenu à ce théorème par des considérations purement géométriques. (Voir *Journal de Mathématiques* de M. Liouville, t. VI, 1841, p. 168.)

[2] *Compt. rend.* t. XVII, 1843, p. 738.

[3] M. Minding était déjà parvenu à ce résultat dans le *Journal* de Crelle, t. XVI, 1837, p. 351.

[4] *Journal de Mathématiques,* t. XII, 1847, p. 483-490.

[5] *Journal de Mathématiques,* t. XV, 1850, p. 292.

[6] *Journal de Mathématiques* de M. Liouville, t. XIX, 1854, p. 132-138.

[7] *Journal de l'École Polytechnique,* xxxve cahier, 1853, p. 136.

*menés par deux droites conjuguées par rapport à une sphère coupent la
sphère suivant deux systèmes de cercles qui se coupent orthogonalement;
et que ces deux systèmes de cercles orthogonaux sont les seuls qu'on
puisse former sur la sphère.*

1855. *Mémoire sur les surfaces dont les rayons de courbure en chaque point
sont égaux et de signes contraires* [1]. — Ce Mémoire, présenté à l'Académie en décembre 1855, et qui avait été précédé de deux Notes
publiées dans les *Comptes rendus de l'Académie* [2], a paru dans le
Journal de l'École Polytechnique [3]. L'auteur donne d'abord à l'équation aux différences partielles des surfaces considérées différentes
formes, la plupart nouvelles, et qui peuvent être diversement
utiles, suivant les questions spéciales que l'on a en vue. Il donne
ensuite quelques intégrales particulières qui répondent à des surfaces jouissant de propriétés remarquables. Enfin il traite avec
étendue le cas général. Ces recherches contiennent des résultats
divers et intéressants, et des détails qui avaient échappé aux nombreux géomètres qui se sont occupés de la question. Nous devons
dire toutefois que l'intégrale générale sous forme réelle, ainsi que
les surfaces minima *algébriques*, avaient été antérieurement obtenues par M. O. Bonnet, dans une Note publiée dans les *Comptes
rendus* [4], et que M. Catalan a soin de citer au commencement de son
Mémoire.

1863. *Mémoire sur la théorie des polyèdres* [5]. — Ce Mémoire très-étendu
est un travail d'ensemble d'un grand intérêt. La rédaction en est
soignée et même élégante. Dans un premier chapitre l'auteur fait
connaître plusieurs conséquences nouvelles du théorème d'Euler.
Dans un autre chapitre relatif aux *conditions de possibilité des po-*

<hr>

[1] *Comptes rendus de l'Acad.* t. XLI, 1855, p. 1019-1023.

[2] T. XLI, 1855, p. 35-38, 274-276.

[3] xxxviie cahier, 1858, p. 129-168.

[4] T. XXXVII, 1853, p. 531. — Voir aussi t. XLI, 1855, p. 1057.

[5] *Journal de l'École Polytechnique,* xlie cahier, 1865, p. 1-71.

lyèdres, il démontre plusieurs théorèmes, par exemple que : *si l'un des angles solides a* p *arêtes, le polyèdre a au moins* (p + 1) *faces et* (p + 1) *sommets.* De même, *si l'une des faces a* n *côtés, le polyèdre a au moins* (n + 1) *sommets et* (n + 1) *faces.*

Un chapitre a pour objet la construction *des polyèdres qui ont un nombre d'arêtes donné.*

Enfin l'auteur traite des polyèdres *semi-réguliers.* Il nomme *polyèdre semi-régulier, soit celui dont les faces sont des polygones réguliers, et dont les angles polyèdres sont égaux* (ou symétriques), *soit celui dont les faces sont égales et dont les angles polyèdres sont réguliers.*

Cette troisième partie, la plus importante du Mémoire, est accompagnée de figures d'une exécution difficile, qui a exigé beaucoup de sagacité mathématique. Elle contient une classification complète des polyèdres semi-réguliers, au nombre desquels se trouvent les treize corps dits *d'Archimède*, qui ont été le sujet, comme on sait, d'un ouvrage de Lidonne, à la suite de sa *Table de tous les diviseurs des nombres.*

Recherche des lignes de courbure de la surface lieu des points dont 1863. *la somme des distances à deux droites qui se coupent est constante* [1]. — M. Catalan a réuni dans ce Mémoire plusieurs recherches particulières concernant les lignes de courbure des surfaces quelconques, l'expression analytique de quelques systèmes triples de surfaces orthogonales, les surfaces *parallèles*, et les surfaces canaux. Puis, abordant la question de la surface lieu des points dont la somme des distances à deux droites qui se coupent est constante, il prend le cas où les deux droites sont rectangulaires; il reconnaît qu'alors la surface fait partie d'un système triple orthogonal, déjà étudié dans un des paragraphes précédents du Mémoire : dès lors ses lignes de cour-

[1] *Mémoires couronnés par l'Académie de Bruxelles*, t. XXXII.

L'Académie avait proposé, en 1860, cette question : *Trouver l'intégrale de l'équation des lignes de courbure de la surface lieu géométrique des points dont la somme des distances à deux droites qui se coupent est constante.*

bure se trouvent déterminées. M. Catalan observe que M. J. A. Serret avait obtenu ce même système par d'autres considérations analytiques, dans son Mémoire de 1847 *sur les surfaces orthogonales* (dont il sera question ci-après). M. Combescure y est aussi parvenu dans un Mémoire publié en 1863 dont nous parlerons ultérieurement. Quant à la surface même, considérée isolément, surface du quatrième ordre, dont l'équation se présente immédiatement, et qui avait été considérée déjà par M. J. C. Dupain[1], M. Catalan cite et complète la discussion donnée d'une manière lumineuse, par ce savant professeur.

Lorsque les deux droites ne se coupent pas sous un angle droit, la recherche des lignes de courbure de la surface paraît présenter de grandes difficultés.

Nous reviendrons sur ce sujet en parlant des travaux de M. Picart, qui, dans le même temps que M. Catalan, s'en est aussi occupé, et en a généralisé le point de départ en considérant deux droites fixes, non-seulement de direction quelconque, mais ne se rencontrant pas.

XIII. — M. BRASSINE.

1842.   *Sur quelques propriétés des courbes et des surfaces du second degré*[2]. — M. Brassine considère dans les coniques les rayons vecteurs menés des foyers aux extrémités de deux diamètres conjugués, et démontre plusieurs propriétés qui s'y rapportent. Ainsi, par exemple, que *la somme des carrés de ces rayons vecteurs est constante pour tous les systèmes de diamètres conjugués.*

Pour les surfaces, il existe un théorème analogue : *La somme des carrés des distances des deux foyers d'une section principale aux extrémités de trois demi-diamètres conjugués est constante.* Citons encore ce théorème : *Si, par les extrémités de trois demi-diamètres conjugués, on*

---

[1] *Nouvelles Annales de Mathématiques,* t. XX, 1861, p. 57-63.

[2] *Journal de Mathématiques,* t. VII, 1842, p. 120-125.

fait passer trois sections circulaires parallèles, la somme des aires de ces trois sections est constante.

XIV. — M. J. A. Serret.

Les travaux de M. J. A. Serret sont très-variés; ils traitent de questions d'Analyse pure, de Mécanique rationnelle, de Mécanique céleste et d'Analyse appliquée à la Géométrie. Cette dernière catégorie, dont nous avons à nous occuper exclusivement, nous offre plusieurs Mémoires concernant la représentation par des arcs de courbes algébriques des transcendantes à différentielles algébriques; des recherches sur la surface réglée d'aire minima, sur les surfaces orthogonales, sur les surfaces dont les lignes de courbure sont planes ou sphériques, et enfin sur les courbes à double courbure.

M. Serret s'est occupé en premier lieu de la représentation des *intégrales eulériennes de seconde espèce* [1]. Les courbes qu'il considère ont pour équation en coordonnées polaires

$$\rho^m = 2^{m-1} \cos m\,\omega.$$

1842.

Il démontre que les périmètres de ces courbes peuvent exprimer les intégrales de la forme $\Gamma\left(\frac{1}{2^n}\right)$, n étant un nombre entier. Il indique en outre quelques autres propriétés, parmi lesquelles nous citerons la suivante : *La projection du centre de courbure sur le rayon vecteur est sur une courbe semblable à la première.*

Quant à la représentation des fonctions elliptiques, Legendre, après avoir remarqué que les arcs de la lemniscate de Bernoulli donnaient les fonctions elliptiques de la première espèce dans le cas où l'angle du module est $\frac{\pi}{4}$, avait formé l'équation d'une courbe du sixième degré, dont les arcs s'expriment par des fonc-

<hr>

[1] *Journal de Mathématiques,* t. VII, p. 114-119.

tions de première espèce de module et d'amplitude quelconques, mais augmentées d'une quantité algébrique. Il désirait, sans oser l'espérer, que l'on découvrît d'autres courbes algébriques qui représentassent aussi les mêmes fonctions de première espèce.

1843.   M. Serret paraît être le premier qui ait réalisé le vœu émis par Legendre. Dans un premier Mémoire : *Sur les fonctions elliptiques de première espèce* [1], il démontre que la *cassinoïde*, ou *ellipse de Cassini*, résout à certains égards le problème proposé, en ce sens que toute fonction elliptique de première espèce peut être représentée, quels que soient son module et son amplitude, par la somme ou la différence de deux arcs de *cassinoïde*.

1845.   Dans un second Mémoire : *Sur la représentation géométrique des fonctions elliptiques et ultra-elliptiques* [2], M. Serret a fait connaître une infinité de courbes algébriques dont les arcs jouissent de la propriété d'avoir une différentielle identiquement égale à celle d'une fonction elliptique de première espèce. Le caractère analytique de ces courbes, qu'il nomme *courbes elliptiques*, est que leurs coordonnées rectangulaires sont exprimables en fonction *rationnelle* de l'amplitude de leurs arcs, de sorte que, en d'autres termes, ces courbes expriment les solutions réelles et rationnelles de l'équation $dx^2 + dy^2 = Z\,dz^2$, où x, y et Z sont des fonctions rationnelles de z.

« La réduction des quadratures aux rectifications, considérée en « général, dit M. Liouville dans son rapport sur ce Mémoire, et la « résolution des équations indéterminées dont elle dépend, appar- « tiennent à une branche étendue et difficile de l'Analyse, que l'on « a jusqu'ici à peine effleurée. Le succès que M. Serret vient d'ob- « tenir dans cette matière délicate donnera lieu sans doute à de

[1] *Comptes rendus*, t. XVII, p. 914, avril 1843. — *Journal de Mathématiques*, t. VIII, p. 145-154.

[2] Présenté à l'Académie le 4 juillet 1845. (*Comptes rendus*, t. XXI, p. 147. — Voir *Mémoires des Savants étrangers*, t. XI, et *Journal de Mathématiques*, t. X, p. 257-290.)

«nouvelles tentatives dont la science profitera[1]. » Effectivement,
M. Liouville ayant fait la remarque que les résultats de ce beau
travail étaient susceptibles d'une certaine généralisation, en ce que
l'on pouvait supposer fractionnaire l'un des paramètres qui entrent
dans l'équation générale des courbes, bientôt après, M. Serret donna
à ses premiers résultats toute l'extension qu'ils comportaient[2].

Dans un nouveau Mémoire : *Sur la théorie géométrique de la lem-* 1846.
niscate et des courbes elliptiques de la première classe [3], M. Serret donne
des définitions géométriques de courbes dont les arcs expriment
les intégrales elliptiques. Il complète ainsi le vœu que formait Legendre en créant cette théorie des fonctions elliptiques, devenue
l'origine des grands travaux d'Abel, de Jacobi et d'illustres géomètres nos contemporains actuels.

Le succès de M. Serret dans ses recherches sur la représentation géométrique des fonctions elliptiques l'a engagé à revenir
en quelque sorte en arrière pour chercher aussi quelles sont les
courbes algébriques dont les arcs s'expriment par des arcs de
cercle, question dont Euler s'était longtemps occupé[4]. M. Serret
remarque que les courbes découvertes par Euler ne sont qu'un cas
particulier des courbes dont l'arc indéfini s'exprime par un arc de
cercle et dont les coordonnées sont des fonctions rationnelles de la
tangente trigonométrique de cet arc. Puis il obtient les solutions
de l'équation indéterminée

$$dx^2 + dy^2 = \mathrm{K}^2 \frac{dz^2}{(1+z^2)^2},$$

où K est une constante, et x, y expriment des fonctions rationnelles
de la variable indépendante z [5].

<hr>

[1] *Comptes rendus*, t. XXI, p. 283.

[2] *Note sur les courbes elliptiques de la première classe.* (Voir *Journal de Mathématiques*, t. X, 1845, p. 421-429.)

[3] *Journal de Mathématiques*, t. XI, p. 89-95, mars 1846.

[4] Voir *Nouveaux Mémoires de Saint-Pétersbourg*, t. XI.

[5] *Mémoire sur les courbes algébriques dont les arcs s'expriment par des arcs de cercle*, inséré dans le *Journal de l'École Polytechnique*, xxxv° cahier, 1853.

1846.   *Sur la surface réglée dont les rayons de courbure sont égaux et dirigés en sens contraire*[1]. — M. Serret démontre d'abord que l'hélicoïde à plan directeur est la seule surface réglée à aire minima, ce que l'on savait déjà par un travail de M. Catalan; puis, étendant la question, il fait connaître toutes les surfaces d'aire minima qui, sans être réglées, passent par deux droites données, non situées dans le même plan. Les équations qui se rapportent à ces surfaces renferment une fonction arbitraire, laquelle est seulement assujettie à la condition d'être périodique.

1847.   Dans un Mémoire : *Sur les surfaces orthogonales* [2], M. Serret rappelle que, d'après une remarque de M. Bouquet, une famille de surfaces déterminée par une équation où entre un paramètre arbitraire ne peut pas toujours être considérée comme l'une des familles d'un système triple de surfaces orthogonales. Il donne une nouvelle démonstration de cette proposition; puis il montre que les trois équations aux dérivées partielles, auxquelles satisfont les paramètres d'un système triple de surfaces orthogonales, peuvent être intégrées toutes les fois que l'un des paramètres a l'une ou l'autre de deux certaines formes analytiques déterminées. Il parvient ainsi à l'expression analytique de plusieurs systèmes de surfaces orthogonales dont l'équation générale est de la forme

$$\varphi(x) + \psi(y) + \varpi(z) = \rho.$$

Depuis la publication de ce Mémoire, plusieurs géomètres se sont occupés de la théorie des surfaces orthogonales, et de nouveaux systèmes ont été trouvés. Nous aurons à citer notamment sur ce sujet les recherches de MM. Ossian Bonnet, Moutard et Darboux.

1848.   *Sur l'intégration de l'équation $dx^2 + dy^2 + dz^2 = ds^2$* [3]. — M. Serret

---

[1] *Journal de Mathématiques,* t. XI, p. 451-452, 1846.

[2] *Ibid.* t. XII, p. 241-254.

[3] *Ibid.* t. XIII, p. 353-360.

se propose de trouver les valeurs les plus générales des inconnues x, y, z, s qui représentent les coordonnées rectangulaires et l'arc d'une courbe quelconque, en fonction d'une variable θ, et d'exprimer ces valeurs sous forme finie, sans aucun signe d'intégration. L'auteur résout ce problème, que Poisson avait déjà traité [1], mais seulement lorsque z manque, c'est-à-dire lorsque la courbe est plane : il emploie les variables p, q, u, qui figurent dans l'équation $z = px + qy - u$ du plan osculateur. Depuis, dans un travail inséré par M. Liouville dans la première Note de l'*Analyse appliquée à la Géométrie* de Monge, M. Serret s'est servi des mêmes variables pour la solution de plusieurs questions importantes et difficiles, notamment dans la recherche des courbes dont les rayons de courbure et de torsion ont un rapport constant.

Note sur une équation aux dérivées partielles [2]. — On sait, d'après 1848. le théorème de Gauss, que les surfaces applicables sur une sphère jouissent de la propriété que le produit de leurs rayons de courbure principaux a en chaque point la même valeur : de là résulte une équation aux dérivées partielles d'une forme assez simple pour les surfaces dont il s'agit. L'intégration de cette équation a résisté jusqu'ici aux nombreux efforts des géomètres. M. Serret fait connaître une intégrale singulière contenant une fonction arbitraire, et qui correspond à des surfaces réglées imaginaires. A ce titre ce résultat pourrait paraître ne pas comporter un intérêt réel au point de vue géométrique, mais il doit être considéré comme un premier pas vers la solution complète de la question.

Mémoire sur quelques formules relatives à la théorie des courbes à 1851. *double courbure* [3]. — Les formules dont il s'agit résultent de l'introduction, dans la théorie des courbes à double courbure, des

---

[1] *Correspondance sur l'École Polytechnique*, t. III, 1814, p. 23.

[2] *Journ. de Math.* t. XIII, p. 361-368.
[3] *Ibid.* t. XVI, 1851, p. 193-207.

cosinus des angles formés avec trois axes rectangulaires par la tangente d'une courbe, sa normale principale et l'axe de son plan osculateur. M. Serret montre que les différentielles de ces neuf cosinus s'expriment très-simplement en fonction de ces mêmes cosinus, de la différentielle de l'arc et des deux courbures de la courbe. Il s'ensuit que les différentielles d'ordre quelconque des coordonnées s'expriment aussi en fonction des mêmes éléments et de leurs différentielles.

Ces considérations permettent, dans les recherches géométriques, de faire la part des circonstances uniquement dues à la position des axes de coordonnées, et de mettre en évidence les propriétés inhérentes à la nature de la courbe.

Diverses applications montrent tout le parti qu'on peut tirer de ces formules. Nous citerons cette proposition : *Le rapport des deux courbures d'une courbe, en un point, est égal au rapport des différentielles des cosinus des angles que la tangente de la courbe et l'axe de son plan osculateur font avec une droite fixe quelconque.*

Dans ce travail M. Serret s'est rencontré, à son insu, avec un savant professeur, M. Frenet, qui avait déjà introduit les mêmes considérations dans une thèse présentée à la Faculté de Toulouse, dont il sera question ultérieurement (chap. v).

1852. C'est dans un *Mémoire sur une classe d'équations différentielles simultanées qui se rattachent à la théorie des lignes à double courbure* [1], que M. Serret a fait l'application la plus importante des formules dont nous venons de parler.

Ce travail est composé de deux parties : la première contient l'analyse d'une classe d'équations différentielles que l'on rencontre souvent dans les recherches relatives à la théorie des lignes à double courbure. Ces équations différentielles avaient été considérées par Lagrange dans quelques cas particuliers. M. Serret en fait une

---

[1] *Comptes rendus,* t. XXV, p. 5o. — *Journal de Mathématiques,* t. XVIII, 1853, p. 1-4o.

étude générale et approfondie; puis il applique ses résultats à quelques problèmes nouveaux. Dans la seconde partie, il donne une solution directe et plus complète de deux problèmes déjà traités dans la première partie, et ayant pour objet de trouver une courbe, quand on connaît le lieu des centres de ses sphères osculatrices ou de ses cercles osculateurs : c'est ici surtout que l'auteur fait usage des formules établies dans son premier Mémoire.

Mémoire sur les surfaces dont toutes les lignes de courbure sont planes ou sphériques [1]. — Monge avait considéré divers cas des surfaces dont toutes les lignes de courbure sont planes. M. Ossian Bonnet est le premier qui soit revenu sur ce genre de recherches [2], et qui ait fait connaître toutes les surfaces dont les lignes de courbure sont planes. M. Serret, reprenant cette question à un point de vue différent, en a donné une nouvelle solution très-élégante, qui a l'avantage, comme l'ont montré presque simultanément l'auteur et M. Ossian Bonnet [3], de s'appliquer aux surfaces dont toutes les lignes de courbure sont sphériques, et à celles dont les lignes de courbure sont sphériques dans un système et planes dans l'autre.

Les recherches de M. Serret, présentées d'abord à l'Académie [4], ont ensuite été réunies dans le Mémoire dont nous rendons compte. Ce Mémoire est divisé en trois parties.

Dans la première, l'auteur traite des surfaces dont toutes les lignes de courbure sont planes. Il les divise en deux genres, dont le premier est celui que Monge a connu.

La deuxième partie se rapporte aux surfaces dont les lignes de courbure sont planes dans un système et sphériques dans l'autre. Ici M. Serret emploie la transformation par rayons vecteurs réciproques. Il distingue les surfaces demandées en trois genres.

1853.

---

[1] *Journal de Mathématiques*, t. XVIII, p. 113-162.

[2] *Comptes rendus*, t. XXXVI, 1853, p. 81, 219.

[3] *Comptes rendus*, t. XXXVI, p. 328 et 389.

[4] *Comptes rendus*, t. XXXVI, p. 200, 328, 391 et 432.

La troisième partie traite des surfaces dont toutes les lignes de courbure sont sphériques : ces surfaces sont de deux genres.

M. Serret est revenu plus tard sur cette théorie dans plusieurs communications à l'Académie. Il a d'abord donné une solution du problème ayant pour but la détermination des surfaces dont les lignes de courbure d'un seul système sont planes[1], problème déjà résolu, mais d'une manière plus compliquée, par M. Ossian Bonnet; puis il a abordé le problème général des surfaces dont les lignes de courbure d'un seul système sont sphériques[2], qui n'avait été traité par M. Ossian Bonnet que dans deux cas particuliers.

Ce dernier problème présentait de très-grandes difficultés. M. Serret est parvenu à les surmonter en faisant usage des formules où entrent les cosinus des angles que la tangente à une ligne de courbure en un point, la normale principale et l'axe du plan osculateur font avec trois axes coordonnés rectangulaires, formules établies dans le Mémoire de 1851.

Nous omettons ici quelques recherches de moindre intérêt, telles qu'une solution fort simple de la sphère tangente à quatre sphères données[3].

XV. — M. Puiseux.

1842.   M. Puiseux, si connu dans la science par ses remarquables travaux d'Analyse pure et d'Analyse appliquée à la Mécanique céleste, où l'on reconnaît l'éminent disciple de Cauchy, s'est aussi occupé de Géométrie. Dans une Note intitulée : *Problème de Géométrie*[4], il cherche la courbe dont la *courbure* et la *torsion* sont constantes;

<hr>

[1] *Comptes rendus*, t. XLI, 1855 : *Sur les trajectoires orthogonales d'un plan mobile*, p. 1253; t. XLII : *Sur les surfaces dont les lignes de l'une des courbures sont planes*, p. 194.

[2] *Comptes rendus*, t. XLII : *Sur les trajectoires orthogonales d'une sphère mobile*, p. 105; *Sur les surfaces dont les lignes de l'une des courbures sont sphériques*, p. 109 et 190.

[3] *Journal* de Crelle, t. XXXVII, 1848, p. 51-57.

[4] *Journal de Mathématiques*, t. VII, p. 65-71.

et il trouve que *l'hélice tracée sur le cylindre droit à base circulaire est la seule courbe qui satisfasse à la question.*

M. Bertrand, comme nous le verrons, a généralisé cette propriété, et démontré que l'hélice tracée sur un cylindre quelconque est la seule ligne pour laquelle le rapport des deux courbures en chaque point est constant. M. Puiseux a aussi soumis plus tard cette question générale à son analyse, ce qui avait paru d'abord offrir une assez grande difficulté : il l'a fait avec succès [1].

Problème sur les développées et les développantes des courbes planes [2]. 1844. — Dans ce Mémoire, M. Puiseux s'est proposé de considérer les développées des développées, en d'autres termes, les développées successives, et de rechercher si une de ces développées peut être *semblable* à la courbe primitive.

Une analyse simple et élégante le conduit aux équations d'épicycloïdes et de spirales.

Dans un très-beau Mémoire *sur les courbes tautochrones* [3], M. Puiseux trouve que, dans le cas d'une attraction ou répulsion proportionnelle à la distance, l'une des spirales considérées dans le Mémoire précédent, ainsi que l'épicycloïde déjà remarquée par Newton [4], satisfait aux conditions du tautochronisme. Cette spirale est semblable à sa seconde développée : de sorte qu'en formant les développées successives on obtient une série de courbes semblables de deux en deux.

Démonstration du théorème de Gauss [5]. — Cette démonstration, 1848. que M. Liouville a insérée dans la nouvelle édition de l'*Analyse appliquée à la Géométrie* de Monge, repose, comme celle de M. Ber-

---

[1] Voir *Journal de Mathématiques*, t. XVI, 1851 : *Sur la ligne dont les deux courbures ont entre elles un rapport constant*, p. 208-211.

[2] *J. de Math.* t. IX, 1844, p. 377-399.
[3] *Ibid.* t. IX, p. 409-421.
[4] *Livre des principes*, liv. I, sect. x.
[5] *Journal de Math.* t. XIII, p. 87.

trand, sur l'évaluation du périmètre de la courbe que l'on obtient
en prenant, à partir d'un point fixe de la surface, sur toutes les
lignes géodésiques issues de ce point, une même longueur infiniment
petite σ. Par des développements en séries habilement employés,
M. Puiseux obtient pour le périmètre de cette courbe la formule

$$l = 2\pi\sigma - \frac{\pi\sigma^3}{3RR_1} + \dots$$

d'où résulte le théorème qu'il s'agissait de démontrer.

1863.   *Mémoire sur les surfaces orthogonales* [1]. — Dans ce travail,
M. Puiseux établit analytiquement et d'une manière simple les
beaux théorèmes de MM. Dupin et Lamé.

XVI. — M. B. Amiot.

1842.   *Sur une nouvelle méthode de génération et de discussion des surfaces
du second ordre. — Théorie des focales et des plans directeurs* [2]. —
L'auteur appelle *foyer*, dans une surface du second ordre, un
point auquel *correspondent* deux certains plans tels, que *le carré
de la distance de chaque point de la surface au foyer est au produit des
distances du même point aux deux plans fixes, dans une raison constante.*

Il trouve qu'il existe une infinité de foyers dont le lieu est
l'ensemble des deux coniques *focales* réelles de la surface; et il démontre plusieurs propositions, dont les principales sont les deux
suivantes :

*Les sphères décrites d'un foyer, comme centre, coupent la surface sui-
vant des courbes dont les projections, sur le plan principal dans lequel est
le foyer, sont des coniques homothétiques qui ont pour centre commun le
point d'intersection des deux plans qui correspondent au foyer.*

<hr>

[1] *Journal de Mathématiques,* 2ᵉ série,
t. VIII, 1863, p. 335.

[2] Mémoire présenté à l'Académie des
sciences le 26 novembre 1842; inséré
dans le *Journal de Mathématiques,* t. VIII,
1843, p. 161-208.

Si l'on coupe un ellipsoïde par un plan perpendiculaire soit au grand axe, soit à l'axe moyen, il existe sur la focale contenue dans le plan de ces deux axes deux points tels, que la somme des rayons vecteurs menés de ces points à un point quelconque de la section est constante, et que la normale à la surface en ce point est dans le plan des deux rayons et divise leur angle en deux également.

Ce Mémoire important, qui faisait connaître des propriétés nouvelles des *focales*, ces courbes si remarquables dans la théorie des surfaces du second ordre, a été le sujet d'un rapport fort étendu de M. Cauchy [1], suivi de diverses observations de MM. Cauchy, Chasles et Poncelet, et de quelques propriétés nouvelles de ces mêmes courbes [2].

On doit à M. Amiot une étude intéressante sur la théorie des points singuliers des surfaces algébriques. Ce travail, entrepris pour répondre à une question proposée par l'Académie des sciences de Belgique, a été couronné par cette Académie dans sa séance du 1er août 1846 [3].

L'auteur s'occupe d'abord de ce qu'il nomme les *points* et les *lignes d'inflexion partielle* ou *complète*; et, par des considérations fondées sur l'emploi du paraboloïde osculateur, il parvient à trouver les caractères distinctifs de ces premières singularités. Il passe ensuite au cas des points et des lignes multiples. Ces points et ces lignes multiples comprennent, comme on sait, plusieurs singularités distinctes. Ainsi on peut avoir une ligne multiple proprement dite, une ligne de rebroussement de première ou de seconde espèce, une ligne conjuguée, etc. M. Amiot établit des règles simples, propres à chaque cas, en employant la méthode même dont on fait

1846.

---

[1] *Comptes rendus*, t. XVI, 1843, p. 783-798.

[2] *Comptes rendus*, t. XVI : Notes de M. Cauchy, p. 798-828 et 885-890; Observations de M. Poncelet, p. 947-954 et 1110-1112; Observations de M. Chasles, p. 828-833 et 1105-1110.

[3] *Mémoires couronnés et Mémoires des Sav. étrang. publiés par l'Acad. royale des sciences de Bruxelles*, t. XXI, 1846.

constamment usage aujourd'hui dans la théorie des points singuliers des courbes algébriques, méthode donnée pour la première fois par Sturm dans son Cours d'Analyse de l'École Polytechnique. Des exemples variés et choisis avec soin expliquent et confirment les résultats obtenus dans le Mémoire.

1847.   *Note sur quelques points de la théorie analytique des surfaces* [1]. — Cette Note renferme des remarques utiles sur plusieurs points délicats de l'*Analyse appliquée à la Géométrie* de Monge, principalement sur la surface dont tous les points sont des ombilics, et sur la détermination du nombre des lignes de courbure qui passent par un ombilic dans une surface quelconque.

XVII. — M. J. Bertrand.

Les travaux de M. Bertrand, qui ont pour objet principal des recherches d'Analyse pure, de Mécanique rationnelle et de Physique mathématique, s'étendent aussi à certaines questions des plus importantes de la théorie des surfaces et des courbes à double courbure, que l'auteur considère soit directement dans des Mémoires spéciaux, soit incidemment dans ses Mémoires de Physique mathématique. Dans ces recherches, le jeune géomètre semble s'être inspiré de l'exemple de M. Dupin : il s'est constamment proposé de substituer des considérations simples de Géométrie à certaines méthodes analytiques en usage, et de suivre la même voie dans les développements et les recherches nouvelles qu'il avait en vue; ce qu'il a fait avec un grand succès.

1843.   Nous citerons en premier lieu le Mémoire intitulé : *Développements sur quelques points de la théorie des surfaces isothermes orthogonales* [2].

<hr>

[1] *Journal de Math.* t. XII, p. 129-135.   Imprimé dans le *Journal de Mathématiques,*
[2] *Comptes rendus*, t. XVII, p. 80. —   t. IX, p. 117-154.

On savait, par les travaux de M. Lamé, que les trois classes de surfaces orthogonales du second ordre étaient aussi isothermes. Cela donnait lieu à cette question :

A un système de surfaces isothermes peut-on toujours associer deux autres systèmes de surfaces isothermes, orthogonales aux premières et entre elles ?

Tel est le problème que M. Bertrand a étudié. Il a trouvé que trois systèmes de surfaces orthogonales peuvent ne pas être isothermes, lors même qu'un de ces systèmes ou deux le seraient.

Parmi les propriétés nécessaires des surfaces triplement orthogonales et isothermes obtenues par l'auteur, nous citerons les suivantes, qui sont devenues la base de plusieurs autres recherches :

Si l'on considère sur l'une des surfaces un rectangle quelconque, formé par quatre lignes de courbure, les distances des quatre sommets de ce rectangle à la surface infiniment voisine forment une proportion.

Toute surface susceptible de faire partie d'un triple système de surfaces isothermes orthogonales jouit de la propriété de pouvoir être découpée par ses lignes de courbure en rectangles infiniment petits semblables entre eux, un rectangle pouvant être pris à volonté.

Sur une même surface du système triple et pour chaque point d'une même ligne de courbure, la distance de la surface à la surface infiniment voisine est proportionnelle au rayon de courbure de l'autre ligne de courbure [1].

Ce beau travail de M. Bertrand, présenté à l'Académie le 10 juillet 1843, a été le sujet d'un rapport de MM. Lamé et Liouville [2].

---

[1] M. Bertrand a fait depuis un usage très-heureux de ces considérations géométriques dans un Mémoire *sur la théorie des phénomènes capillaires* (*Journal de Mathématiques*, t. VIII, 1848, p. 185-208), et dans un Mémoire *sur les simplifications que peuvent apporter les changements de coordonnées dans les questions relatives au mou-* *vement de la chaleur,* dont nous aurons à parler plus loin.

[2] *Comptes rendus*, t. XVII, p. 80.

Nous empruntons le passage suivant du rapport de M. Liouville :

« M. Bertrand a débuté bien jeune encore par des recherches fort remarquables sur la *théorie mathématique de l'élec-*

1843.   *Démonstration de quelques théorèmes sur les surfaces orthogonales* [1]. — Dans ce Mémoire, qui a suivi de près le précédent, M. Bertrand a eu en vue principalement de donner des démonstrations géomé-

«*tricité* [a], en prouvant le premier, d'une «manière à la fois générale et simple : «1° que l'absence d'électricité statique «dans l'intérieur des corps conducteurs «est une conséquence nécessaire de la loi «du carré des distances; 2° que l'épais-«seur de la couche en équilibre à la sur-«face doit être nulle aux points où deux «corps conducteurs se touchent. Il a de-«puis publié divers travaux de Mécanique «et d'Analyse pure. Au mérite d'avoir ré-«solu avec sagacité les questions dont il «s'est occupé, il a su joindre celui de bien «choisir ces questions elles-mêmes. C'est «la marque d'un excellent esprit.»

M. Bertrand était encore élève à l'École Polytechnique, lorsqu'il a publié ses recherches sur la *Théorie mathématique de l'électricité*, dont M. Liouville cite ici les principaux résultats. Par une coïncidence fortuite, et qui ne peut se présenter que bien rarement, le rapport qui se lit à la suite de celui-là, dans le volume des *Comptes rendus de l'Académie*, concerne un autre jeune élève de première année de l'École Polytechnique, M. Hermite; et le rapporteur est encore M. Liouville. Qu'on nous permette de dire ici le sujet de ce travail. Abel et Jacobi avaient effectué la *multiplication* des arguments dans les transcendantes ultra-elliptiques, et prouvé que la *division* dépend d'un *système d'équations algébriques simultanées*. C'est la résolution générale de ces équations qui

fait l'objet du Mémoire de M. Hermite. Voici le passage final du rapport sur ce Mémoire éminemment remarquable : «En «résumé, ce que l'on savait faire pour les «équations à *une seule inconnue* de la «théorie des fonctions elliptiques, M. Her-«mite est parvenu à l'effectuer aussi pour «les équations à *plusieurs inconnues*, à «l'aide desquelles on *divise* les fonctions «abéliennes produites par l'intégration «de radicaux carrés quelconques [b].»

Le jeune élève de l'École Polytechnique avait adressé son travail à M. Jacobi, qui lui avait répondu aussitôt : «Vous vous «êtes ouvert, par la découverte de cette «*division*, un vaste champ de recherches «et de découvertes nouvelles, qui don-«neront un grand essor à l'art analy-«tique [c].»

Les travaux de M. Hermite se rapportent tous à l'Analyse pure, et particulièrement à cette partie cultivée avec tant de succès à l'étranger, sur les traces d'Abel et de Jacobi : nous aurons donc le regret, et ce sera notre excuse pour cette courte digression, de ne pas trouver l'occasion de rattacher à notre rapport actuel quelques-unes des découvertes si profondes de cet éminent géomètre.

[1] Présenté à l'Académie en novembre 1843. (Voir *Comptes rendus*, t. XVII, p. 1136.) — Inséré dans le *Journal de l'École Polytechnique*, XXIXᵉ cahier, p. 157-173.

---

[a] Voir *Journal de Mathématiques*, t. IV, 1839, p. 495. — [b] *Comptes rendus de l'Académie*, t. VII, p. 295. — [c] Voir *Comptes rendus de l'Académie*, t. VII, p. 82.

triques simples des belles propriétés relatives aux courbures des *surfaces orthogonales conjuguées*, auxquelles M. Lamé était parvenu, par l'emploi de l'Analyse, dans son Mémoire sur les *coordonnées curvilignes*[1].

M. Bertrand, après avoir obtenu les résultats de M. Lamé, en élimine les divers rayons de courbure, pour leur substituer les côtés infiniment petits des parallélipipèdes rectangles formés par les intersections des surfaces; ce qui introduit un nouveau point de vue dans ces recherches, et conduit à plusieurs conséquences qui ont été suivies et développées par M. Ossian Bonnet.

En considérant en particulier les surfaces orthogonales qui sont isothermes, ce qui est le cas des surfaces du second ordre homofocales, l'auteur parvient à une relation nouvelle fort importante entre les rapports des deux rayons de courbure des trois surfaces considérées deux à deux. Enfin M. Bertrand démontre ce théorème, dont on n'avait pas encore de démonstration rigoureuse, que : *Les seules surfaces dont une des courbures est nulle sont applicables sur un plan, sans altération des aires ni des longueurs.*

M. Bertrand s'est occupé à plusieurs reprises de la théorie générale des surfaces. Dans un premier Mémoire, présenté à l'Académie en décembre 1843 [2], il a fait connaître une méthode nouvelle et très-remarquable pour établir les propriétés relatives à la courbure. Il prend comme point de départ la condition nécessaire pour que des droites menées par chaque point de l'espace suivant une loi donnée soient normales à une surface. Cette condition, interprétée géométriquement, conduit M. Bertrand au théorème suivant, qui a pris de l'importance dans les travaux de plusieurs géomètres :

Si, en un point quelconque A d'une surface, on mène la normale AZ, puis que, sur deux lignes rectangulaires menées sur la surface par le point A, on prenne deux éléments infiniment petits AB, AC de même lon-

1843.

[1] *Journ. de Math.* t. V, 1840, p. 313-347.   *Journal de Mathématiques*, t. IX, 1844,
[2] *Comptes rendus*, t. XVII, p. 1277.—   p. 133-155.

gueur, la normale au point B *fera avec le plan* ZAB *un angle égal à celui que la normale au point* C *fera avec le plan* ZAC : *en outre, les deux normales seront toutes deux dans l'intérieur de l'angle dièdre des deux plans* ZAB, ZAC, *ou toutes deux en dehors de cet angle.*

M. Bertrand donne l'expression de l'angle que la normale au point B fait avec le plan ZAB. Soit i cet angle; α, l'angle que l'élément AB fait avec l'une des deux lignes de courbure en A, et R, r, les deux rayons de courbure de ces lignes, on a l'expression

$$i = \frac{AB}{2}\left(\frac{1}{R} - \frac{1}{r}\right)\sin 2\,\alpha.$$

A l'aide de cette expression et du théorème précédent, l'auteur démontre avec une grande facilité l'existence des lignes de courbure, le théorème d'Euler sur les rayons de courbure des sections normales en un point, le beau théorème de M. Dupin sur les surfaces orthogonales, le théorème de Malus, généralisé par M. Dupin. Il parvient aussi géométriquement à des formules analogues à celles de Sturm dans la théorie des rayons réfractés, et il conclut de ces considérations que la loi de la réfraction de Descartes est la seule qui donne lieu aux théorèmes de M. Dupin.

1847.   Dans une *Note sur la théorie des normales à une même surface*[1], M. Bertrand a généralisé le théorème cité plus haut, en établissant une relation entre les positions de deux normales menées aux extrémités de deux arcs infiniment petits et égaux, tracés sur la surface à partir du point A, et faisant entre eux un angle quelconque donné. Cette relation est

$$\frac{\psi + \psi'}{\varphi - \varphi'} = -\tang\,\theta.$$

Pour $\theta = 90°$, on a $\varphi = -\varphi'$, ce qui est le théorème ci-dessus.

1848.   Dans un autre travail, intitulé : *Démonstration géométrique de*

<hr>

[1] *Journal de Mathématiques*, t. XII, p. 343-346.

quelques théorèmes relatifs à la théorie des surfaces [1], M. Bertrand s'est proposé de donner des démonstrations purement géométriques de plusieurs propositions qui avaient toujours été démontrées analytiquement, telles que celles-ci :

I. *Si l'un des deux rayons de courbure d'une surface en chaque point est constant, cette surface appartient à la famille des surfaces canaux, c'est-à-dire qu'elle est l'enveloppe des positions d'une sphère de rayon constant dont le centre décrit une certaine courbe.*

II. *Si l'une des séries de lignes de courbure d'une surface est formée de courbes planes situées dans des plans parallèles, les lignes de l'autre série sont également planes. Les lignes de courbure de la première série, projetées sur le plan de l'une d'elles, donnent des courbes ayant même développée. La surface peut être engendrée par une courbe de figure invariable dont le plan tournera autour de la surface d'un cylindre auquel il restera constamment tangent.*

Note sur le problème des tautochrones [2]. — *Sur un cas remarquable de tautochronisme* [3]. — Le problème des tautochrones est peut-être la question particulière de Mécanique qui a le plus occupé les géomètres. Huygens, Newton, Hermann, Jean Bernoulli, Euler, Fontaine, Lagrange, d'Alembert, en ont successivement donné des solutions. Fontaine et Lagrange avaient pensé même en avoir obtenu tous deux une solution définitive.

M. Bertrand a repris la solution de Lagrange, en donnant de sa formule une démonstration plus simple, qui met en évidence les cas auxquels elle s'applique et les restrictions qu'elle laisse subsister.

M. Bertrand suppose que la résistance ne soit plus fonction de la vitesse, mais soit proportionnelle à la pression suivant la loi du

1847.

---

[1] *Journ. de Math.* t. XIII, p. 73-79.
[2] *Ibid.* t. XII, 1847, p. 121-128.
[3] *Journal de Mathématiques*, t. XIII, p. 231-232.

frottement d'Amontons et de Coulomb. La cycloïde conserve dans ce cas sa propriété de tautochronisme [1].

1848.   M. Puiseux avait démontré d'une manière fort élégante, mais analytique [2], que la courbe dont les deux courbures sont constantes est l'hélice tracée sur le cylindre de révolution; M. Bertrand donna de ce théorème une démonstration purement géométrique d'une simplicité parfaite, qui le conduisit en outre à ce théorème plus général : *Les hélices tracées sur un cylindre quelconque sont les seules courbes dont les deux courbures ont un rapport constant* [3]. M. Serret, comme on l'a vu précédemment, et un peu plus tard M. Puiseux lui-même, ont réussi à embrasser les deux théorèmes dans une même analyse.

1848.   M. Bertrand a donné du théorème de Gauss sur la courbure d'une surface en un point une démonstration fort simple, en établissant géométriquement la formule

$$\sigma = 2\,\pi s - \frac{\pi s^3}{6\,\mathrm{RR}_1};$$

σ est le périmètre de la courbe décrite sur une surface par l'extrémité d'un fil de longueur infiniment petite s, qui tourne autour du point O de la surface, et R, R_1 sont les deux rayons de courbure principaux de la surface [4].

[1] Ce travail de M. Bertrand a été l'occasion d'une Note intéressante de M. Brioschi, dans laquelle l'habile géomètre généralise la formule de Lagrange et fait connaître une expression de la force qui comprend tous les résultats obtenus jusqu'ici dans cette célèbre question. (Voir *Sulle linee tautocrone,* dans les *Annali* de Tortolini, t. III, 1852, p. 362-370.)

[2] *Journal de Mathématiques,* t. VII, 1842, p. 65.

[3] *Journal de Mathématiques,* t. XIII, p. 423.

[4] *Journal de Mathématiques,* t. XIII, p. 80. — On a vu précédemment que M. Puiseux est parvenu à cette même formule analytiquement. Ces deux démonstrations différentes de M. Bertrand et de M. Puiseux ont paru ensemble dans le même cahier du *Journal de Mathématiques.* M. Liouville les a reproduites toutes deux dans une des Notes dont il a enrichi la nouvelle édition de l'ouvrage de Monge.

σ se conservant quand on déforme la surface, le produit RR_1 doit rester le même aussi; ce qui est le théorème de Gauss.

A la suite de cette démonstration, M. Bertrand fait connaître une Note de M. Diguet, alors élève de l'École Normale, où l'on trouve l'expression de l'aire comprise dans le contour σ, savoir :

$$\lambda = \pi s^2 - \frac{\pi s^4}{12 R . R_1}.$$

De cette expression se conclut aussi le théorème de Gauss.

Note sur la théorie des polyèdres réguliers [1]. — M. Bertrand re- 1848. vient sur cette proposition, démontrée par Cauchy, qu'il n'existe que les quatre polyèdres d'espèce supérieure décrits par Poinsot. La démonstration de l'illustre géomètre, quoique rigoureuse, offrait des difficultés en exigeant la vue de modèles en relief, notamment du dodécaèdre et de l'icosaèdre de première espèce. M. Bertrand donne une démonstration incomparablement plus facile, qu'il fait dériver d'une proposition importante, savoir, que : *Les sommets d'un polyèdre régulier étoilé, d'espèce quelconque, sont aussi les sommets d'un polyèdre régulier convexe.*

Mémoire sur les simplifications que peuvent apporter les changements 1849. *de coordonnées dans les quantités relatives au mouvement de la chaleur* [2]. —Dans ce Mémoire, M. Bertrand s'est proposé ces deux questions :

1° *Quels sont les systèmes de surfaces qui jouissent de la propriété de rester isothermes pendant toute la durée du refroidissement d'un corps, pourvu qu'elles le soient au commencement?*

2° *Quels sont les systèmes de lignes qui jouissent de la propriété de rester isothermes pendant toute la durée du refroidissement d'un corps, pourvu qu'elles le soient au commencement?*

Il prouve que la première condition ne peut être remplie que si

[1] *Comptes rendus,* t. XLVI, p. 79-82. — [2] Présenté à l'Académie en novembre 1848. (*Comptes rendus,* t. XXVII, p. 557.) Inséré dans le *Journal de Mathématiques,* t. XIV, p. 1-20.

les surfaces isothermes sont des sphères ou des cylindres; et que la seconde exige que les lignes isothermes soient des cercles ou des hélices.

Les équations qu'il faut intégrer pour déterminer les lois du mouvement de la chaleur dans un corps de forme quelconque contiennent quatre variables indépendantes, le temps et les trois coordonnées qui servent à fixer la position d'un point. Lorsque l'on connaît *a priori* les surfaces isothermes, ces trois coordonnées peuvent être remplacées par un seul paramètre, comme l'a fait M. Lamé[1]; ce qui simplifie notablement le problème.

Dès lors les deux questions traitées par M. Bertrand prennent, au point de vue analytique, les énoncés suivants :

1° Dans quel cas est-il possible de ramener l'équation du mouvement de la chaleur à ne contenir que deux variables indépendantes, le temps et un seul paramètre relatif à la position du point considéré?

2° Dans quel cas est-il possible de ramener l'équation du mouvement de la chaleur à ne contenir que trois variables indépendantes, le temps et deux paramètres relatifs à la position du point considéré?

Ce Mémoire de Physique mathématique renferme quelques résultats qui rentrent essentiellement dans le domaine de la Géométrie; telles sont les propositions suivantes :

Toutes les lignes isothermes permanentes sont situées sur une série de surfaces gauches ayant des hélices pour lignes de striction, et elles sont sur chacune de ces surfaces les trajectoires orthogonales des génératrices.

Le cône dont la courbure est constante le long d'une même ligne de courbure est le cône de révolution.

1850. *Mémoire sur les courbes à double courbure* [2]. — Les normales à

<hr>

[1] *Journal de Mathématiques*, t. II, et recueil des *Savants étrangers*, t. V.

[2] Présenté à l'Académie le 18 octobre 1850. (*Comptes rendus*, t. XXXI, p. 623.) Inséré dans le *Journal de Mathématiques*, t. XV, p. 332-350.

une surface jouissent de propriétés générales indépendantes de la surface particulière que l'on considère. Ces propriétés constituent une partie importante de la théorie des surfaces. M. Bertrand se propose de rechercher les propriétés générales et caractéristiques des normales *principales* des courbes à double courbure, c'est-à-dire des normales comprises dans les plans osculateurs.

Ces normales principales forment une surface *gauche*. Mais, une surface gauche quelconque étant donnée, il n'est pas toujours vrai que ses génératrices soient les normales principales d'une courbe tracée sur la surface.

M. Bertrand trouve que, sous ce point de vue, les surfaces gauches peuvent être partagées en quatre classes :

1° Les surfaces dont les génératrices ne sont les normales principales d'aucune courbe ;

2° Les surfaces qui ont pour génératrices les normales principales d'une seule courbe ;

3° Les surfaces dont les génératrices sont à la fois normales principales de deux courbes distinctes ;

4° Enfin, les surfaces dont les génératrices sont normales principales d'un nombre infini de courbes distinctes.

Une surface gauche étant donnée, M. Bertrand fait connaître les caractères qui servent à déterminer la classe à laquelle elle appartient.

Parmi les résultats particuliers renfermés dans ces importantes recherches, nous citerons les suivants :

Les normales principales d'une courbe ne peuvent jamais former une surface du second ordre.

Lorsque les normales principales d'une courbe sont en même temps les normales principales de deux autres courbes, elles sont les normales principales d'une infinité de courbes. Toutes ces courbes sont des hélices tracées sur des cylindres concentriques, et leurs normales principales communes sont les génératrices d'un hélicoïde à plan directeur.

Pour que les normales principales d'une courbe soient en même temps les normales principales d'une autre courbe, il faut et il suffit qu'il existe entre les deux courbures de la première courbe une relation linéaire.

M. Bertrand trouve, pour cette relation,

$$\frac{a}{\rho} - \frac{C}{R} = 1,$$

ρ et R étant les rayons de première et de seconde courbure de la courbe; a, la distance du point de la courbe au point correspondant de l'autre courbe, distance qui est constante, et C, une autre constante.

Si la constante C est nulle, la relation se réduit à $\rho = a$.

Ainsi, *lorsque le rayon de première courbure d'une courbe a une longueur constante en chaque point, il existe sur la surface formée par ces rayons de courbure une seconde courbe dont ils sont aussi les normales principales; et cette seconde courbe est le lieu des centres de courbure de la première.*

Cette seconde proposition, comme le dit M. Bertrand, avait déjà été remarquée par M. Bouquet.

Dans le cas général où l'on a l'équation $\frac{a}{\rho} - \frac{C}{R} = 1$, M. Bertrand établit deux relations entre les rayons de courbure des deux courbes en deux points correspondants et la distance a de ces points. Ces relations permettent de calculer les deux rayons de courbure de l'une des courbes en fonction des rayons de courbure de l'autre.

Lorsque $C = 0$, et par conséquent $\rho = a$, on a, pour les deux rayons de courbure ρ_1, R_1 de la seconde,

$$\rho_1 = -a, \qquad R_1 = \frac{a^2}{R} \, {}^{(1)}.$$

---

[1] Plusieurs des propositions principales traitées analytiquement par M. Bertrand ont donné lieu à un Mémoire de M. Curtis, intitulé : *Sur la surface lieu des normales principales d'une courbe à double*

courbure, dans lequel l'auteur s'est proposé de démontrer ces propositions par de simples considérations géométriques. (*Journal de Mathématiques*, 2ᵉ série, t. 1, 1856, p. 223-229.)

M. Bertrand a souvent appliqué à des recherches de Mécanique ou de Physique mathématique les théories et les méthodes de la Géométrie des surfaces. Le Mémoire de 1849 sur le mouvement de la chaleur, dont il a été question ci-dessus, en est un exemple. Nous citerons encore un travail fort important : *Sur les intégrales communes à plusieurs problèmes de Mécanique* [1], dans lequel plusieurs théorèmes appartiennent, par leur énoncé comme par la forme de leur démonstration, à la théorie des surfaces applicables l'une sur l'autre. On y trouve en particulier ce théorème remarquable : *Les surfaces applicables sur les surfaces de révolution sont les seules sur lesquelles deux points mobiles sollicités par des forces différentes puissent avoir une intégrale commune indépendante du temps, pour les équations différentielles de leur mouvement.*

1852.

Dans une *Note sur la surface des ondes*, M. Bertrand démontre fort simplement un théorème relatif aux lignes de courbure d'une surface quelconque, savoir : *Si une ligne de courbure est telle, que les plans tangents aux points de cette ligne soient équidistants d'un point O, cette ligne est située sur une sphère décrite du point O comme centre* [2].

1858.

XVIII. — M. MOLINS.

M. Molins, professeur à la Faculté des sciences de Toulouse, a publié plusieurs recherches sur la théorie des lignes à double courbure. Ces recherches ont pour point de départ les beaux résultats obtenus par Lancret dans les deux Mémoires insérés aux tomes I et II du *Recueil des Savants étrangers*, de l'Institut.

1843.

Un premier travail est intitulé : *Sur les trajectoires qui coupent sous un angle donné les tangentes à une courbe à double courbure* [3]. Lancret avait étudié les surfaces développables passant par une courbe donnée, et dont les génératrices coupent cette courbe sous

[1] *Journal de Math.* t. XVII, 1852, p. 121-174. — [2] *Comptes rendus de l'A-* cad. t. XLVII, 1858, p. 817. — [3] *Journ. de Math.* t. VIII, 1843, p. 132-144.

un angle constant. C'est, comme on voit, le problème inverse que
M. Molins se propose. Il montre que la solution de ce problème
peut être ramenée aux quadratures, tandis que la question traitée
par Lancret dépend de la résolution d'une équation différentielle
qui n'est pas intégrable.

1843.   Un second travail beaucoup plus important et ayant pour titre :
*De la détermination, sous forme intégrable, des équations des développées
des courbes à double courbure* [1], contient une méthode nouvelle pour
la détermination en termes finis des développées des courbes gauches. C'est à Monge que l'on doit la considération des développées
des courbes gauches. L'illustre auteur avait donné l'équation différentielle de ces lignes, mais sans effectuer l'intégration. Lancret
détermina, le premier, les équations en termes finis des développées, par une méthode très-compliquée, basée sur la considération
du plan rectifiant. M. Molins parvient à des équations équivalentes à
celles de Lancret, par une méthode géométrique élégante et simple.
Son Mémoire renferme en outre plusieurs relations nouvelles entre
les éléments des lignes à double courbure. Nous citerons celles-ci :

*Le rapport de la différence de deux rayons de courbure consécutifs, à
l'angle de torsion, est égal à la distance du centre de courbure sphérique
au plan osculateur.— L'angle que la tangente à la courbe lieu des centres
des cercles osculateurs fait avec le rayon du cercle osculateur est le complément de l'angle que ce rayon fait avec le rayon de courbure sphérique.*

1847.   Dans une *Note sur les courbes dont les plans osculateurs font un
angle constant avec une surface développable sur laquelle elles sont tracées* [2], M. Molins se propose de compléter les recherches qui font le
sujet de son premier travail, en étudiant les propriétés des courbes
tracées sur une surface développable dont les plans osculateurs
coupent la surface sous un angle constant. Il montre, en s'aidant

[1] *Journal de Mathématiques*, t. VIII, p. 379-390.

[2] *Journal de Mathématiques*, t. XII, 1847, p. 394-409.

de considérations géométriques, que la solution de cette nouvelle question peut encore se ramener aux quadratures.

Après un intervalle de quelques années, M. Molins a repris ses études sur la théorie des lignes courbes, et a publié divers articles intéressants dont voici les titres :

De la surface développable passant par une courbe donnée quelconque, 1856. *et qui, par son développement, transformerait cette courbe en un arc de cercle de rayon donné* [1].

Sur les lignes de courbure et les lignes géodésiques des surfaces dé- 1859. *veloppables dont les génératrices sont parallèles à celles d'une surface réglée quelconque* [2].

XIX. — M. De Saint-Venant.

La plupart des travaux de M. de Saint-Venant se rapportent à la Mécanique analytique, principalement à la partie de cette science où l'on a à considérer la structure, la cohésion, l'élasticité des corps, et qui exige, comme on le sait, toutes les ressources de l'Analyse la plus avancée.

Les recherches de l'auteur sur l'équilibre des verges élastiques 1844. l'ont conduit à s'occuper d'une manière approfondie de toutes les questions relatives à la théorie des courbes à double courbure, ce qu'il a fait dans un Mémoire fort important, intitulé : *Sur les lignes courbes non planes,* présenté à l'Académie en septembre 1844 [3], et publié dans le *Journal de l'École Polytechnique* [4].

Le travail dont il s'agit comprend trois parties distinctes. La première est consacrée à la démonstration des formules fondamentales relatives aux deux courbures, à la direction de la normale principale (normale située dans le plan osculateur) et à la direction de l'axe du plan osculateur, nommé ici *binormale.* M. de Saint-Venant établit

---

[1] *Journal de Mathématiques,* 2ᵉ série, t. I, 1856, p. 265-286.

[2] *Ibid.* 2ᵉ sér. t. IV, 1859, p. 347-365.

[3] *Comptes rendus des séances de l'Académie,* t. XIX, p. 547-555.

[4] xxxᵉ cahier, 1845.

ces premières formules par une méthode nouvelle, fondée sur la considération des projections, soit de lignes, soit d'aires construites sur les éléments successifs des courbes : considération féconde, que l'auteur emploie constamment dans la suite du Mémoire, et dont M. Chelini s'est servi depuis avec succès dans plusieurs recherches concernant les lignes et les surfaces [1].

Dans la deuxième partie, M. de Saint-Venant déduit analytiquement des formules de la première, d'abord les résultats de Monge et de Lancret, relatifs à l'angle de deux normales principales infiniment voisines, à la droite et à la surface rectifiante, à la surface polaire, à la sphère osculatrice; puis un grand nombre de résultats nouveaux. Nous citerons : des expressions simples du rayon et des coordonnées du centre de la sphère osculatrice; les expressions de l'élément de l'arc et des deux courbures, de l'arête de rebroussement de la surface rectifiante, de la développée par le plan, et du lieu des centres de courbure; l'expression de la distance de deux normales principales infiniment voisines; la détermination du point où chacune de ces normales rencontre leur perpendiculaire commune, etc. Les calculs se présentent d'abord dans ces différentes questions avec une grande complication: mais M. de Saint-Venant parvient à lever toutes les difficultés en employant certains types de réduction dont il donne le tableau détaillé dans une Note annexée au Mémoire. Ce tableau sera toujours très-utilement consulté par les jeunes géomètres qui voudront étudier la théorie analytique des courbes gauches.

La troisième partie enfin contient des démonstrations géométriques directes de tous les résultats fournis par le calcul. M. de Saint-Venant a montré dans cette partie de son travail qu'il savait se servir avec une rare habileté des méthodes si délicates de la Géométrie infinitésimale.

En terminant son remarquable et important travail, entrepris, comme nous l'avons dit, en vue de certaines questions de Méca-

[1] *Raccolta scientifica,* 1849.

nique analytique, M. de Saint-Venant ajoute que, ne prévoyant pas qu'il puisse continuer des recherches sur ce sujet, il croit devoir signaler, entre autres, les questions suivantes aux géomètres qui s'occupent de la théorie des surfaces réglées :

1° *Sur la surface gauche formée par l'ensemble des rayons de courbure d'une courbe donnée, peut-on tracer une seconde courbe dont les génératrices de la surface soient aussi les rayons de courbure ?*

2° *Toute surface réglée peut-elle, pourvu qu'elle ne soit pas développable, être considérée comme formée par l'ensemble des rayons de courbure d'une certaine courbe ? Et s'il n'y a que certaines surfaces gauches qui jouissent de cette propriété, quels sont leurs autres caractères distinctifs ?*

3° *Quelles sont les surfaces réglées dont la gorge fait un angle constant avec les génératrices ? Quelles sont celles dont la gorge est une ligne droite oblique aux génératrices ?* etc.

Ces questions peuvent offrir un premier germe de la classification des surfaces réglées, qui est le sujet du très-beau Mémoire de M. Bertrand dont il a été question précédemment.

Le travail de M. de Saint-Venant est suivi de deux Notes étendues. La première, qui traite des particularités relatives à la nomenclature des courbes non planes en Géométrie et en Mécanique, renferme quelques notions historiques intéressantes; et la seconde offre un ensemble de formules de transformation et de réduction de calculs relatifs à la théorie des courbes non planes, qu'il sera souvent utile de consulter.

XX. — M. Ossian Bonnet.

Quelques-uns des travaux de M. Ossian Bonnet ont trait à l'Algèbre, à l'Analyse infinitésimale, notamment à la théorie générale des séries, à la Mécanique rationnelle et à la Physique mathématique. Mais le plus grand nombre se rapporte à la Géométrie, et ont pour objet l'étude des importantes théories créées par Monge et par Gauss, dans l'*Analyse appliquée à la Géométrie*, et dans les *Disquisitiones generales circa superficies curvas*.

1844.   *Propriétés géométriques et mécaniques de quelques courbes remarqua-*
bles [1]. — Dans ce Mémoire, M. Ossian Bonnet résout d'abord le
problème suivant :

Étant donnée une chaîne parfaitement flexible et homogène, d'inégale
épaisseur, dont tous les éléments sont soumis à l'action de forces centrales
inversement proportionnelles à la distance, trouver la loi suivant laquelle
doit varier l'épaisseur en chaque point, et la courbe que doit affecter la
chaîne dans l'état d'équilibre, pour que dans cet état la tension varie d'un
point à l'autre proportionnellement à l'épaisseur, ou que la chaîne pré-
sente partout égale chance de rupture.

Il trouve que les courbes satisfaisant à la question ont pour équation en coordonnées polaires

$$[1] \qquad r^{1 \pm n} \cos(1 \pm n)(\theta - \theta_0) = r^{1 \pm a}.$$

Ce sont, comme le dit M. O. Bonnet, les courbes remarquables
que M. Serret a considérées et dont les arcs représentent dans
beaucoup de cas les intégrales eulériennes de seconde espèce. Ces
courbes renferment comme cas particuliers le cercle, l'hyperbole
équilatère, la lemniscate, etc.

M. O. Bonnet cherche ensuite d'autres courbes d'après des conditions qui ne sont que des généralisations de certaines propriétés
de la cycloïde, et il montre que les courbes obtenues peuvent s'engendrer en faisant rouler sur une droite les courbes représentées
par l'équation [1].

1844.   *Note sur un théorème de Mécanique* [2]. — Le théorème dont il s'agit
s'énonce ainsi : *Si plusieurs masses* m, m', m",... *respectivement sou-*
mises à l'action des forces F, F', F",... *et partant toutes d'un même*
point A *avec des vitesses* v_0, v_0', v_0'',... *de grandeur différente, mais de*

---

[1] *Journal de Mathématiques*, t. IX,
1850, p. 97-112.

[2] *Ibid.* t. IX, p. 113. — Ce théorème
général a été reproduit par M. Bertrand
dans ses Notes sur la *Mécanique analytique*
de Lagrange, t. II, Note IV.

même direction, décrivent la même courbe ACB, la masse quelconque M, soumise à l'action de la résultante des forces F, F', F'',... et partant du point A avec une vitesse V_0 ayant la même direction que les vitesses v_0, v_0', v_0'',..., décrira encore la courbe ACB, pourvu que les forces F, F', F'',... soient indépendantes du temps, et que la force vive initiale MV_0^2 de la masse M soit égale à la somme $mv_0^2 + m' v_0'^2 + m'' v_0''^2 + \ldots$ des forces vives initiales des masses m, m', m'',...

Ce théorème généralise deux propriétés données, l'une par Lagrange [1], l'autre par Legendre [2].

Une seconde Note, intitulée : *Solution de quelques problèmes de Mécanique* [3], renferme un rapprochement curieux entre la question d'équilibre et la question de mouvement. L'auteur démontre que, si une courbe plane quelconque est la figure d'équilibre d'une chaîne dont chaque élément est soumis à l'action d'une force R, la même courbe sera la trajectoire d'un mobile sollicité par une force que l'on déduit de R en prenant en direction contraire ses composantes tangente et normale à la courbe, et réduisant à moitié la première, en conservant la seconde, ou doublant la seconde en conservant la première. Il faut, bien entendu, en outre, que les conditions initiales du mouvement du mobile soient prises convenablement. Ainsi, le point de départ du mobile doit être à l'extrémité de la chaîne; sa vitesse initiale est dirigée suivant la tangente en cette extrémité, et enfin le carré de la vitesse initiale divisé par la composante normale de la force à l'origine du mouvement est égal au rayon de courbure de la chaîne à la même extrémité.

Ce rapprochement fournit à M. O. Bonnet une démonstration intuitive du théorème général ci-dessus et particulièrement des remarques auxquelles Lagrange et Legendre avaient été conduits dans la question d'un corps attiré vers deux centres fixes.

1844.

---

[1] *Mécanique analytique*, t. II, p. 116.
[2] *Théorie des fonctions elliptiques*, t. I, 1825, p. 426. — [3] *Journal de Mathématiques*, t. IX, p. 217.

1844.　　*Mémoire sur quelques propriétés générales des surfaces et des lignes tracées sur les surfaces* [1]. — Ce Mémoire a un caractère spécial qu'il importe à la Géométrie de faire ressortir : c'est que l'auteur, comme l'avait fait, quelque temps auparavant, M. Bertrand dans son Mémoire sur les surfaces orthogonales, s'y propose de donner des démonstrations purement géométriques, en s'aidant seulement de considérations infinitésimales. « Les considérations géométriques, « dit-il, ne se bornent pas à fournir des démonstrations simples « des résultats déjà connus, mais elles conduisent encore à la décou- « verte de plusieurs propriétés nouvelles qu'il serait difficile d'éta- « blir par l'Analyse. » Effectivement, M. Ossian Bonnet démontre ainsi tous les théorèmes connus sur la théorie des surfaces, no- tamment les propositions établies par Gauss dans ses *Disquisitiones generales*, et il donne des résultats nouveaux fort importants.

Il fait un usage très-heureux de l'élément nouveau introduit par lui dans la théorie des surfaces, comme nous l'avons dit précédem- ment (p. 136), savoir, l'expression $\frac{\cos\theta}{\rho}$, θ étant l'angle que le plan osculateur de la courbe fait avec le plan tangent à la surface, et ρ, le rayon de courbure de la courbe. M. Ossian Bonnet emploie cette expression sans la dénommer. Plus tard, en 1848, dans un Mémoire inséré au *Journal de l'École Polytechnique*, dont il va être parlé plus loin, il a adopté le nom de *courbure géodésique*, proposé par M. Liouville [2].

M. Ossian Bonnet, en introduisant le rapport $\frac{\cos\theta}{\rho}$ dans les dif- férentes formules de Gauss et dans plusieurs formules nouvelles, notamment dans l'équation des lignes géodésiques, dans la condi- tion qui exprime l'orthogonalité de deux systèmes de lignes tracées

---

[1] Ce Mémoire, présenté à l'Acadé- mie en 1844 (*Comptes rendus*, t. XIX, p. 980), et dont l'Académie a ordonné l'insertion au recueil des *Savants étran- gers*, sur le rapport de M. Cauchy, a

paru dans le xxxiie cahier du *Journal de l'École Polytechnique*, année 1848, avec de nombreuses additions que nous indi- querons plus loin.

[2] *Comptes rendus*, t. XXVIII, p. 448.

sur une surface, etc. a prouvé que cet élément doit remplacer la courbure ordinaire, lorsqu'on regarde une courbe comme tracée sur une surface donnée [1].

Le même Mémoire renferme une théorie complète de la *curvatura integra* de Gauss, ou, suivant l'expression de M. O. Bonnet, de la *valeur sphérique* d'une portion d'aire tracée sur une surface.

Que l'on conçoive sur une surface un contour quelconque polygonal ou courbe, et en chacun de ses points la normale à la surface ; puis, que l'on mène les rayons d'une sphère parallèles à ces normales ; les extrémités de ces rayons formeront sur la sphère un contour comprenant une portion de surface sphérique, que M. O. Bonnet appelle la *valeur sphérique* de la portion de surface comprise dans le premier contour.

Olinde Rodrigues, comme nous l'avons dit (chap. i), a eu le premier l'idée de cette reproduction des surfaces quelconques sur une sphère de rayon égal à l'unité. Gauss a donné, de son côté, un théorème remarquable qui fait connaître la valeur sphérique d'une portion de surface terminée à des lignes géodésiques. M. O. Bonnet établit une formule qui s'applique à un contour terminé par des lignes quelconques.

Il déduit de cette formule, en supposant que la première surface est elle-même une sphère, ce théorème très-général : *Une portion de surface sphérique, terminée à un contour polygonal ou courbe quelconque, est égale au carré du rayon multiplié par l'excès de la somme des angles du contour sur autant de fois deux droits qu'il y a de côtés moins deux, et par l'intégrale* $\int \dfrac{\cos \theta}{\rho}$ ds *étendue à tout le contour.*

---

[1] Quelques-unes des formules de M. O. Bonnet ont été généralisées, depuis, par différents géomètres. Citons entre autres surtout M. l'abbé Aoust, dont nous ferons connaître les importantes recherches ultérieurement (ch. v), et M. Ph. Gilbert, professeur à l'université de Louvain, qui, dans un Mémoire remarquable : *Sur la théorie générale des lignes tracées sur une surface quelconque,* a établi récemment par une méthode qui lui est propre et entièrement géométrique, tous les résultats dus à ses devanciers, et un grand nombre d'autres entièrement nouveaux. (Voir t. XXXVII des *Mémoires de l'Académie royale de Bruxelles.*)

1845. *Mémoire sur la théorie des surfaces isothermes orthogonales*[1]. —— M. Bertrand, en examinant si à un système de surfaces isothermes correspondent toujours deux autres systèmes de surfaces isothermes, orthogonales entre elles et aux premières, avait trouvé deux conditions auxquelles doivent satisfaire les surfaces d'un triple système orthogonal de surfaces isothermes[2].

M. Ossian Bonnet se propose, dans le Mémoire actuel, de rechercher si les conditions obtenues par M. Bertrand sont suffisantes; il parvient aux trois propositions suivantes :

1° *Si les surfaces des deux premiers systèmes sont isothermes, et jouissent de l'une quelconque des deux propriétés dues à M. Bertrand, les surfaces du troisième système seront aussi isothermes.*

2° *Si les surfaces du premier système sont isothermes et jouissent des deux propriétés dues à M. Bertrand, si de plus les surfaces du deuxième et du troisième système jouissent de l'une de ces deux propriétés, les surfaces du deuxième et du troisième système seront isothermes.*

3° *Si les surfaces des trois systèmes jouissent des deux propriétés dues à M. Bertrand, ces surfaces seront isothermes.*

Dans une seconde partie de son Mémoire, M. O. Bonnet démontre quelques propriétés nouvelles des systèmes de surfaces isothermes orthogonales. On y distingue surtout celle-ci : *Sur une même surface et sur une même ligne de courbure, le rayon de courbure principal varie proportionnellement au cube de l'autre rayon de courbure principal.*

M. O. Bonnet se sert de cette proposition pour simplifier la démonstration d'un beau théorème que M. Lamé avait établi par une savante analyse et d'après lequel : *Les seuls systèmes triples de surfaces orthogonales isothermes sont formés de surfaces du second ordre.*

Depuis, en faisant connaître l'expression du rayon de courbure des lignes asymptotiques d'une surface quelconque, M. O. Bonnet

[1] *Journal de l'École Polytechnique,* XXX⁰ cahier, 1845, p. 141-164.

[2] *Journal de Mathématiques,* t. IX,

1844 : *Mémoire sur les surfaces isothermes orthogonales,* p. 117.

a montré que son théorème relatif aux lignes de courbure des surfaces faisant partie d'un système triplement isotherme et orthogonal fournissait une démonstration complète et intuitive du théorème de M. Lamé : nouvel exemple des secours que prête la simple Géométrie dans les questions où entrent des éléments infiniment petits d'ordre supérieur.

Mémoire sur la théorie des corps élastiques [1]. — L'auteur se propose d'établir directement, et par des considérations infinitésimales, tous les résultats de l'importante théorie des surfaces isostatiques due à M. Lamé. « Indépendamment d'une plus grande simplicité, « dit M. O. Bonnet, la méthode dont j'ai fait usage fournit un nouvel « exemple de l'emploi des infiniment petits dans les questions qui « dépendent de considérations géométriques, méthode à laquelle les « géomètres semblent, depuis quelque temps, attacher beaucoup de « prix. »   1845.

Mémoire sur la théorie générale des surfaces [2]. — Nous avons déjà analysé la partie de ce travail qui avait été présentée à l'Académie en 1844 [3], et qui, dans le Mémoire actuel, fait l'objet des paragraphes 3 et 8 et des deux premières pages du paragraphe 6. Nous nous bornerons donc à indiquer rapidement les nouvelles questions traitées par l'auteur. Le paragraphe 1er contient, avec plusieurs résultats nouveaux, une remarquable théorie de la courbure des surfaces, donnée déjà par M. Bertrand. Nous signalerons parmi les résultats dus à M. O. Bonnet deux expressions de l'angle de deux normales infiniment voisines; une valeur de la mesure $\frac{1}{\sqrt{RR_1}}$ de la courbure, qui, appliquée aux surfaces gauches, est devenue une   1848.

[1] *Comptes rendus,* t. XXI, 1845, p. 434.—*Journal de l'École Polytechnique,* xxxe cahier, 1845, p. 171-191.

[2] *Journal de l'École Polytechnique,* xxxiie cahier, 1848, p. 1-148.

[3] *Mémoire sur quelques propriétés générales des surfaces et des lignes tracées sur les surfaces. (Comptes rendus hebdomadaires des séances de l'Académie des sciences,* t. XIX, p. 980.)

formule importante de la théorie de ces surfaces; enfin, une nouvelle interprétation de l'élément signalé pour la première fois par M. Bertrand, et que M. O. Bonnet a nommé *deuxième courbure* ou *torsion géodésique*. Le paragraphe 2 est consacré à la démonstration des théorèmes de MM. Dupin et Lamé sur les surfaces orthogonales. Le paragraphe 4 est une étude des surfaces réglées, dans laquelle on remarque plusieurs propriétés curieuses de la ligne de striction. Le paragraphe 5 contient des formules relatives à deux systèmes particuliers de lignes orthogonales tracées sur une surface quelconque. Dans le paragraphe 6 on trouve l'analyse, considérablement simplifiée, par laquelle Gauss a établi l'expression la plus générale de la mesure $\dfrac{1}{\sqrt{RR_1}}$ de la courbure, et la solution du problème où l'on se propose de reconnaître si deux surfaces sont ou ne sont pas applicables l'une sur l'autre. Enfin, dans le paragraphe 7 l'auteur détermine, en s'aidant d'un travail de Joachimsthal, toutes les surfaces gauches applicables sur une surface donnée. Deux Notes relatives, l'une à une propriété de l'hélicoïde à plan directeur, l'autre à quelques théorèmes sur les lignes de courbure et les lignes géodésiques des surfaces du second ordre, terminent le Mémoire.

1849. *Mémoire sur la théorie des surfaces orthogonales et isothermes* [1]. — Ce travail contient une démonstration directe et nouvelle du théorème de M. Lamé, d'après lequel, à l'exception du cas des surfaces cylindriques et coniques, les seuls systèmes triples de surfaces isothermes et orthogonales sont formés des surfaces du second ordre. L'auteur montre, par des considérations infinitésimales, que ce théorème est une conséquence nécessaire des différentes relations données par M. Bertrand et par lui entre les six rayons de courbure principaux des trois surfaces triplement isothermes et orthogonales qui passent par un même point de l'espace.

<hr>

[1] *Journal de Mathématiques*, t. XIV, p. 401-416.

Mémoire sur les surfaces dont les lignes de courbure sont planes ou 1853. *sphériques* [1]. — Ce travail très-étendu est la réunion de plusieurs Mémoires et Notes présentés à l'Académie dans le cours de l'année 1853 [2]. Il comprend quatre parties :

La première traite des surfaces dont toutes les lignes de courbure sont planes ;

La deuxième, des surfaces dont les lignes d'une des courbures seulement sont planes ;

La troisième, des surfaces dont les lignes de courbure sont planes dans un système et sphériques dans l'autre, ou bien sphériques dans les deux ;

La quatrième, des surfaces dont les lignes de l'une des courbures sont sphériques. M. O. Bonnet détermine en termes finis l'équation de ces dernières surfaces dans deux cas seulement : 1° celui où les sphères qui contiennent les lignes de courbure sphériques passent par un même point ; 2° celui où les sphères coupent la surface à angle droit.

Note sur la distance de deux tangentes infiniment voisines à une 1853. *courbe gauche* [3]. — M. Bouquet avait démontré que la distance de deux tangentes infiniment voisines est du troisième ordre par rapport à l'arc. M. O. Bonnet complète ce théorème en donnant l'expression de la distance, qu'il trouve égale au sixième du produit de l'arc par l'angle de contingence et par l'angle de torsion.

La Note de M. O. Bonnet contient en outre les expressions de divers infiniment petits d'ordre élevé. Citons, par exemple, la distance d'un point de la courbe au plan osculateur en un point infiniment voisin ; l'angle du plan osculateur avec le plan tangent passant par un point infiniment voisin ou parallèle à une tangente infiniment voisine, etc.

---

[1] *Journal de l'École Polytechnique,* 219, 291, 389, 585, 1046, 1133.
xxxv⁰ cahier, p. 117-306.
[3] *Nouvelles Annales de Mathématiques,*
[2] *Comptes rendus,* t. XXXVI, p. 81, t. XII, p. 192.

1855.   *Sur quelques propriétés des lignes géodésiques* [1]. — M. O. Bonnet
établit deux propositions, dont l'une, énoncée sans démonstration par Jacobi, consiste en ce que, sur toute surface à courbures
opposées, une ligne géodésique est toujours minima entre deux
quelconques de ses points ; et la deuxième, entièrement nouvelle,
que, dans toute surface convexe, une ligne géodésique ne peut être
minima dans une étendue supérieure à πa, en appelant a une
constante dont le carré a^2 est supérieur au produit RR_1 des rayons
de courbure principaux en tous les points de la surface.

Ce travail de M. O. Bonnet repose sur une autre proposition de
Jacobi, que l'illustre géomètre avait encore donnée sans démonstration dans son beau Mémoire sur les caractères distinctifs des maxima
et minima dans les questions dépendant du calcul des variations [2],
savoir : *Si une ligne géodésique* AM *issue d'un point* A *est rencontrée
en* A' *par une ligne géodésique infiniment voisine, issue aussi du point* A,
la ligne AM *sera toujours minima entre le point* A *et le point* A', *et
cessera d'être minima au delà de* A'.

Une *Seconde Note sur les lignes géodésiques* [3] est consacrée à la
démonstration de cet important théorème et de la proposition réciproque qui avait paru à M. Bertrand, dans une de ses excellentes
Notes sur la *Mécanique analytique* de Lagrange [4], pouvoir laisser
quelques doutes.

1856.   *Sur un genre particulier de surfaces réciproques* [5]. — Ces surfaces
se distinguent en ce que la réciprocité n'y est pas seulement analytique, comme dans les surfaces réciproques de Monge, mais encore géométrique à plusieurs points de vue. Ainsi, par exemple,
dans ces surfaces réciproques, aux lignes de courbure d'une surface
correspondent les lignes de courbure de la surface correspondante.

Citons encore cette propriété : les surfaces réciproques des sur-

[1] *Comptes rendus*, t. XL, p. 1311.   [3] *Comptes rendus*, t. XLI, p. 32.

[2] *Journ.* de Crelle, t. XVII, 1837, p. 68.   [4] T. II, p. 352.

— *Journ. de Mathématiques*, t. III, p. 44.   [5] *Comptes rendus*, t. XLII, p. 485.

faces à aire minima sont celles pour lesquelles la somme des deux rayons de courbure principaux est égale, en chaque point, au double de la normale, etc.

Note sur les surfaces dont toutes les lignes de courbure sont planes [1]. 1856. — M. O. Bonnet montre que toutes les surfaces dont les points sont des ombilics doivent être comprises parmi celles qui ont leurs lignes de courbure planes.

Mémoire sur la figure de la terre considérée comme peu différente d'une 1859. *sphère* [2]. — M. O. Bonnet s'est proposé d'étendre et de simplifier une savante analyse de Laplace [3], en profitant des résultats récemment acquis à la théorie des surfaces. Après avoir établi simplement les expressions de la longitude, de la latitude, de l'azimut, et démontré quelques propriétés curieuses des méridiens et des parallèles, l'auteur s'occupe des lignes géodésiques. Il donne tout d'abord un théorème général qui lui permet de ramener la résolution des triangles formés par ces lignes à celle d'un triangle sphérique; puis il applique ce théorème à la détermination des différences en longitude, en latitude, en azimut, aux deux extrémités d'un arc de ligne géodésique tangent ou normal au méridien, ce qui est le but final des recherches de Laplace. M. O. Bonnet donne même les résultats qui se rapportent au cas plus général où la ligne géodésique fait un angle quelconque avec le méridien. Substituant enfin aux lignes géodésiques des loxodromies, M. O. Bonnet résout la même question et arrive à des résultats analogues; en sorte, dit-il, que, «si l'on était certain que la ligne décrite par un navire «fût une véritable loxodromie, et que l'on pût négliger les erreurs «commises dans la détermination de l'espace parcouru par le navire «et dans celles de la longitude et de la latitude, on pourrait avoir

[1] *Comptes rendus de l'Académie des sciences,* t. XLII, p. 1067.
[2] *Annali di Matematica pura ed appli-* *cata, pubblicati da Barnaba Tortolini,* t. II, 1859, p. 46-59, 113-131, 180-184.
[3] *Mécanique céleste,* 1re partie, ch. v.

« l'ellipsoïde osculateur de la terre, pour un point recouvert par la
« mer, absolument de la même manière que Laplace a déterminé
« cet ellipsoïde pour un point de la partie solide du globe. »

1860.   *Mémoire sur l'emploi d'un nouveau système de variables dans l'étude
des propriétés des surfaces courbes* [1]. — Ce Mémoire est le développement d'une communication faite à l'Académie en 1853 [2]. Il contient en outre plusieurs recherches successivement présentées à
l'Académie en 1855 et 1856 [3].

Monge avait toujours représenté une surface par une équation
entre les coordonnées de Descartes. M. O. Bonnet a pensé qu'il y aurait de grands avantages à substituer à ces trois coordonnées d'autres
variables liées d'une manière plus intime à la forme de la surface,
et il a introduit celles qui fixent la position du plan tangent. Les
formules qu'il obtient sont d'une très-grande simplicité. M. O. Bonnet les applique à la plupart des problèmes traités par Monge et à
plusieurs autres plus difficiles.

Nous signalerons en particulier le paragraphe 7 de la deuxième
partie, qui contient une nouvelle étude des surfaces à lignes de
courbure planes, et le paragraphe suivant, qui traite des surfaces à
aire minima. L'équation de ces surfaces, dans le système de variables adopté, se réduit à celle du problème de l'équilibre des
températures dans le cas du plan : de sorte que, au lieu de l'intégrale si compliquée de Monge, on obtient une intégrale simple dont
on peut aisément faire disparaître les imaginaires. Cette intégrale
permet de déterminer les surfaces minima qui satisfont à certaines
conditions, par exemple : *les surfaces minima algébriques; les surfaces*

[1] *Journal de Mathématiques*, 2ᵉ série,
t. V, 1860, p. 153-266.

[2] *Comptes rendus*, t. XXXVII, 1853,
p. 529.

[3] *Ibid.* t. XL, 1855 : *Sur la détermination des fonctions arbitraires qui entrent
dans l'équation intégrale des surfaces à aire*
minima, p. 1107. — T. XLII, 1856 :
*Note sur les surfaces pour lesquelles la
somme des deux rayons de courbure principaux est égale au double de la normale,*
p. 110; — *Nouvelles remarques sur les
surfaces à aire minima,* p. 532; — *Note
sur la courbure géodésique,* p. 1137.

minima dont les lignes de courbure sont planes; celles qui ont une ligne de courbure ou une ligne asymptotique donnée; etc.

Mentionnons encore le paragraphe 6 de la deuxième partie, dans lequel, sous forme de digression, l'auteur déduit des formules relatives aux surfaces celles qui concernent les lignes courbes[1].

Note sur les normales à une surface [2]. — Dans cette Note M. O. 1861. Bonnet, généralisant un important théorème donné par M. Bertrand dans son *Mémoire sur la théorie des surfaces,* démontre que, lorsque l'on considère des droites D issues des différents points d'une surface S, la condition nécessaire et suffisante pour que ces droites soient normales à une surface est que, si l'on prend sur la surface S trois points infiniment voisins m, m', m'', tels que $mm' = mm''$, la variation du cosinus de l'angle de D avec mm', correspondante au déplacement de m en m'', soit égale à la variation du cosinus de l'angle de D avec mm'' correspondante au déplacement de m en m'.

Ce théorème, qui exprime la signification géométrique de l'équation aux différences partielles des surfaces normales à des groupes de droites dans l'espace, que M. Transon a appelées *surfaces résolvantes* [3], conduit facilement à plusieurs propriétés relatives aux normales d'une même surface.

Mémoire sur la théorie des surfaces applicables sur une surface donnée. 1861. — L'Académie avait proposé en 1858, pour sujet de prix à décerner en 1860, la théorie des surfaces applicables sur une surface donnée. Trois des concurrents, MM. Bour, Ossian Bonnet et Codazzi, résolurent complétement la question, « en faisant preuve d'une

---

[1] M. Ulisse Dini a fait une application très-heureuse du nouveau système de variables de M. Ossian Bonnet, dans un Mémoire sur la surface dans laquelle la somme des deux rayons de courbure principaux en chaque point est constante. (Voir *Annali di Matematica pura ed applicata,* t. VII ; Rome, 1865, p. 5-18.)

[2] *Comptes rendus de l'Académie,* t. LII, p. 1081.

[3] *Journal de l'École Polytechnique,* xxxviiie cahier, p. 195.

« grande habileté analytique et de connaissances profondes en Géo-
« métrie. » Mais le prix fut décerné à M. Bour, à raison de certains
développements analytiques sur un cas particulier de la question,
qu'il avait joints à la solution. Le Mémoire de M. O. Bonnet n'a paru
que récemment[1]. Après avoir reproduit sans altération aucune
le texte qu'il avait présenté au concours, il abandonne sa solution pour adopter celle de M. Codazzi, qui lui paraît la plus complète et la plus satisfaisante. D'après M. O. Bonnet, les formules de
M. Codazzi sont destinées à prendre une grande importance dans
la théorie des surfaces : il le prouve en déduisant de ces formules
la solution d'une série de questions difficiles, qui paraissent ina-
bordables par d'autres méthodes. Ainsi, il démontre un théorème
important, d'après lequel toute surface réglée qui reste réglée dans
sa déformation conserve ses génératrices rectilignes, les unes étant
les transformées des autres [2]. Il détermine les surfaces qui dans
la déformation peuvent conserver leurs lignes de courbure ou
leurs deux rayons de courbure principaux. Il étudie les surfaces
dont les deux rayons de courbure principaux sont fonctions l'un de
l'autre ; celles dont le carré de l'élément linéaire de la surface est
réductible à la forme

$$(U + V)\,(du^2 + dv^2),$$

U étant une fonction de u, et V une fonction de v, surfaces dont
on peut, d'après un beau théorème de M. Liouville énoncé précédemment, obtenir sous forme finie les lignes géodésiques, et il
démontre que les surfaces du second ordre sont les seules pour
lesquelles le carré de l'élément linéaire a cette forme, lorsque les
courbes coordonnées $u = $ const. et $v = $ const. sont les lignes de cour-

---

[1] Première partie, *Journal de l'École Polytech.* XLIe cahier, 1865, p. 209-230. — Deuxième partie, *ibid.* XLIIe cahier, 1867, p. 1-151.

[2] Ce théorème, qui comble une lacune dans la théorie de la déformation des sur-
faces réglées, avait fait antérieurement le sujet d'une communication à l'Académie. (*Comptes rendus*, t. LVIII, 1864, p. 183-188.)

bure. Enfin il termine par quelques recherches relatives aux surfaces sur lesquelles on peut tracer deux séries de cercles géodésiques orthogonaux.

Ce Mémoire ajoute aux travaux déjà considérables de M. O. Bonnet sur la théorie des surfaces.

Mémoire sur les surfaces orthogonales [1]. — On ne connaissait que   1862. les systèmes de surfaces homofocales du second ordre, les systèmes formés par les surfaces dont l'équation est de la forme

$$\varphi(x) + \psi(y) + \psi(z) = \alpha,$$

donnés par M. Serret en 1847 [2], et enfin les systèmes analogues de M. W. Roberts [3].

M. Ossian Bonnet expose une nouvelle méthode par laquelle il est conduit à plusieurs systèmes orthogonaux qui dépassent en généralité ce que l'on connaissait jusqu'ici, car ils contiennent dans leur expression plusieurs fonctions arbitraires. Il démontre que le problème général dépend de l'intégration d'une équation aux dérivées partielles du troisième ordre à quatre variables. Ce théorème important, qui fixe en quelque sorte l'étendue du problème, a été démontré autrement par un jeune géomètre, M. Darboux, dans une thèse pour le doctorat, présentée en 1866 à la Faculté des sciences.

M. O. Bonnet a appliqué sa méthode à la détermination des systèmes triples dans lesquels les surfaces de l'un des systèmes ont pour transformées sphériques de ses lignes de courbure des lignes sphériques isothermes et orthogonales.

Démonstration du théorème de Gauss relatif aux petits triangles géo-   1864. *désiques tracés sur une surface quelconque* [4]. — M. O. Bonnet parvient à établir par des considérations relativement simples ce beau

[1] *Comptes rendus*, t. LIV, p. 554 et 655.

[2] *Journal de Mathématiques*, t. XII.

[3] *Comptes rendus*, t. LIII, 1861, p. 546 et 724.

[4] *Comptes rendus*, t. LVIII, p. 183.

théorème, l'un des plus remarquables et des plus difficiles à démontrer que présente la théorie des surfaces courbes.

1865.   *Sur la détermination du rayon de courbure des courbes tracées sur une surface et dont le plan osculateur est tangent à la surface*[1]. — Cette Note de M. O. Bonnet se résume dans les deux formules suivantes :

Soient ρ et r les rayons de courbure et de torsion d'une courbe tracée sur une surface, et ayant pour plan osculateur le plan tangent à la surface; ρ_0, le rayon de courbure de la ligne asymptotique tangente à la courbe considérée; R et R_1, les rayons de courbure principaux de la surface; on a

$$\rho = \rho_0 \left(\frac{3}{2} - \frac{\sqrt{-RR_1}}{r} \right),$$

$$\frac{1}{\rho_0} = \frac{4\,(-RR_1)^{\frac{7}{8}}}{(R-R_1)^{\frac{3}{2}}} \left[\frac{d\left(\frac{-R_1}{R^3}\right)^{\frac{1}{8}}}{ds_1} \pm \frac{d\left(\frac{R}{-R_1^3}\right)^{\frac{1}{8}}}{ds} \right],$$

les dérivées étant prises pour des déplacements effectués sur les lignes de courbure.

XXI. — M. Bouquet.

Les travaux très-importants de M. Bouquet se rapportent principalement à l'Analyse pure, et une partie ont été faits en collaboration avec M. Briot, sur les traces de Cauchy. Mais M. Bouquet a jeté parfois un regard sur quelques théories géométriques, au sujet desquelles nous avons à le citer.

1846.   Dans des *Remarques sur les systèmes de droites dans l'espace*[2], il a démontré que : *La plus courte distance entre deux droites consécutives*

[1] *Nouvelles Annales de Mathématiques,* 2ᵉ série, t. IV, 1865, p. 267-275. M. Beltrami a donné des démonstrations analytiques de ces deux formules, dans le *Giornale di Matematiche* de M. Battaglini, t. IV, 1866, p. 123-127.

[2] *Journal de Mathématiques,* t. XI, p. 125-128.

tangentes à une même courbe est généralement un infiniment petit du troisième ordre;

Et que : *Lorsque la plus courte distance entre les tangentes consécutives d'une courbe est un infiniment petit d'un ordre supérieur au troisième, la courbe est plane, et par conséquent la plus courte distance est rigoureusement nulle.*

La première de ces propositions est entrée dans la théorie des courbes à double courbure et a été citée par plusieurs géomètres. Nous avons dit ci-dessus que M. Ossian Bonnet ne s'est pas borné à la démontrer par des considérations géométriques, et qu'il a donné en outre l'expression de la distance infiniment petite du troisième ordre.

Dans une *Note sur les surfaces orthogonales,* M. Bouquet a remarqué qu'*une série de surfaces représentées par une équation où entre un paramètre variable n'appartient pas toujours à un système triple de surfaces orthogonales* [1].

Ce théorème, vérifié sur des exemples, rectifiait un énoncé fautif.

____

[1] *Journal de Mathématiques,* t. XI, p. 446-450.

CHAPITRE IV.

Création d'une chaire de Géométrie supérieure
à la Faculté des sciences de Paris.
Recherches de Géométrie qui ont formé les principales matières
de cet enseignement.

(1846-1867.)

Introduction : coup d'œil rapide sur la Géométrie à l'étranger.

I

Nous n'avons à retracer que les progrès de la science en France ; mais il faut dire que l'importance de la Géométrie était appréciée chez les nations voisines, et que cette partie des Mathématiques y a pris, comme chez nous, un développement progressif.

M. Möbius avait fait connaître en 1827, sous le titre de *Calcul barycentrique*, un système de Géométrie analytique propre particulièrement à certaines classes de problèmes, et s'étendant aux courbes à double courbure et aux surfaces. Dans cet ouvrage se trouvaient des principes de transformation des figures qui faisaient suite, à certains égards, au *Traité des propriétés projectives* de Poncelet, et qui ont pris depuis un plus grand développement [1].

Steiner, qui consacrait exclusivement à la Géométrie pure ses facultés tenaces et puissantes, avait publié de nombreux Mémoires dans le *Journal de Mathématiques* de Crelle, et deux volumes inti-

---

[1] *Der barycentrische Calcul, ein neues Hülfsmittel zur analytischen Behandlung der Geometrie dargestellt und insbesondere auf die Bildung neuer Classen von Aufgaben und die Entwickelung mehrerer Eigenschaften der Kegelschnitte;* Leipzig, in-8°, 1827.

tulés : *Développement systématique de la dépendance réciproque des figures géométriques, avec citation des travaux des géomètres anciens et modernes sur les Porismes, les méthodes de projection, la Géométrie de situation, les transversales, la dualité et la réciprocité*, etc. Berlin, 1832. — *Constructions géométriques par la ligne droite et le cercle*. Berlin, 1833 [1].

Ces ouvrages et les leçons du célèbre professeur de l'université de Berlin contribuèrent à répandre le goût et l'étude des méthodes de pure Géométrie.

Mac Cullagh, professeur à l'université de Dublin, suivait la même direction dans ses travaux de Physique mathématique.

On doit à ce géomètre éminent, qu'une mort prématurée a enlevé à la science, un très-important Mémoire sur les surfaces du second ordre, où se trouvent de belles propriétés des surfaces homofocales [2], et, indépendamment des recherches sur la surface des ondes, déjà citées (ch. I, p. 50), le célèbre *Mémoire sur les lois de la réflexion et de la réfraction cristallines* [3], qui renferme aussi d'heureuses applications des ressources de la Géométrie à l'étude des phénomènes naturels.

L'université de Dublin témoignait encore du prix qu'elle attachait à la culture des méthodes de la pure Géométrie, en faisant paraître sous ses auspices la traduction d'un ouvrage français, la *Théorie des cônes du second ordre et des coniques sphériques*, traduction accrue de nombreuses Notes de M. Graves, l'un des professeurs de cette université, comme il a été dit précédemment (ch. I, p. 77).

M. Plücker introduisait, et développait dans un ouvrage étendu, son nouveau système de coordonnées, et représentait les équations de la Géométrie analytique par des fonctions ho-

---

[1] *Systematische Entwickelung der Abhängigkeit geometrischer Gestalten von einander,* etc. Berlin, 1832, in-8°. — *Die geometrischen Konstructionen ausgeführt mittelst der geraden Linie und eines festen Kreises.* Berlin, 1833, in-8°.

[2] *On the surfaces of the second order,* from the *Proceedings of the Royal Irish Academy*, n° 42, 1843, p. 446-507.

[3] *Transactions de l'Académie royale d'Irlande*, t. XVIII, 1re partie, in-8°.

Une traduction de ce beau Mémoire a paru dans le *Journal de Mathématiques* de M. Liouville, t. VII, 1842, p. 217.

mogènes : idée heureuse, qui a eu depuis de nombreuses conséquences. C'est à M. Plücker, comme on sait, que l'on doit les célèbres
formules sur les tangentes doubles et les points singuliers des
courbes planes, dont on fait aujourd'hui de continuelles applications dans la théorie des courbes, comme dans celle des surfaces. A l'instar de Mac Cullagh, qui avait employé les recherches
géométriques dans l'étude des phénomènes physiques, M. Plücker
s'est distrait aussi de ses conceptions purement mathématiques, pour
les appliquer à la théorie de la lumière et du magnétisme; et dans
ces deux ordres de phénomènes, il a fait des découvertes hautement
estimées des physiciens. Depuis quelque temps, le célèbre professeur de l'université de Bonn était revenu aux pures Mathématiques :
la science aurait donc continué de lui être redevable à double
titre. Mais, hélas! nous avons la douleur d'apprendre qu'il vient de
terminer sa glorieuse carrière, après avoir ressenti de grandes souf-
frances [1].

II

Si les doctrines de la pure Géométrie s'introduisaient dans les
universités étrangères par l'enseignement libre des professeurs,
il ne pouvait en être ainsi en France, où toutes les chaires ont

[1] Dans un article récent du *Journal des Savants* (mai 1867, p. 269-281), M. Bertrand, en rendant compte, avec son inépuisable savoir et son rare talent d'exposition, des travaux si importants et si variés de M. Plücker, exprimait la confiance que la Géométrie et la Physique continueraient de s'en enrichir encore pendant bien des années. On me permettra de reproduire ici les propres paroles de M. Bertrand, qui seront un hommage à la mémoire de l'illustre correspondant de notre Académie.

«Quoique cette rapide énumération «des travaux de M. Plücker soit bien loin «d'être complète, nous en avons dit assez «pour donner une idée de leur variété, «de leur importance et de leur originalité. «Le moment est encore loin, Dieu merci! «de juger définitivement l'homme éminent «dont l'activité, depuis plus de quarante «années, ne s'est pas un instant ralentie. «M. Plücker, comme mathématicien non «plus que comme physicien, ne croit pas «avoir achevé sa tâche; ses derniers Mé-«moires, si justement admirés par la So-«ciété royale de Londres, sont un pas «nouveau dans une voie qu'il semblait «avoir délaissée et qu'il peut suivre long-«temps encore sans en épuiser la richesse. »

un titre spécial. M. Poinsot, alors membre du Conseil royal de l'instruction publique, vit là une lacune qui le préoccupait depuis quelques années, et qu'il lui parut urgent de combler. Sur sa proposition, que l'esprit éclairé de M. de Salvandy, alors ministre de l'instruction publique, accueillit aussitôt, une chaire de *Géométrie supérieure* fut créée à la Faculté des sciences, où existait, depuis le rétablissement des Facultés, en 1808, une chaire d'*Algèbre supérieure*.

Cette chaire fut confiée au titulaire actuel, à celui à qui a été imposée, par une pensée bienveillante du Ministre, l'honorable M. Duruy, la tâche difficile et délicate à plusieurs titres de préparer le présent Rapport[1].

III

1852.   Cet enseignement de la Faculté a donné lieu à l'ouvrage publié en 1852 sous le titre de *Traité de Géométrie supérieure*, conformément au titre de la chaire. Les principes qui forment la base de cet ouvrage sont les trois théories fort simples du *rapport anharmonique* de quatre points, des *divisions homographiques*, et de l'*involution*, dont l'exposition et diverses applications, comme nous l'avons dit précédemment (chap. ii), se trouvaient déjà dans les Notes de l'*Aperçu historique*.

Ces trois théories sont maintenant connues de tous les géomètres; nous rappellerons seulement ici les caractères distinctifs qu'elles ont permis de donner aux recherches de la Géométrie moderne, et qui consistent en ce que, dans toutes les relations de segments ou d'angles, la règle des signes s'observe, comme dans les résultats de la Géométrie analytique; et que les imaginaires, qui se présentent toujours par couples, comme dans les racines d'une équation du second degré, n'offrent aucune difficulté dans leur interprétation.

[1] C'est par décret du même jour, 10 novembre 1846, et sur l'initiative de M. de Salvandy, que fut instituée aussi la chaire de Mécanique céleste, confiée à M. Le Verrier.

La raison en est bien simple : c'est que les objets qui peuvent devenir imaginaires n'entrent pas sous forme explicite dans les théorèmes dont on fait usage, mais s'y trouvent représentés par des éléments réels ; de même que les racines d'une équation n'entrent pas explicitement dans les calculs de la Géométrie analytique, mais y sont représentées collectivement par les coefficients de cette équation.

Ainsi, les doctrines de la nouvelle Géométrie ont, à tous égards, la même généralité que les méthodes analytiques.

Mais, en outre, elles ont un avantage propre et tout à fait caractéristique : c'est que toutes les démonstrations s'appliquent immédiatement aux figures corrélatives, ce qui n'a pas lieu pour les démonstrations fondées sur la Géométrie analytique, du moins quand on fait usage du même système de coordonnées.

L'ouvrage comprend quatre sections. Dans la première sont exposées les trois théories élémentaires qui en sont la base ; la deuxième traite des propriétés générales des figures rectilignes ; la troisième, des figures homographiques et des figures corrélatives ; la quatrième est consacrée au cercle.

La généralité des résultats relatifs aux imaginaires, points ou droites, s'étend au *cercle imaginaire*. Ce cercle est défini ou représenté par son centre et par le carré négatif du rayon. Mais les résultats généraux qui impliquent ces deux données prennent une expression différente, affranchie de l'idée d'imaginaire, en se rapportant à un certain point fixe de l'espace.

Ainsi, par exemple, deux points conjugués par rapport à un cercle imaginaire sont les traces, sur le plan du cercle, de deux droites rectangulaires partant d'un point de l'espace. Et, par suite, des groupes de trois points conjugués par rapport au cercle imaginaire sont les traces des arêtes d'un système d'angles trièdres trirectangles de même sommet.

Ces considérations conduisent si naturellement à diverses propriétés des cônes du second ordre relatives aux plans cycliques et aux lignes focales de ces cônes, qu'elles ont pu faire le sujet d'un des chapitres qui terminent l'ouvrage.

Ce *Traité de Géométrie* a donné lieu à un ouvrage publié par M. Housel sous le titre d'*Introduction à la Géométrie supérieure* (1 vol. in-8°, 1865), dans lequel se trouvent, indépendamment de l'exposition des trois théories indiquées plus haut et de leurs applications principales, les propriétés des figures homologiques et celles des figures homographiques.

Il a paru aussi une traduction allemande du *Traité de Géométrie supérieure*, due à M. Schnuse[1]; et, depuis, les parties principales de l'ouvrage ont été reproduites dans les Traités de *Géométrie moderne* de MM. B. Witzschel[2] et Rich. Townsend[3].

Du reste, les trois théories qui sont la base de l'ouvrage se sont même introduites dans les *Éléments de Géométrie*. Nous les trouvons dans l'ouvrage de M. A. Amiot (Paris, 1866) et dans celui de MM. Rouché et Comberousse (Paris, 1866). Ces théories sont aussi le principal sujet d'un Mémoire de M. Lenthéric, professeur à Montpellier, sous le titre: *Essai d'exposition élémentaire des diverses théories de la Géométrie moderne*, lu à la réunion des Sociétés savantes de 1864.

IV.

RECHERCHES DE GÉOMÉTRIE QUI ONT FORMÉ LES PRINCIPALES MATIÈRES DE L'ENSEIGNEMENT DANS LA CHAIRE DE GÉOMÉTRIE SUPÉRIEURE.

Les trois théories élémentaires qui servent de base au *Traité de*

---

[1] *Die Grundlehren der neuern Geometrie. Erster Theil: Die Theorie des anharmonischen Verhältnisses, der homographischen Theilung und der Involution, und deren Anwendung auf die geradlinigen und Kreis-Figuren.* Nach Chasles: Traité de Géométrie supérieure, *frei bearbeitet von Dr C. H. Schnuse.* Braunschweig, in-8°, 1856.

[2] *Grundlinien der neueren Geometrie mit besonderer Berücksichtigung der metrischen Verhältnisse an Systemen von Punkten in einer Graden und einer Ebene,* von Dr Benjamin Witzschel, Lehrer der Mathematik am Krause'schen Institut in Dresden; Leipzig, 1858, in-8°.

[3] *Chapters on the modern Geometry,* by the Rev. R. Townsend; Dublin, 1865. 2 vol. in-8°.

Géométrie supérieure trouvent des applications immédiates dans l'étude des propriétés des sections coniques et des surfaces du second ordre : elles s'étendent aussi à toutes les questions concernant les courbes et les surfaces d'ordre quelconque. Ces questions, traitées successivement depuis une vingtaine d'années dans le cours de Géométrie supérieure, ont été le sujet de diverses communications à l'Académie des sciences, insérées, pour la plupart, dans les *Comptes rendus de l'Académie*, et dont nous allons indiquer ici les principaux résultats.

Construction de la courbe du troisième ordre déterminée par neuf points [1]. — Newton, à la suite de son *Énumération des courbes du troisième ordre*, a donné, dans un chapitre sur la *Description organique des courbes*, une construction de la courbe du troisième ordre déterminée par sept points dont un doit être un point double. Il ajoute qu'on pourra décrire des courbes d'un ordre supérieur ayant des points doubles; mais que la description des courbes du troisième ordre ou d'un ordre supérieur qui n'auraient pas de points doubles est un problème très-difficile [2].

Plusieurs géomètres du même temps, et surtout Maclaurin et Braikenridge, ont suivi la voie tracée par Newton, dans leurs ouvrages sur la description des courbes [3], sans rien ajouter d'essentiel aux résultats du grand géomètre. Aussi, bien qu'en Analyse la détermination d'une courbe assujettie à passer par le nombre de points que comporte son ordre soit un des problèmes les plus faciles, puisque le calcul de l'équation de la courbe ne demande qu'une simple élimination entre des équations du premier degré, on

1853.

---

[1] *Comptes rendus*, t. XXXVI, 1853, p. 943-952.

[2] «Curvam aliquam secundi vel superioris generis punctum duplex non habentem commode describere, problema est inter difficiliora numerandum.»

[3] Maclaurin, *Geometria organica, sive Descriptio linearum curvarum universalis*, Londini, in-4°, 1720. — Braikenridge, *Exercitatio Geometrica de descriptione linearum curvarum*, Londini, in-4°, 1733.

n'avait cependant point encore obtenu la construction générale même de la courbe la plus simple, celle du troisième ordre.

Les progrès récents de la Géométrie ont permis de reprendre ces questions, et de connaître enfin la construction de la courbe du troisième ordre déterminée par neuf points, dont on a même pu donner plusieurs solutions différentes [1].

La première et la plus simple repose sur le théorème suivant : *Si l'on a un faisceau de coniques, et un faisceau de droites qui correspondent aux coniques, une à une respectivement, les points d'intersection des coniques et des droites correspondantes sont sur une courbe du troisième ordre qui passe par les quatre points communs aux coniques et par le centre du faisceau de droites.*

Ce théorème résulte de cette considération fort simple, que les coniques et les droites forment sur une transversale quelconque deux séries de points tels, qu'à un point de la première série correspond un point de la seconde, et qu'à un point de la seconde série correspondent deux points de la première; relation qui s'exprime par l'équation

$$x^2\,(az+b) + x\,(a'z+b') + a''z + b'' = 0,$$

entre les abscisses des deux séries de points. D'où l'on conclut qu'il existe sur la transversale trois points d'une série qui coïncident chacun avec un point correspondant de l'autre série, lesquels trois points appartiennent à la courbe lieu des points d'intersection des coniques et des droites : ce qui prouve que cette courbe est du troisième ordre.

Pour appliquer le théorème à la construction de la courbe du troisième ordre déterminée par neuf points, on fait passer par quatre de ces points un faisceau de coniques, et on détermine un certain point qui sera le centre d'un faisceau de rayons correspondants à ces coniques, par la condition que les cinq rayons passant par les

---

[1] *Comptes rendus*, t. XXXVI, p. 943;   p. 1102. — *Journal de Mathématiques,* t. XXXVII, p. 276; t. XL, p. 822; t. XLI,   t. XIX, 1854, p. 366.

cinq points donnés (autres que les quatre qui sont la base du faisceau de coniques), correspondent aux coniques qui passent par ces
cinq points. Dès lors, les rayons correspondants aux autres coniques
les coupent sur la courbe du troisième ordre demandée.

Le problème de la construction d'une courbe déterminée par des
points est un de ceux qui méritent le plus de fixer l'attention des
géomètres, parce que, étant le plus facile dans le problème général de
la détermination des courbes satisfaisant à des conditions données,
il doit servir de point de départ lorsque ensuite on adjoint à des
points des droites prises pour tangentes des courbes demandées.
La solution de ce second problème, où les données sont des points
et des tangentes, exigera bien des développements secondaires, à
raison des cas particuliers dans les données de chaque question. Mais
cette étude sera nécessaire pour faire connaître les variétés de forme
de toutes les courbes d'un même ordre, et surtout le nombre des
solutions qu'admet chaque question, eu égard au nombre des points
et des tangentes qui en forment les conditions.

Nous verrons dans ce chapitre même (p. 274), au sujet d'une formule générale qui renferme la solution de toutes les questions qu'on
peut se proposer sur les sections coniques, de quelle importance
serait, dans la théorie des courbes d'un ordre supérieur, la connaissance de ce nombre de solutions dans les questions où les conditions
sont des points et des droites prises pour tangentes, conditions
que nous appellerons *élémentaires*.

Sur les courbes du quatrième et du troisième ordre. — *Développement* 1853.
*des conséquences du théorème général concernant la description des courbes
du quatrième ordre au moyen de deux faisceaux de coniques* [1]. —
La démonstration du théorème relatif aux intersections d'un faisceau de coniques et d'un faisceau de rayons s'applique au cas

---

[1] *Comptes rendus,* t. XXXVII, 1853, p. 272-277, 372-380, 437-443.

de deux faisceaux de coniques qui se correspondent une à une : *Les points d'intersection des coniques correspondantes sont sur une courbe du quatrième ordre*, parce que cette courbe a quatre points sur une droite quelconque. Outre ce raisonnement, on donne l'équation même de la courbe. Les équations de deux coniques du premier faisceau étant $S = 0$, $S_1 = 0$, et celles des deux coniques qui leur correspondent dans le deuxième faisceau, $U = 0$, $U_1 = 0$, l'équation de la courbe est $S\,U_1 + a\,S_1\,U = 0$, a étant un coefficient constant [1].

La courbe du quatrième ordre peut devenir, dans plusieurs cas particuliers, l'ensemble d'une droite et d'une courbe du troisième ordre. Il résulte de là une nouvelle construction de la courbe du troisième ordre déterminée par neuf points.

Le même travail contient quelques propriétés des courbes du quatrième ordre qui passent par les deux points imaginaires d'un cercle situés à l'infini [2], et de celles qui ont deux points *doubles* en ces points imaginaires à l'infini [3]. Il est aussi question des courbes à points *d'inflexion*, ces points pouvant être imaginaires et situés à l'infini.

1855.   *Construction géométrique des racines des équations du troisième et du quatrième degré* [4]. — La construction géométrique des racines des équations algébriques est une des applications les plus importantes de la Géométrie de Descartes, et a occupé un grand nombre de

---

[1] Steiner avait déjà fait mention, dans une communication à l'Académie de Berlin, en 1848, de la génération des courbes par des faisceaux de courbes de degrés inférieurs, analogue à la génération des coniques au moyen de deux faisceaux de droites, ce qu'on exprime par ce théorème : *Dans deux faisceaux de courbes d'ordre* m *et* m' *qui se correspondent, une à une respectivement, le lieu des points d'intersection des courbes correspondantes est une courbe d'ordre* (m + m'). (Voir *Journal* de Crelle, t. XLVII, 1854, p. 2, et t. XLIX, 1855, p. 334; — *Journal de Mathématiques* de M. Liouville, t. XVIII, 1853, p. 310, et t. XX, 1855, p. 37.) Mais on n'avait point fait l'application de cette propriété des courbes à la construction effective de la courbe du troisième ordre ni d'aucune autre.

[2] *Comptes rendus de l'Acad.* t. XXXVII, p. 378.

[3] *Ibid.* p. 437.

[4] *Ibid.* t. XLI, p. 677-685.

géomètres, notamment Newton dans son *Arithmétique universelle*.
Mais ces constructions, dites *géométriques*, parce qu'on y emploie
des courbes, reposent sur des considérations de Géométrie analytique, dont les principales difficultés se rapportent à la pure Analyse; car il s'agit de faire dériver l'équation proposée de l'élimination
d'une variable entre les équations des deux courbes dont on veut se
servir, équations qu'il faut choisir et associer convenablement.

On devait désirer que la Géométrie pût se suffire à elle-même,
en s'affranchissant de la nécessité de recourir aux méthodes analytiques. Tel est l'objet de la Note sur la *construction des racines des
équations du troisième et du quatrième degré*. Cette construction se fait
fort simplement par les intersections de deux coniques, dont une
est prise à volonté, et dont l'autre se construit par points. On détermine ces points sans aucun calcul, et par la simple théorie des
couples de points en involution sur une droite, en invoquant les
deux théorèmes suivants, dont le premier suffit pour la construction
des équations du troisième degré :

1° *Si, dans l'équation*

$$x^2(az+b)+x(a'z+b')+a''z+b''=o,$$

les deux variables représentent les abscisses de points x *et* z *pris sur une
même droite, les couples de points* x *correspondants à de simples points*
z *sont en involution, et correspondent anharmoniquement aux points* z.

2° *Si, dans l'équation*

$$x^2(az^2+bz+c)+x(a'z^2+b'z+c')+(a''z^2+b''z+c'')=o,$$

*le déterminant des neuf coefficients est nul, les variables se correspondent
par couples, et les couples de points qu'elles déterminent sur une droite
forment deux involutions, et se correspondent anharmoniquement.*

Nous venons de dire qu'on se sert des points d'intersection
de deux coniques pour trouver les racines de l'équation proposée.
Mais on peut aussi se servir des tangentes communes à deux coniques. Ce qui fait une seconde solution géométrique de la question.

1855.   *Principe de correspondance entre deux objets variables, qui peut être d'un grand usage en Géométrie* [1]. — Il s'agit d'une correspondance entre deux séries de points situés sur une même droite ou sur deux droites, telle, qu'à un point de chaque série corresponde un point de l'autre série, ou bien qu'à un point de la première série correspondent deux points de la seconde, et qu'à un point de celle-ci ne corresponde qu'un point de la première.

Dans le premier cas, *les deux séries de points forment deux divisions homographiques;* et dans le second cas, *les couples de points de la seconde série sont en involution, et correspondent anharmoniquement aux points uniques de la première série.*

Ces deux théorèmes sont susceptibles d'une foule d'applications où un même raisonnement supplée à des démonstrations qui seraient très-diverses. On en conclut une quatrième construction de la courbe du troisième ordre passant par neuf points; ainsi qu'une construction de la surface du second ordre déterminée aussi par neuf points [2] : construction qui s'applique à plusieurs cas particuliers, notamment au cas où la surface doit être osculatrice en trois points à une courbe gauche donnée quelconque. On résout aussi cette question : *Inscrire dans un arc de section conique trois cordes consécutives, sous-tendant des segments égaux;* ce qui est une généralisation du problème de la trisection de l'angle.

Les questions qui rentrent dans les applications du mode de démonstration dont il s'agit ici sont celles dans lesquelles on peut reconnaître deux séries de points sur une ou sur deux droites, satisfaisant à une des deux conditions de correspondance anharmonique énoncées dans les deux théorèmes. Nous verrons plus loin qu'il est un *principe de correspondance* entre deux séries de points sur une même droite, qui n'implique pas la nécessité du rapport anharmonique, et qui s'étend à des questions extrêmement

[1] *Comptes rendus,* t. XLI, p. 1097-1107.
[2] On sait que M. Hesse a donné depuis longtemps une construction fort simple de ce problème. (*Journal* de Crelle, t. XXIV, 1842, p. 36-39.)

variées, notamment aux questions relatives aux systèmes de coniques ainsi qu'aux systèmes de courbes d'ordre quelconque.

Note sur les courbes du troisième ordre, concernant les points d'inter- 1855. *section de ces courbes entre elles* [1]. — Les considérations sur lesquelles repose la construction de la cubique déterminée par neuf points, ainsi que celle des racines des équations du troisième et du quatrième degré, ont conduit à quelques autres questions semblables, concernant les points d'intersection de deux cubiques assujetties à passer par des points donnés. Telles sont les questions suivantes : *Connaissant quatre des neuf points d'intersection de deux cubiques, construire la conique déterminée par les cinq points inconnus.* — *Connaissant cinq des neuf points d'intersection de deux cubiques, trouver les quatre autres* [2]. — *Construire le neuvième point par lequel passent toutes les courbes du troisième ordre assujetties à passer par huit points donnés.* Nous citons cette question, déjà traitée par MM. Weddle et Hart [3], parce qu'on y trouve une relation entre les neuf points, dont voici l'énoncé : *Le rapport anharmonique des quatre droites menées d'un des neuf points à quatre autres est égal à celui des quatre coniques menées par les quatre points restants et passant, respectivement, par les mêmes points que les quatre droites.*

[1] *Comptes rendus*, t. XLI, 1855, p. 1190-1197.

[2] M. H. Siebeck, dans un important Mémoire récent, résout plusieurs questions relatives aux courbes du troisième et du quatrième ordre déterminées par des points dont une partie peuvent être imaginaires, ces points étant quatre à quatre les bases de deux faisceaux de coniques. Il construit, entre autres, la conique des cinq points d'intersection de deux cubiques déterminées chacune par un point réel et huit points imaginaires dont quatre sont communs aux deux courbes. (Voir *Annali di Matematica* de MM. Brioschi et Cremona, t. II, 1868, p. 65-80.)

M. H. J. Stephan Smith traitait, dans le même temps, diverses questions semblables. (Voir : *On some Geometrical Constructions*, dans les *Proceedings of the London Mathematical Society*, t. II, mai 1868, p. 85-100; et *Observatio Geometrica*, dans les *Annali di Matematica* de MM. Brioschi et Cremona, Milan, t. II, p. 318-321.)

[3] Voir *The Cambridge and Dublin Mathematical Journal*, t. VI, 1851, p. 83 et 181.

1857. *Détermination du nombre de points qu'on peut prendre arbitrairement sur une courbe donnée d'ordre* n, *pour former la base d'un faisceau de courbes d'ordre* m $<$ n [1]. — Cette question est résolue par le théorème suivant :*

Lorsqu'on veut déterminer, sur une courbe d'ordre n, m² *points formant la base d'un faisceau de courbes d'ordre* m $<$ n :*

1° *Si* m $>$ $\frac{n}{2}$ + 1, *on peut prendre arbitrairement sur la courbe d'ordre* n

$$\frac{1}{2}\left[\,(2\,m-n)^2+(3\,n-2)\,\right]$$

de ces m² *points;*

2° *Si* m $=$ *ou* $<\frac{n}{2}$+1, *le nombre des points qu'on peut prendre arbitrairement est toujours* (3 m — 2), *quel que soit* n, *dans la limite* n $=$ *ou* $>$ 2m — 1.*

1857. *Deux théorèmes généraux sur les courbes et les surfaces géométriques de tous les ordres* [2]. — Ces théorèmes concernent un faisceau de courbes ou de surfaces, d'ordre quelconque, ayant pour base des points situés sur une courbe ou sur une surface d'ordre supérieur. Nous citerons l'énoncé relatif aux courbes :

Lorsque n² *points pris sur une courbe* A *d'ordre* m *forment la base d'un faisceau de courbes d'ordre* n $<$ m, *toute courbe* C_n, *d'ordre* n, *menée par ces* n² *points, rencontre la courbe* A *en* n (m — n) *autres points qui donnent lieu aux propriétés suivantes :*

1° *Si* m — n $<$ n, *les* n(m — n) *points, quoique en nombre supérieur* (*hormis le cas de* m $=$ 3 *et* n $=$ 2) *au nombre de points qui suffisent pour déterminer une courbe d'ordre* (m — n), *sont toujours sur une courbe de cet ordre;*

Et cette courbe rencontre la courbe A *en* (m — n)² *autres points qui sont fixes, quelle que soit la courbe d'ordre* n *menée par les* n² *points de* A : *de sorte que ces* (m — n)² *points sont la base d'un faisceau d'ordre* (m — n);*

2° *Si* m — n $=$ *ou* $>$ n, *par les* n(m — n) *points d'intersection de* A *et*

---

[1] *Comptes rendus*, t. XLV, p. 393. — [2] *Ibid.* t. XLV, p. 1061-1068.

de C_n, et $\dfrac{(m-2n+1)(m-2n+2)}{2}$ *autres points de* A *pris arbitrairement,*
on peut toujours faire passer une courbe d'ordre $(m-n)$;

Et si ces $\dfrac{(m-2n+1)(m-2n+2)}{2}$ *points pris arbitrairement sur* A *restent fixes, toutes les courbes d'ordre* $(m-n)$ *rencontrent* A *en*

$$\left[(m-n)^2 - \frac{(m-2n+1)(m-2n+2)}{2} \right]$$

autres points qui sont fixes aussi, et qui avec les premiers, pris arbitrairement, forment la base d'un faisceau d'ordre $(m-n)$.

3° *Dans les deux cas énoncés, les courbes d'ordre* $(m-n)$ *et les courbes* C_n *se correspondent une à une, et forment ainsi deux faisceaux générateurs de la courbe* A.

Pour une surface A d'ordre m, les faisceaux de surfaces génératrices d'ordre n et $(m-n)$ ont pour bases sur A des courbes à double courbure d'ordre n^2 et $(m-n)^2$.

Résumé d'une théorie des coniques sphériques homofocales [1]. — Cette 1860.
théorie des coniques sphériques homofocales repose sur la notion du
cercle imaginaire situé à l'infini sur une sphère, c'est-à-dire du cercle
provenant de l'intersection de la sphère et du plan situé à l'infini.

La considération du cercle imaginaire situé à l'infini conduit avec
une extrême facilité à une foule de propriétés des coniques sphériques homofocales, de même qu'en Géométrie plane les deux points
imaginaires situés à l'infini sur un cercle sont la base de toute la
théorie des coniques homofocales. Le cercle imaginaire de la sphère
fournit même les définitions les plus simples des éléments principaux que l'on a à considérer dans les coniques sphériques, de leurs
centres, leurs foyers, leurs arcs cycliques. Ainsi :

*Les centres d'une conique sphérique sont les trois couples de points,
opposés deux à deux diamétralement, dont chacun a le même arc polaire
dans la conique et dans le cercle imaginaire situé à l'infini.*

____

[1] *Comptes rendus,* t. L, p. 623-633, mars 1860.

Les foyers de la conique sont les points de concours des arcs tangents communs à la conique et au cercle imaginaire (en d'autres termes, sont les sommets réels du quadrilatère sphérique [imaginaire] circonscrit à la conique et au cercle).

Les arcs cycliques de la conique sont les deux arcs de grands cercles (toujours réels) sur lesquels se trouvent les points d'intersection (imaginaires) de la conique et du cercle imaginaire (en d'autres termes, ces arcs sont les côtés réels du quadrilatère sphérique [imaginaire] inscrit à la conique et au cercle).

Il est une propriété d'un système de cônes de révolution de même sommet, qui joue aussi un grand rôle dans ces recherches; elle consiste en ce que *tous ces cônes ont un double contact avec le cône (imaginaire) asymptote d'une sphère décrite de leur sommet comme centre.*

On peut encore dire que :

Tous les cônes de révolution de même sommet ont pour bases, sur un plan quelconque, des coniques qui ont toutes un double contact avec un même cercle imaginaire, dont le centre est le pied de la perpendiculaire abaissée du sommet des cônes sur le plan.

Les propriétés très-nombreuses des coniques sphériques homofocales peuvent se rattacher à quatre propositions fondamentales, dont chacune se prête à des conséquences très-variées [1].

1860.   *Résumé d'une théorie des surfaces du second ordre homofocales* [2]. — Cette théorie des surfaces du second ordre homofocales repose sur cette propriété empruntée de l'*Aperçu historique*, comme on l'a vu (chapitre II), savoir, que les surfaces dont il s'agit sont toutes inscrites dans une même surface développable dont trois des lignes de striction sont les coniques focales (deux réelles, et la troisième, imaginaire) du système, et la quatrième est le cercle imaginaire situé à l'infini.

[1] M. Cremona a donné une démonstration analytique de ces quatre propositions. (Voir *Nouvelles Annales de Mathé-*

matiques, t. XIX, 1860, p. 269-279.)
[2] *Comptes rendus*, t. L, p. 1055-1063, et 1110-1115.

On conclut de là, avec une grande facilité, un très-grand nombre de propriétés des surfaces homofocales, qu'on rattache, comme celles des coniques homofocales, à quatre propositions générales.

De plus, et cela est remarquable, ces quatre propositions dérivent elles-mêmes d'une seule, qui forme ainsi un théorème fondamental, dont voici l'énoncé :

Si quatre surfaces du second ordre sont telles, que la développable circonscrite à deux d'entre elles, et la développable circonscrite aux deux autres, soient circonscrites à une cinquième surface du second ordre, il en sera de même des deux développables circonscrites aux quatre surfaces prises deux à deux d'une autre manière, c'est-à-dire que ces deux développables seront circonscrites à une sixième surface du second ordre.

Une des surfaces peut être infiniment aplatie et devenir une conique : cette conique peut être le cercle imaginaire situé à l'infini, ce qui accroît encore le nombre des conséquences qui découlent de chacun des quatre théorèmes généraux.[1]

RÉTABLISSEMENT DU TRAITÉ DES PORISMES D'EUCLIDE.

I

Parmi les ouvrages des mathématiciens grecs qui ne nous sont pas parvenus, aucun n'a plus excité les regrets et la curiosité des géomètres des siècles derniers que le *Traité des Porismes* d'Euclide.

Cet ouvrage ne nous est connu que par la Notice qu'en a donnée Pappus dans le VIIe livre de ses *Collections mathématiques*, et par une très-courte mention de Proclus dans son Commentaire sur le premier livre des *Éléments* d'Euclide.

Mais ce qu'en dit le premier de ces auteurs, qui était lui-même un géomètre éminent et des plus compétents pour apprécier les

______

[1] M. Laguerre a fait une application utile de plusieurs de ces propositions dans des recherches sur les surfaces anallag- matiques dont nous parlerons plus loin (chap. v).

œuvres de ses devanciers, a été bien propre, indépendamment du nom d'Euclide, à faire naître les regrets des modernes, et leur désir de retrouver ou de parvenir à rétablir un ouvrage aussi précieux; car, selon Pappus, « cét ouvrage renfermait une ample collec- « tion de propositions d'une conception ingénieuse et d'un très-utile « secours pour la résolution des problèmes les plus difficiles. »

Aussi Montucla a-t-il pensé que ce *Traité des Porismes* « était le « plus profond de tous les ouvrages d'Euclide, et celui qui lui ferait « le plus d'honneur s'il nous était parvenu [1]. »

La Notice de Pappus renferme deux définitions de ce genre de propositions, appelées *Porismes* par Euclide, et vingt-neuf énoncés qui s'y rapportent; mais le tout en termes si concis et si obscurs, que les géomètres, à diverses époques, ont vainement cherché à en pénétrer le sens.

Effectivement ces énoncés, qui caractérisent les différents *genres* de Porismes, comme le dit Pappus, expriment simplement certaines conditions auxquelles doivent satisfaire des choses cherchées[2], et ces choses (points, lignes, grandeurs), qui constituent l'hypothèse dans chaque question, ne sont pas définies et doivent être trouvées : de sorte que chaque *genre* comporte des hypothèses qui peuvent être très-variées.

Parmi les géomètres qui ont laissé quelques traces de leurs efforts dans la divination de cette doctrine se présentent d'abord Albert Girard, Fermat, Boulliau, Renaldini et Halley. Mais c'est Robert Simson, professeur à l'université de Glasgow, qui, le premier, vers 1720, a fait quelques pas heureux dans la pénétration du mystère des Porismes.

---

[1] *Histoire des Mathématiques*, t. I, p. 215.

[2] « Et positiones quidem omnes inter « se differant, cum specialissimæ sint, ac- « cidentium vero et quæsitorum unum- « quodque unum et idem existens multis « positionibus differentibus contingit, eo « quod genere sint eadem. Itaque in primo « libro hæc genera quæsitorum in propo- « sitionibus statuere oportet... » (*Pappi Mathematicæ Collectiones*, p. 246.)

La Notice de Pappus donne les définitions suivantes du Théorème, du Problème et du Porisme :

Le Théorème est une proposition où l'on demande de démontrer ce qui est proposé;

Le Problème est une proposition où l'on demande de construire ce qui est proposé;

Le Porisme est une proposition où l'on demande de trouver ce qui est proposé.

Pappus ajoute que cette définition du Porisme a été changée par des géomètres qui, ne pouvant pas tout trouver, se contentaient de prouver que la chose cherchée existe, sans la déterminer.

Il dit encore que « ce qui constitue le Porisme est ce qui manque « à l'hypothèse d'un théorème *local;* que *les lieux géométriques* sont « une espèce de Porisme. »

Ces deux phrases font connaître un caractère essentiel des Porismes, savoir, que ce sont des propositions dans lesquelles une infinité de choses satisfont à la question, comme dans les propositions locales.

En outre, Pappus rapporte la proposition suivante, comme exemple des énoncés de Porismes :

Si autour de deux points fixes P, Q *on fait tourner deux droites qui se coupent sur une droite donnée* L, *dont une fera sur une droite fixe* AX, *donnée de position, un segment* Am *compté à partir d'un point donné* A *sur cette droite, on pourra déterminer une autre droite fixe* BY *et un point fixe* B *sur cette droite, tels, que le segment* Bm' *que la seconde droite tournante fera sur cette seconde droite fixe, à partir du point* B, *soit au premier segment* Am *dans une raison donnée* λ.

L'ouvrage d'Euclide contenait cent soixante et onze propositions, que résument les vingt-neuf énoncés ou genres de Porismes donnés par Pappus. Voici, comme exemples de leur forme concise et énigmatique, quelques-uns de ces énoncés :

Le rapport de telle droite à telle abscisse est donné.

Telle droite est donnée de position.

Tel rectangle seul, ou tel rectangle plus un certain espace donné est dans une raison donnée avec telle abscisse.

Il existe un point tel, que les droites menées de ce point comprennent un triangle donné d'espèce. Etc.

II

C'est en s'aidant des indications fournies par cette Notice de Pappus que R. Simson a découvert le principe constitutif des Porismes, et principalement la forme de leurs énoncés; ce qu'il exprime par la définition suivante :

« Porisma est Propositio in qua proponitur demonstrare rem ali-« quam, vel plures datas esse, cui, vel quibus, ut et cuilibet ex « rebus innumeris, non quidem datis, sed quæ ad ea quæ data sunt « eandem habent rationem, convenire ostendendum est affectionem « quandam communem in Propositione descriptam. »

Il donne divers exemples de Porismes, dont quelques-uns satisfont à six des vingt-neuf types ou *genres* sous lesquels Pappus résumait l'ouvrage d'Euclide.

Simson laissait donc intacts le plus grand nombre de ces vingt-neuf énoncés. En outre, il n'a pas recherché comment cette doctrine devait être éminemment utile, comme le dit Pappus, pour la résolution des problèmes, et quels rapports elle pouvait avoir avec les propositions et les méthodes des temps modernes, qui, ainsi que nous le dirons plus loin, l'ont suppléée à notre insu.

Bien que les vues de Simson paraissent satisfaire à l'interprétation de divers passages de Pappus, plusieurs géomètres en Angleterre, sans les rejeter absolument, y trouvèrent de l'obscurité et s'en écartèrent, se faisant une idée différente sur l'origine des Porismes.

Playfair, dans un Mémoire intitulé : *On the Origin and Investigation of Porisms* [1], dit : « Un Porisme est une proposition affirmant la

____

[1] Lu à la Société royale d'Édimbourg le 2 avril 1792; inséré dans les *Transac-* *tions* de la Société, vol. III, part II, 1794, p. 154-204.

« possibilité de trouver des conditions qui rendent un certain pro-
« blème indéterminé, ou susceptible d'une infinité de solutions. »

Il paraît, d'après Playfair lui-même, que le célèbre philosophe écossais Dugald Stewart, lorsqu'il suppléait son père, Matthew Stewart, dans la chaire de Mathématiques d'Édimbourg, avait déjà conçu cette manière de considérer les Porismes, qui depuis a aussi été celle de John Leslie [1].

Lawson [2], Wallace [3], lord Brougham [4], puis Lhuillier [5], ont aussi traité des Porismes, mais sans émettre de notions essentiellement différentes de celles de Simson et de Playfair. Depuis, M. Babbage, le célèbre auteur de l'*Analytical Engine*, a consacré un savant Mémoire d'Analyse à cette question des Porismes [6].

III

Ce sont les vues mêmes de Simson sur la forme des énoncés des Porismes qui ont été suivies dans la Note III de l'*Aperçu historique;* et leur développement a fait, depuis, le sujet de l'ouvrage publié en 1860 sous le titre : *Les trois livres de Porismes d'Euclide, rétablis pour la première fois, d'après la Notice et les Lemmes de Pappus, et conformément au sentiment de R. Simson sur la forme des énoncés de ces propositions.*

1860.

[1] *Geometrical Analysis,* in-8°, Édimbourg, 1809.

[2] *Treatise concerning Porisms,* 1777, in-4°.

[3] *Some geometr. Porisms,* etc. (*Transactions of the Royal Society of Edinburgh,* 1798.)

[4] *General Theorems, chiefly Porisms, in the higher Geometry.* (*Philosophical Transactions of the London* for the year 1798.)

[5] *Éléments d'Analyse géométrique et d'Analyse algébrique,* in-4°, 1809.

[6] *On the Application of Analysis to the Discovery of Local theorems and Porisms.*

(*Transactions of the Royal Society of Edinburgh,* vol. IX, 1820, p. 337.) — *On Porisms.* (*Edinburgh Encyclopedia,* in-4°.)

On trouve, dans un Mémoire de Th. Stephens Davies : *On the algebraical analysis of Porisms,* une indication succincte des géomètres qui se sont occupés des Porismes, suivie de démonstrations analytiques de dix-huit Porismes pris des ouvrages de Simson, Playfair, Wallace, J. Leslie, Noble, Gompertz, et de l'*Aperçu historique.* (Voir *The Mathematician,* vol. I; London, 1845, p. 42-64.)

Nous allons présenter succinctement la substance de cet ouvrage.

On y donne du Porisme la définition suivante, conforme, au fond, à celle de Simson, bien que différente dans les termes :

« Le Porisme est une proposition où entrent des objets variables « (telle qu'une proposition locale), dans laquelle on a à *démontrer* « une chose annoncée comme vraie, et à *trouver* l'état ou manière « d'être de cette chose, en grandeur et en position. »

Dans les Porismes, la chose annoncée et *qu'il faut trouver*, comme le dit Pappus, est appelée *donnée*, ce qui signifie qu'elle est une conséquence des données véritables, c'est-à-dire des conditions de la question.

D'après cela, l'énoncé suivant est un Porisme :

Dans l'ellipse, la somme des rayons vecteurs est donnée; car cette proposition exprime que la somme des rayons vecteurs est une chose constante dont la valeur est à déterminer. On dit maintenant : *Dans l'ellipse, la somme des rayons vecteurs est constante.*

Aux yeux des anciens, cet énoncé n'aurait point exprimé un *théorème*, ou du moins aurait été un théorème *incomplet*, parce que l'énoncé d'un théorème ne devait rien laisser de non déterminé. Aussi disaient-ils : *La somme des droites menées des foyers à un point de la courbe est égale au grand axe* [1].

Cet exemple suffit pour montrer quel était le caractère propre des Porismes et leur différence avec les théorèmes. On voit aussi que ces propositions participaient du problème, parce qu'il fallait déterminer la valeur de la chose dite *donnée*, ou *constante*.

Aujourd'hui, dans les différentes branches des Mathématiques, on admet des énoncés de théorèmes *non complets;* ces théorèmes sont des Porismes.

La remarque précédente prévient une difficulté grave, qu'on n'a pas soulevée, je crois, et qui, néanmoins, existe dans cette grande

---

[1] *Si in ellipsi, a punctis ex comparatione factis ad sectionem rectæ lineæ inclinentur, ipsi axi æquales erunt.* (*Apollonii Conicorum* lib. III, prop. LII.)

question de la doctrine des Porismes; car, nonobstant son utilité dans les recherches mathématiques proclamée par Pappus, cette doctrine aurait disparu de la science, ce qui doit paraître inadmissible. Mais, loin qu'elle ait disparu, c'est la science qui se l'est incorporée, en modifiant à notre insu la forme ancienne des théorèmes pour lui substituer celle des Porismes.

IV

Nous avons dit que les propositions rétablies par Simson comme Porismes ne se rapportaient qu'à six des vingt-neuf énoncés de Pappus. D'où venait donc la difficulté que présentaient les autres énoncés? Cette difficulté dont on ignorait la cause, et qui a été le principal obstacle au rétablissement de l'ouvrage d'Euclide, est maintenant connue : c'est que la plupart des énoncés rebelles résument des propositions qu'Euclide avait introduites dans son Traité des Porismes, et qui, ne s'étant point trouvées peut-être dans d'autres ouvrages grecs, ne nous étaient point parvenues et étaient par conséquent ignorées de Simson, comme de tous les géomètres contemporains.

Effectivement, ces propositions renferment presque toutes des relations de segments s'exprimant par des équations à trois et à quatre termes, telles que

$$\alpha xz + 6x + \gamma z + \delta = 0,$$

x et z étant les abscisses de deux séries de points comptés sur une ou sur deux droites. Or on ne connaissait jusqu'à ces derniers temps de telles relations que dans l'hyperbole rapportée aux asymptotes. Mais il n'était question dans les Porismes d'Euclide que de la ligne droite et du cercle : on ne pouvait donc pas songer aux équations de l'hyperbole, et il fallait découvrir tout un ensemble de propositions, en quelque sorte plus élémentaires, et relatives principalement à des systèmes de points et de droites.

Ces propositions sont celles qui dérivent aujourd'hui de la notion du *rapport anharmonique* de quatre points, et des *divisions homographiques* sur une ou sur deux droites.

Ce sont donc ces théories élémentaires, devenues depuis quelques années la base de la *Géométrie supérieure*, qui devaient être la clef de la restitution de l'ouvrage d'Euclide.

Effectivement, on avait remarqué dans les lemmes de Pappus, se rapportant aux Porismes, certaines traces de la *théorie des transversales*, telles que quelques propriétés relatives au rapport *harmonique* de quatre points, et une relation *d'involution* dans le quadrilatère coupé par une droite [1]. Mais c'est surtout une autre proposition, inaperçue d'abord, qui forme la chaîne la plus forte entre l'ouvrage d'Euclide et les théories modernes : nous voulons parler de cette propriété, que *le rapport anharmonique de quatre points se conserve en perspective*. Cette simple proposition, exprimée en d'autres termes, bien entendu, se trouve démontrée six fois, c'est-à-dire dans six lemmes différents; et en outre Pappus en fait usage pour la démonstration de plusieurs autres lemmes [2].

Ainsi donc l'étude et le développement des théories élémentaires de la Géométrie moderne étaient nécessaires pour parvenir au rétablissement des trois livres des Porismes d'Euclide.

Telle est la cause qui a arrêté les géomètres du siècle dernier dans l'accomplissement de l'œuvre dont Simson avait posé le principe.

V

La distinction que nous avons faite ci-dessus (§ 3) entre les *Porismes* et les *théorèmes locaux* est précisément celle qui existait entre les *Données* d'Euclide et les théorèmes ordinaires. Aussi l'on peut dire que les Porismes sont, par rapport aux propositions locales, ou

---

[1] Poncelet, *Traité des propriétés projectives des figures*, p. XXXVI, XLII, 17, 83, 92.

[2] Lemmes III, X, XI, XIV, XVI, XIX. (Propositions 129, 136, 137, 140, 142, 145.)

plus généralement aux propositions dans lesquelles une infinité de choses (points, ou lignes, ou grandeurs) satisfont à une question, ce que les *Données* d'Euclide sont aux théorèmes ordinaires. Dans les *Porismes* comme dans les *Données,* la chose dite *donnée* est ce qu'il faut trouver. De sorte que c'est la conception de son livre des *Données* qu'Euclide a, étendue aux propositions locales.

L'ouvrage de Diophante, qui roule sur l'Analyse indéterminée, renferme quelques propositions sous le nom de *Porismes,* auxquelles on n'avait pas fait attention. Ces propositions satisfont aux conditions qui constituent les Porismes tels que nous les avons définis.

Un autre exemple de Porismes se trouve dans un petit traité arabe que M. L. A. Sedillot a fait connaître, intitulé : *Les Connues géométriques,* par l'astronome Hassan ben Haithem, qui florissait au Caire dans le premier tiers du xie siècle [1]. Cet ouvrage renferme tout à la fois des propositions *locales,* des *données* proprement dites et des propositions de même énoncé que les *Porismes* [2].

[1] *Nouveau Journal asiatique,* 1834.

[2] On doit à M. L. A. Sedillot la découverte de plusieurs autres faits importants dans la carrière scientifique des Arabes. Nous citerons particulièrement la construction géométrique des équations du troisième degré, qu'il a trouvée dans un manuscrit arabe de la Bibliothèque impériale (Ms. n° 1104), et la troisième inégalité de la lune, la *variation,* qu'il a reconnue dans le traité d'Astronomie d'Aboul Wéfa.

Le manuscrit relatif à la construction des équations du troisième degré n'est qu'un fragment d'un traité que l'éminent orientaliste dont les géomètres déplorent la perte récente, M. Woepcke, a trouvé plus complet dans la bibliothèque de Leyde, et dont il a donné la traduction sous le titre : *L'Algèbre d'Omer Alkhâyyâmi,* etc. Paris, 1851, grand in-8°.

L'existence, dans l'ouvrage d'Aboul Wéfa, de la *variation,* qu'on regardait comme une des découvertes les plus importantes de l'Astronomie moderne, due à Tycho Brahé, a été contestée d'abord et a donné lieu à des discussions assez prolongées à l'Académie des sciences et dans le *Journal des Savants;* puis, dans ces derniers temps, à de nouvelles dissertations, qui ont paru mettre hors de doute la réalité de l'importante découverte de M. Sedillot. (Voir : *Comptes rendus de l'Académie des sciences,* t. II, 1836, p. 202, 258, 301; t. XVI, 1843, p. 1446; t. XVII, 1843, p. 163; t. XVIII, 1844, p. 48; t. XIX, 1844, p. 1029; t. XX, 1845, p. 1308; — *Journal des Savants,* 1843, p. 543, 609, 694, 719; 1844, p. 640, 693; — *Matériaux pour servir à l'histoire comparée des sciences mathématiques chez les Grecs et les Orientaux,* par

16

Ces exemples de Porismes dans l'ouvrage de Diophante et dans le traité arabe ne sont pas sans intérêt. Ils confirment la doctrine suivie dans le rétablissement des trois livres d'Euclide, et ils permettent d'espérer que l'on pourra trouver un jour, dans les manuscrits arabes qui n'ont point encore été suffisamment explorés, d'autres émanations de la conception d'Euclide.

1860.   *Propriétés relatives au déplacement fini, dans l'espace, d'une figure de forme invariable* [1]. — Ce Mémoire fait suite aux recherches sur le déplacement infiniment petit d'une figure dans l'espace dont il a été rendu compte précédemment (chap. II, p. 114).

Les questions du déplacement fini ou infiniment petit d'une figure dans son plan, ou dans l'espace, considérées au point de vue purement géométrique, c'est-à-dire en faisant abstraction du temps et des forces, se réduisent à l'étude des propriétés relatives à deux figures égales, placées d'une manière quelconque l'une par rapport à l'autre, car le mode de déplacement même résultera de ces propriétés.

Au lieu de deux figures égales, on peut considérer deux figures *semblables*, ainsi que l'auteur l'avait fait dans un Mémoire antérieur (chap. I, p. 77), et plus généralement deux figures *homographiques* quelconques.

Le cas de deux figures égales, qui est le plus simple de la théorie des figures homographiques, a dû être traité directement, à raison de l'importance qu'il présente en Mécanique, où il forme les éléments naturels de cette branche de la science, introduite depuis quelques années sous le nom de *Cinématique*, où l'on traite *du mouvement considéré indépendamment de ses causes*.

L. Am. Sedillot; Paris, 1845, in-8°, p. 42-242; — *Lettre à M. Sedillot sur la question de la Variation lunaire découverte par Aboul Wéfa,* par M. Chasles (mars 1862); — *Comptes rendus de l'Académie,* t. LIV, 1862 : *Sur la découverte de la Variation lunaire,* par le même.)

[1] *Comptes rendus,* t. LI, p. 855-863, 905-914, et t. LII, p. 77-85. 189-197, 487-501.

Cette branche et la *Statique* constituent les connaissances fondamentales qui doivent précéder l'étude de la Dynamique, où l'on considère à la fois *les mouvements* et *les forces qui les produisent* [1].

L'idée d'étudier *les mouvements indépendamment des forces*, qui aurait pu être suscitée depuis fort longtemps par l'objet même de la *Statique*, où l'on traite *de l'équilibre*, c'est-à-dire *des forces, indépendamment des mouvements*, fut émise il y a trois quarts de siècle par un jeune capitaine du génie, Carnot, dans son *Essai sur les Machines en général*, et reproduite par l'auteur dans sa *Géométrie de position*, puis dans un rapport à l'Institut. Cependant elle était restée inféconde, ou du moins dans l'oubli, quand Ampère, qui en comprit le caractère, dans son *Essai sur la philosophie des sciences*, regarda l'étude *des mouvements considérés en eux-mêmes* comme devant être le sujet d'une des divisions distinctes de la Mécanique, et associa cette étude à la *Statique*, sous le nom de *Cinématique*.

Les questions du déplacement d'une figure sur le plan ou dans

---

[1] On s'est écarté depuis quelques années de cette distinction entre la *Statique* et la *Dynamique*, en proscrivant la subordination de la *Dynamique* à la *Statique*. Cependant cet ordre d'étude, observé par tous les géomètres de tous les temps, est commandé par la nature du sujet; car la *Statique* est une science faite, n'exigeant que la simple Géométrie, et dont les applications ne demandent pas au delà du calcul différentiel; tandis qu'au contraire la *Dynamique*, science compliquée, soumise à des conditions et à des principes étrangers à la première, et toujours en élaboration, repose, dans ses applications, sur les lois mêmes de la *Statique*, et rencontre toutes les difficultés du calcul intégral. Dans ce nouvel ordre d'idées, la *science de l'équilibre* est regardée comme un cas particulier de la *Dynamique;* et le nom même de *Statique* n'est plus prononcé dans les programmes. Cette tentative, ce pas rétrograde, comme l'a dit aussitôt M. Duhamel (*Cours de Mécanique,* 1ʳᵉ partie, 1853, préface), dont les universités étrangères se sont bien gardées, devait introduire dans l'étude générale de la Mécanique une confusion et une obscurité contraires à l'esprit des Mathématiques, et très-préjudiciables à l'intelligence de cette partie des sciences et aux études ultérieures. L'expérience, du reste, paraît en avoir été suffisamment faite dans l'enseignement classique, comme dans les écoles d'application mêmes. Faisons donc des vœux pour que l'on ne tarde point à revenir réglementairement à l'étude première de la *Statique*, sous le nom même de cette partie fondamentale de la Mécanique.

l'espace, traitées d'abord comme simples spéculations de pure Géométrie, sont devenues les éléments naturels, comme nous venons de le dire, de cette partie nouvelle de la Mécanique, et ont fixé, à ce titre, l'attention de plusieurs auteurs.

Le travail dont il s'agit ici a une certaine étendue; nous indiquerons simplement les divers paragraphes qu'il renferme :

I. Propriétés relatives au déplacement d'une figure plane dans son plan. Composition des rotations et des translations finies dans un plan.

II. Propriétés relatives à deux figures symétriques placées d'une manière quelconque dans le même plan.

III. Déplacement d'une ligne droite dans l'espace.

IV. Déplacement d'une figure plane dans l'espace.

V. Déplacement d'une figure sur la sphère.

VI. Déplacement d'un corps solide libre dans l'espace.

Des cordes qui joignent deux à deux les points homologues de deux corps égaux.

Direction et grandeur d'une corde dont le point milieu est donné.

Propriétés relatives à deux droites homologues.

Propriétés relatives à deux plans homologues.

Corps milieu relatif à deux corps égaux.

Propriétés relatives au système de deux rotations conjuguées.

Construction de l'axe central relatif à deux corps égaux.

VII. Notice historique sur la question du déplacement d'une figure de forme invariable [1].

COURBES À DOUBLE COURBURE.

Les *courbes à double courbure*, qu'on appelle aussi *courbes gauches*, proviennent de l'intersection de deux surfaces. On les définit, en

[1] Les géomètres cités dans cette Notice sont, après Descartes : Jean Bernoulli, Clairaut, Euler, D'Alembert, Giulio Mozzi, Lexell, Prony, Rodrigues, Poinsot, Cauchy, Poncelet, Lefébure de Fourcy; MM. Bellavitis, Bresse, Breton (de Champ), Donquin, Ph. Gilbert, G. Giorgini, de Jonquières, l'abbé Jullien, Lamarle, F. Lucas, Mannheim, Möbius, Résal, G. Salmon, Stegmann, Steichen, Sylvester, A. Transon.

Géométrie analytique, par les équations des deux surfaces. Mais, bien que l'on déduise de là l'expression générale des éléments principaux de ces courbes, leurs tangentes, leurs plans osculateurs, leurs rayons de courbure, etc., ces deux équations ne se prêtent pas à l'étude des propriétés de chaque classe particulière de courbes. Indépendamment des difficultés de calcul, une certaine complication naît de cette circonstance, que la courbe que l'on a à considérer n'est pas toujours la courbe complète d'intersection de deux surfaces, cette courbe complète pouvant être formée de deux branches distinctes : cela a lieu nécessairement pour les courbes gauches dont l'ordre est un nombre premier, parce que l'ordre de la courbe d'intersection complète de deux surfaces est le produit de deux facteurs respectivement égaux à l'ordre des deux surfaces, et conséquemment n'est pas un nombre premier. C'est ainsi que les courbes gauches du troisième ordre s'expriment par les équations de deux hyperboloïdes qui ont une génératrice commune, cette génératrice formant la seconde branche de l'intersection complète des deux hyperboloïdes.

Les branches étrangères, qu'il faut ainsi associer aux courbes dont on s'occupe, compliquent les calculs de la Géométrie analytique : aussi l'étude des courbes gauches avait fait peu de progrès jusqu'à ces derniers temps.

C'est à de simples considérations de pure Géométrie que l'on a recours dans les Mémoires dont nous avons à parler dans ce moment.

On y considère les courbes du troisième et du quatrième ordre, les courbes d'ordre $(2m+1)$ tracées sur l'hyperboloïde, et plus généralement d'ordre $(Km+n)$ sur une surface réglée d'ordre K quelconque. Et l'on développe un système de coordonnées rectilignes propre à l'étude des courbes tracées sur l'hyperboloïde. Nous allons présenter une analyse succincte de ces diverses recherches qui ont été le sujet de plusieurs communications à l'Académie des sciences.

1857. *Propriétés des courbes à double courbure du troisième ordre* [1]. — Plusieurs des nombreux résultats que renferme ce travail avaient déjà fait le sujet d'une des Notes de l'*Aperçu historique* [2]. Nous en rapporterons ici quelques-uns :

Six points donnés dans l'espace déterminent une courbe du troisième ordre. — Un cône qui passe par la courbe, et qui a son sommet en un de ses points, est du second ordre. — Lorsque deux droites s'appuient chacune en deux points sur une courbe du troisième ordre, si autour de ces droites on fait tourner deux plans se coupant toujours sur la courbe, ces plans forment deux faisceaux homographiques. — Une courbe du troisième ordre est le lieu des points d'intersection des rayons homologues dans deux faisceaux de rayons appartenant à deux figures homographiques [3]. — *Si autour de trois droites de l'espace on fait tourner trois plans qui forment trois faisceaux homographiques (c'est-à-dire que les plans se correspondent anharmoniquement), le point d'intersection de ces trois plans décrit une courbe gauche du troisième ordre.*

Ce dernier théorème, dont il se trouvait déjà des applications dans l'*Aperçu historique* (p. 405, art. 8, 9 et 10), est un cas particulier d'une propriété générale de trois faisceaux de surfaces homographiques, d'ordre quelconque, que l'on trouvera dans le Mémoire suivant.

La surface développable enveloppe des plans osculateurs d'une courbe du troisième ordre est du quatrième ordre. — Par un point donné, on peut mener à cette surface trois plans tangents. Le plan des trois points de contact passe par le point donné. — On conclut de là cette proposition : *Une courbe du troisième ordre peut prendre un mouvement infiniment petit, dans lequel ses points se dirigent suivant les normales aux plans osculateurs à la courbe en ces points. — Les points d'une courbe du troisième*

[1] *Comptes rendus*, t. XLV, 1857, p. 189-197.

[2] Note XXXIII : *Relations entre sept points d'une courbe à double courbure du troisième ordre. Diverses questions où ces courbes se présentent*, p. 403-407.

[3] Cette génération de la courbe du troisième ordre avait déjà été donnée par M. Fr. Seydewitz dans les *Archives de Mathématiques et de Physique* de Grunert, t. X, 1847, p. 203-214 : *Lineäre Konstruktion einer Curve doppelter Krümmung.*

ordre étant considérés comme formant une première figure, les plans oscu-
lateurs en ces points forment une figure corrélative; etc. [1].

Ce dernier théorème montre qu'il y a dualité entre les propriétés des courbes gauches dont il s'agit, comme à l'égard des coniques.

Mais il y a une analogie plus intime encore entre ces courbes du troisième ordre et les coniques; les deux propriétés fondamentales de celles-ci, qui reposent sur le rapport anharmonique, se retrouvent dans les deux propriétés suivantes des courbes gauches :

Les plans menés par quatre points de la courbe gauche du troisième ordre et passant par les tangentes en un cinquième point quelconque ont toujours le même rapport anharmonique.

Les plans osculateurs à la courbe en quatre points fixes rencontrent une tangente quelconque en quatre points qui ont toujours le même rapport anharmonique.

Les deux théorèmes suivants présentent aussi, sous un aspect plus général, de l'analogie avec les deux mêmes propriétés des coniques :

Les droites menées de deux points fixes d'une courbe gauche du troisième ordre à tous les autres points de la courbe forment deux faisceaux homographiques.

Les droites suivant lesquelles tous les plans osculateurs coupent deux plans osculateurs fixes forment deux figures homographiques.

Sur les six droites qui peuvent être, dans l'espace, les directions de 1861.
six forces en équilibre. — Propriétés de l'hyperboloïde à une nappe et d'une certaine surface du quatrième ordre [2]. — La première partie de

----

[1] Depuis quelques années plusieurs géomètres se sont occupés des courbes gauches du troisième ordre. Nous citerons particulièrement, de M. H. Schröter, un Mémoire inséré dans le *Journal* de Crelle, t. LVI, 1858, p. 27-43; et de M. Cremona, divers Mémoires. (Voir *Annali di Matematica*, de Rome, t. I, 1858, p. 264 et 278; t. II, p. 19; t. V, p. 227. — *Nouvelles Annales de Mathématiques*, 2ᵉ série, 1862, p. 287 et 366. — *Journal* de Crelle, t. LVIII, p. 138; t. LX, p. 188, et t. LXIII, p. 141. — *Memorie dell' Accademia di Bologna*, 2ᵉ série, t. III, 1863.)

[2] *Comptes rendus*, t. LII, 1861, p. 1094-1104.

ce travail a été inspirée par une communication intéressante de
M. Sylvester à l'Académie des sciences[1] sur le système de six
droites qui peuvent être les directions de six forces en équilibre,
et son objet principal a été la proposition suivante :

*Quand six forces qui sollicitent un corps solide libre se font équilibre,
on peut donner au corps un mouvement infiniment petit, et un seul, dans
lequel les trajectoires des points de chacune des forces seront normales à
ces forces, respectivement.*

Cette proposition est liée intimement à une propriété relative
à cinq droites quelconques de l'espace, savoir : qu'*on peut déterminer un mouvement infiniment petit, et un seul, dans lequel les trajectoires des différents points des cinq droites seront normales à ces droites.*

Ce théorème conduit à une propriété singulière de l'hyperboloïde
gauche ou à une nappe :

*Tout hyperboloïde à une nappe peut prendre d'une infinité de manières
un mouvement infiniment petit dans lequel les trajectoires de tous les points
de cette surface seront normales aux génératrices d'un même système sur
lesquelles se trouvent ces points.*

Pour produire un tel mouvement, il suffit de prendre pour axes
de rotation conjugués deux génératrices quelconques du second
système, le rapport des deux rotations restant arbitraire. Dans le
mouvement produit, les autres génératrices de ce système sont
associées deux à deux comme axes de rotation conjugués[2].

L'hyperboloïde peut être transformé, de deux manières différentes, en une surface gauche du quatrième ordre ou du troisième
ordre, qui jouit de la même propriété, savoir : que *cette surface
peut recevoir un mouvement infiniment petit dans lequel les trajectoires de
tous ses points sont normales aux génératrices sur lesquelles ils se trouvent.*

Ce travail se termine par un paragraphe relatif à la *Description*

[1] *Comptes rendus*, t. LII : *Sur l'involution des lignes droites dans l'espace
considérées comme des axes de rotation,*
p. 741-745.

[2] Ces couples de génératrices de l'hyperboloïde donnent lieu à d'assez nombreuses propositions dont il a été parlé
précédemment (chap. ii, p. 110).

de certaines courbes gauches de tous les ordres sur l'hyperboloïde à une nappe. Le caractère propre du mode de description dont il s'agit est que l'on peut former sur l'hyperboloïde des courbes d'un ordre quelconque sans leur associer d'autres courbes ou des droites (génératrices de l'hyperboloïde), comme cela arrive quand on emploie l'expression analytique des courbes résultant de l'intersection de l'hyperboloïde et d'une surface déterminée. Ce procédé de description des courbes gauches se conclut du théorème suivant, dont quelques applications particulières avaient été faites déjà aux cubiques gauches, comme on l'a dit ci-dessus (p. 246).

Si l'on a trois faisceaux de surfaces d'ordre m, n, p *respectivement, dans lesquels les surfaces se correspondent trois à trois anharmoniquement, le lieu des points d'intersection de trois surfaces correspondantes est une courbe à double courbure d'ordre* $(mn + np + pm)$.

Que l'on prenne, pour le second et le troisième faisceau, des plans passant par deux droites fixes, la droite d'intersection de deux plans correspondants engendre un hyperboloïde, et l'on peut dire que cette droite correspond à la surface du premier faisceau, correspondante elle-même aux deux plans. Il en résulte ce théorème :

Si l'on a un faisceau de surfaces d'ordre m *et un hyperboloïde à une nappe dont les génératrices d'un même système correspondent anharmoniquement aux surfaces, le lieu des points d'intersection de chaque surface et de la génératrice correspondante est une courbe gauche d'ordre* $2m + 1$.

De sorte qu'on décrit sur l'hyperboloïde des courbes d'ordre impair, de même que des courbes d'ordre pair, sans qu'elles soient accompagnées d'une ligne droite ou d'autres lignes étrangères à la question [1].

Sur la Surface, et sur la Courbe gauche, lieux des Sommets des Cônes 1861.

----

[1] Cet article des *Comptes rendus* a été suivi de recherches analogues de M. Cremona : *Sur les courbes gauches décrites sur l'hyperboloïde à une nappe.* (T. LII, p. 1319-1323.)

du second ordre qui divisent harmoniquement six ou sept segments recti-lignes pris sur des droites dans l'espace [1].

Les propositions démontrées dans ce travail dérivent d'un théorème général concernant les figures homographiques, d'après lequel : *Si l'on a quatre figures homographiques dans l'espace, le lieu d'un point par où passent quatre plans homologues des quatre figures est une surface du quatrième ordre.* De là on conclut diverses propositions, parmi lesquelles nous citerons les suivantes :

Le lieu des sommets des cônes du second ordre qui divisent harmoniquement six segments est une surface du quatrième ordre.

Le lieu des sommets des cônes qui divisent harmoniquement sept segments est une courbe gauche du sixième ordre.

On peut supposer que chaque segment se réduise à un point, et que les cônes passent par ce point. Alors on conclut du premier théorème que *le lieu des sommets des cônes qui passent par six points est une surface du quatrième ordre* [2]. La cubique gauche déterminée par les six points est située sur cette surface. On reconnaît immédiatement que les quinze droites qui joignent les six points deux à deux sont aussi sur la surface, ainsi que les quinze droites d'intersection des couples de plans déterminés par les six points pris trois à trois.

1861. *Description par points, d'une manière uniforme, des deux courbes gauches du quatrième ordre, de la courbe à nœud et de la courbe du troisième ordre* [3]. — Les courbes gauches du quatrième ordre sont de deux genres : les unes proviennent de l'intersection de deux surfaces du second ordre; une droite ne peut alors s'appuyer qu'en

---

[1] *Comptes rendus*, t. LII, 1861, p. 1157-1162.

[2] Ce théorème a été énoncé par M. Weddle à la suite d'un Mémoire sur les théorèmes de l'espace analogues aux théorèmes de Pascal et de Brianchon, dans le *Cambridge and Dublin Mathematical Journal*, t. V, 1850, p. 58-69. M. Cayley en a donné une démonstration analytique (*Comptes rendus*, t. LII, p. 1216-1218).

[3] *Comptes rendus*, t. LIII, p. 767-773.

deux points sur la courbe; les autres, qu'on dit de *seconde espèce*, sont l'intersection d'une surface du troisième ordre et d'un hyperboloïde dont deux génératrices sont situées sur la surface. Les autres génératrices du même système s'appuient sur la courbe en trois points, et celles du second système n'ont qu'un point sur la courbe.

Les courbes de première espèce (celles qui sont l'intersection de deux surfaces du second ordre) peuvent avoir un point *double* ou un point de *rebroussement*, ce qui fait deux variétés. Par exemple, si l'une des surfaces est un cône ayant son sommet sur l'autre, la courbe a un point double au sommet du cône, et ses deux tangentes en ce point sont les arêtes du cône comprises dans le plan tangent à la surface. Si ces arêtes sont imaginaires, le point double devient un point *conjugué;* et si elles se confondent, ce qui a lieu quand le plan tangent à la surface est aussi tangent au cône, le point double devient un point de rebroussement.

Les constructions particulières de ces diverses courbes dérivent simplement du mode général de description des courbes d'ordre $(2m+1)$ sur l'hyperboloïde, dont il a été question dans le travail précédent.

Description des courbes gauches de tous les ordres, sur les surfaces 1861. *réglées du troisième et du quatrième ordre* [1]. — Il s'agit ici généralement de la description de courbes d'ordre $(km+n)$ sur une surface réglée d'ordre k.

Cette surface d'ordre k se construit au moyen d'une courbe plane d'ordre k ayant un point multiple d'ordre $(k-1)$, afin que les points de cette courbe puissent se déterminer individuellement. On prend sur une droite fixe de l'espace des points qui correspondent anharmoniquement aux points de la courbe : *Les droites qui joignent les points correspondants sont les génératrices de la surface d'ordre* k.

Pour former sur cette surface d'ordre k des courbes d'ordre

---

[1] *Comptes rendus,* t. LIII, p. 884-889.

($km+n$), on distribue ses génératrices en groupes en involution de n génératrices, et l'on fait correspondre ces groupes aux surfaces d'un faisceau d'ordre m : *Le lieu des points d'intersection des génératrices de chaque groupe et de la surface correspondante est une courbe d'ordre* ($km+n$).

L'auteur fait observer que, bien qu'il ait pris, pour former la surface réglée d'ordre k, une courbe plane de cet ordre à point multiple d'ordre ($k-1$), on peut prendre toute autre courbe d'ordre k, douée de divers points multiples, satisfaisant à la condition que les points de la courbe se déterminent individuellement. Ces courbes se représenteront dans des recherches subséquentes.

1861.   *Théorie analytique des courbes à double courbure de tous les ordres tracées sur l'hyperboloïde à une nappe*[1]. — On a pu faire souvent cette observation, que les méthodes les plus simples dans les questions de l'espace sont celles qui s'appliquent d'elles-mêmes au cas de la Géométrie plane. La Géométrie de la sphère en offre un exemple. On est donc conduit à penser qu'au lieu de considérer les courbes gauches dans l'espace absolu, au moyen de relations entre les trois coordonnées de chaque point, c'est sur des surfaces déterminées, dont la surface plane ne sera plus qu'un cas particulier, qu'il peut y avoir avantage à les étudier.

Les courbes, ainsi groupées par familles, auront leurs propriétés spécifiques, propres à la surface sur laquelle elles seront formées; mais elles auront aussi certaines propriétés générales communes à toutes : ces propriétés constitueront la théorie générale que l'on aurait pu avoir en vue en employant tout d'abord le système de trois coordonnées.

Pour étudier les courbes gauches par familles sur des surfaces différentes, on aura à rechercher sur chaque surface divers procédés de génération des courbes par points, et les systèmes de coordonnées

---

[1] *Comptes rendus*, t. LIII, p. 985-996, 1077-1086, 1203-1210.

curvilignes propres à leur représentation analytique. Il suffira de rappeler ici les beaux résultats qu'a procurés la théorie des coordonnées elliptiques à trois variables, introduite par M. Lamé dans les questions de l'espace et appliquée par MM. Jacobi, Liouville, et d'autres géomètres depuis, à l'étude des lignes géodésiques sur la surface de l'ellipsoïde.

Les surfaces réglées paraissent devoir offrir de grandes facilités, relatives du moins, dans l'étude des courbes à double courbure, à raison de leurs génératrices rectilignes, qui seront un élément aussi simple qu'on puisse le désirer, soit pour la description des courbes par points, soit dans le système de coordonnées dont on fera usage.

On vient de voir effectivement, dans l'article précédent, que l'on peut décrire d'une manière uniforme des courbes de tous les ordres sur toute surface réglée d'ordre quelconque, au moyen des génératrices de la surface.

Mais l'hyperboloïde à une nappe se distingue entre toutes les surfaces réglées par une propriété qui lui appartient exclusivement : c'est d'avoir un double système de génératrices rectilignes. Ces deux séries de génératrices donnent lieu à un système de coordonnées rectilignes qui présente de l'analogie avec le système en usage sur le plan.

Une courbe gauche d'ordre $p+q$, c'est-à-dire qu'un plan coupe en $(p+q)$ points, est représentée par l'équation

$$x^p \left(ay^q + by^{q-1} + \cdots \right) + x^{p-1} \left(a'y^q + b'y^{q-1} + \cdots \right) + \cdots = 0,$$

qui, sur le plan, est celle d'une courbe de même ordre, ayant deux points multiples à l'infini, l'un d'ordre q sur l'axe des x, et l'autre d'ordre p sur l'axe des y.

L'application de ce système de coordonnées aux nombreuses questions relatives à la théorie des courbes tracées sur l'hyperboloïde a été le sujet de trois communications à l'Académie dans les séances des 2, 16 et 30 décembre 1861.

On considère successivement les propriétés : 1° d'une courbe

gauche d'ordre $(p+q)$ pouvant posséder des points multiples;
2° de la développable enveloppe des plans osculateurs de la courbe;
3° d'un cône mené par la courbe; 4° de la développable circonscrite à l'hyperboloïde suivant la courbe; puis la génération des
courbes gauches par deux faisceaux de courbes d'ordre inférieur,
et les propriétés de ces faisceaux de courbes.

M. Plücker, dans un Mémoire inséré au *Journal de Mathématiques* de Crelle [1], et M. Cayley, dans le *Philosophical Magazine*
(juillet 1861), avaient déjà conçu l'idée du système de coordonnées sur l'hyperboloïde dont il s'agit, mais sans en faire l'application aux nombreuses questions que comporte la théorie des
courbes gauches.

L'analogie entre les équations des courbes gauches et celles des
courbes planes provient de ce que celles-ci sont la perspective des
courbes gauches sur un plan parallèle au plan tangent à l'hyperboloïde au point qui sert de centre à la perspective. Cette considération permet d'appliquer immédiatement aux unes les propriétés
des autres [2].

1862. *Propriétés des courbes gauches du quatrième ordre de première espèce* [3].
— Il s'agit de la courbe d'intersection de deux surfaces du second
ordre et de ses deux variétés, à point double et à point de rebrousse-

---

[1] T. XXXIV, année 1847.

[2] Cette correspondance entre les points d'une surface du second ordre et les points d'un plan s'étend aux surfaces gauches du troisième ordre, parce qu'elles ont une courbe double, de chaque point de la-quelle on mène des droites qui ne ren-contrent la surface qu'en un seul point, et aux surfaces gauches du quatrième ordre qui ont un point multiple.

M. Clebsch a démontré que la surface générale du troisième ordre jouit de la même propriété, et qu'elle est la seule parmi les surfaces d'ordre supérieur. L'ordre d'une courbe plane et ses points multiples étant connus, M. Clebsch déter-mine l'ordre de la courbe gauche qui lui correspond, le nombre des plans tangents de cette courbe passant par une droite, le nombre de ses plans osculateurs passant par un point, et le nombre des plans qui ont avec la courbe un contact du troisième ordre. (Voir *Comptes rendus*, t. LXII, 1866, p. 1115.)

[3] *Comptes rendus*, t. LIV, p. 317-324 et 418-425.

ment. Voici quelques-unes des propositions obtenues dans ce Mémoire. Nous désignerons les courbes par C_4.

Huit points de l'espace déterminent une C_4. Une C_4 pure tracée sur un hyperboloïde à une nappe est tangente à quatre génératrices de chacun des deux systèmes. Les quatre points de contact donnent lieu à diverses propriétés. La courbe à point double n'est tangente qu'à deux génératrices de chaque système, et la courbe à point de rebroussement à une seule. Par une droite on peut mener huit plans tangents à une C_4 pure, six à une C_4 à point double, et cinq à une C_4 à rebroussement. Dans le premier cas, les huit points de contact sont la base d'un faisceau de courbes du quatrième ordre dont la proposée fait partie.

La développable osculatrice à une C_4 pure est du huitième ordre et de la douzième classe; à une C_4 à point double, du sixième ordre et de la sixième classe; à une C_4 à rebroussement, du cinquième ordre et de la quatrième classe.

La courbe nodale de la développable osculatrice est pour une C_4 pure du seizième ordre et rencontre chaque génératrice de la développable en quatre points; pour une C_4 à point double, elle est du sixième ordre, et rencontre chaque génératrice de la développable en deux points; et enfin, pour une C_4 à point de rebroussement, la courbe nodale est une conique qui rencontre chaque génératrice de la développable en un seul point.

Un paragraphe est consacré à la développable circonscrite à une surface du second ordre suivant la courbe du quatrième ordre. Cette développable est circonscrite à une infinité d'autres surfaces du second ordre [1]; etc.

Propriétés de la surface développable circonscrite à deux surfaces du 1862. *second ordre* [2]. — A la courbe C_4, intersection de deux surfaces du

<hr>

[1] Ce travail a donné lieu aussitôt à d'importantes recherches de M. Cremona sur les développables du cinquième ordre.

(Voir *Comptes rendus*, t. LIV, p. 604-608.)

[2] *Comptes rendus*, t. LIV, p. 715-722.

second ordre, correspond *corrélativement* la surface développable circonscrite à deux surfaces du second ordre. Cette développable admet deux variétés qui se rapportent aux cas où les deux surfaces ont un point de contact simple, ou un point de contact avec osculation dans une direction donnée.

La développable générale est du huitième ordre : dans le cas où les deux surfaces ont un point de contact simple, elle est du sixième ordre, et dans le cas d'un contact avec osculation dans une direction, du cinquième ordre.

Les propriétés de la développable générale du huitième ordre ont été exposées dans le précédent Mémoire; et celles des deux variétés de cette développable se trouvent dans le travail actuel[1].

THÉORIE DES SYSTÈMES DE SECTIONS CONIQUES SATISFAISANT À QUATRE CONDITIONS DONNÉES. — DÉTERMINATION DU NOMBRE DES CONIQUES SATISFAISANT À CINQ CONDITIONS.

1864.
1. On n'a point eu d'autre méthode jusqu'ici, soit pour étudier les propriétés d'un système de coniques satisfaisant à quatre conditions données, soit pour déterminer le nombre des coniques satisfaisant à cinq conditions, que la méthode analytique de Descartes, qui consiste à représenter une conique par l'équation générale du second degré entre les coordonnées de chaque point,

$$ax^2 + bxy + cy^2 + dx + ey + f = 0.$$

Ce qui ramène la question à la détermination des coefficients a, b..., d'après les conditions données[2].

---

[1] Nous rappellerons ici qu'on doit à M. Cayley les premières recherches générales sur les courbes gauches d'ordre quelconque et leurs développables osculatrices, insérées dans le *Journal de Mathématiques* de M. Liouville, t. X, 1845; et qu'ensuite M. G. Salmon en a fait le sujet d'une étude fort étendue, sur la classification de ces courbes, dans le *Cambridge and Dublin Mathematical Journal*, t. V, 1850.

[2] On conçoit que ce que nous disons de la méthode des coordonnées de Descartes s'entend des coordonnées tangentielles, et en général de tout système de coordonnées.

, Ici le calcul présente de grandes difficultés, qui sont de deux
sortes. On a d'abord à exprimer chaque condition donnée par une
équation dite *de condition*, entre les cinq coefficients indépendants
de l'équation générale. Puis, si l'on est parvenu à former ces cinq
équations de condition, il faut en tirer, par les méthodes d'élimination, les valeurs des cinq coefficients. Or chacune de ces opérations
différentes présente des difficultés, le plus souvent insurmontables.
Aussi la théorie des coniques, en ce qui concerne les questions
dont il s'agit, n'a fait jusqu'ici aucun progrès; car on n'a encore
traité que quelques cas très-restreints, dans lesquels on associait
aux conditions *élémentaires*, de passer par des points et de toucher
des droites, à peine une ou deux autres conditions, et même très-peu
variées.

2. Différentes communications faites à l'Académie dans le cours
de l'année 1864[1] ont eu pour objet d'exposer avec tous les développements qu'elle comportait une méthode purement géométrique, affranchie des équations de condition, et dès lors des deux
genres de difficultés que nous venons de signaler.

Par cette méthode on exprime un système de coniques assujetties
à quatre conditions, d'une manière qui se prête à la recherche de
toutes les propriétés du système. Et l'on parvient immédiatement
à une formule générale qui fait connaître le nombre des coniques
satisfaisant à cinq conditions.

Voici brièvement quel est le principe de cette méthode :

Un système de coniques assujetties à quatre conditions est défini
par *deux éléments*, qui sont, l'un le nombre des coniques du système
qui passent par un point donné quelconque, et l'autre, le nombre
des coniques qui touchent une droite. Ces deux nombres sont toujours déterminés dans un système de coniques; car la condition que

---

[1] *Comptes rendus hebdomadaires des séances de l'Académie des sciences,* t. LVIII, 1864, séances du 1er et du 15 février, du 7 mars, du 7 juin; et t. LIX, séances du 4 et du 18 juillet, du 1er et du 22 août.

ces courbes passent par un point donné est une cinquième condition qui fait que les coniques sont en nombre déterminé. Et de même pour la condition de toucher une droite.

Ces deux nombres sont appelés les *caractéristiques* du système, et sont désignés par les lettres μ, ν; et l'on dit le *système* (μ, ν).

Si l'on veut exprimer que ces caractéristiques appartiennent à un système particulier déterminé par quatre conditions données, représentées par Z, Z′, Z″, Z‴, on écrit

$$(Z, Z', Z'', Z''') = (\mu, \nu).$$

Les deux *caractéristiques* μ, ν suffisent pour faire connaître toutes les propriétés du système, c'est-à-dire que chacune de ces propriétés s'exprime par une fonction des deux nombres μ, ν : cette fonction est toujours un binôme tel que $(\alpha\mu + 6\nu)$, où l'un des coefficients α, 6 peut être nul.

3. Ainsi, l'on trouve que : *Le lieu des sommets des coniques d'un système* (μ, ν) *est une courbe de l'ordre* $(2\mu + 3\nu)$.

Le lieu des foyers des coniques est une courbe d'ordre 3ν.

La courbe enveloppe des axes des coniques est de la classe $(\mu+\nu)$.

La courbe enveloppe des directrices est de la classe $(2\mu+\nu)$.

Le nombre des coniques qui divisent un segment donné dans un rapport anharmonique donné est 2μ.

Le nombre des coniques qui sont vues d'un point donné, sous un angle donné, est 2ν.

Le nombre des coniques qui touchent une courbe de l'ordre m *et de la classe* n *est* $(n\mu+m\nu)$; etc.

Un fait bien important, que l'on ne pouvait prévoir *a priori*, c'est que la recherche de ces nombres $(\alpha\mu+6\nu)$, qui expriment les propriétés du système (μ, ν), se fait avec une facilité extrême par une méthode générale dont nous dirons le principe plus loin.

4. D'après cela, le nombre des coniques qui satisfont à cinq con-

ditions données Z, Z', Z'', Z''', Z^{iv} s'exprime par la formule suivante, dans laquelle α, $\mathcal{6}$ se rapportent à la condition Z; α', $\mathcal{6}'$, à la condition Z', et ainsi des autres :

$$N(Z, Z', Z'', Z''', Z^{iv}) = \alpha\,\alpha'\,\alpha''\,\alpha'''\,\alpha^{iv} + 2\,\Sigma\,\alpha\,\alpha'\,\alpha''\,\alpha'''\,\mathcal{6}^{iv} + 4\,\Sigma\,\alpha\,\alpha'\,\alpha''\,\mathcal{6}'''\,\mathcal{6}^{iv}$$
$$+ 4\,\Sigma\,\alpha\,\alpha'\,\mathcal{6}''\,\mathcal{6}'''\,\mathcal{6}^{iv} + 2\,\Sigma\,\alpha\,\mathcal{6}'\,\mathcal{6}''\,\mathcal{6}'''\,\mathcal{6}^{iv} + \mathcal{6}\,\mathcal{6}'\,\mathcal{6}''\,\mathcal{6}'''\,\mathcal{6}^{iv}.$$

La lettre Σ indique une somme de termes formés semblablement, chacun avec cinq des paramètres $\alpha, \mathcal{6}, \alpha'$, etc. comme facteurs.

Cette formule générale donne aussi l'expression des caractéristiques du système de coniques satisfaisant à quatre conditions, Z, Z', Z'', Z'''. Ces caractéristiques sont le nombre des coniques qui passent par un point, et le nombre des coniques qui touchent une droite.

La première se tire de la formule générale ci-dessus, où la condition Z^{iv} sera que les coniques passent par un point, condition à laquelle on satisfait par la double hypothèse $\alpha^{iv} = 1$ et $\mathcal{6}^{iv} = 0$; car alors le binôme $(\alpha^{iv}\mu + \mathcal{6}^{iv}\nu)$, qui exprime le nombre des coniques satisfaisant à la condition Z^{iv}, se réduit à μ, qui effectivement est le nombre des coniques qui passent par un point. De même on obtient la seconde caractéristique $N\,(Z, Z', Z'', Z''', $ 1 d.$)$ en faisant dans la formule générale $\alpha^{iv} = 0$ et $\mathcal{6}^{iv} = 1$. On a ainsi la formule

$$(Z,Z',Z'',Z''') = [\alpha\alpha'\alpha''\alpha''' + 2\Sigma\alpha\alpha'\alpha''\mathcal{6}''' + 4\Sigma\alpha\alpha'\mathcal{6}''\mathcal{6}''' + 4\Sigma\alpha\mathcal{6}'\mathcal{6}''\mathcal{6}''' + 2\mathcal{6}\mathcal{6}'\mathcal{6}''\mathcal{6}''',$$
$$2\alpha\alpha'\alpha''\alpha''' + 4\Sigma\alpha\alpha'\alpha''\mathcal{6}''' + 4\Sigma\alpha\alpha'\mathcal{6}''\mathcal{6}''' + 2\Sigma\alpha\mathcal{6}'\mathcal{6}''\mathcal{6}''' + \mathcal{6}\mathcal{6}'\mathcal{6}''\mathcal{6}'''],$$

pour l'expression des caractéristiques du système de coniques satisfaisant à quatre conditions données Z, Z', Z'', Z'''.

5. Puisque les propriétés du système (μ, ν) s'expriment toujours par un binôme $(\alpha\mu + \mathcal{6}\nu)$, on en conclut cette conséquence très-remarquable, que *deux propriétés d'un système suffisent pour déterminer les deux caractéristiques et, par suite, toutes les autres propriétés du sys-*

tème. En d'autres termes : *Un système est défini par deux de ses pro-priétés.*

Que l'on dise, par exemple, que l'enveloppe des directrices des coniques du système est une courbe de la cinquième classe, et le lieu de leurs sommets une courbe du septième ordre, on aura les deux équations $2\mu+\nu=5$, $2\mu+3\nu=7$; d'où $\mu=2$ et $\nu=1$. Les caractéristiques du système sont donc 2 et 1, et l'on en conclut toutes les propriétés du système.

6. Dans tout système de coniques, il existe en général deux sortes de cas particuliers de ces courbes : elles peuvent être ou l'ensemble de deux droites, ou l'ensemble de deux points. La raison en est bien simple; c'est qu'on peut, en général, déterminer un ou plusieurs systèmes de deux droites, ainsi qu'un ou plusieurs systèmes de deux points satisfaisant aux quatre conditions du système de coniques. Un système de deux points peut d'ailleurs être considéré comme représentant une conique *infiniment aplatie* dont les deux points sont les sommets.

Le nombre de ces cas particuliers, nous pouvons dire de ces *coniques exceptionnelles* ou *quasi-coniques*, se peut déterminer et s'exprime, de même que toutes les propriétés du système, en fonction des deux caractéristiques. Les coniques représentées par deux droites sont en nombre $2\nu-\mu$, et les coniques infiniment aplaties en nombre $2\mu-\nu$. On voit ainsi que les deux caractéristiques ont des limites numériques telles, que chacune d'elles est toujours comprise entre la moitié et le double de l'autre, limites qu'elles peuvent atteindre [1], et que, dans tout système de coniques, il existe $\mu+\nu$ *coniques exceptionnelles*, d'une espèce ou de l'autre.

Mais il se présente ici un fait bien remarquable : ces nombres $2\mu-\nu$, $2\nu-\mu$, de même que $\mu+\nu$, n'expriment pas des nombres *effectifs*, parce que chacune de ces *quasi-coniques* peut avoir un cer-

---

[1] C'est-à-dire qu'à l'égard de μ, par exemple, on a toujours $\mu=$ ou $>\dfrac{\nu}{2}$, et $\mu=$ ou $<2\nu$.

tain ordre de multiplicité, c'est-à-dire peut compter pour plusieurs,
comme si plusieurs coïncidaient ensemble; ce qui alors en réduit
le nombre effectif. Les systèmes élémentaires nous en offrent des
exemples. Ainsi, dans le système de coniques inscrites dans un quadrilatère il existe trois coniques infiniment aplaties, dont chacune
compte pour une seule; mais dans le système de coniques tangentes à trois droites et passant par un point, où il existe aussi
trois coniques infiniment aplaties, chacune compte pour deux;
et dans le système de coniques tangentes à deux droites et passant
par deux points, où il n'existe qu'une conique infiniment aplatie,
elle compte pour quatre.

Lorsqu'on peut déterminer, dans un système de coniques qui
doivent satisfaire à quatre conditions données, le nombre effectif
des *quasi-coniques* de chaque espèce, et l'ordre de multiplicité de
chacune d'elles, les deux nombres $2\mu - \nu$ et $2\nu - \mu$ se trouvent
connus, et l'on en conclut les valeurs des deux caractéristiques [1].

7. Nous avons dit ci-dessus (3) que dans toute cette théorie
des systèmes de coniques il existe un procédé général de recherche
et de démonstration fort simple, par lequel on détermine les paramètres α, $\mathfrak{6}$ du binôme $(\alpha\mu + \mathfrak{6}\nu)$ qui exprime soit une propriété
du système (μ, ν), soit le nombre des coniques de ce système qui
satisfont à une condition donnée. Cette méthode consiste en un
principe de correspondance entre deux séries de points sur une droite,

[1] M. Zeuthen a fait de cette singulière
propriété de multiplicité de chaque *quasi-conique* la base d'une *Nouvelle Méthode
pour déterminer les caractéristiques des
systèmes de coniques*. Les nombreuses questions traitées dans ce très-remarquable et
important travail se rapportent principalement à la théorie des contacts multiples
et d'ordre supérieur des coniques d'un
système avec une ou plusieurs courbes
d'ordre quelconque; questions parfois fort
épineuses, dont M. Zeuthen a surmonté les
difficultés avec autant de rigueur que de
talent et de sûreté de jugement. (Voir *Nyt
Bidrag til Læren om Systemer af Keglesnit,
der ere underkastede 4 Betingelser*. Kjebenhavn, in-8°, 1865; — *Comptes rendus de
l'Académie des sciences*, t. LXIV, 1867,
p. 262; — *Nouvelles Annales de Mathématiques*, 2° série, t. V, 1866, *passim*.

ou deux faisceaux de droites de même sommet. C'est la généralisation du raisonnement appliqué déjà dans diverses questions particulières où la correspondance s'exprimait par l'égalité de deux
rapports anharmoniques, comme on l'a vu dans la construction
des courbes du troisième et du quatrième ordre. Le principe général, indépendant de la correspondance anharmonique, embrasse
deux propositions dont il suffira d'énoncer ici la première :

Lorsqu'on a sur une droite deux séries de points tels, qu'à un point x
de la première série correspondent α_1 *points* u *de la seconde série, et qu'à
un point* u *de cette série correspondent* $\mathcal{E}_1$ *points* x *de la première, il existe*
$(\alpha_1 + \mathcal{E}_1)$ *points* x *qui coïncident chacun avec un point* u *correspondant.*

Et de même à l'égard de deux faisceaux de droites de même
sommet.

Ce *principe de correspondance* s'applique à deux séries de points
qui se correspondent sur une conique, comme sur une droite, ce qui
donne lieu à des démonstrations extrêmement rapides dans une foule
de questions. (Il s'étend de même à deux séries de points sur une
courbe d'ordre quelconque dont les points se déterminent individuellement, comme on le verra ci-après, p. 275 et 277.)

C'est surtout dans les applications de ces procédés de démonstration qu'il faut avoir égard aux coniques réduites à deux droites,
ou à deux points formant les sommets d'une conique infiniment
aplatie, parce que des cas de coïncidence des points correspondants x et u peuvent provenir de ces coniques, et former dès
lors des *solutions étrangères* dont il faut nécessairement faire abstraction. Il peut aussi exister dans le nombre général $(\alpha_1 + \mathcal{E}_1)$ certaines
autres solutions étrangères dues à d'autres causes, et que les conditions de la question font connaître.

8. Nous devons dire maintenant comment la représentation d'un
système de coniques par les deux caractéristiques μ, ν comporte
une méthode générale de solution de toutes les questions, par laquelle on évite les équations de condition de la Géométrie analy-

tique et les éliminations qui s'ensuivent; ce qui est un fait capital qui devra avoir d'autres conséquences dans la culture générale des Mathématiques.

La recherche des équations de condition est remplacée par celle du binôme $(\alpha\mu+6\nu)$, qui exprime chaque condition donnée dans le système (μ, ν); ce qui se fait sans difficulté au moyen du principe de correspondance ci-dessus énoncé.

Et quant aux éliminations, elles se trouvent évitées par la *substitution* de conditions *élémentaires* aux conditions données. Nous appelons *élémentaires* les conditions de passer par des points et de toucher des droites.

Supposons qu'il s'agisse de trouver le nombre des coniques qui satisfont à cinq conditions données Z, Z', Z'', Z''', Z^{v}. On détermine d'abord les binômes $(\alpha\mu+6\nu)$, $(\alpha'\mu+6'\nu)$, etc., qui expriment ces conditions dans le système général (μ, ν).

Puis on part des systèmes élémentaires, dont les caractéristiques sont connues et s'expriment ainsi :

$$(4\,\mathrm{p.})\equiv(1, 2), \quad (3\,\mathrm{p.}, 1\,\mathrm{d.})\equiv(2,4), \quad (2\,\mathrm{p.}, 2\,\mathrm{d.})\equiv(4,4),$$
$$(1\,\mathrm{p.}, 3\,\mathrm{d.})\equiv(4, 2), \quad (4\,\mathrm{d.})\equiv(2, 1).$$

On introduit dans ces systèmes la condition Z, exprimée par les deux paramètres α, 6, et l'on détermine le nombre des coniques qui dans chacun des cinq systèmes satisfont à cette condition. Ces nombres sont :

$$N(4\,\mathrm{p.}, Z)=\alpha+26, \quad N(3\,\mathrm{p.}, 1\,\mathrm{d.}, Z)=2\alpha+46,$$
$$N(2\,\mathrm{p.}, 2\,\mathrm{d.}, Z)=4\alpha+46, \quad N(1\,\mathrm{p.}, 3\,\mathrm{d.}, Z)=4\alpha+26,$$
$$N(4\,\mathrm{d.}, Z)=2\alpha+6.$$

De là on conclut les quatre systèmes

$$(3\,\mathrm{p.}, Z)\equiv[N(4\,\mathrm{p.}, Z), \ N(3\,\mathrm{p.}, 1\,\mathrm{d.}, Z)]\equiv(\alpha+26, 2\alpha+46),$$
$$(2\,\mathrm{p.}, 1\,\mathrm{d.}, Z)\equiv[N(3\,\mathrm{p.}, 1\,\mathrm{d.}, Z), N(2\,\mathrm{p.}, 2\,\mathrm{d.}, Z)]\equiv(2\alpha+46, 4\alpha+46),$$

. . . .

En sorte qu'on a remplacé dans les systèmes élémentaires un point ou une droite par la condition Z.

En remplaçant de même dans les quatre nouveaux systèmes un point et une droite par la seconde condition Z', représentée par le binôme $(\alpha'\mu+\epsilon'\nu)$, on forme les trois systèmes (2 p., Z, Z'), (1 p., 1 d., Z, Z'), (2 d., Z, Z'). Introduisant une troisième condition Z'', on forme semblablement les deux systèmes (1 p., Z, Z', Z'') et (1 d., Z, Z', Z''); puis le système (Z, Z', Z'', Z'''), et enfin le nombre des coniques (Z, Z', Z'', Z''', Z^{iv}) qui satisfont à cinq conditions.

Tel est le procédé de *substitution* des conditions données aux cinq conditions *élémentaires*, qui conduit à la formule générale donnée ci-dessus (4); on voit que ces substitutions remplacent les éliminations de la Géométrie analytique.

9. Dans certaines questions les conditions sont multiples, doubles, triples ou quadruples, c'est-à-dire équivalent à deux, trois ou quatre conditions simples; par exemple, lorsque les coniques doivent toucher une courbe donnée en deux points non déterminés, on a une condition double; qu'elles doivent avoir un contact du second ordre en un point non déterminé, ce sera encore une condition double; un contact du troisième ordre sera une condition triple; etc.

La méthode s'applique sans difficultés à toutes ces questions, de même qu'à la recherche des nombreuses propriétés des systèmes de coniques satisfaisant à quatre conditions distinctes.

10. Quant au procédé général qui, par la considération de deux séries de points qui se correspondent sur une droite, fait connaître immédiatement le nombre $N = \alpha\mu + \epsilon\nu$ des coniques du système (μ, ν) qui satisfont à une condition Z, il se pourrait que quelque condition, par exemple de grandeur linéaire ou de superficie, ne donnât pas lieu aux deux séries de points nécessaires, et qu'il fallût recourir aux méthodes analytiques. Mais alors les difficultés

de calculs pourraient être singulièrement diminuées, par la substitution au système général (μ, v) de deux autres systèmes pris à volonté, par exemple des deux systèmes élémentaires les plus simples $(4\ \text{p.}) \equiv (1, 2)$ et $(4\ \text{d.}) \equiv (2, 1)$, dans chacun desquels on chercherait le nombre des coniques satisfaisant à la condition Z. En effet, N′ et N″ étant ces nombres, on aura

$$N' = \alpha + 2\mathcal{6} \quad \text{et } N'' = 2\alpha + \mathcal{6},$$

d'où se concluent les valeurs cherchées de α et $\mathcal{6}$,

$$\alpha = \frac{2\,N'' - N'}{3}, \qquad \mathcal{6} = \frac{2\,N' - N''}{3}.$$

Cet expédient heureux est dû à M. Salvatore Dino, qui l'a appliqué notamment au cas où les coniques du système (μ, v) doivent avoir un diamètre de longueur donnée : leur nombre est $3\,v$ [1].

11. L'indication des communications faites à l'Académie sur la méthode précédente et ses nombreuses applications complétera l'exposé sommaire dans lequel nous nous renfermerons.

1° *Détermination du nombre des sections coniques qui doivent toucher cinq courbes d'ordre quelconque, ou satisfaire à diverses autres conditions.* (*Comptes rendus*, t. LVIII, 1864, p. 222-226.)

2° *Construction des coniques qui satisfont à cinq conditions. Nombre des solutions dans chaque question.* (*Ibid.* p. 297-308.)

3° *Systèmes de coniques qui coupent des coniques données sous des angles donnés, ou sous des angles indéterminés, mais dont les bissectrices ont des directions déterminées.* (*Ibid.* p. 425-431.)

4° *Considérations sur la méthode générale exposée dans la séance du 15 février.* — *Différences entre cette méthode et la méthode analytique.* — *Procédés généraux de démonstration.* (*Ibid.* p. 1167-1176.)

5° *Exemples des procédés de démonstration annoncés dans la séance précédente, 27 juin 1864.* (*Comptes rendus*, t. LIX, 1864, p. 7-15.)

[1] *Note sur la théorie des systèmes de coniques*, présentée à l'Académie des sciences, séance du 16 septembre 1867. (Voir *Comptes rendus*, t. LXV, p. 490.)

6° *Suite des propriétés relatives aux systèmes de sections coniques. (Comptes rendus,* t. LIX, p. 93-97.)

7° *Questions dans lesquelles il y a lieu de tenir compte des points singuliers des courbes d'ordre supérieur. — Formule générale comprenant la solution de toutes les questions relatives aux sections coniques. (Ibid.* p. 209-218.)

8° *Questions dans lesquelles entrent des conditions multiples, telles que des conditions de double contact ou de contact d'ordre supérieur. (Ibid.* p. 345-357.)

12. Nous ajouterons que la méthode des deux caractéristiques et le procédé général de démonstration qui lui est propre s'appliquent aux systèmes de courbes d'ordre supérieur, ce dont il a été donné plusieurs exemples dans le cours de ces communications à l'Académie.

TRAITÉ DES SECTIONS CONIQUES.

Cet ouvrage, qui est le résumé des leçons professées à la Faculté des sciences, et dont la première partie a paru en 1865, fait suite au *Traité de Géométrie supérieure,* c'est-à-dire qu'on y fait une application constante des théories de pure Géométrie exposées dans ce Traité. A cet égard, on le conçoit, il diffère des ouvrages de Géométrie analytique; mais il en diffère aussi, et considérablement, par les matières, soit nouvelles, soit plus étendues, qu'il renferme.

Les Traités analytiques des Sections coniques, on ne peut se le dissimuler, sont bien plutôt des éléments et des exercices de Géométrie analytique que de véritables Traités des Sections coniques. Comme tels, en effet, ils seraient infiniment incomplets et insuffisants pour les applications théoriques auxquelles est destinée la Géométrie des coniques. Toutefois, il faut convenir que quelques ouvrages modernes, dont les auteurs n'avaient point à se renfermer dans des programmes réglementaires trop circonscrits, se distinguent par un emploi varié de toutes les ressources les plus récentes de l'Analyse, associées même souvent à des considérations de pure Géométrie. Ces ouvrages (dont le plus important émane de l'université de Dublin) auront une très-heureuse influence sur la direction des études mathématiques.

Néanmoins, les progrès qu'a faits la théorie des coniques depuis un demi-siècle sont dus tous à la méthode géométrique proprement dite. Ces progrès, préparés principalement par les ouvrages de Carnot, la *Géométrie de position* et la *Théorie des transversales*, se sont manifestés dans plusieurs écrits de jeunes géomètres sortis de l'École Polytechnique, Livet, Brianchon, et surtout l'illustre auteur des *Développements* et des *Applications de Géométrie*. Bientôt après ils ont pris une marche plus accentuée et systématique dans le grand *Traité des propriétés projectives des figures*, et dans diverses recherches, en France, comme à l'étranger, notamment dans les nombreux Mémoires et le volume sur le *Développement systématique de la dépendance réciproque des figures géométriques* du profond Steiner, qui a contribué puissamment aux progrès de la science.

Mais dans chacun de ces ouvrages les auteurs n'ont point eu en vue un Traité proprement dit des Sections coniques.

Aussi, à part l'ouvrage grec d'Apollonius et ceux qu'on a faits à son imitation (parmi lesquels se distingue surtout celui de De la Hire, paru en 1685, in-folio), il n'existe aucun Traité des coniques purement géométrique, c'est-à-dire reposant sur un enchaînement de seules considérations de Géométrie pure, et affranchi de tout secours de la Géométrie analytique.

Ce sont ces deux conditions que s'est imposées l'auteur, dans le Traité des Sections coniques dont il s'agit ici. La lecture de cet ouvrage n'exige point d'autres connaissances que les trois théories du *rapport anharmonique*, des *divisions homographiques* et de l'*involution*, qui servent aussi de base au *Traité de Géométrie supérieure*.

Ces trois théories primordiales s'appliquent avec une extrême facilité à toutes les recherches concernant les sections coniques; elles ont même un caractère propre qui manque au système de coordonnées de la Géométrie analytique, et qui leur assure un avantage considérable : c'est qu'elles s'appliquent avec une égale facilité aux deux genres de propriétés des coniques, et même des courbes de tous les ordres, savoir : aux propriétés concernant soit les points de ces courbes, soit leurs tangentes.

La dualité dont il s'agit provient de deux propositions fondamentales qui se prêtent, au même titre et avec la même fécondité, aux deux genres de propriétés qui forment la théorie complète des Sections coniques.

Ces deux propositions, quoique essentiellement différentes, dérivent néanmoins, comme conséquence immédiate, d'un théorème unique, qui devient ainsi la base de toute la théorie des coniques. Voici l'énoncé de ce théorème fondamental :

Les droites menées de quatre points a, b, c, d *d'une conique à un cinquième point quelconque ont un rapport anharmonique égal à celui des quatre points dans lesquels les tangentes en* a, b, c, d *rencontrent une cinquième tangente quelconque.*

Les deux propositions qui découlent avec évidence de cet énoncé sont les suivantes :

Six points étant pris sur une conique, les deux faisceaux de quatre droites menées de quatre de ces points aux deux autres ont le même rapport anharmonique.

Si l'on mène six tangentes à une conique, les deux séries de quatre points dans lesquels quatre de ces tangentes rencontrent les deux autres, ont le même rapport anharmonique.

Ces deux propositions avaient déjà été démontrées par l'auteur, depuis fort longtemps (en 1829), sous des énoncés différents n'impliquant pas la notion du rapport anharmonique [1].

La première exprime une relation entre six points d'une conique; et la seconde, une relation entre six tangentes; et comme une conique est déterminée soit par cinq points, soit par cinq tangentes, la première proposition exprime une propriété commune à tous les points d'une conique déterminée par cinq points donnés; et la

[1] Voir *Correspondance mathématique et physique* de M. Quetelet, t. IV, 1828, p. 364, art. 4, et t. V, 1829, p. 293 et 294, art. 17 et 19.

seconde exprime une propriété commune à toutes les tangentes de la conique déterminée par cinq tangentes données.

En d'autres termes, la première proposition équivaut à l'équation *ponctuelle* des coniques (suivant l'expression de plusieurs géomètres), et la seconde, à l'équation *tangentielle* de ces courbes.

Cette simple observation suffit pour expliquer l'égale fécondité des deux propositions.

Mais il y a ici une particularité, c'est que les deux propositions se peuvent dériver d'un même théorème, ce qui n'a pas lieu pour les deux équations en coordonnées *ponctuelles* et *tangentielles* de la Géométrie analytique.

Nous nous bornerons à cette indication des bases sur lesquelles repose le Traité des coniques, sans parler des diverses matières, en grande partie nouvelles, qu'il renferme. Un second volume terminera l'ouvrage [1].

Systèmes de coniques qui satisfont à sept conditions dans l'espace [2]. 1865. — La détermination d'une conique dans l'espace exige huit conditions, trois pour le plan de la courbe, et cinq pour la courbe dans ce plan. De sorte que sept conditions déterminent un système de coniques.

Les trois conditions les plus simples, conditions que nous appelons *élémentaires,* sont que les plans des coniques passent par un point, que ces courbes rencontrent une droite, et qu'elles touchent un plan.

Ces conditions simples donnent lieu à des conditions multiples, *doubles, triples* et *quadruples.*

Les conditions *doubles* sont : 1° que les coniques passent par un point; 2° que leurs plans passent par une droite; 3° que les coni-

<hr>

[1] L'impression de ce second volume, dont plusieurs feuilles étaient déjà en épreuves lors de la publication du premier, a été retardée principalement par le travail imprévu qu'a exigé le présent Rapport sur les progrès de la Géométrie.

[2] *Comptes rendus,* t. LXI, p. 389-396, séance du 4 septembre 1865.

ques touchent un plan en un point situé sur une droite tracée dans le plan.

Les conditions *triples* sont : 1° que les coniques touchent une droite en un point non déterminé; 2° que les coniques passent par un point donné d'une droite, et qu'en outre leurs plans passent par la droite; 3° que les coniques touchent un plan en un point donné.

Une condition *quadruple* sera que les coniques touchent une droite en un point donné.

Ainsi, il existe dix conditions *élémentaires*, simples ou multiples; mais les conditions multiples se ramènent à des conditions simples.

On considère, à l'instar des systèmes de coniques sur le plan, le nombre des coniques d'un système donné qui satisfont respectivement à chacune des trois conditions simples énoncées ci-dessus. Ces nombres sont représentés par les lettres μ, ν, ρ. On fait connaître diverses propriétés du système général (μ, ν, ρ) qui s'expriment par une fonction linéaire des trois quantités μ, ν, ρ, telle que $\alpha\mu + \mathfrak{6}\nu + \gamma\rho$, un ou deux des trois nombres $\alpha, \mathfrak{6}, \gamma$ pouvant être nuls. Ainsi, par exemple : *Les asymptotes d'un système* (μ, ν, ρ) *forment une surface gauche d'ordre* $(\nu+\rho)$. *Le lieu des foyers des coniques est une courbe d'ordre* 3ρ.

L'ensemble des dix conditions élémentaires, tant simples que multiples, donne lieu à douze genres différents, comprenant cinquante-neuf systèmes. Un genre sera, par exemple, que les coniques touchent une droite en un point donné (condition quadruple), et satisfassent à trois conditions simples (rencontrer des droites et toucher des plans): ce genre comprend quatre systèmes. Un autre genre sera que les plans des coniques passent par un point donné (condition double), et que ces courbes rencontrent des droites et touchent des plans : ce second genre comprend sept systèmes; etc.

Les valeurs numériques des trois *caractéristiques* μ, ν, ρ ont été déterminées dans chacun des cinquante-neuf systèmes.

De cette théorie des systèmes de coniques dans l'espace dérive naturellement la théorie *corrélative* des systèmes de cônes du second ordre satisfaisant à sept conditions.

L'étude des systèmes de coniques et des systèmes de cônes était indispensable pour aborder l'étude des systèmes de surfaces du second ordre satisfaisant à huit conditions. On le conçoit immédiatement, car ces coniques et ces cônes sont déterminés par huit conditions : un certain nombre satisfont donc aux huit conditions qui déterminent un système de surfaces, et forment dans ce système des cas particuliers ou surfaces *exceptionnelles*, dont il faut tenir compte dans les démonstrations et dans toutes les questions que l'on traite, de même que dans les systèmes de coniques planes il faut tenir compte des coniques exceptionnelles.

Théorie générale des systèmes de surfaces du second ordre satisfaisant 1865. *à huit conditions* [1]. — La théorie des systèmes de courbes planes représentés par deux caractéristiques s'étend naturellement aux systèmes de surfaces que l'on représente par trois caractéristiques μ, v, ρ, exprimant respectivement le nombre des surfaces qui passent par un point, le nombre des surfaces tangentes à une droite, et le nombre des surfaces tangentes à un plan. Les propriétés d'un système quelconque, par exemple, l'ordre de la courbe lieu des sommets des surfaces, l'ordre de la surface lieu de leurs axes, la classe de la développable enveloppe de leurs plans principaux, etc., s'expriment toujours en fonction de ces trois caractéristiques, au moyen d'un trinôme $\alpha\mu + \theta v + \gamma\rho$, où un ou deux coefficients peuvent être nuls. De sorte qu'on peut dire que tous les systèmes sont renfermés dans un seul, défini par les trois caractéristiques. Pour appliquer les propriétés générales de ce système unique à un système particulier défini par huit conditions données, il suffit de calculer les valeurs numériques des trois caractéristiques de ce système.

[1] *Comptes rendus*, t. LXII, p. 405-413, séance du 26 février 1865.

La recherche de ces caractéristiques se fait, comme dans les systèmes de coniques, par une méthode de *substitution*, qui évite les équations de condition et les calculs d'élimination de l'Analyse. On remplace successivement dans les systèmes *élémentaires* les conditions simples, de passer par des points et de toucher des droites et des plans, par les conditions proposées.

De même que pour les courbes, il faut connaître les caractéristiques de tous les systèmes élémentaires. Ces systèmes sont au nombre de quarante-cinq, et comportent cinquante-cinq caractéristiques différentes. Ces cinquante-cinq nombres ont été déterminés.

Leur calcul se réduit à trente déterminations différentes, parce que des systèmes se correspondent deux à deux corrélativement. Tels sont, par exemple, les deux systèmes

$$(2 \text{ points, } 1 \text{ droite, } 5 \text{ plans}) \equiv (34, 36, 18)$$
$$\text{et } (5 \text{ points, } 1 \text{ droite, } 2 \text{ plans}) \equiv (18, 36, 34);$$

de sorte qu'il n'y a eu à calculer que les caractéristiques du premier système.

Les conditions élémentaires se peuvent associer de manière à former des conditions multiples. Si, par exemple, les surfaces doivent toucher une droite en un point donné, c'est une condition *double;* si elles doivent toucher un plan en un point donné, on a une condition *triple;* si trois points sont en ligne droite, auquel cas on demande que les surfaces passent par cette droite, c'est une condition *triple;* si les surfaces doivent passer par trois droites dont une s'appuie sur les deux autres, on a une condition *sextuple;* etc.

De là résultent de nombreuses classes de systèmes, qu'on peut aussi regarder comme *élémentaires*. Leurs caractéristiques ont été calculées [1].

[1] M. G. Salmon, dans un Mémoire inséré au *Quarterly Journal*, n° 29, juin 1866, a déterminé vingt-quatre des trente nombres relatifs aux conditions simples,

De même que dans la théorie des coniques, on exprime par une formule générale le nombre des surfaces qui satisfont à neuf conditions quelconques. Il n'entre dans cette formule que les paramètres $\alpha, \mathcal{B}, \gamma$ du trinôme $(\alpha\mu+\mathcal{B}\nu+\gamma\rho)$ qui exprime le nombre des surfaces du système (μ, ν, ρ) qui satisfont à chaque condition donnée.

Ces systèmes élémentaires sont le point de départ d'une théorie générale des systèmes de surfaces du second ordre comprenant de nombreuses propriétés de ces surfaces, qui ont déjà été le sujet de l'enseignement à la Faculté des sciences [1].

Relations entre les deux caractéristiques d'un système de courbes d'ordre 1866.

par des considérations analytiques qui ont paru ne pas s'appliquer à six questions dans lesquelles le nombre des points et celui des plans sont l'un et l'autre inférieurs à trois, par exemple quand la surface doit passer par deux points et toucher six droites et un plan; ou passer par deux points et toucher sept droites.

On voit, par une Note qui termine l'exposition de la *Nouvelle Méthode pour déterminer les caractéristiques des systèmes de coniques* dont nous avons fait mention précédemment (p. 261), que M. Zeuthen a aussi déterminé les caractéristiques des systèmes de surfaces qui satisfont aux conditions simples, et qu'il a différé de publier ses résultats par un sentiment que je m'honore de trouver chez le jeune et déjà très-distingué géomètre que j'avais eu pour auditeur au cours de la Faculté des sciences, lors de l'exposition même de cette théorie des caractéristiques. On m'approuvera certainement de reproduire ici ses propres paroles :

«Un tableau conférant la déduction, «par ces moyens, de la XVIIIe classe des «résultats publiés par M. Chasles dans les «*Comptes rendus* du 26 février (1866), «est sous presse pour être inséré dans les «*Comptes rendus de l'Académie des sciences* «*de Copenhague*, et il donne un exemple «de l'application de ces théorèmes. — La «date de ce tableau montre que la mé- «thode n'est pas accommodée à des résul- «tats connus d'avance. Je l'avais envoyé à «l'Académie des sciences de Copenhague «sous pli cacheté, pour attendre la pu- «blication promise par M. Chasles, par «déférence pour ce géomètre et aussi parce «que j'avais profité de sa publication du «4 septembre. Cette discrétion est devenue «superflue par la publication de M. Chasles «du 28 février, et, le billet étant décacheté, «la Société des savants a bien voulu faire «imprimer mon petit tableau.» (*Nouvelles Annales de Mathématiques*, décembre 1866, p. 540.)

[1] L'impression commencée de cette *Théorie générale des systèmes de surfaces du second ordre* a été interrompue par la même cause que la seconde partie du Traité des Sections coniques, dont il a été parlé ci-dessus.

quelconque [1]. — Le principe des deux caractéristiques s'applique aux systèmes de courbes d'ordre m quelconque satisfaisant à $\frac{m(m+3)}{2} - 1$ conditions communes; c'est-à-dire que les propriétés d'un système s'expriment en fonction des deux caractéristiques, comme dans les systèmes de coniques [2]. Les procédés généraux de démonstration y sont aussi les mêmes et reposent sur le principe de correspondance. Mais ce qui manque, dans l'état actuel de la théorie générale des courbes, et ce qu'il faudrait connaître, ce sont les caractéristiques des systèmes élémentaires pour chaque ordre de courbes, c'est-à-dire le nombre des courbes qui satisfont à chaque question où les conditions sont simplement de passer par des points et de toucher des droites. Il faut savoir, par exemple, combien de cubiques passent par huit points et touchent une droite ; combien passent par sept points et touchent deux droites, etc. Quelques-uns seulement de ces nombres sont connus. Il est donc bien important que cette partie de la théorie des courbes géométriques fixe l'attention des géomètres. On en conclurait une expression générale du nombre des courbes d'un ordre quelconque satisfaisant à des conditions données, comme la formule relative aux coniques (ci-dessus, p. 259).

De telles formules, en Géométrie, participeraient du caractère de l'*art analytique*, dont Viète a pu dire : « Quod est *nullum non pro-* « *blema solvere* [3]. »

Dans un système de coniques, le nombre de chaque sorte de *coniques exceptionnelles* dépend des deux caractéristiques; et réciproquement les deux caractéristiques se concluent des deux nombres lorsqu'ils sont connus. On peut donc dire qu'il existe deux relations entre les caractéristiques et les coniques exceptionnelles.

Existe-t-il aussi certaines relations entre les deux caractéristiques

---

[1] *Comptes rendus*, t. LXII, p. 325-334, et t. LXIV, p. 799.

[2] *Comptes rendus*, t. LVIII, 1864,

p. 300, 537 et 1174, et t. LIX, p. 217.

[3] *In artem analyticam Isagoge*, cap. VIII, 29.

d'un système de courbes d'ordre supérieur et les particularités ou singularités que présentent des courbes de ce système ?

Cette question a conduit aux deux propositions suivantes :

I. *Si toutes les courbes d'un système* (μ, ν) *d'ordre* m *sont douées de points multiples d'ordre* r', *dont le lieu soit une courbe d'ordre* r, *et qu'en outre une courbe du système soit formée de deux courbes distinctes dont une, d'ordre* s, *soit multiple d'ordre* s' (*c'est-à-dire soit l'ensemble de* s' *courbes égales et coïncidentes*), *on a la relation*

$$2\mu\,(m-1) - \nu = r\,r'\,(r'-1) + s\,(s'-1)\,^{(1)}.$$

II. *Lorsque toutes les courbes d'un système* (μ, ν) *d'ordre* m *sont douées chacune d'un point multiple d'ordre* r, *et que* d *courbes ont en outre chacune un point double, et* d' *courbes un point de rebroussement; si les courbes ont toutes des tangentes multiples d'ordre* t' *dont l'enveloppe soit une courbe de la classe* t, *et ont toutes des tangentes d'inflexion dont l'enveloppe soit une courbe de la classe* 1, *on aura la relation*

$$2\nu\,[m^2 - m - 1 - r\,(r-1)] - \mu = d + 2d' + tt'\,(t'-1) + 2i.$$

Ces théorèmes, on le conçoit, donnent lieu à des théorèmes corrélatifs, dans lesquels on considérerait des systèmes de courbes de même classe.

Sur les courbes planes ou à double courbure dont les points se déterminent individuellement. — *Application du principe de correspondance dans la théorie de ces courbes* [2]. — Dans un Mémoire de 1861, qui traite de la description des courbes de tous les ordres sur les surfaces réglées du troisième et du quatrième ordre (ci-dessus, p. 251), on a montré que *les courbes planes dont les points se déterminent individuellement* peuvent servir à la construction de surfaces réglées sur

1866.

---

[1] Si la courbe possédait une autre branche d'ordre s_1, multiple d'ordre s_1', il y aurait dans le second membre de l'équation le terme $s_1\,(s_1'-1)$; et de même pour toute autre branche multiple.

[2] *Comptes rendus,* t. LXII, p. 579.

18.

lesquelles on décrit des courbes de tous les ordres, de même que sur les surfaces du troisième et du quatrième ordre.

Le travail actuel a pour objet l'étude de ces courbes dont les points se déterminent individuellement.

On donne d'abord un procédé de construction de courbes d'ordre m quelconque, possédant $\frac{(m-1)(m-2)}{2}$ points doubles, nombre maximum des points doubles d'une courbe d'ordre m. Puis on démontre que les points d'une telle courbe C_m se peuvent déterminer individuellement au moyen d'un faisceau de courbes d'ordre $(m-1)$ ou d'ordre $(m-2)$.

Dans le premier cas, *les courbes d'ordre* $(m-1)$ *ont* $(m-2)$ *points doubles, communs avec pareil nombre de points doubles de* C_m, *et* $\frac{(m-2)(m-3)}{2}$ *points simples coïncidant avec les autres points doubles de* C_m; *elles passent en outre toutes par un même point quelconque de* C_m.

Chacune de ces courbes ne rencontre C_m qu'en un autre point variable. Et c'est ainsi que les points de C_m se trouvent déterminés individuellement.

Dans le second cas, *le faisceau de courbes d'ordre* $(m-2)$ *a pour base* d *points doubles coïncidant avec des points doubles de* C_m, $\frac{(m-1)(m-2)}{2}-$ d *points simples coïncidant avec les autres points doubles de* C_m, *et* $(m-3-2\mathrm{d})$ *autres points simples de* C_m.

Une propriété caractéristique et très-importante des courbes dont les points se déterminent individuellement, c'est que le principe de correspondance s'applique à deux séries de points pris sur une telle courbe, comme sur une conique ou sur une droite, c'est-à-dire que, *Si à un point* x *d'une série correspondent* α *points* u *de l'autre série, et qu'à un point* u *correspondent* ε *points* x, *il existe* $(\alpha+\varepsilon)$ *points* x *qui coïncident chacun avec un point* u *correspondant*.

On démontre ainsi immédiatement, par exemple, que *le nombre des coniques d'un système* (μ, ν) *qui touchent une courbe d'ordre* m *ayant* $\frac{(m-1)(m-2)}{2}$ *points doubles est* $2(m-1)\mu+m\nu$; *que le nombre des coniques qui satisfont à trois conditions* $3Z$ *et sont osculatrices à une courbe d'ordre* m *est* $3\,(m-1)\,N\,(3Z,\ 1\ \text{p.},\ 1\ \text{d.})$.

Sur les courbes à points multiples, dont tous les points peuvent se 1866. *déterminer individuellement. — Procédé général de démonstration des propriétés de ces courbes* [1]. — Il était nécessaire, pour étendre les applications du principe de correspondance à des courbes ayant des points multiples *d'ordre quelconque*, et non plus seulement des points *doubles*, de rechercher quelles sont les conditions relatives à l'ordre de multiplicité de ces points pour que les courbes jouissent de la propriété que leurs points se déterminent individuellement.

Cette question a été le sujet d'une communication à l'Académie, et se trouve résolue par la proposition suivante :

Lorsqu'une courbe U_m *est douée de points multiples d'ordres* r, r′, r″,..., *et de points doubles en nombre*

$$\left[\frac{(m-1)\,(m-2)}{2}-\frac{r\,(r-1)+r'\,(r'-1)+\ldots}{2}\right],$$

on détermine individuellement tous les points de la courbe au moyen d'un faisceau de courbes d'ordre $(m-\mu)$, *ayant des points multiples d'ordres* r − ρ, r′ − ρ′,.... *coïncidant respectivement avec ceux de* U_m; *des points simples coïncidant avec les points doubles de* U_m, *et d'autres points simples, en nombre*

$$3\,(m-1)-m\mu+r\,(\rho-1)+r'\,(\rho'-1)+\ldots,$$

coïncidant avec des points simples de U_m; *les indéterminées* μ, ρ, ρ′,..... *étant assujetties à la seule condition*

$$\mu^2-3\mu-\rho\,(\rho-1)-\rho'\,(\rho'-1)-\ldots+2=0.$$

D'après cela, on démontre très-facilement une foule de propositions qui autrement présenteraient de grandes difficultés ; par exemple : *Le nombre des coniques qui passent par deux points mul-*

<hr>

[1] *Comptes rendus*, t. LXII, p. 1354-1364.

tiples d'ordre r et r' d'une courbe U_m (*dont les points se déterminent individuellement*), *et touchent cette courbe en deux points, dont un est donné, est* $2\left(2m - r - r' - 3\right)$.

Le nombre des coniques qui passent par les deux points multiples d'ordre r, r', *et sont tangentes en ces points à deux branches de la courbe, et qui en outre la touchent en un troisième point non déterminé, est* $\left(3m - r - r' - 6\right)$[1].

Les résultats trouvés ainsi pour des courbes dont les points se déterminent individuellement conduisent ensuite, en tenant compte de l'influence des points multiples, à ceux qui sont relatifs à des courbes quelconques, c'est-à-dire d'un moindre nombre de points doubles ou multiples.

1866. *Remarques sur les questions de contact des courbes d'ordre quelconque avec une courbe donnée dont les points se déterminent individuellement* [2]. — Dans les exemples ci-dessus, on a pris pour les courbes cherchées des coniques ; mais les mêmes questions s'étendent à des courbes d'ordre quelconque ; ainsi on peut trouver :

Le nombre des courbes d'ordre p *qui passent par deux points multiples d'ordre* r, r' *d'une courbe* U_m (*dont les points se déterminent individuellement*), *qui ont avec cette courbe deux contacts d'ordre* n *et* n', *en des points non déterminés, et qui satisfont en outre à d'autres conditions données* Z, $Z',\ldots$ *complétant un nombre équivalent à la condition de passer par* $\dfrac{p\,(p+3)}{2}$ *points.*

1867. *Des courbes exceptionnelles dans un système de courbes d'ordre supérieur* [3]. — Dans un système de courbes d'ordre quelconque, une de ces courbes peut être d'ordre inférieur ; par exemple, dans un système de courbes du quatrième ordre, une courbe peut se réduire à une conique, laquelle représente alors deux coniques coïncidentes,

[1] *Comptes rendus*, t. LXII, p. 1357, 1358.

[2] *Ibid.* t. LXIII, 1866, p. 60-673.

[3] *Comptes rendus de l'Académie des sciences*, t. LXIV, p. 799-805, séance du 22 avril 1867.

disons une *conique double*. Cependant, il faut que cette conique satisfasse, comme les autres courbes du système, à treize conditions. Or elle est déterminée par cinq conditions ; il faut donc que les huit autres conditions communes à toutes les courbes du système servent à déterminer certaines autres choses ou éléments, qui avec la conique formeront l'*être géométrique* complet, satisfaisant aux treize conditions du système.

Les systèmes de sections coniques, où nous avons à considérer des coniques infiniment aplaties, nous indiquent que ces *choses*, qu'il faut associer à une courbe, sont des *points*. Car on peut dire qu'une conique infiniment aplatie est un *être géométrique* formé d'une droite double représentant deux droites coïncidentes, et de deux points situés sur cette droite, avec cette condition que toute droite menée par un de ces points sera regardée comme une tangente à l'*être géométrique*.

On induit de là qu'une conique qui fait partie d'un système de courbes du quatrième ordre doit être considérée comme composée d'arcs limités chacun à deux points, ces arcs représentant en quelque sorte des croissants infiniment aplatis dont les pointes sont des sommets, de sorte que toute droite passant par un sommet soit une tangente.

Par exemple : Que des courbes du quatrième ordre soient assujetties à avoir trois points doubles a, a', a'', à passer par deux points b, b', et à avoir un double contact avec une droite D, la conique Σ, menée par les cinq points a, a', a'', b et b', représentera une conique double ayant deux sommets et faisant partie du système ; les deux sommets seront les points d'intersection de la conique et de la droite D.

Autre exemple : Que des courbes du quatrième ordre aient un point double en a, qu'elles passent par quatre autres points et qu'elles aient un double contact avec trois droites données, ce qui fait treize conditions. Le point a et les quatre autres déterminent une conique, qui, regardée comme double et ayant pour sommets ses six

points de rencontre avec les trois droites, représentera une courbe
du quatrième ordre du système, qui satisfera aux treize conditions [1].

On trouvera certainement beaucoup d'exemples semblables lorsqu'on s'occupera de la construction des courbes du quatrième ordre
déterminées par les quatorze conditions élémentaires, de passer
par des points et de toucher des droites.

Les considérations précédentes sur les *courbes exceptionnelles* dans
un système de courbes d'ordre quelconque ont été vérifiées aussitôt
sur divers exemples communiqués à l'auteur par MM. de la Gournerie [2], Hirst [3] et Cremona [4]. Nous ajouterons que M. Cayley a
confirmé aussi, avec une évidence parfaite, cette conception des
courbes exceptionnelles, en faisant connaître la forme de la courbe
du quatrième ordre à trois points doubles, qui dans le premier
exemple précédent est infiniment voisine ou infiniment peu différente de la conique Σ, ou, suivant l'expression de M. Cayley, qui
est « à l'état de transition à la conique double Σ. » Cette courbe
du quatrième ordre touche la droite D en deux points, et l'on voit
bien comment, à la limite où la courbe, en s'aplatissant, devient
un arc de conique, les deux points de contact coïncident avec les
deux points où la conique coupe la droite D et deviennent deux
sommets [5].

OBSERVATION.

Parmi les matières qui ont été le sujet de l'enseignement dans
la chaire de Géométrie supérieure, il en est qui n'ont point encore
été publiées, et dont par conséquent nous n'avons point à parler
ici; nous indiquerons seulement, d'après les programmes imprimés

[1] *Comptes rendus*, t. LXIV, p. 1081.
[2] *Ibid.* p. 802.
[3] *Ibid.* p. 1080.— *Proceedings of the London Mathematical Society*, 1867, p. 45.
[4] *Comptes rendus*, t. LXIV, p. 1080.
[5] *Ibid.* p. 1079.

des cours de chaque année : les propriétés principales des courbes
du troisième et du quatrième ordre, planes et à double courbure;
une théorie générale des courbes planes d'ordre quelconque, contenant particulièrement les propriétés qui présentent de l'analogie
avec les pôles et les polaires dans les Sections coniques; une théorie
des surfaces du second ordre; une théorie des figures homographiques embrassant les propriétés générales relatives au système
de deux figures homographiques quelconques, planes ou à trois
dimensions, théorie dont celle du déplacement d'une figure dans
l'espace est un cas très-particulier; une théorie des surfaces réglées
du troisième et du quatrième ordre.

CHAPITRE V.

(1847-1868.)

I. — M. FRENET.

Sur les courbes à double courbure. — Nous avons dit, au sujet 1847.
des formules démontrées par M. Serret dans son Mémoire sur la
théorie des courbes à double courbure, que M. Frenet les avait
déjà obtenues de son côté. C'est dans un beau travail, qui fait le
sujet d'une thèse pour le doctorat, présentée à la Faculté des
sciences de Toulouse le 10 juillet 1847, et insérée dans le *Journal
de Mathématiques* de M. Liouville [1], que se trouvent ces importants
résultats, relatifs aux cosinus des angles formés avec les axes
coordonnés par la tangente d'une courbe en un point, le rayon
de courbure de la courbe et la normale à son plan osculateur.
Par la même voie M. Frenet parvient d'une manière très-simple
à la détermination des divers éléments des courbes à double courbure.

Théorèmes sur les courbes gauches [2]. — Dans ce Mémoire, M. Frenet 1853.
se propose de faire l'application des formules contenues dans sa
thèse à la démonstration de divers théorèmes dus à M. Ossian Bonnet et relatifs à des éléments infiniment petits d'ordre supérieur [3].

Un autre Mémoire, publié à Lyon en 1854 et ayant pour titre : 1854.
Sur la théorie analytique des surfaces, contient des formules nouvelles
très-remarquables, avec des applications d'une grande simplicité à
à la plupart des théorèmes connus de la théorie des surfaces.

[1] T. XVII, 1852, p. 437-447.
[2] *Nouvelles Annales de Mathématiques,*
t. XII, 1853, p. 365-372.

[3] *Note sur quelques propriétés des
courbes gauches.* (Voir *Nouvelles Annales
de Mathématiques,* t. XII, p. 192-194.)

II. — Bravais.

Bravais, officier de marine doué d'une aptitude rare pour les sciences, a été géomètre, physicien, naturaliste. Ses études sur les polyèdres symétriques et la cristallographie touchent à la Géométrie proprement dite, et nous permettent de consacrer ici quelques lignes à cet excellent et regretté confrère dont une terrible maladie a brisé la féconde et puissante intelligence.

1848.   Dans un *Mémoire sur les polyèdres de forme symétrique* [1], l'auteur, faisant abstraction des faces et des arêtes des polyèdres, donne une classification de ces polyèdres d'après la symétrie de répartition de leurs sommets. Il considère comme éléments essentiels le *centre*, les *plans* et les *axes de symétrie*, et il démontre de la manière la plus simple que ces éléments ne se trouvent pas indifféremment réunis dans un même polyèdre, mais qu'il existe entre les nombres de ces éléments certaines relations, et que les types de polyèdres réellement distincts sont au nombre de vingt-trois. Un tableau de ces vingt-trois types fait connaître les particularités relatives aux divers polyèdres.

1848.   *Mémoire sur les systèmes formés par des points distribués régulièrement sur un plan ou dans l'espace* [2]. — Ce Mémoire, qui a pour objet l'étude des propriétés d'un groupe de polyèdres remplissant l'espace, peut être considéré comme une suite naturelle du travail précédent *sur les polyèdres de forme symétrique*. Les diverses propositions contenues dans celui-ci y sont fréquemment invoquées.

L'auteur ramène à sept types les divers modes d'assemblage de points distribués en quinconces dans l'espace. Le rapport de

<hr>

[1] *Journal de Mathématiques*, t. XIV, p. 141-180.

[2] *Comptes rendus*, t. XXVII, p. 601-607. — *Journal de l'École Polytechnique*, xxxiiie cahier, 1850, p. 1-128.

Cauchy sur ce beau travail de pure Géométrie[1] contient le tableau de ces sept types.

Études cristallographiques [2]. — Les résultats des deux précédents 1849. Mémoires permettent à l'auteur d'expliquer, à l'aide d'hypothèses très-simples, les questions les plus délicates relatives à la forme, au développement et au groupement des cristaux.

La partie géométrique de ce travail consiste à répartir les vingt-trois classes de polyèdres dans les sept types d'assemblages déjà décrits. Nous renverrons, à ce sujet, au rapport fait à l'Académie par Cauchy [3], ainsi qu'à l'*Éloge historique de Bravais* par M. Élie de Beaumont [4], et au *Rapport sur les progrès de la minéralogie*, de M. Delafosse.

III. — M. DE LA GOURNERIE.

Notes sur les courbes décrites par les points d'une ligne droite mobile 1849. *dont deux points sont assujettis à rester sur deux directrices rectilignes données* [5]. —Lorsque les deux directrices sont dans le même plan, on sait depuis longtemps que chaque point de la droite mobile décrit une ellipse [6]. M. de la Gournerie démontre que *les foyers de ces ellipses sont sur une hyperbole.* Il étudie aussi la courbe qui est le lieu de leurs sommets, courbe du sixième ordre.

Lorsque les deux directrices ne sont pas dans un même plan, les courbes décrites par les points de la droite mobile sont encore des ellipses, ce qui avait été démontré par M. Dupin. La surface engendrée par la droite mobile est du quatrième ordre.

[1] *Comptes rendus,* t. XXIX, 1849, p. 133-137.

[2] Présentées à l'Académie le 28 février 1849. (*Comptes rendus,* t. XXVIII, p. 289. — *Journal de l'École Polytechnique,* xxxiv° cahier, p. 101-278.)

[3] *Comptes rendus,* t. XXXVII, 1851, p. 284-289.

[4] *Mémoires de l'Académie des sciences,* t. XXXV, 1866, p. xxiii-xcix.

[5] *Journal de Mathématiques,* t. XIV, 1849, p. 417-450.

[6] La connaissance de ce théorème remonte même jusqu'à Proclus. (Voir *Aperçu historique,* p. 89 et 98.)

1851. *Mémoire sur les lignes d'ombre et de perspective des hélicoïdes gauches* [1]. — Ce travail renferme, sous le titre d'Appendice, une étude des lignes asymptotiques des divers hélicoïdes gauches, où l'on remarque surtout cette propriété, que *les lignes asymptotiques forment deux groupes distincts et sont toutes asymptotes à une certaine hélice, qui elle-même appartient aux deux groupes.*

1853. *Mémoire sur les lignes d'ombre et de perspective des surfaces de révolution* [2]. — L'auteur démontre entre autres cette propriété des surfaces de révolution : *lorsque les courbes de contact de la surface sont planes, la surface est nécessairement du second ordre.*

M. Paul Serret, dans une thèse sur la théorie des courbes à double courbure, a fait usage de cette proposition et lui a donné une certaine extension [3].

La projection sur un plan de la courbe d'ombre ou de perspective peut ne présenter que certains arcs de courbes algébriques. Les arcs qui sont le prolongement de ceux-là, et non la projection proprement dite de la courbe de l'espace, sont appelés par M. de la Gournerie *arcs parasites*. Il apprend à construire ces arcs.

1855. *Étude sur la courbure des surfaces* [4]. — En chaque point d'une surface il existe trois sections normales dont le cercle osculateur a un contact du troisième ordre avec la section. De sorte qu'on peut concevoir sur une surface des courbes jouissant de cette propriété, que, le plan normal à la surface mené par chaque tangente à la courbe coupe la surface suivant une courbe surosculée par un cercle : trois telles courbes passent par chaque point de la surface.

Pour une surface du second ordre, deux de ces trois courbes sont les deux génératrices rectilignes, réelles ou imaginaires, qui

<hr>

[1] *Journal de l'École Polytechnique,* xxxiv° cahier, 1851, p. 1-100.

[2] *Journal de l'École Polytechnique,* xxxv° cahier, p. 29-68.

[3] *Journal de Mathématiques,* 2° série, t. VI, 1861, p. 20.

[4] *Journal de Mathématiques,* t. XX, 1855, p. 145-156.

passent par le point. Quant à la troisième, M. de la Gournerie donne l'équation de sa projection sur un plan principal de l'ellipsoïde. Il trouve que pour tous les points de la surface, ces projections sont des coniques semblables entre elles. Revenant sur ce sujet dans son *Traité de Géométrie descriptive*, l'auteur démontre que cette troisième courbe est la courbe de contact de la développable circonscrite à la surface et à une sphère concentrique[1], conséquemment la courbe que M. Poinsot a appelée *polhodie*[2].

Note sur la courbure de la section faite dans une surface par un plan tangent[3]. — Hachette avait démontré qu'en général les deux branches de la section faite dans une surface à courbures opposées par un de ses plans tangents ont un contact du premier ordre avec les asymptotes de l'indicatrice, tandis que toutes les autres sections faites dans la surface par des plans passant par ces droites ont un contact du second ordre[4]. M. de la Gournerie ajoute que, si en un point les deux branches de la section par le plan tangent ont avec les asymptotes de l'indicatrice un contact de l'ordre n, toutes les autres sections faites par des plans passant par ces droites ont un contact de l'ordre $n+1$[5].

1858.

[1] *Traité de Géométrie descriptive*, 3ᵉ partie, p. 98.

[2] *Théorie nouvelle de la rotation des corps.* (Voir *Journal de Mathématiques*, t. XVI, 1851, p. 102.)

[3] *Journal de Mathématiques*, 2ᵉ série, t. III, p. 73-78.

[4] *Bulletin de la Société philomathique*, année 1822, p. 36.

[5] Au sujet de cette Note de M. de la Gournerie, M. Beltrami a démontré le théorème suivant, qui établit une relation entre le rayon de courbure de l'une des branches de la section d'une surface par son plan tangent, et le rayon de courbure de la ligne asymptotique de la surface tangente à cette branche : *Le rayon de courbure de la ligne asymptotique est les deux tiers du rayon de courbure de la courbe d'intersection de la surface par le plan tangent.* (Voir *Nouvelles Annales de Mathématiques*, 2ᵉ série, t. IV, p. 258.) M. O. Bonnet avait communiqué à la Société philomathique, quelque temps auparavant (21 novembre 1863), une formule plus générale faisant connaître la relation entre le rayon de courbure d'une ligne asymptotique et celui d'une courbe quelconque tracée sur la surface ayant le plan tangent pour plan osculateur. (Voir *Nouvelles Annales de Mathématiques*, 2ᵉ série, t. IV, p. 267.)

Plus tard M. de la Gournerie a donné, dans son *Traité de Géométrie descriptive* [1], l'expression suivante du rayon de courbure ρ d'une branche de la section d'une surface par son plan tangent, dans le cas général où la courbe a un simple contact avec les asymptotes de l'indicatrice :

$$\rho = \frac{\alpha^3}{2\beta\sqrt{-R_1 R_2}}.$$

R_1, R_2 sont les rayons de courbure principaux de la surface; α, une abscisse infiniment petite prise sur l'asymptote de l'indicatrice, et β, l'ordonnée de la courbe correspondante à l'abscisse α.

1863.   *Mémoire sur la surface engendrée par la révolution d'une conique autour d'une droite située d'une manière quelconque dans l'espace* [2]. — Une conique C tourne autour d'un axe X; son plan enveloppe ainsi un cône de révolution autour de cet axe. La surface décrite par la conique est du quatrième ordre. Elle possède un *parallèle double*. Chaque plan tangent au cône de révolution coupe la surface suivant deux coniques, dont une est la conique génératrice et l'autre est égale à celle-ci et est placée symétriquement par rapport à l'arête de contact du plan tangent au cône. En outre, ce plan est tangent à la surface en deux points, qui sont ceux où les deux coniques se coupent sur l'arête. De sorte que le cône est circonscrit à la surface suivant deux *parallèles*.

Il existe deux autres séries de plans bitangents qui enveloppent deux autres cônes de révolution. Chacun de ces plans coupe encore la surface suivant deux coniques égales C_1, C_1'; car il coupe la surface suivant une courbe du quatrième ordre douée de quatre points doubles, dont deux sont les points de contact du plan et les deux autres sont situés sur le parallèle double : ce qui prouve que la courbe est l'ensemble de deux coniques. Ces deux courbes sont égales.

[1] 3ᵉ partie, 1864, p. 25.

[2] *Journal de l'École Polytechnique*, xl.ᵉ cahier, 1863, p. 1-74. — Une analyse du Mémoire a paru dans le *Journal de Mathématiques*, 2ᵉ série, t. VIII, p. 52-56.

Les coniques d'intersection de la surface par les plans tangents aux trois cônes ont entre elles certains rapports donnant lieu à diverses propriétés dont la découverte n'était pas sans difficultés. Ces courbes ont la même excentricité. Leurs projections sur un plan perpendiculaire à l'axe ont aussi une même excentricité. En outre, C, C_1, C_2 étant les projections de trois coniques situées dans les plans tangents aux trois cônes, si par le pied de l'axe on mène les deux coniques homofocales à C, elles seront égales à C_1 et à C_2 respectivement.

Points singuliers et génératrices singulières des surfaces gauches [1]. 1862. — Il existe en général sur une surface gauche une courbe double, qui est le lieu des points de rencontre de deux génératrices. Ces génératrices, pour certains points de la courbe, peuvent être infiniment voisines; elles forment alors ce que M. de la Gournerie appelle une génératrice *singulière;* au delà de ces points, les deux génératrices sont imaginaires. De sorte que chaque point est une limite appelée *sommet* [2].

Tout plan mené par une génératrice singulière a son point de contact avec la surface en ce point singulier, nommé *sommet.*

Un de ces plans est tangent à la surface en chaque point de la génératrice, et lui est *osculateur* en un certain point (art. 838).

Les centres de courbure des sections faites dans la surface par des plans perpendiculaires à la génératrice sont sur une hyperbole (art. 857), dont une asymptote est perpendiculaire à la génératrice, et la coupe au point d'osculation du plan tangent.

Quelle que soit la position de l'œil, le contour apparent d'une surface gauche passe par tous les points singuliers (art. 634).

Si l'œil est situé dans le plan osculateur dont il vient d'être

<hr>

[1] Ces questions se trouvent dans le *Traité de Géométrie descriptive* de M. de la Gournerie, in-4° en trois parties, publiées en 1860, 1862 et 1864. — [2] *Traité de Géométrie descriptive,* art. 629, 635.

parlé, la courbe de contour apparent passe par le point d'osculation (art. 835, 838).

Une développable circonscrite à une surface gauche a pour arête
une génératrice singulière et est tangente à la surface dans toute
l'étendue de cette génératrice (art. 836).

1865. *Note sur la surface enveloppe des positions d'une surface du second ordre
qui tourne autour d'une droite* [1]. — L'auteur prouve que cette surface est, en général, du huitième ordre.

Dans le cas particulier où la surface mobile est simplement un
cône, M. de la Gournerie démontre que, si l'axe de révolution est
perpendiculaire à l'un des plans cycliques du cône, la méridienne
de la surface enveloppe est l'ensemble de deux coniques égales et
symétriques par rapport à l'axe de révolution. De sorte que la surface peut être considérée comme engendrée par la rotation de l'une
des coniques autour de l'axe. Réciproquement : La surface de révolution engendrée par une conique qui tourne autour d'un axe situé
dans son plan peut être considérée comme l'enveloppe d'un cône qui
tourne autour d'un axe perpendiculaire à l'un de ses plans cycliques.

1866. *Recherches sur les surfaces tétraédrales symétriques* [2]. — Les
surfaces gauches étudiées dans la première partie de cet ouvrage
peuvent être regardées comme une généralisation de la développable circonscrite à deux surfaces du second ordre. Comme cette
développable, elles sont du huitième ordre et ont quatre lignes
doubles qui sont des coniques, et en outre une cinquième ligne
double, du douzième ordre, qui correspond à l'arête de rebroussement de la développable circonscrite à deux surfaces du second

---

[1] *Journal de Mathématiques*, 2ᵉ série, t. X, 1865, p. 33-42.

[2] 1 vol. in-8°. Gauthier-Villars, 1866. Ces recherches ont été primitivement le sujet de plusieurs communications à l'Académie. (*Comptes rendus*, 5 juin et 17 juillet 1865, 8 janvier 1866.)

ordre. Ces surfaces tétraédrales se réduisent à cette développable
elle-même dans des hypothèses particulières. Cette filiation entre
les nouvelles surfaces et la développable qui tient une si grande place
dans la théorie des surfaces du second ordre suffit pour donner de
l'intérêt au travail de M. de la Gournerie. Les surfaces tétraédrales
ont pour surfaces corrélatives d'autres surfaces tétraédrales.

Dans la seconde partie de l'ouvrage, l'auteur généralise ses premiers résultats, en substituant aux coniques qui forment quatre
lignes doubles des courbes d'ordre quelconque, lesquelles sont, sur
les surfaces engendrées, des courbes multiples d'ordre supérieur au
second.

Sans insister davantage sur de nombreux résultats dont l'analyse a été faite dans un rapport à l'Académie [1], nous citerons les
conclusions de ce rapport :

« Les extraits des trois Mémoires, insérés dans les *Comptes ren-*
« *dus* de l'Académie, ont fixé l'attention de quelques géomètres.
« M. Cayley, notamment, s'est plu à en traiter certaines parties par
« des considérations d'analyse différentes de la méthode suivie par
« M. de la Gournerie, et qui l'ont conduit à des résultats parfai-
« tement concordants.

« M. de la Gournerie, en se livrant à une étude approfondie de
« certaines surfaces dont la conception est parfois difficile, parce
« qu'elle ne peut pas se réaliser comme celle des courbes planes,
« mérite d'être encouragé. Ses trois Mémoires renferment un grand
« nombre de résultats toujours démontrés en toute rigueur. Ils sont
« écrits avec beaucoup de méthode et de clarté; des divisions et des
« sous-divisions, que rendait nécessaires l'abondance des matières,
« en facilitent l'intelligence. Nous avons l'honneur de proposer à
« l'Académie d'approuver ce travail, et nous en demanderions l'in-
« sertion dans le recueil des *Savants étrangers,* si l'auteur n'avait
« déjà pris des dispositions pour sa publication. »

[1] Commissaires, MM. Bertrand et Chasles. (*Comptes rendus,* t. LXIII, p. 254-261.)

1868. *Sur les lignes spiriques. — Sur une involution spéciale du quatrième ordre et son application aux lignes spiriques* [1]. — Une spirique est la courbe d'intersection d'un tore et d'un plan. M. de la Gournerie fait connaître diverses propriétés de ces courbes. Elles sont des anallagmatiques du quatrième ordre, ayant un axe de symétrie. Une spirique tracée sur un tore appartient à cinq autres tores que l'auteur détermine. Les plans équatoriaux des six tores passent par une même droite. Les centres des tores sont sur une autre droite, perpendiculaire au plan de la spirique. Les tores sont symétriques deux à deux, par rapport à ce plan, de sorte que leurs axes se coupent deux à deux en trois points de l'axe de symétrie.

Une spirique a seize *foyers* simples, dont quatre sont situés sur cet axe et suffisent pour déterminer les douze autres. Les quatre foyers et les quatre sommets de la courbe forment deux groupes de quatre points, qui déterminent une involution du quatrième ordre. Les trois points où les axes des tores rencontrent l'axe de la spirique et le point à l'infini sur cet axe forment un troisième groupe appartenant à cette involution.

La même involution présente diverses propriétés, dont la principale est celle-ci : les quatre points d'un groupe quelconque pris deux à deux donnent lieu à trois systèmes de deux points, et chaque système détermine une involution quadratique (involution de *couples* de points) qui a un point *central;* ainsi le groupe de quatre points donne lieu à trois points centraux : *Ces trois points centraux sont les points appartenant aux axes des tores, c'est-à-dire les trois points qui avec le point de l'infini forment un groupe de l'involution du quatrième ordre.*

Les propriétés de l'involution spéciale dont il s'agit facilitent l'étude des variétés que présentent les spiriques, telles que les ovales de Descartes, les podaires des coniques, la cassinoïde et certaines cubiques passant par les deux points imaginaires à l'infini

[1] *Comptes rendus,* t. LXVI, p. 283 et 832.

sur un cercle. M. de la Gournerie conclut aussi de cette involution un procédé de résolution des équations du quatrième degré.

IV. — M. Voizot.

Note sur la théorie des courbes à double courbure[1]. — Nous avons 1850. cité, dans un Mémoire de M. Bertrand, sur les courbes à double courbure, un théorème remarquable, d'après lequel, lorsque les normales principales d'une courbe sont aussi les normales principales d'une seconde courbe, il existe entre les deux rayons de courbure, en chaque point de l'une des deux courbes, une relation de la forme

$$\frac{1}{\rho} - \frac{C}{R} = 1.$$

M. Voizot annonce qu'il était aussi parvenu à ce résultat dans un Mémoire de 1847, communiqué à l'Académie, et qu'il reproduit dans la présente Note. Il démontre en outre que, dans le cas où $C = 0$, on a les expressions $\rho_1 = -a$ et $R_1 = \frac{a^2}{R}$ pour les deux rayons de courbure de la seconde courbe.

Dans une *Deuxième Note sur les courbes à double courbure* [2], 1852. M. Voizot établit plusieurs propositions relatives aux cônes droits osculateurs d'une courbe à double courbure.

V. — M. Mannheim.

Le premier travail de M. Mannheim est une *Note sur la théorie* 1851. *des polaires réciproques*, que l'auteur fit autographier à Metz (janvier 1851, in-4°), à sa sortie de l'École Polytechnique. Le jeune officier y traitait quelques questions dans lesquelles la position du centre du cercle pris pour conique directrice, dans les transforma-

---

[1] *Journal de Mathématiques*, t. XV, 1850, p. 481-486.

[2] *Journal de Mathématiques*, t. XVII, p. 253-264.

tions polaires, conduit à des résultats fort simples. Il donnait ainsi une première idée de la transformation des relations métriques, qui est le sujet de l'ouvrage suivant.

1857. *Transformation des propriétés métriques des figures, à l'aide de la théorie des polaires réciproques* [1]. — M. Mannheim transforme une relation métrique quelconque de diverses manières. Nous citerons cette expression fort simple d'un segment ab en fonction des éléments de la nouvelle figure. A et B étant les polaires des deux points a, b, si, par le centre du cercle auxiliaire, on mène la droite Oc qui passe par le point de concours c de A et de B, puis une droite quelconque qui rencontre A et B en a', b', on a, en appelant ω l'angle que cette droite fait avec Oc,

$$ab = \left(\frac{1}{a'} - \frac{1}{b'} \right) \frac{1}{\sin \omega} \cdot$$

M. Mannheim fait des applications variées de cette expression et de quelques autres, et transforme de la sorte les diverses parties de la démonstration d'un théorème quelconque.

1857. *Construction du point de contact d'une droite mobile avec son enveloppe* [2]. — Les solutions des questions traitées dans ce travail reposent sur des considérations géométriques qui se résument dans l'énoncé du théorème suivant :

Lorsqu'une droite qui roule sur une courbe U rencontre deux autres courbes fixes A, B *en deux points* a, b, *si l'on prend sur cette droite, dans chacune de ses positions, le point* m *qui la divise dans un rapport donné* (c'est-à-dire que $\frac{ma}{mb} = \lambda$), *la normale à la courbe lieu des points* m *divise dans le même rapport* λ *le segment intercepté sur la normale, au point où la droite touche* U, *par les normales des deux courbes* A, B *aux points* a, b *de la droite mobile.*

[1] 1 volume in-8°, 1857, Mallet-Bachelier.

[2] *Nouvelles Annales de Mathématiques,* t. XVI, p. 322-332.

M. Mannheim conclut de là que, inversement : Si une droite se meut de manière que trois courbes données M, A, B divisent toujours cette droite dans un rapport donné, on détermine le point où elle touche son enveloppe en menant à la droite une perpendiculaire qui soit divisée par les normales aux trois courbes, dans le rapport donné.

Il fait diverses applications de ces deux propositions.

Dans les *Annali di Matematica* (t. I, p. 364-369), M. Mannheim 1858. donne la construction du centre de courbure de la courbe *lieu des points dont les distances à deux courbes données sont dans un rapport constant.* Il applique la construction générale aux coniques, aux ovales de Descartes et aux caustiques par réfraction.

Dans le tome II du même recueil, sous le titre de *Note de Géométrie infinitésimale,* il est revenu sur les mêmes questions et a obtenu cette proposition : *Deux tangentes consécutives d'une courbe A interceptent sur deux courbes B, C deux arcs infiniment petits dont le rapport est le même que celui des normales à ces arcs, terminées à la normale de la courbe A* [1].

Construction des centres de courbure des lignes décrites dans le mou- 1858. *vement d'une figure plane qui glisse sur son plan* [2]. — On remarque

---

[1] Ce théorème a été reproduit dans le *Traité de Cinématique* de Bour, in-8°, 1865, Gauthier-Villars. (Voir p. 46-60.)

La *cyclide,* cette surface si remarquable, introduite dans la science, et ainsi nommée par M. Dupin, il y a fort longtemps, n'a reparu, de même que les *lignes asymptotiques,* que dans des recherches fort récentes. On peut citer principalement, à ce sujet, un Mémoire important de M. J. Clerk Maxwell, le premier, je crois, qu'on ait consacré exclusivement à cette surface.

Après quelques remarques optiques,

M. Maxwell est conduit à chercher une surface dont les normales s'appuient sur deux courbes, et il trouve la *cylindre.* Il en donne deux constructions par points, montre que son *inverse* est une cyclide, en étudie les différentes formes, dont il donne, d'après des figures planes, des représentations *stéréoscopiques* d'un grand intérêt, et qui seront un précédent extrêmement utile. (Voir *Quarterly Journal of Pure and Applied Mathematics,* t. IX, 1867, p. 111-126.)

[2] *Journal de l'École Polytechnique,* xxxvii° cahier, p. 179-190.

dans ce travail quelques résultats relatifs au roulement d'une conique sur une courbe fixe quelconque ou sur une droite : *Dans le roulement sur une courbe fixe, les centres de courbure des arcs décrits par les points de la conique, à un instant du mouvement, sont sur une autre conique qui touche la conique mobile en son point de contact avec la courbe fixe.*

Si la conique mobile est un cercle, la conique lieu des centres de courbure des arcs décrits est aussi un cercle.

Dans le roulement d'une conique sur une droite L, on a, relativement à la *courbe décrite par un foyer*, la relation

$$\frac{1}{\rho} + \frac{1}{N} = \frac{1}{a},$$

ρ étant le rayon de courbure de la courbe en un de ses points, N la portion de la normale terminée à la droite L, et a le demi-grand axe de la conique.

C'est la relation, comme le remarque M. Mannheim, trouvée par M. Delaunay dans son Mémoire sur la surface de révolution dont la courbure moyenne est constante.

1859.   *Recherches géométriques relatives au lieu des positions successives des centres de courbure d'une courbe qui roule sur une droite* [1]. — Les considérations générales sur lesquelles reposent ces recherches conduisent l'auteur à plusieurs résultats particuliers intéressants. Nous citerons cette propriété de l'épicycloïde décrite par un point d'un cercle qui roule sur un cercle fixe : *Lorsqu'une épicycloïde roule sur une droite, le lieu des positions successives de ses centres de courbure aux points de contact avec la droite est une ellipse.*

Pour une *cycloïde* qui roule sur une droite, *le lieu des centres de courbure est un cercle.*

Pour une *chaînette*, on trouve une *parabole;* etc.

---

[1] *Journal de Mathématiques*, 2ᵉ série, t. IV, p. 93-104.

Application de la transformation par rayons vecteurs réciproques à 1860. l'étude de la surface enveloppe d'une sphère tangente à trois sphères données [1]. — M. Mannheim a fait un usage très-heureux de ce procédé de transformation à l'étude de la surface *cyclide* de M. Dupin, surface enveloppe d'une sphère variable tangente à trois sphères fixes. En prenant pour pôle de transformation un point de la circonférence qui coupe à angles droits les trois cercles des sphères situés dans le plan de leurs centres, les sphères transformées ont leurs centres en ligne droite; la cyclide devient donc un tore, et l'on applique dès lors immédiatement à la cyclide les propriétés connues du tore.

Par exemple, ce théorème de M. Yvon Villarceau, que *tout plan doublement tangent à un tore coupe la surface suivant deux cercles* [2], donne lieu au suivant : *Une sphère doublement tangente à une cyclide coupe la surface suivant deux cercles.* M. Mannheim complète cet énoncé en démontrant que : *Les plans des deux cercles sont eux-mêmes doublement tangents à la cyclide* [3].

M. Mannheim, revenant, dans un autre travail [4], sur le même mode de transformation, appelle *pôle principal* un point par rapport auquel une figure est à elle-même sa transformée. Il démontre entre autres cette proposition importante dans la théorie des surfaces : *Lorsqu'une surface a un pôle principal, il en est de même de sa transformée relative à un pôle quelconque.*

Il fait aussi diverses applications de cette notion d'un *pôle principal* à la théorie des caustiques.

Sur les arcs des courbes planes ou sphériques considérées comme en- 1862.

---

[1] *Nouvelles Annales de Mathématiques,* t. XIX, 1860, p. 67-79.

[2] *Comptes rendus,* t. XXVII, 1848, p. 246.

[3] M. A. Godart a démontré depuis que *ces plans bitangents enveloppent un* cône du second ordre circonscrit à la cyclide suivant une courbe sphérique. (*Nouvelles Annales de Mathématiques,* 2ᵉ série, t. V, 1866, p. 219-225.)

[4] *Nouvelles Annales de Mathématiques,* t. XX, p. 218.

veloppes de cercles [1]. — M. Mannheim démontre d'abord que les courbes représentées en coordonnées polaires par l'équation

$$r^2 - 2r\,\mathrm{F}(\omega) + \alpha = 0$$

peuvent être considérées comme l'enveloppe d'une suite de cercles qui ont leurs centres sur une certaine courbe, et qui coupent orthogonalement le cercle de rayon $\sqrt{\alpha}$ ayant son centre au pôle O d'où partent les rayons vecteurs r.

Pour déterminer la courbe lieu des centres des cercles, on se sert de la courbe A représentée par l'équation $\rho = \mathrm{F}(\omega)$, et l'on mène par ses points les perpendiculaires aux rayons vecteurs : ces perpendiculaires enveloppent la courbe cherchée.

Lorsque la courbe proposée est une ovale de Descartes rapportée à l'un de ses foyers pour pôle, la courbe A est un cercle, et les trois cercles relatifs aux trois foyers sont concentriques.

M. Mannheim, en se servant d'une proposition de Géométrie infinitésimale dont il a été question ci-dessus, parvient à l'expression simple de la somme ou de la différence de deux arcs de certaines courbes, notamment des *caustiques secondaires*, lesquels arcs dépendent d'intégrales d'un ordre élevé. Il arrive ainsi à divers résultats dont le suivant concerne les ovales de Descartes : *Deux arcs compris chacun entre deux rayons issus d'un foyer ont leur différence égale à un arc d'ellipse*, proposition démontrée différemment par M. W. Roberts [2].

M. Mannheim remarque ensuite que les courbes représentées par l'équation générale ci-dessus ont la propriété de se transformer en elles-mêmes par rayons vecteurs réciproques, le pôle de transformation étant au pôle d'où partent les rayons vecteurs; ce qu'on savait à l'égard des ovales de Descartes, d'après un théorème de M. Quetelet [3].

[1] *Journal de Mathématiques*, t. VII, 1862, 2ᵉ série, p. 121-135.

[2] *Journal de Mathématiques*, t. XV, 1850, p. 194.

[3] *Des surfaces réfléchissantes ou dirimantes qui ont deux foyers conjugués.* (Voir *Correspondance mathématique et physique*, t. V, 1829, p. 4, 3°.)

Au sujet de ces courbes qui se transforment en elles-mêmes, il fait connaître la proposition suivante, qui lui a été communiquée par M. Moutard, et qui paraît être le point de départ de la théorie des courbes et des surfaces *anallagmatiques* dont nous parlerons plus loin : *Les courbes du quatrième ordre qui peuvent se transformer en elles-mêmes par rayons vecteurs réciproques ont quatre pôles principaux; elles peuvent être considérées de quatre manières différentes comme enveloppes de cercles; les centres de ces cercles sont sur quatre coniques homofocales.*

Recherches sur les longueurs comparées d'arcs de courbes différentes [1]. 1863. — Dans ce Mémoire, M. Mannheim fait usage de la proposition relative aux arcs infiniment petits déterminés sur deux courbes fixes par une droite mobile, qui a été citée précédemment. Passant aux courbes gauches, il démontre ce théorème remarquable : *Si l'on fait rouler sur un plan fixe la portion d'une surface développable comprise entre deux génératrices, un point P quelconque entraîné dans ce mouvement décrit un arc égal en longueur à l'arc qui est le lieu des pieds des perpendiculaires abaissées du point P, supposé fixe, sur les plans tangents de la surface comprise entre les deux génératrices.*

Transformation par polaires réciproques des propriétés relatives aux rayons de courbure [2]. — M. Mannheim établit la relation qui a lieu 1866. entre le rayon de courbure d'une courbe donnée, en un point, et le rayon de courbure de la transformée de cette courbe, au point dont la tangente est la polaire du point de la première courbe.

Passant aux courbes gauches et aux surfaces, il transforme la relation d'Euler sur les rayons de courbure d'une surface en un point, et il parvient à une relation plus générale, dans ce sens que cette relation concerne les rayons de courbure des sections de la surface faites par des plans passant non plus par la normale, mais par une droite quelconque.

[1] *Journal de l'École Polytechnique,* xL{e} cahier, 1865, p. 205-209.

[2] *Journal de Mathématiques,* 2e série, t. XI, p. 193-210.

1866.   *Sur le déplacement continu d'un corps solide; Nouvelle méthode pour déterminer les normales aux lignes ou surfaces décrites pendant ce déplacement* [1]. — Nous citerons la proposition suivante, dont l'auteur fait des applications utiles : *Dans le déplacement infiniment petit d'un corps, si par tous les points on mène, parallèlement à un plan donné, des normales aux trajectoires des points, toutes ces normales rencontrent une même droite parallèle à l'axe de rotation du corps.*

Cette droite est le lieu des *foyers* des plans du corps parallèles au plan donné.

M. Mannheim, en reproduisant ce Mémoire dans le *Journal de Mathématiques* [2], y a ajouté le théorème suivant, communiqué à la Société philomathique [3], qui donne lieu à des conséquences importantes : *Dans le mouvement d'un corps solide, les normales aux trajectoires des points de ce corps qui s'appuient, à un instant du déplacement, sur une droite donnée, rencontrent une seconde droite.*

L'auteur conclut de là une construction de la tangente à la trajectoire de chaque point d'un corps solide dont le mouvement est déterminé par cinq conditions.

Considérant ensuite le cas où le mouvement d'un corps n'est assujetti qu'à quatre conditions, M. Mannheim trouve que : *Les points du corps se déplacent sur des surfaces dont les normales, à un instant quelconque, s'appuient toutes sur deux droites.*

Il indique plusieurs applications de cette proposition.

1867.   *Construction géométrique, pour un point de la surface des ondes, des centres de courbure principaux et des directions des lignes de courbure* [4]. — On n'avait déterminé jusqu'ici que la normale en un point de la surface des ondes [5]. M. Mannheim retrouve cette construction,

---

[1] *Comptes rendus,* t. LXII, 1866, p. 1386-1390.

[2] T. XI, 2ᵉ série, 1866, p. 273-279.

[3] *Bulletin de la Société philomathique,* 14 juillet 1866, p. 79.

[4] *Comptes rendus,* t. LXIV, p. 170-174.

[5] Mémoires de MM. Mac Cullagh et Plücker. (Voir ci-dessus, chap. I, p. 50, 51 et 52.)

puis, ce qui offrait plus de difficulté, il détermine la direction des lignes de courbure de la surface et ses deux centres de courbure principaux. La solution de ces questions, jusqu'ici non résolues, est fondée sur certaines propriétés du déplacement d'un corps solide dans l'espace, théorie à laquelle M. Mannheim a donné beaucoup de développements dans le travail suivant.

Mémoire sur le déplacement d'une figure de forme invariable; Nouvelle méthode des normales; Applications diverses [1]. — Ce Mémoire important, présenté récemment à l'Académie, a été le sujet d'un rapport dont il nous suffira d'extraire quelques passages [2] :

1868.

« On s'est beaucoup occupé, depuis une vingtaine d'années, au « point de vue géométrique, du déplacement infiniment petit d'un « corps solide dans l'espace. On a fait connaître de nombreuses « propriétés concernant soit les trajectoires des différents points du « corps pris sur des droites, des plans ou des surfaces, soit les diffé- « rentes manières de produire le déplacement par des translations « et des rotations.

« Mais dans cette question on n'a considéré généralement jus- « qu'ici que le déplacement en lui-même, abstraction faite des con- « ditions géométriques qui le déterminent, conditions qui peuvent « être très-diverses : ce seront, par exemple, que des points du « corps glissent sur des lignes ou des surfaces, que des lignes ou des « surfaces entraînées par le corps passent par des points ou touchent « des lignes ou des surfaces, etc.

« On ne trouverait que quelques cas bien rares où l'on ait con- « sidéré ainsi des conditions de déplacement.

« Cette question cependant est fort importante. Le cas du simple « déplacement d'une figure plane sur son plan en offre une preuve « frappante. On sait, en effet, qu'ayant reconnu dans ce déplacement « l'existence d'un certain point qui reste fixe, on a conclu de là im-

[1] *Comptes rendus*, t. LXVI, p. 532. Bonnet, Chasles, rapporteur. (*Comptes*
[2] Commissaires : MM. Bertrand, Oss. *rendus,* t. LXVI, p. 591.)

« médiatement une méthode des tangentes, puis aussi des centres
« de courbure, des courbes qu'on peut regarder comme décrites
« dans le mouvement d'une figure de forme invariable déterminé
« par certaines conditions. On est donc induit à penser que le dé-
« placement d'une figure dans l'espace pourra de même procurer la
« solution de pareilles questions dans la théorie générale des lignes
« et des surfaces courbes.

« C'est cette étude du déplacement, ou plutôt des déplacements
« divers d'un corps, compatibles avec des conditions données, que
« M. Mannheim s'est proposée, après s'être préparé à surmonter les
« difficultés de ce travail par la solution de très-nombreuses ques-
« tions se rattachant au déplacement d'une figure plane. »

Conclusions : « L'étude des déplacements que peut prendre un
« corps soumis à moins de cinq conditions n'avait point encore fixé
« l'attention des géomètres, et, à cet égard, elle constitue un progrès
« dans la marche naturelle de la science. Les applications que l'ha-
« bile professeur a faites de ses résultats à de nombreuses questions
« concernant la théorie des lignes et des surfaces courbes, dont on
« ne possédait point encore de solutions, donnent une importance
« très-marquée à son travail, que nous sommes heureux de signaler
« avec confiance à l'attention particulière des géomètres, et dont
« nous avons l'honneur de proposer à l'Académie l'insertion dans
« le recueil des *Savants étrangers*. »

VI. — M. Bourget.

1852. Les travaux de M. Bourget, nombreux et importants, concernent
principalement la Mécanique céleste et la Physique mathématique.
Mais nous y remarquons aussi un Mémoire de pure Géométrie, *sur
l'attraction des paraboloïdes elliptiques*, qui fait partie d'une thèse
pour le doctorat.

M. Bourget appelle paraboloïdes *isothétiques* des paraboloïdes
égaux et de même axe, dont les points correspondants sont sur des

parallèles à l'axe. Ces paraboloïdes, ainsi que le fait remarquer l'auteur, peuvent être considérés comme dérivant d'ellipsoïdes concentriques et homothétiques dont un sommet reste fixe pendant que l'autre sommet s'éloigne à l'infini. De sorte que les propriétés relatives aux paraboloïdes isothétiques, à l'attraction des couches paraboliques et aux surfaces de niveau, correspondent à celles des ellipsoïdes, et peuvent parfois s'en conclure. Mais M. Bourget démontre directement tous les théorèmes et les résultats qui s'ensuivent relativement à l'attraction. Il n'a pas besoin de la notion des points *correspondants* sur les paraboloïdes homofocaux.

Plus tard, dans un nouveau Mémoire [1], il se sert de ces points correspondants et donne de nouvelles démonstrations des principaux résultats de son premier travail [2].

VII. — M. Poudra.

Les ouvrages de Desargues, géomètre éminent du xviie siècle, étaient pour la plupart de simples essais ou *brouillons-projets*, imprimés parfois sur des feuilles volantes. Aussi ne nous sont-ils pas parvenus, et n'étaient-ils connus jusqu'à ces derniers temps que par quelques fragments, conservés principalement dans les traités de Perspective et de la Coupe des pierres du graveur Bosse.

Les géomètres regrettaient surtout la perte du *Traité des coniques*, mis au jour en 1636, sous le titre : *Brouillon-projet d'une atteinte aux événements des rencontres d'un cône avec un plan*, ouvrage dont Descartes, Pascal et Fermat ont parlé avec éloges.

Une copie de ce Traité, faite par de la Hire en 1679, ce qui

---

[1] *Note sur l'attraction des paraboloïdes.* (Voir *Journal de Mathématiques*, 2° série, t. II, 1857, p. 81-90.)

[2] M. Hirst, en reprenant par des considérations différentes cette même question, dans un travail intitulé : *Sur le* potentiel *d'une couche infiniment mince comprise entre deux paraboloïdes elliptiques*, a trouvé que l'expression du potentiel ne dépend que des logarithmes et non des transcendants elliptiques. (*Journal de Mathématiques*, 2° série, t. II, p. 385-391.)

semble indiquer que déjà à cette époque l'ouvrage était devenu fort rare, s'est retrouvée, il y a une vingtaine d'années, avec un exemplaire des traités originaux de Desargues sur *la coupe des pierres* et *les cadrans* (traités très-succincts, quatre pages in-folio). Ces fragments précieux ont été acquis aussitôt par la Bibliothèque de l'Institut [1].

M. Poudra, ancien élève de l'École Polytechnique, officier supérieur d'état-major en retraite, que recommandaient à l'Académie divers Mémoires de Géométrie et surtout un excellent *Traité de perspective-relief*, dont nous parlerons plus loin, obtint l'autorisation de mettre au jour cet ouvrage des coniques. Il y a joint d'autres fragments des œuvres de Desargues et toutes les notions qui pouvaient s'en trouver dans quelques pièces du temps, devenues aussi d'une grande rareté. Ce travail, fruit de recherches persévérantes, a donné lieu à deux volumes qui ont paru en 1864, sous le titre : *Œuvres de Desargues, précédées d'une nouvelle biographie de l'auteur.*

M. Poudra a ajouté à ces fragments de Desargues des commentaires, principalement sur le Traité des sections coniques, qui est d'un style fort obscur, par suite surtout d'un grand nombre de dénominations inusitées et qui, l'ouvrage ayant été perdu, n'ont plus reparu dans aucun autre.

On savait, et la révélation avait été faite en premier lieu par M. Poncelet dans l'introduction de son Traité des propriétés projectives, que Desargues avait fait usage de quelques propositions de la théorie des transversales, et qu'on lui devait notamment le célèbre théorème sur l'*involution* des six points dans lesquels une conique et les côtés d'un quadrilatère inscrit dans la courbe rencontrent une droite quelconque. Mais on ignorait jusqu'à quel point Desargues avait poussé les applications de ces éléments de la Géométrie mo-

---

[1] Voir *Comptes rendus de l'Académie des sciences*, t. XX, 1845 : *Note sur les ouvrages de Desargues*, p. 1550-1554.

derne. L'ouvrage retrouvé était donc précieux pour répandre quelque jour sur cette partie de l'histoire de la science.

M. Poudra, en parvenant à éclaircir la solution d'un problème considérable pour l'époque, a montré la sagacité de Desargues et fait connaître l'étendue de sa méthode; car cette solution a toute la perfection que l'on pourrait demander à la Géométrie actuelle. Il s'agit du problème suivant :

Un cône qui a pour base une conique C est coupé par un plan : on demande de déterminer sur le plan de la base : 1° le point qui correspond au centre de la section; 2° les droites qui correspondent aux deux axes de cette courbe, et 3° les points qui correspondent à ses foyers.

Desargues se sert, pour résoudre les trois parties de ce problème, d'une seule droite et du sommet du cône; la droite est la trace, sur le plan de la base du cône, du plan mené par le sommet parallèlement au plan de la section. Appelons D cette droite. Que par un point a de D on mène deux tangentes à la conique C, la corde de contact rencontre D en a'. Ces couples de points a, a' forment une involution. Que par le sommet du cône on mène les côtés d'un angle droit qui rencontrent la droite D en deux points b, b': ces couples de points forment une seconde involution. Les deux involutions ont un segment commun cc'. Les polaires des deux points c, c', relatives à la conique C, sont les deux droites X, X' qui correspondent aux axes de la section du cône; et leur point d'intersection correspond au centre de la section, ce qui résout les deux premières parties du problème.

Quant à la troisième, que l'on considère les deux points b, b' de la droite D; que par l'un on mène une tangente à la conique C, et par l'autre la droite aboutissant au point de contact : cette tangente et cette droite rencontrent la droite X en deux points e, e'. Ces couples de points e, e' forment une involution dont les points doubles correspondent aux deux foyers de la section du cône situés sur l'axe auquel correspond la droite X.

Cette construction est fondée, comme on le reconnaît aisément,

sur cette propriété, que la tangente et la normale en chaque
point d'une conique rencontrent un axe en deux points qui sont
conjugués harmoniques par rapport aux deux foyers, de sorte
que ces couples de points forment une involution dont les foyers
sont les points doubles (réels sur un axe, imaginaires sur l'autre).
Cette solution, exposée ainsi fort clairement par M. Poudra, repose,
dans l'ouvrage de Desargues, sur quatre propositions assez compliquées.

On peut juger néanmoins, d'après cet exemple, que la perte du
Traité des coniques de Desargues, et bientôt après aussi la dispa-
rition de plusieurs ouvrages de Pascal, au nombre desquels se
trouvait un Traité fort étendu des sections coniques fondé sur
des considérations empruntées de Desargues lui-même, ont causé
un grand dommage aux progrès de la science et à la connaissance
historique des travaux du xviie siècle [1].

1852.   Le *Traité de perspective-relief* de M. Poudra, mentionné ci-dessus,
a été présenté à l'Académie dans sa séance du 21 juin 1852, sous
ce titre : *Traité de la perspective-relief, avec les applications à la construction des bas-reliefs, aux décorations théâtrales et à l'architecture*[2].
Ce travail, important au point de vue de la rigueur mathématique
et des nombreuses questions de l'art qu'il embrasse, a été le sujet
d'un rapport fort étendu, dont nous reproduirons ici simplement
les conclusions[3] : «Nous arrivons enfin au terme du long examen
« qu'ont nécessité les différentes parties de l'ouvrage soumis à notre
« jugement. Sans avoir la pensée de prescrire aux artistes l'usage
« exclusif des règles rigoureuses fondées sur la théorie géométrique

[1] M. Cremona, dans une analyse intéressante des deux volumes de M. Poudra, et particulièrement du *Brouillon-
projet des coniques*, a fait connaître, sous
leur énoncé même, plusieurs des propositions importantes de cet ouvrage. (Voir
Annali di Matematica, t. V, 1863, p. 332.)

[2] *Comptes rendus*, t. XXXIV, 1852,
p. 946. — L'ouvrage a été imprimé,
1 vol. in-8°, 1860.

[3] Commissaires, MM. Poncelet et
Chasles. (Voir *Comptes rendus*, t. XXXVII,
1853, p. 880-901.)

« développée par M. Poudra, nous exprimerons néanmoins la con-
« viction que, dans tous les travaux d'art où l'on se propose l'imi-
« tation par des effets d'apparence et d'illusion, on pourra toujours
« consulter avec fruit cet ouvrage, où se trouvent, à côté de ces
« règles aussi sûres et aussi précises que celles de la perspective
« plane, dont la peinture fait un si heureux emploi, des observations
« judicieuses et des appréciations motivées qu'on chercherait peut-
« être en vain dans d'autres écrits composés au seul point de vue
« artistique. »

M. Poudra, ayant eu à enseigner la perspective à l'École d'état- 1864.
major, a voulu connaître tous les ouvrages qui ont traité, théoriquement et au point de vue pratique, de cette branche de la science.
Il est résulté de ses recherches un volume intitulé : *Histoire de la
perspective ancienne et moderne, contenant l'analyse d'un très-grand
nombre d'ouvrages sur la perspective et la description des procédés divers
qui s'y rapportent*[1].

L'ouvrage contient deux parties. La première est consacrée à
l'*Optique* des anciens, Euclide, Ptolémée, etc., qui n'était nullement
la perspective actuelle, mais seulement un recueil d'observations
sur la vision et les effets que produisent sur l'œil les objets extérieurs, selon leurs formes, leur position et leurs mouvements
divers. La seconde partie traite des ouvrages de perspective proprement dite, c'est-à-dire de la construction géométrique de la
représentation des objets sur une surface courbe et plus ordinaire-
ment plane[2].

---

[1] Paris, 1864, in-8°.

[2] Voici les noms des auteurs an-
ciens et modernes dont M. Poudra a
analysé les ouvrages. Dans la première
partie se trouvent : Euclide et ses traduc-
teurs, Pena, Egnazio Dante, Chambray ;
Héliodore de Larisse, Ptolémée, Vitelion ;
Roger Bacon ; Ramus et Risner ; Oronce
Finé et Reisch ; Hamelius ; J. Peccam ;
Aguilon ; Milliet-Dechales ; Lacaille ; et
dans la seconde partie : Vitruve ; Pietro
della Francesca dal Borgo San Sepolcro ;
Bramante de Milan ; Baldassare de Sienne ;
Léonard de Vinci ; Pomponius Gauricus ;
Léon-Baptiste Alberti ; Lucas Pacioli ;
Viator ; Albert Dürer ; Reisch et Oronce

1864. *De l'involution plane* [1]. — M. Poudra appelle *involution plane* l'ensemble des groupes de trois points qui sont les traces, sur un plan, des trois arêtes d'angles trièdres trirectangles de même sommet. Ces systèmes de trois points sont les sommets de triangles qui ont même point d'intersection des trois hauteurs, c'est-à-dire des trois perpendiculaires abaissées des sommets sur les côtés opposés; en outre, le rectangle des deux segments faits sur chaque hauteur par ce point est constant. Le point est dit *point central* de l'involution, et le rectangle constant *puissance* de l'involution.

M. Poudra démontre plusieurs propriétés de ces systèmes de trois points, c'est-à-dire de l'involution plane.

Un jeune officier du génie, M. Picquet, a fait, dans ces derniers temps, une application de cette théorie de l'involution plane, pour la construction des axes d'une surface du second degré [2].

On reconnaît aisément que ces groupes de trois points d'une involution plane sont les systèmes de points conjugués par rapport à un cercle imaginaire. Cette considération conduit sur-le-champ aux propriétés principales du système.

1865. *Théorie des faisceaux et des involutions* [3]. — On appelle *involution d'ordre m*, sur une droite x, une suite de groupes de m points qui sont les intersections de la droite et d'un système de courbes d'ordre m ayant toutes m^2 points communs. Les abscisses des points

Finé; Sébastien Serlio; Commandin; Hans Leucker; Daniel Barbaro; J. Cousin; Du Cerceau; Vignole; Sirigati; Guido Ubaldi; Stevin; Salomon de Caus; Aguilon; Samuel Marolais; Uredeman Frisius; Accotti; Desargues; Du Breuil; Alleaume et Migon; Vaulezard; Battaz; Curabelle; Bosse; René Gauthier; Ch. Bourguin; Niceron; G. Huret; André Albert; Milliet-Dechales; Séb. Leclerc; Giulio Troïli; S' Gravesande; Schubler; Hamilton; Costa; Jeaurat; Kaestner; Lacaille; Gallus; Taylor; Jacquier; Roy; Petitot; Lambert; Murdoch; Zanoti, De Curel; Torelli; Priestley; Lespinasse; Lavit; Palaizeau; Taccani; Thibault; Cloquet; Dufour; Paillet de Montabert; Friedling; Adhémar; Poudra.

[1] *Nouvelles Annales de Mathématiques,* 2ᵉ série, t. III, 1864, p. 498-507.

[2] *Ibid.* 2ᵉ série, t. VII, 1868, p. 456-462.

[3] *Avec les applications aux tracés des courbes des différents ordres.* Broch. in-8°, J. Corréard, 1865.

de chaque groupe sur la droite sont déterminées par une équation
du degré m contenant un paramètre variable, telle que

$$F(x) + \lambda F_1(x) = 0.$$

Un point a d'un groupe étant donné, cette équation fait connaître la valeur du coefficient λ qui lui convient; et l'on détermine
les $(m-1)$ autres points du groupe par l'équation elle-même, qui
s'abaisse au degré $(m-1)$.

M. Poudra montre comment on peut déterminer ces $(m-1)$
points par la construction d'une certaine courbe d'ordre $(m-1)$.

La perspective plane, ainsi que la *perspective-relief*, produisent 1868.
des déformations d'une figure proposée; déformations qui rentrent
dans la méthode générale des figures homographiques, et s'en
distinguent principalement par les positions relatives des figures.
Les géomètres, et M. Poncelet surtout, ont souvent tiré de grands
secours de ces transformations particulières. M. Poudra en a fait
de nouvelles et nombreuses applications dans un volume intitulé :
Compléments de Géométrie fondés sur la perspective [1], et dans divers
articles sur des sujets variés, insérés principalement dans les *Nouvelles Annales de Mathématiques*.

VIII. — M. Tissot.

M. Tissot, auteur de plusieurs Mémoires d'Analyse et de Mécanique, notamment d'une importante thèse sur le pendule conique [2],
a publié aussi plusieurs recherches de Géométrie.

Une Note *sur les hélices* [3] contient le théorème suivant : *Pour que* 1852.
*le lieu des centres de courbure d'une hélice tracée sur un cylindre soit une
autre hélice tracée sur un cylindre parallèle au premier, il faut et il suffit
que la section droite de celui-ci soit un cercle ou une spirale logarithmique.*

[1] 1 volume in-8°, Paris, 1868; Corréard.

[2] *Journal de Mathématiques*, t. XVII,
1852, p. 88-116. — [3] *Nouvelles Annales
de Mathématiques*, t. XI, 1852, p. 454-
457.

Dans ce dernier cas, M. Tissot trouve que les hélices sont situées sur deux cônes de révolution ayant même axe et même sommet. Il donne en outre la relation qui a lieu entre les demi-angles au sommet des deux cônes.

1858. M. Tissot s'est ensuite occupé de la théorie des cartes géographiques. Il a d'abord publié un Mémoire *sur les altérations d'angles et de distances dans le développement modifié de Flamsteed*[1], puis trois Notes successives qui constituent un même travail[2]. Dans la première l'auteur donne la loi générale suivant laquelle la déformation se produit autour de chaque point, quel que soit le système de représentation. Cette loi est fort simple; on l'exprime en disant que tout cercle infiniment petit sur la surface est toujours représenté par une ellipse. Les relations entre le cercle et l'ellipse résultent d'ailleurs de la construction suivante : Que l'on projette le cercle sur un certain plan, et que l'on altère les diamètres de l'ellipse de projection dans un certain rapport, on obtient une seconde ellipse, qui est celle qui représente le cercle sur la carte. De là dérivent plusieurs théorèmes généraux, concernant la représentation d'une surface sur une autre d'après une loi quelconque. Nous citerons le suivant, dont on peut faire de nombreuses applications : *Il existe toujours sur la surface un double système de lignes orthogonales qui restent orthogonales dans leur représentation.*

Dans la seconde partie de son travail, M. Tissot compare entre eux les divers systèmes de cartes; et dans la troisième il se propose de trouver le meilleur mode de représentation pour chaque contrée particulière, faisant connaître les altérations d'angles et de distances dans différentes contrées[3].

Un jeune ingénieur des ponts et chaussées, M. Collignon, a pro-

---

[1] *Journal de l'École Polytechnique,* xxxviie cahier, 1858, p. 217-225.

[2] *Comptes rendus de l'Académie,* t. XLIX, 1859, p. 673-676; t. L, p. 474-476; t. LI, p. 964-969.

[3] Cette troisième partie de l'ouvrage de M. Tissot a été traduite dans les *Monthly Notices of the Royal Astronomical Society,* vol. XXI, 1861, p. 169.

posé depuis, dans un travail ayant pour titre: *Recherches sur la représentation plane de la surface du globe terrestre,* un système qu'il nomme *système central d'égale superficie,* dans lequel le rapport des surfaces se conserve. Ce travail, adressé à l'Académie [1] en 1862, a été le sujet d'un rapport de M. Bertrand [2] et a paru dans le *Journal de l'École Polytechnique* [3]. Un second Mémoire du même auteur sur le même sujet n'est encore connu que par une courte analyse donnée dans les *Comptes rendus* de l'Académie [4]. Le principe de la conservation du rapport des surfaces avait été déjà proposé par Lambert dans ses *Études générales sur les cartes* et reproduit par Lorgna. « Mais, dit M. Bertrand, ces recherches antérieures, ignorées de « M. Collignon, ne devaient pas l'empêcher de conserver son travail, « qui présente encore un intérêt réel, et dans lequel, après avoir « étudié avec beaucoup d'élégance et de rigueur les procédés de la « construction et les propriétés du système, il en montre nettement « les avantages, qui, dans un grand nombre de cas, semblent devoir « le faire préférer à tout autre. »

Nous ne pouvons parler ici des cartes géographiques sans signaler deux ouvrages d'un haut intérêt, embrassant toutes les recherches des géomètres, celles des géographes qui se rapportent au sujet.

Le premier est une excellente Notice historique due à M. d'Avezac, membre de l'Académie des inscriptions [5]. Ce travail, fruit d'une érudition étendue, toujours mise à profit judicieusement et avec une parfaite clarté, fait connaître une foule de recherches depuis Hipparque et Ptolémée jusqu'à nos jours, parmi lesquelles s'en trouvent dont les traces s'étaient perdues.

Le second ouvrage, dû à M. Germain, ingénieur-hydrographe de

---

[1] *Comptes rendus,* t. LIV, 1862, p. 1215-1218.

[2] *Comptes rendus,* t. LX, 1865, p. 762-765.

[3] XLIe cahier, 1865, p. 73-163.

[4] *Comptes rendus,* t. LXII, 1866, p. 881-883.

[5] *Coup d'œil historique sur la projection des cartes de géographie,* Paris, 1867, in-8° de 150 pages.

la marine, et intitulé : *Traité des projections des cartes géographiques* [1], comprend deux parties. La première contient la théorie mathématique des divers systèmes de projections en usage ou seulement proposés en vue de satisfaire à des conditions particulières. On y trouve notamment l'analyse des beaux Mémoires de Lambert, d'Euler, de Lagrange, de Gauss, et les recherches récentes de MM. Ossian Bonnet [2], Tissot et Collignon. Dans la seconde partie, l'auteur expose en détail les procédés graphiques de construction d'un certain nombre des projections les plus importantes étudiées précédemment au point de vue théorique. Il donne les moyens d'évaluer les erreurs d'angles, de distances et de surfaces; de mesurer les distances de divers points, etc. Ajoutons que M. Germain, en rendant hommage au travail si remarquable à tous égards de M. d'Avezac, n'a négligé aucune des données historiques qu'il y a trouvées.

IX. — M. Bresse.

1853.   *Mémoire sur un théorème nouveau concernant les mouvements plans, et sur l'application de la Cinématique à la détermination des rayons de courbure* [3]. — Le théorème dont il s'agit peut paraître appartenir exclusivement à la Mécanique, car il se rapporte, par son énoncé et par la démonstration qu'en donne l'auteur, aux accélérations des différents points d'une figure en mouvement. Cependant on peut le ramener à de simples considérations de Géométrie, et c'est ce qui nous permet de l'indiquer ici sous l'énoncé suivant :

Quand une figure plane éprouve un déplacement continu dans son plan, si à un instant du déplacement on prend, sur le rayon O a mené du centre

---

[1] Ouvrage approuvé par S. Exc. M. le Ministre de la marine et des colonies, 1 vol. grand in-8° de 365 pages.

[2] *Sur la théorie mathématique des cartes géographiques*, thèse de doctorat, 1852. Dans ce travail, M. O. Bonnet s'est proposé de simplifier les solutions des questions traitées par Lambert, Euler, Lagrange et Gauss.

[3] *Journal de l'École Polytechnique*, xxxv° cahier, p. 89-115.

instantané de rotation O *à un point* a *de la figure*, *le centre de courbure* α *de la courbe décrite par le point* a, *et un point* α$_1$ *déterminé par la relation* O α$_1$ = $\dfrac{\overline{Oa}^2}{O\alpha}$, *le lieu des points* α$_1$ *est une circonférence de cercle passant par le point* O *et tangente en ce point à la courbe lieu des centres instantanés de rotation de la figure.*

A l'aide de ce théorème, qui fournit une expression de Oα d'une construction facile, M. Bresse détermine les centres de courbure de plusieurs courbes, telles que la conchoïde, la cissoïde, la courbe de Watt décrite par un point d'une droite dont les extrémités glissent sur deux circonférences de cercle; etc.

On a vu (chap. III, p. 164) que M. Transon avait déjà traité d'une manière générale cette question des centres de courbure dans un Mémoire de 1845 [1], qui a donné lieu à une Note et à un travail sur le même sujet [2].

X. — M. LAGUERRE.

M. Laguerre, étant encore élève aspirant à l'École Polytechnique, a révélé ses heureuses dispositions pour les recherches géométriques dans une *Note sur la théorie des foyers* [3], où l'on remarque surtout une relation entre les angles qui se correspondent dans deux figures homographiques.

(A, B) étant un angle de la première figure et *a'* désignant le rapport anharmonique des deux côtés de l'angle (A', B') de l'autre figure et des deux droites menées du sommet de cet angle aux deux points qui dans cette figure correspondent aux deux points imaginaires à l'infini sur un cercle, considérés comme appartenant à la première figure, on a (A, B) = $\dfrac{\log a'}{2\sqrt{-1}}$ [4].

1853.

---

[1] *Journal de Mathématiques,* t. X, p. 148-156.

[2] Note de M. Chasles. (*Ibid.* p. 156 et 204-208).

[3] *Nouvelles Annales de Mathématiques,* t. XII, 1853, p. 57-66.

[4] M. Laguerre énonce simplement cette expression. M. Faure, capitaine d'artillerie, l'a démontrée dans un travail sur la *Transformation des propriétés métriques des figures.* (Voir *Nouvelles Annales,* t. XVIII, 1859, p. 387).

1865.   *Théorèmes généraux sur les courbes planes algébriques* [1]. — Les plus intéressants de ces théorèmes concernent les *foyers* des courbes. Par foyer on entend ici, avec M. Plücker, le point d'intersection réel de deux tangentes imaginaires qui passent par les deux points imaginaires d'un cercle situés à l'infini.

Ajoutons que, l'équation d'une courbe étant $f(x, y) = 0$, M. Laguerre appelle *puissance* d'un point (α, β) la valeur numérique $f(\alpha, \beta)$ du premier membre pour $x = \alpha$, $y = \beta$.

Voici quelques exemples des propositions relatives à une courbe U d'ordre n et de classe μ.

Si d'un point M on mène les $(\mu + n)$ droites qui coupent la courbe U sous un angle V, le produit des longueurs de ces droites est égal au produit des distances du point M aux μ foyers réels de la courbe, multiplié par la puissance du point M et divisé par $(2 \sin V)^n$.

Si d'un point M on mène les μ tangentes de la courbe, le produit des longueurs de ces tangentes est égal au produit des distances du point M aux μ foyers réels, multiplié par la puissance du point M et divisé par 2^n et par le produit des distances du point M aux n asymptotes de la courbe.

La somme des angles que les tangentes menées d'un point M font avec une droite donnée est égale à la somme des angles que les droites menées du même point aux μ foyers réels font avec la même droite [2].

1867.   Dans une Note *sur la détermination du rayon de courbure des lignes planes* [3], M. Laguerre introduit d'abord une notion nouvelle en considérant ce qu'il nomme le *centre harmonique* d'un système de points *par rapport à un pôle*. Soient O ce pôle, et a, b, ... les points considérés : que l'on porte sur les droites Oa, Ob, ... des longueurs Oa_1, Ob_1, ... égales à leurs inverses; que l'on compose ces lignes, regardées comme des forces; que Or_1 soit leur résultante, et que

---

[1] *Comptes rendus*, t. LX, p. 70-73.
[2] Ce théorème se trouve aussi dans un Mémoire de M. Siebeck sur les courbes de troisième classe et du quatrième ordre.

(Voir *Journal* de Crelle, t. LXVI, année 1866, p. 344-362.)
[3] *Bulletin de la Société philomathique*, t. IV, 1867, p. 15-18.

l'on porte sur cette droite une longueur Or égale à n fois son inverse $\left(Or = \dfrac{n}{Or_1}\right)$; le point r est dit le *centre harmonique* des points $a, b, \ldots$ relativement au pôle O, et la longueur Or est la *moyenne harmonique* des longueurs $Oa, Ob, \ldots$

Cela posé, M. Laguerre démontre ce théorème remarquable : *Si d'un point O l'on mène les n tangentes d'une courbe de la classe n, le centre harmonique des n points de contact, relativement au point O, est le même que celui des n foyers réels de la courbe.*

Lorsque le point O est à l'infini, le centre harmonique devient le centre des moyennes distances des points de contact des tangentes parallèles, lequel est donc le même que le centre des moyennes distances des foyers.

Par ces considérations du centre harmonique d'un système de points, l'auteur construit le foyer de la parabole qui a un contact du troisième ordre avec une courbe en un point. C'est à ce problème que se rapporte le titre de sa Note.

Sur la courbe résultant de l'intersection d'une sphère et d'une surface du second degré [1]. — M. Laguerre démontre que *la courbe d'intersection d'une sphère et d'une surface du second degré peut être considérée comme l'enveloppe des cercles de la sphère qui coupent orthogonalement un cercle fixe et ont leurs pôles sur une conique sphérique.*

Cette propriété étant semblable à celle qui sert de définition aux courbes planes que M. Moutard a appelées *anallagmatiques*, M. Laguerre appelle *anallagmatique sphérique* la courbe d'intersection d'une sphère et d'une surface du second degré.

On sait que la courbe d'intersection des deux surfaces du second degré est, sur chacune d'elles, la courbe de contact de la développable circonscrite à cette surface et à une infinité d'autres surfaces du second degré [2]; et, réciproquement, que la développable cir-

1867.

---

[1] *Bulletin de la Société philomathique,* t. IV, 1867, p. 51-58.

[2] Au nombre de ces surfaces se trouvent quatre coniques, qui sont les

conscrite à deux surfaces du second degré a pour courbe de contact avec chacune d'elles une courbe du quatrième ordre par laquelle passent une infinité d'autres surfaces du second degré : on peut donc dire encore que *la courbe de contact d'une sphère et de la développable circonscrite à la sphère et à une surface du second degré est une anallagmatique sphérique.*

1868.　　*Note sur quelques propriétés des surfaces anallagmatiques* [1]. — Il s'agit ici des surfaces du quatrième ordre lieu des intersections successives d'une suite de sphères dont les centres sont situés sur une surface du second ordre, et qui coupent toutes orthogonalement une sphère fixe. M. Moutard, en considérant ces surfaces, qu'il a nommées *anallagmatiques,* d'après une de leurs propriétés, comme nous le dirons plus loin, a reconnu qu'elles sont susceptibles de cinq modes de génération, au moyen de cinq surfaces du second ordre et de cinq sphères correspondantes.

M. Laguerre fait connaître une relation très-remarquable entre ces cinq surfaces du second ordre et les sphères qui leur correspondent, d'après laquelle, un des cinq modes de génération étant connu, on détermine immédiatement les quatre autres :

Que l'on circonscrive une développable à la surface du second ordre et à la sphère correspondante : les quatre lignes doubles de cette développable appartiendront à quatre surfaces du second ordre homofocales à la première, qui seront les surfaces des quatre autres modes de génération.

Ainsi les surfaces anallagmatiques se rattachent intimement à la théorie des surfaces homofocales. Le théorème suivant en est encore une preuve :

Étant données deux surfaces homofocales du second ordre, si par une

---

lignes doubles de la développable. Cette remarque recevra une application dans la Note sur les cassiniennes, qui termine cette Notice des recherches de M. Laguerre.

[1] *Bulletin de la Société philomathique,* t. V, 1868, p. 17. — Journal *l'Institut,* 29 janvier 1868, p. 38.

droite D, *prise dans un plan fixe* Q, *on mène des plans tangents aux surfaces, les droites qui joignent les points de contact d'une surface aux points de contact de l'autre sont toujours normales à une même anallagmatique, quand la droite* D *se déplace dans le plan* Q.

Sur les sections circulaires des surfaces anallagmatiques [1]. — Dans 1868. ces recherches M. Laguerre donne un nouveau mode de génération des surfaces anallagmatiques par points, en se servant des plans tangents à une surface directrice. A chaque plan tangent correspondent deux certains points qui appartiennent à la surface anallagmatique.

Une sphère S et un plan P étant donnés, il existe sur le diamètre de la sphère, normal au plan, deux points p, p', situés de part et d'autre à égale distance du plan et conjugués harmoniques par rapport au diamètre : ces deux points sont dits *associés* au plan.

Cela posé, *une anallagmatique du quatrième ordre peut être définie comme étant le lieu des points associés aux plans tangents d'une surface du second ordre* Λ.

M. Laguerre conclut de là les deux théorèmes suivants, relatifs à la normale en un point de la surface anallagmatique, et au plan normal à une courbe tracée sur la surface :

La normale en un point d'une anallagmatique passe par le point correspondant de la surface A.

Le plan normal en un point d'une courbe tracée sur une anallagmatique passe par la tangente conjuguée à la tangente de la courbe correspondante sur la surface A, *en son point qui correspond au point de l'anallagmatique.*

M. Laguerre démontre encore diverses propriétés sur l'orthogonalité des surfaces homofocales, et sur les sections circulaires de ces surfaces.

[1] *Bulletin de la Société philomathique,* t. V, p. 48. — Journal *l'Institut,* 15 avril 1868, p. 126.

1868. *Sur les courbes gauches résultant de l'intersection de deux surfaces du second ordre* [1]. — On sait que par la courbe d'intersection de deux surfaces du second ordre passent quatre cônes du second ordre. Leurs sommets déterminent un tétraèdre. M. Laguerre démontre que si, par un point m de la courbe, on mène une droite qui s'appuie sur deux arêtes opposées de ce tétraèdre, cette droite passe par un second point m' de la courbe. Il dit que ces deux points sont *conjugués*. De sorte qu'à un point m correspondent trois points conjugués m', m'', m''', déterminés au moyen des trois couples d'arêtes opposées du tétraèdre. M. Laguerre démontre diverses propositions relatives à ces couples de points conjugués. Nous citerons les suivantes :

Toutes les cordes qui s'appuient sur les deux mêmes arêtes du tétraèdre forment une surface du quatrième ordre qui a ces arêtes pour lignes doubles.

Si par une droite qui s'appuie en deux points d'une courbe A on mène trois couples de plans passant par trois couples de points conjugués relatifs à deux mêmes arêtes opposées, ces trois couples de points sont en involution.

1868. *Sur les cassiniennes planes et sphériques* [2]. — La courbe d'intersection d'une sphère et d'une surface du second degré peut être regardée, ainsi qu'on l'a dit ci-dessus, comme la courbe de contact de la développable circonscrite à la sphère et à une conique. Le plan de cette conique coupe la sphère suivant un cercle. Lorsque l'on peut inscrire dans le cercle un quadrilatère circonscrit à la conique, on obtient une variété particulière des courbes gauches sphériques du quatrième ordre, que M. Laguerre appelle *cassiniennes*.

Des trois systèmes de deux points conjugués qui existent sur la

<hr>

[1] *Bulletin de la Société philomathique,* t. V, p. 65. — Journal *l'Institut,* 13 mai 1868, p. 157.

[2] *Bulletin de la Société philomathique,* t. V, p. 40, 1868. — Journal *l'Institut,* 8 avril 1868, p. 117.

courbe sphérique, il en est un qui présente la propriété suivante : *Étant pris un point fixe* P *sur la sphère, si par ce point et un couple quelconque de points conjugués on fait passer un cercle, et si sur ce cercle on prend par rapport aux deux points conjugués le point harmonique du point* P (de façon que les rayons du cercle menés aux quatre points forment un faisceau harmonique), *le lieu de ce quatrième point est un cercle.*

M. Laguerre donne à ce sujet plusieurs théorèmes importants. Nous citerons le suivant : *Soient* A, B *et* C, D *deux couples de points conjugués d'une cassinienne, et* a, b, c, d, *les points de la sphère qui leur sont diamétralement opposés,* m *étant un point quelconque de la courbe, la différence des aires des deux triangles sphériques* mac, mbd *est constante.*

Les cassiniennes sphériques donnent par une projection stéréographique les cassiniennes planes. Ces courbes sont généralement du quatrième ordre. Elles peuvent être aussi des cubiques. Ce sont alors les focales qui ont été étudiées par MM. Quetelet, Dandelin et Van Rees [1].

XI. — M. Valson.

Application de la théorie des coordonnées elliptiques à la géométrie de l'ellipsoïde. — Ce travail, qui est le sujet d'une thèse pour le doctorat, présentée à la Faculté des sciences de Paris en 1854, se compose de trois parties. La première se rapporte à la courbure des lignes tracées sur l'ellipsoïde et renferme diverses propriétés des rayons de courbure. Citons les deux suivantes :

Le produit des rayons de courbure principaux est constant pour tous les points de contact des plans tangents à l'ellipsoïde et à une sphère concentrique.

Si, par chaque point d'une ligne de courbure, on mène une ligne géodésique tangente à une autre ligne de courbure du même système, les

1854.

---

[1] *Correspondance mathématique et physique de Bruxelles*, t. V, p. 361-378.

rayons de courbure, en ce point, de la ligne de courbure et de la ligne géodésique ont un rapport constant.

La seconde partie renferme plusieurs belles propriétés de l'ellipsoïde analogues à celles des foyers dans les coniques, et que, par cette raison, l'auteur appelle *propriétés focales.*

Les normales menées par les ombilics réels rencontrent le grand axe en deux points, qui sont les centres de deux sphères tangentes à l'ellipsoïde, chacune en deux ombilics symétriques par rapport au grand axe : ces sphères sont dites *sphères focales.* Ce sont ces sphères qui donnent lieu aux propriétés dont il s'agit. Ainsi :

Pour chaque point d'une ligne de courbure de l'ellipsoïde, la somme ou la différence des tangentes menées du point aux deux sphères est constante.

A chaque ligne de courbure correspond un plan P perpendiculaire au grand axe, tel, que la tangente menée de chaque point de la ligne de courbure à une sphère focale est à la distance du point au plan P dans une raison constante [1].

M. Valson démontre encore diverses propositions qu'il appelle *propriétés projectives sur les plans des sections circulaires,* et qu'il déduit d'un théorème remarquable de M. Michael Roberts établissant une relation fort simple entre les équations elliptiques des courbes tracées sur l'ellipsoïde et les équations des projections de ces courbes sur le plan diamétral d'une section circulaire, théorème dont voici l'énoncé : « Si μ, ν sont les coordonnées d'un point de l'ellipsoïde « $(\rho, \varepsilon, \varepsilon_1)$, et si l'on projette ce point sur le plan d'une section cir-« culaire par des droites parallèles à l'axe Oz, on a $\mu = \alpha\mu_0$, « $\nu = \alpha\nu_0$, μ_0 et ν_0 désignant les demi-axes focaux des deux coniques

---

[1] M. Heilermann (de Coblentz) est aussi parvenu, postérieurement à M. Valson, à ces deux théorèmes, dans un travail communiqué à l'Académie de Berlin par M. Weierstrass, dans la séance d'avril 1858 (voir *Monatsberichte der Akademie*), et imprimé dans le *Journal de Mathématiques* de Crelle, t. LVI, p. 345-364, sous le titre : *Ueber die Focalpuncte der Flächen zweiten Grades.* On trouve une analyse de ce Mémoire dans les *Nouvelles Annales de Mathématiques,* t. XVII, 1858, p. 242.

« homofocales qui passent par la projection du point (μ, ν), et qui
« ont pour foyers les projections des ombilics; $\alpha = \dfrac{\sqrt{\varepsilon^2 - \varepsilon_1^2}}{\varepsilon}$ [1]. »

Il résulte de là que, si une courbe sur l'ellipsoïde a pour équation $F(\mu, \nu) = 0$, la projection de cette courbe est représentée par l'équation $F(\alpha\mu_0, \alpha\nu_0) = 0$, ce qui permet d'étendre aux courbes tracées sur l'ellipsoïde certaines propriétés des courbes planes.

Des coordonnées paraboliques et de leur application à la géométrie des paraboloïdes [2]. — Dans ce Mémoire, dont un extrait seulement a paru, l'auteur applique au système triple de paraboloïdes orthogonales la théorie des coordonnées elliptiques de M. Lamé, et aux lignes tracées sur une paraboloïde elliptique les théorèmes de la deuxième partie du Mémoire précédent.

1860.

XII. — M. Garlin.

M. Garlin, dans une *Note sur les sections toriques* [3], démontre ce théorème : *La section du tore par un plan parallèle à l'axe est une courbe lieu des sommets des angles de même grandeur circonscrits à une conique. Réciproquement, par une telle courbe on peut faire passer un tore.*

1854.

Dans un travail intitulé : *Modes de génération des cassinoïdes et des lemniscates* [4], M. Garlin résout quelques questions de *lieux* qui conduisent à des cassinoïdes et à des lemniscates.

1855.

Mais c'est surtout dans sa thèse de Mécanique (1853) que M. Garlin donne la mesure de son talent. Cette thèse a pour titre : *Sur les surfaces isothermes et orthogonales;* elle renferme plusieurs théorèmes nouveaux, parmi lesquels nous citerons la propriété

---

[1] *Mémoire sur la géométrie des courbes tracées sur l'ellipsoïde.* (Voir *Journal de Mathématiques*, t. XV, 1850, p. 289.)

[2] *Comptes rendus*, t. L, p. 680. — *Nouvelles Annales de Mathématiques*, t. XIX, 1860, p. 298-306. — [3] *Nouvelles Annales de Mathématiques*, t. XIII, p. 415-418.

[4] *Nouvelles Annales*, t. XIV, 1865, p. 305-310.

suivante des courbes planes isothermes : *Les trajectoires* quelconques *d'un système de courbes isothermes sont aussi isothermes* [1].

XIII. — M. Paul Serret.

1855.   M. P. Serret s'est d'abord occupé de l'étude des *Méthodes en Géométrie* : tel est le titre d'un ouvrage qu'il a publié en 1855, cherchant à remonter, dans chaque ordre de questions, à leur origine, et à en suivre le développement jusqu'à nos jours. Souvent il ajoute à ce travail d'exposition ses propres applications des méthodes dont il rend compte.

1859.   M. P. Serret a présenté à la Faculté des sciences deux thèses de doctorat. Ces thèses forment un ouvrage étendu fort remarquable, que l'auteur a publié à part sous ce titre : *Théorie nouvelle géométrique et mécanique des lignes à double courbure.*

La *Théorie géométrique* renferme tout ce que l'on connaissait sur le sujet et un grand nombre de résultats nouveaux. Nous indiquerons: dans le chapitre III, intitulé : *Éléments de Géométrie sphérique infinitésimale,* une série de formules relatives à la courbure des lignes sphériques; une série d'analogies, ramenant aux mêmes opérations graphiques la construction du centre de courbure de l'ellipse, de la cycloïde et de la loxodromie, considérées dans le plan ou sur la sphère; puis la propriété caractéristique de l'*hélice sphérique,* d'être une développante de petit cercle; dans le chapitre IV, intitulé : *De l'indicatrice sphérique,* l'idée neuve et féconde d'une courbe qui est, sur une sphère, le lieu des extrémités des rayons parallèles aux tangentes d'une courbe à double courbure quelconque, et que l'auteur appelle *indicatrice* de cette courbe; dans le chapitre VI, relatif aux lignes de courbure en général, plusieurs propriétés nouvelles de l'hélice cylindro-conique, hélice signalée pour la première

[1] *Nouvelles Annales,* t. XIII, 1854, p. 317-319.

fois par M. Tissot; enfin, dans le chapitre ix, intitulé : *Des lignes tracées sur une surface gauche,* une étude complète des lignes remarquables, lignes d'ombre, lignes de striction, lignes de courbure, lignes asymptotiques, lignes géodésiques, dont s'occupent les géomètres.

On trouve dans cette étude, entre autres résultats importants, la détermination des lignes de courbure des surfaces du second ordre, le calcul de leur équation notamment, par de simples considérations de pure Géométrie, et le théorème suivant : *Dans toute surface gauche, les lignes asymptotiques non rectilignes déterminent sur deux génératrices quelconques deux divisions homographiques.*

Ce qui caractérise le travail de M. Serret et le rend surtout digne de la plus sérieuse attention, c'est l'emploi de la méthode de démonstration et de recherche dont l'auteur a fait usage. L'idée de l'indicatrice sphérique est un progrès en Géométrie.

De quelques propositions réciproques relatives à la théorie des courbes et des surfaces du second degré [1]. — Dans ce travail, M. P. Serret démontre une série de propositions qu'on peut considérer comme *réciproques* de certaines propriétés connues des courbes ou des surfaces du second degré. Nous citerons les deux suivantes : *Toute surface qui admet deux modes distincts de génération par un cercle dont le plan demeure parallèle à un plan fixe est du second degré. — Si des cônes circonscrits à une surface ont leurs courbes de contact planes, cette surface est du second degré.* 1862.

Analogies de la géométrie du plan à celle de l'espace [2]. — Dans ce travail, M. P. Serret démontre plusieurs théorèmes relatifs aux surfaces du second ordre en rapport avec un ou deux tétraèdres. Considérant ce beau théorème de M. Otto Hesse : « Étant donnés un tétraèdre « et trois points dans l'espace, il existe un quatrième point formant 1865.

<hr>

[1] *Journal de Mathématiques,* 2ᵉ série, t. VI, 1861, p. 9-27. — [2] *Ibid.* t. VII, 1862, p. 377-406. — *Bulletin de la Société philomathique,* 1864, p. 43.

21.

« avec les trois premiers un second tétraèdre tel, que les deux té-
« traèdres sont conjugués par rapport à une surface du second ordre, »
M. Serret détermine ce quatrième point et la surface par une analyse fort simple. Il donne aussi une solution également simple du
problème traité par Lagrange : Quel est le tétraèdre de volume
maximum dont les aires des faces sont données?

Nous remarquerons ce théorème nouveau : *Si les trois premiers côtés
d'un quadrilatère gauche inscrit dans une surface du second ordre tournent
respectivement autour de trois pôles fixes, conjugués deux à deux par
rapport à la surface, le côté libre du quadrilatère tourne autour d'un point
fixe, lequel est conjugué à chacun des trois pôles donnés.*

Ces recherches sur les *analogies de la géométrie du plan à celle de
l'espace* ont été continuées par M. P. Serret dans plusieurs articles
des *Nouvelles Annales de Mathématiques* [1]. Il a déterminé l'équation
du plan qui, comme on le sait, est le lieu des centres des surfaces
du second ordre tangentes à sept plans donnés; puis l'équation de
la sphère qui, suivant un théorème de M. Mention, est le lieu des
centres des surfaces du second ordre tangentes à six plans donnés,
et dont la somme des carrés des axes est donnée.

M. Serret a complété ce théorème par la proposition suivante :

*Si l'on prend chacune des dix diagonales de l'hexaèdre formé par six
plans pour diamètre d'une sphère, les dix sphères ont même centre radical et une même sphère orthogonale, laquelle est la sphère lieu des
centres des surfaces du second ordre tangentes aux six plans.*

Nous citerons encore, parmi plusieurs autres, cette proposition :

*Toute surface du second ordre qui divise harmoniquement quatre des
diagonales d'un hexaèdre complet divise harmoniquement les six autres.
Et si cette surface se compose de deux plans, chacun de ces plans coupe
l'hexaèdre suivant un hexagone circonscriptible à une conique.*

---

[1] *Nouvelles Annales,* 2ᵉ série, t. IV, 1865, p. 145-159, 193-209, 433-451.

XIV. — Edmond Bour.

Les géomètres fondaient les plus grandes espérances sur Edmond Bour, que la mort a enlevé en mars 1866, à l'âge de trente-quatre ans[1]. Encore élève à l'École des mines, il puisait dans les savantes leçons de M. Bertrand, au Collége de France, l'idée d'un *Mémoire sur l'intégration des équations différentielles de la Mécanique*, travail remarquable, présenté à l'Académie le 5 mars 1855, et inséré au recueil des *Savants étrangers*, sur le rapport de M. Liouville[2]. Nous n'avons point à parler ici des différents Mémoires de l'auteur sur l'Analyse et la Mécanique, qui tous révèlent un talent de premier ordre. Nous nous bornerons à dire quelques mots de la *Théorie de la déformation des surfaces*, ouvrage couronné par l'Académie en 1861.

La question proposée était : *l'étude des surfaces qui peuvent s'appliquer les unes sur les autres sans déchirure ni duplicature.*

La Commission avait distingué surtout trois Mémoires, dans lesquels la question principale, consistant à former les équations différentielles de toutes les surfaces applicables sur une surface donnée, était pleinement résolue, et dont les auteurs (MM. Bour, Ossian Bonnet et Codazzi) avaient fait des applications également intéressantes. « Aucun des concurrents, disait la Commission, ne semble « donc avoir, pour cette partie du travail, de supériorité décidée « sur les deux autres : les trois ont fait preuve d'une grande habileté « analytique et de connaissances très-profondes en Géométrie. Mais « le Mémoire n° 1 (celui de M. Bour) contient en outre un chapitre « très-remarquable, dont l'analogue ne se trouve pas dans les deux « autres, et qui a décidé en sa faveur le choix unanime de la Com- « mission. L'auteur ne s'est, en effet, proposé rien moins que l'in- « tégration complète des équations du problème dans le cas où la « surface donnée est de révolution... La Commission espère que le

---

[1] *Comptes rendus*, t. XL, p. 524. — [2] *Ibid.* p. 661.

« savant auteur généralisera sa belle analyse, et que le calcul inté-
« gral recevra par là un perfectionnement notable. »

Malheureusement l'auteur, en imprimant dans le *Journal de l'École
Polytechnique* (xxixe cahier) le Mémoire couronné, a supprimé cette
dernière partie, désirant l'étendre et l'éclaircir dans un Mémoire
spécial.

La mort prématurée de Bour aura privé la science de ce précieux travail, qui ne s'est pas retrouvé dans ses papiers.

Après avoir établi les équations générales du problème, M. Bour
les applique à la théorie de la déformation des surfaces réglées,
et est conduit à une série de résultats remarquables parmi lesquels
nous citerons les théorèmes suivants :

On peut toujours déformer une surface gauche de manière à
rendre les génératrices parallèles à celles d'un cône donné, et, par
suite, parallèles à un plan.

L'angle de contingence des sections perpendiculaires à une génératrice varie de la quantité dont augmente ou diminue l'angle de
contingence correspondant du cône directeur.

On peut rendre les génératrices normales principales à l'une de
leurs trajectoires orthogonales.

Quant aux surfaces de révolution, l'auteur démontre ce théorème important, que, *sur une surface de révolution quelconque, on
peut toujours appliquer un certain hélicoïde à profil courbe.*

Dans un chapitre intitulé : *Applications diverses*, M. Bour applique
les formules générales de la théorie de la déformation des surfaces
à l'étude de plusieurs classes de surfaces, telles que les surfaces
dont tous les points sont des ombilics, les surfaces minima, les
surfaces à courbure moyenne, etc. Nous citerons encore ces deux
propositions :

Dans toute surface à aire minima provenant de la déformation
d'une surface de révolution, les lignes de courbure sont coupées
sous un angle constant par une même ligne géodésique, transformée
d'un des méridiens.

Les lignes de niveau sont aussi coupées sous un même angle par une ligne géodésique.

XV. — M. E. DE JONQUIÈRES.

Mélanges de Géométrie pure [1]. — Dans ce volume, M. de Jon- 1856. quières s'est proposé de démontrer, par les méthodes exposées dans le *Traité de Géométrie supérieure*, les théorèmes que l'auteur de cet ouvrage avait énoncés sans démonstration, dans diverses communications à l'Académie, sur le déplacement infiniment petit d'un corps dans l'espace; sur les arcs d'une conique dont la différence est rectifiable; sur les arcs de la lemniscate; sur une généralisation des foyers et des diamètres d'une section conique; sur le principe de correspondance anharmonique; sur la construction de la courbe du troisième ordre. Le volume se termine par une traduction du Traité de Maclaurin sur les courbes du troisième ordre, à laquelle M. de Jonquières a joint des Notes et des Additions.

Essai sur la génération des courbes géométriques, et en particulier 1856. *sur celle de la courbe du quatrième ordre* [2]. — Il s'agit de la génération des courbes géométriques déterminées par le nombre de points que comporte leur ordre. L'auteur considère ces courbes comme le lieu des points d'intersection de courbes qui se correspondent une à une dans deux faisceaux d'ordre inférieur, ainsi qu'on l'avait fait pour la construction des courbes du troisième ordre, dont il a été question dans les premiers paragraphes du chapitre précédent.

Le Mémoire de M. de Jonquières est divisé en deux sections. Dans la première, l'auteur expose les principes de la méthode,

---

[1] *Comprenant diverses applications des théories exposées dans le Traité de Géométrie supérieure de M. Chasles au mouvement infiniment petit d'un corps, aux sections coniques, aux courbes du troisième ordre, etc. et la traduction du Traité de Maclaurin sur les courbes du troisième ordre; Paris, Mallet-Bachelier, in-8°, 1856.*

[2] *Comptes rendus,* t. XLIII, p. 587 et 968.

qui constitue, dit-il, une sorte de *mise en équation géométrique* du problème. La courbe demandée étant d'ordre m, et les courbes des deux faisceaux, d'ordres n et n', on a $n + n' = m$; les points qui forment les bases des deux faisceaux sont en partie des points donnés, et en partie des points qu'il faut déterminer. M. de Jonquières démontre que ceux-ci sont toujours en nombre $nn' - 1$. La détermination de ces points inconnus forme la difficulté du problème. Dans la seconde section, il fait l'application de cette méthode à la construction de la courbe du quatrième ordre déterminée par quatorze points, et à la construction de quelques autres courbes d'ordre supérieur *à points multiples*.

Ce travail, présenté à l'Académie, a été le sujet d'un rapport[1] dont voici les conclusions : « Le Mémoire dont nous venons « de rendre compte nous paraît présenter des essais heureux dans « ce genre tout spécial de questions qui ont de grandes difficultés, « et où l'on s'est arrêté, pour ainsi dire, dès les premiers pas. Ce « travail dénote une aptitude peu commune pour les spéculations « abstraites de la pure Géométrie, qui mérite d'être encouragée; « car toutes les parties des Mathématiques sont solidaires, et les « progrès de l'une contribuent à l'avancement des autres.

« En considérant le mérite spécial du travail de M. de Jonquières, « nous avons l'honneur de proposer à l'Académie d'en ordonner « l'insertion dans le recueil des *Savants étrangers* [2]. »

1861. *Théorèmes généraux concernant les courbes géométriques planes d'un ordre quelconque* [3]. — Il s'agit des systèmes ou *séries* de courbes d'ordre n, satisfaisant à $\frac{1}{2} n (n+3) - 1$ conditions communes. L'auteur appelle *indice* le nombre des courbes de la série qui passent

---

[1] Commissaires : MM. Poncelet, Liouville, Chasles, rapporteur. (Voir *Comptes rendus*, t. XLV, 1857, p. 318-331, et 1064, note.)

[2] Tome XVI, année 1862, p. 159-224. Des extraits du Mémoire ont paru dans le *Journal de Mathématiques*, 2ᵉ série, t. I, p. 411, et t. II, p. 267.

[3] *Journal de Mathématiques*, 2ᵉ série, t. VI, 1861, p. 113-136.

par un point quelconque. Désignant ce nombre par N, il démontre divers théorèmes concernant les séries de courbes, qu'il exprime en fonction des deux nombres n et N.

Dans une Note rectificative [1], il annonce qu'il « a donné une forme 1863. « trop absolue aux énoncés de quelques théorèmes; » que, « sauf le « théorème I, qui est vrai dans toute sa généralité, la plupart des « autres ne conviennent, sans restriction, qu'aux séries d'ordre n et « d'indice 1, c'est-à-dire aux faisceaux de courbes d'ordre n, et aux « séries d'ordre 1 et d'indice N, » et que, « si n et N sont à la fois quel- « conques, les nombres exprimés dans les énoncés des théorèmes ne « doivent plus être pris comme des nombres absolus, mais simple- « ment comme une limite supérieure. »

Cette rectification paraissait très-opportune et très-fondée, d'au- tant plus que la démonstration même du théorème principal du Mémoire laissait voir manifestement que le nombre trouvé n'expri- mait qu'une limite supérieure [2]. Néanmoins, nous devons ajouter

[1] *Note au sujet d'un article publié dans le Journal de Mathématiques*, t. VI, 2ᵉ série. (Voir *ibid.* t. VIII, 1863, p. 71, et *Nou-velles Annales de Mathématiques*, 2ᵉ série, t. II, 1863, p. 204.)

[2] Le théorème dont il s'agit est le sui-vant: *Parmi les courbes* C_n *d'une série d'in-dice* N, *il y en a* $2(n-1)N$ *qui touchent une droite donnée* L.

Les courbes sont représentées par une équation $f(x, y) = 0$, du degré n, dont les coefficients, un au moins, renferment un paramètre λ à la puissance N. Voici la démonstration du théorème : « Une droite « L coupe les courbes de la série en des « points dont les abscisses sont les racines « d'une équation du degré n en x, dont « certains coefficients, sinon tous, con- « tiendront une indéterminée λ au de- « gré N, mais non pas à un degré supé- « rieur. A toute valeur de λ qui rend

« égales deux racines de cette équation, « il correspond une courbe C_n qui touche « la droite L. Or, la condition d'égalité de « deux racines s'exprime par une équa- « tion du degré $2(n-1)$ par rapport « aux coefficients de l'équation en x. Donc « cette équation de condition est du degré « $2(n-1)N$ en λ. Donc, enfin, il existe « $2(n-1)N$ courbes de la série qui tou- « chent la droite L. »

Conclusion erronée évidemment, car les coefficients de l'équation en x pouvant ne pas contenir tous λ à la puissance N, comme l'a dit avec raison l'auteur lui-même, il s'ensuit que λ peut très-bien ne pas se trouver à la puissance $2(n-1)N$ dans l'équation finale. La démonstration n'indique donc qu'*une limite supérieure*, de même que le théorème de Bezout, et suffisait pour montrer la nécessité d'une rectification.

que M. de Jonquières a retiré plus tard cette rectification [1]. Nous
citons ses propres paroles : « Dans la livraison du *Journal de Mathé-*
« *matiques* pour le mois d'avril 1861, j'ai introduit pour la première
« fois, je crois, dans la Géométrie pure, la considération des *séries* ou
« *systèmes* de courbes assujetties à autant de conditions communes,
« moins une, qu'il en faut pour déterminer une courbe de leur
« degré, et j'ai donné plusieurs formules générales concernant ces
« séries ou systèmes. Ces formules sont exactes, et il n'y a même pas
« lieu d'invoquer à leur égard les conditions restrictives dont j'ai
« cru devoir les entourer plus tard, dans un moment de précipi-
« tation justifiée par diverses circonstances. » Cependant M. de Jonquières n'a point tardé à reconnaître notamment que l'expression
$2(n-1)$ N du nombre des courbes d'une série d'indice N, qui
touchent une droite, « se trouve parfois en désaccord avec les *faits;* »
et il a cherché à déterminer des limites « en deçà desquelles elle con-
« serve son exactitude géométrique aussi bien qu'algébrique [2]. »
Toutefois il a continué depuis à introduire cette expression dans
divers théorèmes : et c'est ce qui nous oblige à faire mention ici de
ses incertitudes et de l'état de la question.

Le Mémoire de 1861 donne lieu à une autre observation importante. M. de Jonquières fait usage du raisonnement ou *principe
de correspondance* entre deux séries de points sur une même droite,
d'après lequel le nombre des points d'une série qui coïncident chacun avec un point correspondant de l'autre série est égal au degré
de l'équation qui a lieu entre les abscisses des points comptées à
partir d'une même origine : principe employé aussi, comme on l'a
vu (chapitre précédent), dans la théorie des deux caractéristiques

[1] *Note sur les systèmes de courbes et
de surfaces et sur certaines formules qui s'y
rattachent* (Saïgon, 14 novembre 1865),
et *Journal de Mathématiques,* 2ᵉ série, t. X,
1865, p. 412-416. — *Deuxième Note
sur les séries ou systèmes de courbes et de
surfaces* (Saïgon, 8 décembre 1865).

[2] *Théorèmes fondamentaux sur les séries de courbes et de surfaces d'ordre quelconque* (Saïgon, 15 décembre 1863),
Mémoire qui a été reproduit dans le *Giornale di Matematiche* de Naples, t. IV, 1866,
p. 45-53.

communiquée à l'Académie en 1864. Cette date de 1864 semble-
rait indiquer que ce mode si précieux de démonstration est dû à
l'auteur du Mémoire de 1861. Mais il n'en est pas ainsi, comme le
prouvent les documents publiés à ce sujet, et particulièrement une
Note émanée de M. de Jonquières lui-même, faisant partie de diverses autres observations, et qui suffirait seule pour ne laisser
aucune incertitude à cet égard [1].

Solution de quelques questions générales concernant les courbes algé-   1861.
briques planes [2]. — L'auteur énonce ainsi le problème général dont
il se propose de traiter divers cas : *Déterminer la classe de la courbe*

[1] Le procédé de démonstration dont il s'agit était employé dans le manuscrit du *Traité des sections coniques,* dont la première partie a paru en 1865, manuscrit communiqué à M. de Jonquières, sur sa demande, en janvier 1859. Dans plusieurs questions où à un point de la première série correspondent deux points de la seconde, et à un point de celle-ci ne correspond qu'un point de la première, questions semblables à celles qui se trouvaient dans la communication faite à l'Académie en 1855, sous le titre de *Principe de correspondance*... (voir ci-dessus, p. 228), M. de Jonquières a admis ce mode de démonstration. Mais lorsque vint une question dans laquelle à un point de la première série correspondaient deux points de la seconde, et à un point de celle-ci correspondaient *deux points* de la première (*et non un seul*), M. de Jonquières n'a plus admis la démonstration. Il l'a réfutée, et a conçu la correspondance d'une manière différente, en considérant simultanément les deux points de la seconde série et voulant qu'à chacun d'eux corres-pondissent deux points de la première

série (l'un desquels était commun aux deux couples). Voilà ce qui prouve péremptoi-rement que M. de Jonquières a été initié au procédé de démonstration dont il s'a-git, dans le manuscrit des coniques, en 1859. (Cf. *Comptes rendus,* t. LXIII, 1866, p. 670, 793, 816, 870, 874, 907, 909.) — *Recherches sur les séries ou systèmes de courbes et de surfaces algé-briques d'ordre quelconque, suivies d'une réponse à quelques critiques de M. Chasles,* par M. E. de Jonquières ; Gauthier-Villars, in-4°, 8 décembre 1866. — *Réponse à une revendication de priorité,* par M. Chasles ; Gauthier-Villars, in-4°, 1867. — *Docu-ments relatifs à une revendication de prio-rité et réponse à quelques critiques nouvelles de M. Chasles,* par M. E. de Jonquières ; 4 février 1867. Lithographie de Ch. Chau-vin. — *Réponse aux documents relatifs à une revendication de priorité,* par M. Chasles ; Gauthier-Villars, in-4°, 1867. — *Lettre à M. Chasles sur une question en litige,* par M. E. de Jonquières ; Artus-Bertrand, 1867, in-4°.

[2] *Journal* de Crelle, t. LIX, 1861 ; p. 313-334.

enveloppe d'une transversale qui coupe une courbe algébrique plane C_m, *du degré* m, *de telle sorte qu'une fonction déterminée* (F) *des distances mutuelles de* n *points d'intersection de la transversale et de la courbe ait une valeur donnée* λ, (F) *étant une fonction algébrique entière et rationnelle.* « Ce problème, ajoute M. de Jonquières, et celui auquel il « donne lieu corrélativement, par voie de dualité, résument avec « beaucoup de généralité un ensemble de questions intéressantes « concernant les courbes algébriques planes, dont M. Steiner a déjà « traité plusieurs dans un beau Mémoire inséré dans le XLVIIe vo-« lume de ce journal, et que M. Woepcke nous a fait connaître par « une excellente traduction insérée au tome XVIII du *Journal* de « Liouville. Je me propose d'indiquer ici un procédé général, basé « sur des considérations de pure Géométrie, qui conduit à la solution « de ce problème. On aura ainsi la clef des résultats énoncés sans « démonstration par M. Steiner, et j'en donnerai moi-même, à titre « d'applications, plusieurs exemples nouveaux. »

Voici une des questions traitées par l'auteur : *L'enveloppe d'une droite qui rencontre une courbe d'ordre* m *en trois points* a, b, c, *et une droite fixe* D *en un point* μ, *tels que l'on ait la relation*

$$\frac{\mu b}{\mu c} : \frac{ab}{ac} = \lambda,$$

est une courbe de la classe $2\,m(m-1)(m-2)$.

Dans le cas où la droite D est à l'infini, si $\lambda = -1$, de sorte que le point a soit le milieu du segment bc, la classe de la courbe enveloppe s'abaisse à $m(m-1)(m-2)$, ainsi que l'avait trouvé Steiner. Autre théorème : *L'enveloppe d'une transversale qui coupe une courbe d'ordre* m *en quatre points donnant lieu à un rapport anharmonique* λ *est de la classe* $\frac{1}{2}m(m-1)(m-2)(m-3)$.

Steiner avait trouvé que, dans le cas du rapport harmonique, c'est-à-dire de $\lambda = -1$, la classe de la courbe est $\frac{1}{4}m(m-1)(m-2)(m-3)$.

1863.   *Étude sur les courbes à double courbure tracées sur une surface algé-*

brique [1]. — M. de Jonquières annonce que ce Mémoire lui a été inspiré par une communication faite à l'Académie le 2 décembre 1861 [2], dans laquelle on exprimait la pensée qu'il serait utile d'étudier les courbes gauches par familles sur des surfaces déterminées. Il se propose de traiter « des courbes tracées sur une surface algébrique d'ordre quelconque, et qui sont les intersections complètes « de cette surface par d'autres surfaces algébriques. » Il s'occupe successivement des différentes questions traitées dans la communication à l'Académie qu'il a citée. Toutefois ce n'est point une méthode analytique fondée sur un système de coordonnées propre à la surface particulière sur laquelle les courbes sont tracées qu'emploie M. de Jonquières. Il fait usage de considérations générales pour déterminer les relations entre certains éléments des courbes qu'il considère sur des surfaces quelconques.

Formules exprimant le nombre des courbes d'un même système d'ordre 1864. *quelconque, qui coupent des courbes données d'ordre également quelconque, sous des angles donnés, ou sous des angles indéterminés, mais dont les bissectrices ont des directions données* [3]. — Les diverses questions que comprend cet énoncé sont des cas particuliers d'une même condition générale, savoir : que les tangentes à la courbe donnée et à la courbe cherchée, en leurs points d'intersection, divisent un segment donné dans un rapport anharmonique donné. Lorsque le segment est à l'infini et a pour extrémités les deux points imaginaires appartenant à un cercle, les angles des courbes sont de grandeur donnée; et lorsque le segment encore situé à l'infini est compris entre deux droites rectangulaires, les bissectrices des angles des courbes sont de direction donnée. Cette considération d'un segment coupé dans un rapport anharmonique donné et les consé-

[1] *Annali di Matematica*, t. V, 1863, p. 24-38.

[2] Il s'agit de la *Théorie analytique des courbes tracées sur l'hyperboloïde à une nappe*, dont il a été rendu compte précédemment (chap. IV, p. 252).

[3] *Comptes rendus*, t. LVIII, 1854, p. 535-537.

quences qu'en tire M. de Jonquières se trouvaient déjà, comme il
le dit, dans une des communications faites à l'Académie sur les
systèmes de coniques [1]. Nous ajouterons qu'elles s'appliquaient naturellement, d'après une observation antérieure [2], aux systèmes
de courbes d'ordre quelconque. M. de Jonquières les dérive d'un
théorème nouveau qu'il démontre.

1864. *Propriétés diverses des systèmes de surfaces d'ordre quelconque* [3]. —
Ce travail renferme les énoncés de plusieurs propriétés d'un système de surfaces d'ordre quelconque, en fonction des trois caractéristiques μ, ν, ρ du système, qui expriment le nombre des surfaces qui passent par un point, le nombre de celles qui touchent
une droite, et le nombre de celles qui touchent un plan.

1865. Dans une Note intitulée : *Propriétés des systèmes de surfaces d'ordre
quelconque* [4], M. de Jonquières démontre cette propriété des courbes
à double courbure : *Le nombre des surfaces d'un système* (μ, ν, ρ)
qui touchent la courbe d'intersection de deux surfaces d'ordres m *et* n
est $N = mn\,[\mu\,(m+n-2)+\nu]$, où plus simplement $N = \mu r + \nu p$,
en appelant p l'ordre de la courbe, et r l'ordre de la développable
dont elle est l'arête de rebroussement.

1866. *Détermination du nombre des courbes d'ordre* r *qui ont un contact
d'ordre* n $<$ mr *avec une courbe donnée d'ordre* m, *et qui satisfont en
outre à* $\frac{1}{2} r (r+3) - $ n *autres conditions quelconques* [5]. — Dans le cas
où les $\frac{1}{2} r (r+3) - n$ conditions sont de passer par des points, le
nombre des courbes est $\frac{1}{2} m (n+1) (2r + mn - 3n)$.

<hr>

[1] *Systèmes de coniques qui coupent des
coniques données, sous des angles donnés
ou sous des angles indéterminés, mais dont
les bissectrices ont des directions déterminées,* par M. Chasles. (*Comptes rendus
de l'Académie,* t. LVIII, 1864, p. 425-
431 et 537.)

[2] *Comptes rendus,* t. LVIII, p. 300.

[3] *Comptes rendus,* t. LVIII, p. 567-
571.

[4] *Comptes rendus,* t. LXI, 1865,
p. 440-443.

[5] *Comptes rendus,* t. LXIII, 1866,
p. 423-425.

Pour le cas où les $\frac{1}{2}r(r+3)-n$ conditions sont quelconques, l'auteur dit que le nombre des coniques est *en général*

$$\frac{1}{2}\mu . m (n+1) (2r+mn-3n),$$

μ désignant le nombre des courbes d'ordre r qui passent par n points donnés et satisfont aux mêmes $\frac{1}{2}r(r+3)-n$ conditions.

Par : *en général*, il entend « qu'il peut arriver que plusieurs des « courbes dont la formule fait connaître le nombre possèdent des « branches doubles ou multiples, et forment ainsi des solutions sin- « gulières qu'il y aurait lieu d'écarter du résultat final [1]. »

Dans une seconde communication [2], M. de Jonquières donne le nombre des courbes qui doivent avoir deux contacts d'ordres n et n' avec une courbe d'ordre m; et dans un troisième travail, il étend la formule à un nombre quelconque de contacts d'ordres n, n', n'',... [3]. Mais il prévient que ses formules peuvent renfermer des solutions qu'il appelle *singulières* [4].

XVI. — M. Picart.

Mémoire sur les surfaces dont les lignes de courbure sont planes ou 1858. *sphériques* [5]. — La théorie des surfaces dont les lignes de courbure sont planes ou sphériques, qui a pris naissance dans l'*Application de l'Analyse à la Géométrie* de Monge, et dont Joachimsthal a aussi

[1] Il faut observer que ces solutions singulières (ou plutôt étrangères) ne sont pas les seules qu'il y ait lieu d'écarter du résultat final, ainsi qu'on le voit par une relation entre les deux caractéristiques du système de courbes, dont il a été question précédemment (chapitre IV). Et d'ailleurs ces solutions singulières peuvent avoir un certain degré de multiplicité, comme les coniques exceptionnelles dans les systèmes de coniques.

[2] *Comptes rendus*, t. LXIII, p. 485-488.

[3] *Ibid.* p. 522-526.

[4] Ce que nous avons dit précédemment (p. 329) de la formule $2(m-1)N$, qui n'exprime qu'une limite supérieure du nombre des courbes d'un système tangentes à une droite, s'applique aux formules actuelles dans lesquelles μ remplace N.

[5] *Comptes rendus*, t. XLVI, p. 356.

traité un cas, a dû une extension considérable aux travaux remarquables de MM. Ossian Bonnet et Serret. M. Picart se propose de traiter ces mêmes questions par une méthode purement géométrique, et parvient par cette voie à plusieurs résultats nouveaux, tels que ceux-ci :

Si toutes les lignes de courbure d'un système sont situées sur des sphères concentriques, les lignes de courbure de l'autre système sont dans des plans passant par le centre commun des sphères et coupant la surface orthogonalement.

Si toutes les lignes de courbure d'un système appartiennent à des sphères ayant leurs centres sur une même droite, et telles, que le produit de leur rayon par le cosinus de l'angle qu'elles forment avec la surface soit constant ou proportionnel à la distance de leur centre à un point fixe situé sur la droite, les lignes de courbure de l'autre système sont dans des plans parallèles à la droite, ou passant par un même point de cette droite.

Si les lignes de courbure d'un système sont dans des plans parallèles à une même droite et coupent la surface sous un angle dont le cosinus est proportionnel à leur distance à une droite fixe, les lignes de courbure de l'autre système appartiennent à des sphères dont les centres sont situés sur cette droite.

1863.   Dans un *Essai d'une théorie géométrique des surfaces*, qui fait le sujet d'une thèse pour le doctorat, M. Picart, à l'exemple de M. Ch. Dupin, et suivant les traces principalement de MM. Bertrand et Ossian Bonnet, s'est proposé de traiter, par de simples considérations géométriques, les nombreuses questions qui appartiennent à la théorie générale des surfaces. Son travail comprend quatre parties, dont les titres seuls montreront toute l'importance :

1re partie. Étude de la forme générale d'une surface autour de chaque point.

2e partie. Étude des lignes tracées sur les surfaces.

3e partie. Étude des surfaces gauches.

4ᵉ partie. Étude des surfaces à lignes de courbure planes ou sphériques.

Dans cette dernière partie, l'auteur démontre les résultats principaux de son Mémoire de 1858, que nous avons déjà cités.

Sur le lieu des points dont la somme des distances à deux droites fixes est constante [1]. — Il s'agit du cas général de deux droites de directions quelconques et ne se rencontrant pas. M. Picart démontre d'abord le théorème suivant : *La normale en un point de la surface est la bissectrice de l'angle des perpendiculaires abaissées de ce point sur les deux droites fixes;* puis celui-ci : *La normale en un point de la surface lieu des points dont la différence des distances à deux droites fixes est constante est la bissectrice de l'angle formé par l'une des deux perpendiculaires et le prolongement de l'autre.*

Il conclut de ces deux théorèmes le suivant : *La surface lieu des points dont la somme des distances à deux droites fixes est constante, et la surface lieu des points dont la différence des distances aux deux mêmes droites est aussi constante, se coupent orthogonalement.*

De sorte que l'on a ainsi deux systèmes de surfaces orthogonales.

Dans le cas particulier où les deux droites sont dans un même plan et rectangulaires, l'auteur montre que la courbe d'intersection de deux surfaces appartenant aux deux systèmes est une ligne de courbure de ces surfaces, et qu'il existe un système de paraboloïdes qui coupent les surfaces suivant leurs autres lignes de courbure, ce qui forme un système triple de surfaces orthogonales.

Ce système, comme le rappelle M. Picart, avait déjà été obtenu analytiquement par M. Serret dans son *Mémoire sur les surfaces orthogonales* [2]. « Mais, ajoute-t-il, il n'était peut-être pas sans intérêt d'y parvenir par une voie purement synthétique. » Il ne cite pas le Mémoire de M. Catalan, qui n'était point encore publié.

---

[1] *Annales scientifiques de l'École Normale supérieure,* t. I, 1864, p. 285-295. — *Nouvelles Annales de Mathématiques,* 2ᵉ série, t. III, 1864, p. 292-297.

[2] *Journal de Mathématiques,* t. XII, 1847, p. 247.

1864.   Dans une *Note sur les surfaces du second degré*, M. Picart a donné une démonstration élégante de ce théorème, proposé comme exercice : *La surface lieu des sections circulaires diamétrales d'un système d'ellipsoïdes homofocaux coupe les ellipsoïdes orthogonalement* [1].

1865.   *Étude géométrique sur les surfaces* [2]. — Si un point A, pris sur un axe commun à un système de surfaces homofocales du second ordre, est le sommet de cônes circonscrits aux surfaces, les courbes de contact sont sur une certaine surface S_1. Chaque point d'un autre axe donne pareillement une surface S_2; et chaque point du troisième axe, une surface S_3. On a ainsi trois séries de surfaces. M. Picart démontre, par de simples considérations de Géométrie, diverses propositions, parmi lesquelles se distinguent ces deux-ci :

1° *Une surface d'une série coupe chaque surface d'une autre série suivant un cercle.*

2° *Les trois séries forment un système triple de surfaces orthogonales.*

Ce système triple a été découvert, comme le dit M. Picart, par M. W. Roberts, dans un fort beau travail: *Sur quelques systèmes de surfaces orthogonales obtenus par la méthode des coordonnées elliptiques* [3]. Toutefois la méthode géométrique a ici l'avantage de déduire directement ce système des propriétés les plus simples des surfaces du second ordre.

1866.   Dans un Mémoire intitulé : *Solution géométrique d'un problème d'analyse qui se présente dans la question des lignes isothermes permanentes* [4], M. Picart démontre quelques propriétés de certains systèmes de surfaces et de leurs lignes d'intersection.

[1] *Nouvelles Annales de Mathématiques*, t. III, 1864, p. 532.

[2] *Nouvelles Annales de Mathématiques*, 2ᵉ série, t. IV, p. 62-66 et 97-107.

[3] *Comptes rendus*, t. LIII, 1861, p. 546 et 724.

[4] *Annales scientifiques de l'École Normale supérieure*, t. III, 1866, p. 309-319.

Nouvelle théorie du déplacement continu d'un corps solide [1]. — L'au- 1867.
teur, en partant des formules générales qui expriment les figures
homographiques dans l'espace, établit les formules du déplacement
d'un point quelconque du corps; il en conclut l'axe instantané de
rotation.

Puis il considère le corps dans un second déplacement infiniment
petit, et calcule l'accélération éprouvée par chaque point. Il établit
ainsi quelques résultats relatifs aux deux axes instantanés de rotation consécutifs, aux rotations autour de ces axes, et aux glisse-
ments dans leur sens.

M. Résal avait déjà traité quelques questions semblables dans
son Mémoire inséré au xxxvıı^e cahier du *Journal de l'École Polytechnique*, et dans son *Traité de Cinématique*.

XVII. — M. REECH.

Les travaux de M. Reech, l'éminent directeur de l'École d'application du génie maritime, se rapportent aux différentes parties
de la Mécanique théorique et pratique, notamment à la théorie
mécanique de la chaleur. Mais parfois il s'est trouvé conduit à
quelques recherches qui se rattachent à la Géométrie.

C'est ainsi que la théorie de la stabilité des corps flottants lui a 1858.
fourni la *démonstration d'une propriété générale des surfaces fermées* [2].
Il s'agit des normales à la surface lieu des centres de carène du corps
flottant. M. Reech range les normales qu'on peut mener par un point
à une surface fermée en trois groupes : les unes sont des maxima
par rapport à tous les rayons vecteurs qu'on peut mener aux points
de la surface infiniment voisins du pied de la normale; d'autres
sont des minima par rapport à tous les rayons vecteurs infiniment
voisins; et enfin d'autres sont des maxima par rapport à tous les
rayons vecteurs infiniment voisins dans deux angles dièdres opposés,

[1] *Nouvelles Annales de Mathématiques,*
2e série, t. VI, p. 158-168.

[2] *Journal de l'École Polytechnique,*
xxxvıı^e cahier, 1858, p. 169-178.

et des minima par rapport à tous les rayons vecteurs infiniment voisins dans les angles dièdres supplémentaires.

Les pieds des normales maxima ou minima *absolus* sont les points de contact de la surface et des sphères décrites du point d'où l'on abaisse les normales ; et les pieds des normales de la troisième classe sont les points dans lesquels les sphères tangentes à la surface la coupent chacune suivant une courbe dont le point de contact est un point double.

M. Reech n'entend ici que les normales *possibles*, c'est-à-dire *réelles*, faisant ainsi abstraction des normales *imaginaires*. Il admet que leur nombre N est pair ; et, appelant I le nombre des normales maxima, S celui des normales minima, et M le nombre des normales de la troisième classe, il obtient les relations

$$I + S = \frac{N}{2} + 1, \qquad M = \frac{N}{2} - 1 .$$

Par exemple, pour l'ellipsoïde le nombre théorique des normales est six : si le point donné est situé dans l'intérieur de l'ellipsoïde, le nombre des normales possibles pourra être six ou quatre ; et l'on a dans ces deux cas

$$I + S = 3 + 1 = 4, \qquad M = 3 - 1 = 2,$$

et

$$I + S = 2 + 1 = 3, \qquad M = 2 - 1 = 1 ;$$

et si le point est extérieur, il n'existe que deux normales *possibles*, et l'on a

$$I + S = 1 + 1 = 2, \qquad M = 1 - 1 = 0 .$$

C'est à la théorie de la stabilité des corps flottants que M. Reech applique ses formules, qui expriment alors les lois suivantes :

Le nombre total N des positions d'équilibre d'un flotteur est pair.

La somme des positions d'équilibre qui doivent être considérées comme absolument stables et absolument instables est $\frac{N}{2} + 1$.

La somme des positions d'équilibre mixte est $\frac{N}{2} - 1$.

Théorie de la courbure des lignes orthogonales [1]. — M. Reech se   1865.
sert, pour définir une courbe, de la relation $\rho = f(\theta)$ entre le rayon
de courbure ρ en un point, et l'angle θ que la tangente, ou l'élément de la courbe, fait avec l'axe des x. De la sorte un système de
courbes sera représenté par l'équation

$$\rho = f(\theta, \alpha),$$

α étant un paramètre variable; et deux systèmes de courbes orthogonales, par deux équations

$$\rho_1 = f(\theta_1, \alpha_1),$$
$$\rho_2 = f(\theta_2, \alpha_2),$$

θ_1 et θ_2 étant liés par la relation $\theta_2 = \theta_1 + \dfrac{\pi}{2}$.

L'analyse de M. Reech le conduit à la formule

$$\frac{d\frac{1}{\rho_1}}{ds_2} + \frac{d\frac{1}{\rho_2}}{ds_1} + \frac{1}{\rho_1^2} + \frac{1}{\rho_2^2} = 0,$$

découverte, comme il le dit, par M. Lamé [2].

XVIII. — M. RÉSAL.

Dans un *Mémoire sur les propriétés géométriques du mouvement*   1858.
le plus général d'un corps solide [3], M. Résal considère deux mouvements infiniment petits consécutifs du corps, ainsi que MM. Transon
et Bresse l'ont déjà fait pour le déplacement d'une figure plane
dans son plan. Il obtient un grand nombre de résultats où entrent
principalement les *vitesses* et les *accélérations* des divers points du

---

[1] *Journal de l'École Polytechnique,* XLIe cahier, 1865, p. 201-208.

[2] *Leçons sur les coordonnées curvilignes et leurs diverses applications;* 1 vol. in-8°, 1859. (Voir p. 85.)

M. Bertrand, à raison de la grande importance de cette formule, en a donné, dans son *Traité de calcul différentiel et de*

calcul intégral (p. 545), indépendamment de la démonstration analytique propre au sujet, une démonstration géométrique qui jette du jour sur l'origine et la signification de cette relation.

[3] *Journal de l'École Polytechnique,* XXXVIIe cahier, 1858, p. 226-271.

corps. Il applique plusieurs de ces résultats généraux aux courbes sphériques et à la théorie des engrenages coniques.

On distingue dans ce travail important et fort étendu ce triple problème, relatif au mouvement d'une figure de forme invariable dont deux points glissent sur deux courbes fixes, et un troisième sur une surface : *Construire la tangente, le rayon de courbure et le plan osculateur de la courbe décrite dans l'espace par un quatrième point de la figure.*

Ce Mémoire de M. Résal a été naturellement la base du très-savant *Traité de Cinématique pure,* publié par l'auteur bientôt après (in-8°, 1862).

XIX. — M. Haton de la Goupillière.

La plupart des recherches de M. Haton se rapportent à la Mécanique et à la Physique mathématique, et quelques-unes seulement à la Géométrie.

1858.   Dans un *Mémoire sur les centres successifs de courbure des lignes planes*[1], M. Haton considère les développées successives d'une courbe donnée et détermine l'ensemble des centres de courbure de ces lignes correspondants à un point de la première. Il donne les formules qui résolvent la question dans toute sa généralité. Il trouve que, pour la *spirale logarithmique,* la courbe cherchée est une autre spirale logarithmique qui passe par le point pris sur la proposée.

1866.   Dans une Note insérée au *Journal de Mathématiques* [2], M. Haton s'est proposé de *déterminer une courbe dont une podaire soit cette courbe même ou une courbe semblable.* Il trouve, par une analyse élégante, qui ne laisse rien à désirer et qui est fondée sur l'emploi des équations simultanées aux différences mêlées, que, dans le premier cas, le cercle seul satisfait à la question ; et, pour le second, la *spirale logarithmique.*

[1] *Compt. rend.* t. XLVI, p. 930, 979. — *Journ. de Math.* 2ᵉ sér. t. IV, p. 183-193.

[2] *Journal de Mathématiques,* 2ᵉ série, t. XI, p. 329-336.

Méthodes de transformation en Géométrie et en Physique mathéma- [1] 1867.
tique [1]. — Dans ce Mémoire M. Haton s'est proposé, non pas d'étudier les propriétés de tel ou tel mode de transformation des figures, mais de déterminer le mode lui-même, de manière à satisfaire à certaines conditions indiquées d'avance. Ce travail comprend deux parties. Dans la première, l'auteur considère les figures à deux dimensions, qu'il suppose rapportées à des coordonnées isothermes quelconques. Il indique d'abord ce qu'il nomme la transformation linéaire, qui jouit de propriétés spéciales; puis il étudie la transformation générale, qui est définie par la condition de conserver les angles. C'est, comme on voit, le problème de Lambert, résolu par Lagrange dans le cas de la sphère, plus tard par Gauss d'une manière tout à fait générale, et, dans ces derniers temps, par MM. Liouville [2] et O. Bonnet [3]. M. Haton ajoute des détails intéressants à ce que l'on connaissait sur ce sujet. La seconde partie est consacrée aux figures à trois dimensions. On y remarque une démonstration nouvelle et fort simple de ce beau théorème de M. Liouville : Le procédé de transformation par rayons vecteurs réciproques est, avec l'homothétie ordinaire, le seul qui conserve la similitude infinitésimale des figures à trois dimensions.

M. Haton y ajoute une propriété analogue et entièrement nouvelle : elle consiste en ce que ces modes de déformation sont en même temps les seuls capables de conserver la similitude thermique infinitésimale des solides à trois dimensions en équilibre de température.

M. Haton a donné, dans plusieurs Mémoires successifs [4], une grande extension à la théorie des courbes isothermes et des réseaux de coordonnées curvilignes fournis par la considération des potentiels cylindriques.

[1] *Journal de l'École Polytechnique,* XLII° cahier, 1867, p. 153-204.

[2] Note V de la nouvelle édition de *l'Application de l'An. à la Géom.* de Monge.

[3] *Sur la théorie mathématique des cartes géographiques,* thèse d'astronomie, 1852.

[4] *Journal de l'École Polytechnique,* XXXVIII° cahier, 1861, p. 15-112.

Nous rencontrons encore, sur les limites de la Géométrie et de la Mécanique, la thèse publiée par M. Haton sous le titre de *Théorie nouvelle de la Géométrie des masses*[1]. L'auteur y envisage les intégrales de la forme $\int xy\,dm$ analogues à celles des moments d'inertie, et douées, comme ces dernières, de propriétés extrêmement nombreuses et élégantes, qu'il serait impossible de résumer ici.

Enfin, dans une Note relative à la théorie des courbes roulantes[2], M. Haton a donné, sous la forme la plus générale, une transformation telle, qu'en l'appliquant à deux courbes capables de se conduire par simple roulement lorsqu'elles tournent sur deux points fixes, on obtienne deux nouveaux profils jouissant de la même propriété.

XX. — M. Combescure.

M. Combescure, après s'être occupé d'abord de Mécanique dans plusieurs articles intéressants concernant le mouvement d'un point sur une sphère (publiés aux États-Unis), puis de diverses questions d'Analyse pure ou appliquée à la Mécanique, est entré dans le domaine de la Géométrie.

1859.　Dans une *Note sur les lignes de courbure de la surface des ondes*[3], M. Combescure a introduit deux variables, ou coordonnées, dont on n'avait point encore fait usage avant lui, le carré du rayon vecteur et le carré de la perpendiculaire abaissée de l'origine sur le plan tangent. Ces éléments le conduisent à une équation différentielle des lignes de courbure très-symétrique et élégante. Cette équation confirme immédiatement la rectification d'une inexactitude signalée par M. Bertrand[4], et fait connaître le cas particulier où une surface développable circonscrite à la surface des ondes et à une sphère concentrique peut avoir pour courbe de contact avec la surface une

[1] *Journal de l'École Polytechnique,* xxxviie cahier, 1858, p. 35-96.

[2] *Journal des Mines,* 6e série, t. V.

[3] *Annali di Matematica,* etc. Rome, 1859, t. II, p. 278-285. — [4] *Comptes rendus de l'Acad.* t. XLVII, 1858, p. 817.

ligne de courbure. La même équation fournit une construction géométrique assez simple de la direction des sections principales en chaque point de la surface.

Sur quelques problèmes relatifs aux surfaces réglées [1]. — L'objet principal de ce travail est la solution du problème suivant : *Déterminer les surfaces développables qui passent par une courbe donnée et dont les génératrices coupent cette courbe sous un angle donné, constant ou variable, suivant une loi quelconque.* Ce problème peut être résolu de différentes manières. La solution de l'auteur est élégante et simple : elle ramène la question à l'intégration d'une équation de Bernoulli. Cette équation s'intègre dans trois cas particuliers : 1° lorsque la courbe donnée est plane ; 2° lorsque les génératrices des surfaces développables cherchées coupent sous un angle droit la courbe donnée, auquel cas les arêtes de rebroussement des surfaces développables sont les développées de la courbe ; 3° lorsque les génératrices coupent la directrice sous un angle dont la tangente est proportionnelle à celle de l'angle sous lequel la directrice est coupée par ses droites rectifiantes.

On trouve encore dans le Mémoire de M. Combescure la solution de ce problème : *Faire passer par une courbe donnée une surface développable qui soit tangente, le long de son arête de rebroussement, à un ellipsoïde donné.*

Ce second problème dépend, comme le premier, de l'intégration d'une équation de Bernoulli.

Sur un triple système particulier de surfaces orthogonales [2]. — M. Combescure se propose de déterminer un système triple de surfaces orthogonales dont fasse partie la série de surfaces représentées par l'équation $x^m y^n z^p = \gamma$. Ce système avait déjà été considéré par M. J. A. Serret, sans que M. Combescure en eût connaissance. Il

1863.

1863.

[1] *Journal* de Crelle, t. LXII, p. 174-187. [2] *Annali di Matematica*, t. V, 1863, p. 39-51.

comprend comme cas particulier le système dans lequel les surfaces de la première série sont le lieu des points dont la somme des distances aux deux côtés d'un angle droit est constante; les surfaces de la seconde série sont le lieu des points dont la différence des mêmes distances est constante; et celles de la troisième série sont des paraboloïdes hyperboliques qui passent par les deux côtés de l'angle.

M. Combescure discute et fait connaître, au moyen d'une figure, la forme des surfaces des trois séries, et donne ensuite l'expression de leurs rayons de courbure principaux.

Sur le déplacement d'une courbe invariable de forme, qui reste tangente à une courbe fixe [1]. — Ce Mémoire, qui ne se rattache à la Géométrie que par le titre, est une étude sur le mouvement d'un corps solide, dans laquelle entre toujours le temps comme élément principal. Nous nous bornerons donc à indiquer le point de vue général de l'auteur dans ce travail important. Il considère deux courbes, l'une C rapportée à trois axes rectangulaires fixes, l'autre C' liée invariablement à trois axes mobiles. Il imagine deux points matériels M, M_1 parcourant respectivement ces courbes avec des vitesses connues v, v_1; et pour régler complétement le mouvement des axes mobiles, il admet trois conditions : 1° qu'à chaque instant les points M, M_1 coïncident; 2° que les trajectoires respectives C, C_1 se touchent en ce point; 3° que les plans osculateurs de ces deux courbes font, en chaque point de contact, un angle dont la loi est donnée.

La question ainsi posée comprend, indépendamment des vitesses connues v, v_1, quatre groupes de quantités : 1° les coordonnées absolues de l'origine des axes mobiles; 2° les coordonnées absolues du point M; 3° les coordonnées relatives du même point; 4° les cosinus de direction des axes mobiles par rapport aux axes fixes.

[1] *Journal de Mathématiques* de Crelle, t. LXIII, p. 332-359.

En prenant pour données les quantités qui entrent dans deux quelconques de ces groupes, on détermine celles des autres groupes. L'auteur remplace la loi de l'angle des plans osculateurs par certaines autres conditions. De là une série de problèmes qu'il résout complétement.

Nous signalerons dans ce travail de M. Combescure la solution d'un problème intéressant de Mécanique, ayant pour but la détermination des cosinus de direction de trois axes rectangulaires liés à un corps solide, quand on connaît en fonction du temps les trois composantes de la vitesse instantanée de rotation.

Mémoire sur les coordonnées curvilignes [1]. — Ce Mémoire, présenté à l'Académie des sciences en 1864, a paru en 1867 dans les *Annales scientifiques de l'École Normale supérieure*, sous ce titre plus complet : *Sur les déterminants fonctionnels et les coordonnées curvilignes.* 1864.

L'objet principal de ce travail est la généralisation de la belle théorie créée par M. Lamé, que l'auteur étend au cas général des coordonnées curvilignes obliques. On y trouve de nombreux résultats qui sont d'une importance capitale dans la Géométrie des surfaces. Quelques-uns étaient déjà publiés, sans que M. Combescure en eût connaissance. Ce sont les formules sur lesquelles M. Codazzi a fondé la recherche des surfaces applicables sur une surface donnée, et celles que M. Ossian Bonnet a fait connaître pour la détermination des systèmes orthogonaux.

Dans un paragraphe particulier l'auteur intègre les équations qui définissent les systèmes orthogonaux, dans le cas où toutes les surfaces de ces systèmes sont isothermes; et, par une analyse plus simple que celle de M. Lamé, il arrive aux résultats de l'illustre géomètre. Mais, ce qui est plus important, il généralise la question

[1] Présenté à l'Académie, séance du 30 mai 1864. (*Comptes rendus de l'Académie des sciences,* t. LVIII, p. 1001. — *Annales scientifiques de l'École Normale supérieure,* t. IV, 1867, p. 93-131.)

en montrant que, lorsqu'on connaît un système orthogonal particulier, on peut en déduire d'autres systèmes, dans l'expression desquels entrent trois fonctions arbitraires.

Un caractère d'originalité et d'élégance distingue ce travail, comme tout ce que l'on doit à M. Combescure.

XXI. — M. L'ABBÉ AOUST.

Les travaux de M. l'abbé Aoust se rapportent presque tous à la Géométrie, particulièrement à la théorie des surfaces; ils se composent de nombreux articles insérés dans les *Comptes rendus de l'Académie* et dans les journaux de Mathématiques. Nous citerons d'abord deux Mémoires étendus, l'un de 1859, *sur les coordonnées curvilignes planes* [1], et l'autre de 1862, *sur les coordonnées curvilignes dans l'espace* [2]. Ce qui distingue ces deux séries de recherches, c'est que l'auteur y remplace les calculs, presque toujours très-compliqués, par des considérations infinitésimales d'une grande simplicité, et parvient par ces considérations directes à des formules de coordonnées obliques qui sont des généralisations simples et remarquables de celles que l'on connaissait dans le cas des coordonnées orthogonales. Nous signalerons en particulier dans le second Mémoire l'heureux emploi d'un élément nouveau, que l'auteur nomme *courbure géodésique inclinée*.

Quoique les coordonnées curvilignes obliques ne soient pas, en raison de leur complication, destinées à jouer un grand rôle dans les applications, les recherches de M. l'abbé Aoust comblent une lacune importante, et à ce point de vue elles sont dignes de la plus sérieuse attention.

Les articles suivants se rapportent aux lignes de courbure et aux lignes géodésiques des surfaces du second ordre.

1859.

[1] *Comptes rendus de l'Académie des sciences*, t. XLVIII, 1859, p. 842, et t. LIV, 1862, p. 461. — *Journal* de Crelle, t. LVIII, p. 352-368. — [2] *Annali di Matematica*, t. VI, 1864, p. 65-87.

Sur une propriété des lignes de courbure de l'ellipsoïde [1]. — L'au- 1859.
teur démontre ce théorème : *Par une ligne de courbure de l'ellipsoïde*
passent trois surfaces du second ordre de révolution, dont les axes de
révolution sont les trois axes de l'ellipsoïde.

Il conclut de là certaines propriétés, données déjà par M. Valson
dans sa thèse de doctorat, et trouvées aussi depuis par M. Heilermann, de Coblentz, comme nous l'avons dit précédemment.

Sur une forme de l'équation de la ligne géodésique ellipsoïdale, et de
ses usages pour trouver les propriétés communes aux lignes ellipsoïdales
et à des courbes planes correspondantes [2]. — L'auteur, en partant des
propriétés relatives aux *sphères focales*, transforme l'équation de la
ligne géodésique de M. Liouville en celle-ci :

$$4\mu_1^2 = \tau^2 + \tau_1^2 - 2\tau\tau'\cos\theta,$$

dans laquelle τ, τ' sont les longueurs des tangentes menées d'un
point de l'ellipsoïde aux deux sphères focales, et θ est l'angle des
deux lignes géodésiques menées du même point à la ligne de courbure (μ_1), c'est-à-dire à la ligne de courbure intersection de l'ellipsoïde et de l'hyperboloïde homofocal dont le demi-grand axe
est μ_1.

Ensuite il établit une certaine correspondance entre les courbes
tracées sur l'ellipsoïde et des courbes planes.

Dans une *Note sur les lignes de courbure des surfaces du second* 1860.
ordre [3], M. l'abbé Aoust applique ces considérations à la détermination des centres de courbure des lignes tracées sur l'ellipsoïde.

Deux autres articles se rapportent au même sujet, savoir : *Des-* 1861.
cription des lignes de courbure des surfaces du second ordre [4] ; et *Des* 1862.

[1] *Comptes rendus*, t. XLVIII, 1859,
p. 886-888.

[2] *Comptes rendus*, t. L, p. 484-
489.

[3] *Comptes rendus*, t. LI, 1860, p. 640-
642.

[4] *Comptes rendus*, t. LII, 1861,
p. 1150-1153.

surfaces du second ordre doublement tangentes, en leurs ombilics, à deux sphères égales [1].

1863.   Dans une *Note sur la courbure des surfaces* [2], M. l'abbé Aoust calcule l'expression de la courbure des sections planes d'une surface en fonction des courbures d'un système de courbes coordonnées obliques, et de leurs *courbures inclinées*, dont la notion a été introduite pour la première fois dans son Mémoire de 1859.

Quelques-unes des recherches de M. l'abbé Aoust paraissent prendre leur point de départ dans un *Mémoire sur les trajectoires qui coupent sous un angle constant les courbes méridiennes des surfaces de révolution*, qu'il a fait paraître en 1846, dans le *Journal de Mathématiques* de M. Liouville [3].

La rapide analyse que l'on vient de lire montre que le zélé et savant professeur de la Faculté de Marseille a porté avec succès ses investigations sur les différentes parties de la Géométrie des surfaces.

XXII. — M. MOUTARD.

1860.   *Détermination du degré de l'équation de certaines surfaces enveloppes* [4]. —Les résultats principaux de ce travail sont les deux théorèmes suivants :

La surface enveloppe de toutes les surfaces de degré l, *dont les coefficients sont des fonctions de degré* m *de trois paramètres variables liés entre eux par deux relations, l'une de degré* n, *l'autre de degré* p, *est en général d'un ordre marqué par*

$$\mathrm{lnp}\,(2m + n + p - 4).$$

La surface enveloppe de toutes les surfaces de degré l, *dont les coefficients sont des fonctions de degré* m *de trois paramètres arbitraires liés*

<hr>

[1] *Comptes rendus*, t. LIV, 1862, p. 765-767.

[2] *Ibid.* t. LVII, 1863, p. 217-219.

[3] T. XI, p. 184-192.

[4] *Nouvelles Annales de Mathématiques*, t. XIX, p. 58-66.

entre eux par une relation unique de degré n, *est en général d'un ordre marqué par*

$$\ln\left[(n-1)^2 + 2\,(n-1)\,(m-1) + 3\,(m-1)^2\right].$$

Ces deux théorèmes sont susceptibles d'applications importantes dans la théorie des surfaces, où ils permettent d'introduire des théorèmes analogues à des propriétés énoncées pour les courbes, notamment dans un beau Mémoire de Steiner [1].

Pour arriver à ses deux théorèmes principaux, M. Moutard démontre d'abord quelques autres résultats relatifs à la théorie de l'élimination, dont nous énoncerons les deux suivants, que M. Salmon a cités et introduits dans son excellent Traité de Géométrie à trois dimensions [2] :

Le lieu d'un point dont les plans harmoniques relatifs à quatre surfaces d'ordre l, m, n, p *passent par un même point est une surface d'ordre*

$$(l+m+n+p-4).$$

L'équation de condition à laquelle doivent satisfaire les coefficients des équations de deux surfaces d'ordre l *et d'ordre* m, *pour que ces surfaces soient tangentes entre elles, est du degré*

$$l(l^2 + 2lm + 3m^2 - 4l - 8m + 6)$$

par rapport aux coefficients de la seconde, et du degré

$$m\,(m^2 + 2lm + 3l^2 - 4m - 8l + 6)$$

par rapport aux coefficients de la première.

Note sur la transformation par rayons vecteurs réciproques [3]. — La transformée par rayons vecteurs réciproques d'une surface d'ordre

1864.

---

[1] Mémoire présenté à l'Académie de Berlin le 10 août 1848, reproduit dans le *Journal* de M. Liouville, t. XVIII, p. 309.

[2] Voir chap. xv, *General Theory of surfaces*, p. 401.

[3] *Bulletin de la Société philomathique*, séance du 14 février 1864, p. 65-68. — *Nouvelles Annales de Mathématiques*, 2e série, t. III, 1864, p. 306-309.

m est en général d'ordre $2m$. Mais lorsque la surface d'ordre m passe par le cercle imaginaire situé à l'infini, ou bien quand le pôle de transformation est situé sur la surface, la transformée n'est plus d'ordre $2m$.

Son ordre est diminué en raison du degré de multiplicité q du cercle de l'infini sur la surface proposée, et du degré de multiplicité p du pôle sur la surface.

Que l'on appelle m' l'ordre de la transformée, q' le degré de multiplicité du cercle de l'infini sur cette surface, et p' le degré de multiplicité du pôle sur la même surface, M. Moutard trouve les expressions suivantes de ces trois nombres, qui définissent la transformée :

$$m' = 2m - p - 2q,$$
$$p' = m - 2q,$$
$$q' = m - p - q.$$

Lorsque $p + 2q = m$, la transformation n'altère ni l'ordre de la surface, ni le degré de multiplicité du cercle de l'infini, ni celui du pôle.

Certaines surfaces jouissent de la propriété de se transformer exactement en elles-mêmes, pour un choix convenable du pôle et du paramètre de transformation.

M. Moutard appelle ces surfaces *anallagmatiques*. Le pôle de transformation est dit *pôle principal*, et la sphère qui a pour centre un pôle principal, et pour carré de son rayon le paramètre de transformation, est appelée *sphère principale*.

M. Moutard fait connaître cette propriété très-importante des surfaces anallagmatiques, qui en constitue une nouvelle définition :

Toute surface anallagmatique est le lieu des intersections successives d'une sphère assujettie à couper orthogonalement une sphère fixe (la sphère principale), et dont le centre décrit une surface directrice fixe.

Les surfaces du troisième ordre qui contiennent le cercle imaginaire de l'infini, et les surfaces du quatrième ordre qui contiennent ce cercle comme ligne double, sont, en général, anallagmatiques *par rapport à cinq pôles différents, dont trois au moins sont réels.*

Les sphères doublement tangentes à une anallagmatique du quatrième ordre la coupent suivant deux cercles [1].

Sur les surfaces anallagmatiques du quatrième ordre [2]. — Ce tra- 1864. vail fait suite au précédent. L'auteur appelle *ligne focale* d'une surface anallagmatique la courbe d'intersection de la surface directrice et de la sphère principale. Cette courbe présente des propriétés analogues à celles des lignes focales des surfaces du second ordre. Elle est le lieu des centres des sphères de rayon nul, doublement tangentes à la surface anallagmatique; ou, ce qui revient au même, elle est une *ligne double* de la développable circonscrite à l'anallagmatique et au cercle imaginaire de l'infini.

Deux *anallagmatiques* qui ont une même *ligne focale* sont dites *homofocales.* Elles se coupent partout à angle droit, et leur courbe d'intersection est une ligne de courbure de chacune des surfaces.

Nous passons sur diverses propriétés de cette théorie, pour terminer par ce remarquable théorème : *Les surfaces anallagmatiques homofocales du quatrième ordre forment un système triplement orthogonal.*

Ces beaux théorèmes ont été communiqués par M. Ossian Bonnet à l'Académie, dans sa séance du 1er août 1864, sous le titre : *Lignes de courbure d'une classe de surfaces du quatrième ordre* [3].

[1] Ces surfaces anallagmatiques du quatrième ordre n'ont point tardé à fixer l'attention des géomètres. M. W. K. Clifford, notamment, en a fait connaître plusieurs propriétés. (Voir *Educational Times,* septembre 1866, p. 134.)

[2] *Bulletin de la Société philomathique,* séances du 3 juillet et du 6 août 1864, p. 119 et 121. — *Nouvelles Annales de Mathématiques,* 2e série, t. III, p. 536-541.

[3] *Comptes rendus,* t. LIX, p. 243. — Par une coïncidence imprévue, M. Serret communiquait dans la même séance un Mémoire d'un jeune élève de l'École Normale, M. Darboux, renfermant le même système triple de surfaces orthogonales du quatrième ordre. M. Serret, en annon-

1864.   Dans une Note insérée par le général Poncelet dans le second volume des *Applications d'Analyse et de Géométrie* (1864, p. 363), M. Moutard démontre ce théorème sur le contact des surfaces :

Lorsque deux surfaces ont en un point A *un contact de l'ordre* p, *elles se coupent, en général, suivant une ligne gauche, dont* p + 1 *branches, réelles ou imaginaires, se croisent en* A. *Un plan quelconque, contenant l'une des tangentes menées en* A *à ces* p + 1 *branches, coupe les deux surfaces suivant des courbes dont le contact en* A *est d'un ordre immédiatement supérieur* p + 1 ; *enfin, parmi tous les plans sécants qu'on peut mener par l'une de ces tangentes, il en existe un, à savoir, le plan osculateur de la branche correspondante, pour lequel les sections ont un contact d'un ordre encore plus élevé* p + 2.

Ce théorème donne lieu à plusieurs corollaires ; l'auteur énonce ceux-ci :

Si, autour d'une tangente d'une surface en un point A, *on fait tourner un plan, et que dans chacune de ses positions on construise la conique qui a en* A *avec la surface un contact du quatrième ordre :* 1° *il existera deux positions, réelles ou imaginaires, du plan sécant, pour lesquelles le contact montera au cinquième ordre ;* 2° *l'ensemble de toutes les coniques forme une surface du second ordre simplement osculatrice à la proposée.*

Par chaque point d'une surface, il est en général possible de mener vingt-sept coniques ayant avec la surface, en ce point, un contact du sixième ordre.

çant dans la séance suivante que le travail de M. Darboux lui avait été remis dans le cours du mois de juin, a ajouté que «certainement aucun des deux auteurs n'a pu avoir connaissance du travail de l'autre.» M. Darboux lui-même dit, à la suite de son Mémoire, inséré dans les *Annales scientifiques de l'École Normale*, t. II, 1865, p. 65, qu'il ne songe point à contester à M. Moutard la priorité. Et il ajoute cette observation spontanée, que nous aimons à reproduire : «M. Moutard avait déjà publié «des articles très-intéressants sur les sur-«faces du quatrième ordre qui appar-«tiennent à une classe de surfaces qu'il «propose d'appeler *anallagmatiques*. (Voir «journal *l'Institut*, 11 mai 1864 ; — *Nou-«velles Annales de Mathématiques*, 1864.) «C'est en cherchant les lignes de courbure «de ces surfaces qu'il a rencontré le sys-«tème orthogonal.» (Voir *Comptes rendus des séances de l'Académie des sciences*, 1ᵉʳ août 1864.)

Sur la surface de Steiner [1]. — M. Moutard fait connaître deux propriétés fort simples de la *surface de Steiner,* surface du quatrième ordre que chaque plan tangent coupe suivant deux coniques :

1° *La surface est le lieu d'un point dont les distances à quatre plans fixes ont entre leurs racines carrées une relation homogène du premier degré.*

2° *La surface est l'enveloppe d'un plan dont les distances à quatre points fixes ont entre leurs valeurs inverses une relation homogène du premier degré* [2].

XXIII. — M. Massieu.

Dans une thèse de Mécanique analytique, *Sur les intégrales algé-*

1865.
1861.

[1] *Bulletin de la Société philomathique,* t. II, 1865, p. 66.

[2] Cette surface a occupé depuis peu d'années plusieurs géomètres éminents ; nous en rappellerons ici l'origine.

L'illustre géomètre de Berlin, dont la surface porte le nom, en avait conçu la génération sans en rien publier. Mais heureusement il en avait entretenu M. Weierstrass, il y a près de vingt-cinq ans. M. Kummer, en étudiant d'une manière générale les surfaces du quatrième ordre sur lesquelles se peuvent trouver des sections coniques, dans un Mémoire communiqué le 16 juillet 1863 à l'Académie de Berlin, en trouva une que chaque plan tangent coupe suivant deux coniques, et dont il donna l'équation. M. Weierstrass lui fit connaître alors le mode de description de cette même surface, que lui avait communiqué Steiner, et, dans une Note lue le même jour à l'Académie de Berlin, donna aussi, sous une autre forme, une équation de la surface. Cette communication fut bientôt suivie d'un Mémoire de M. Schröter, lu à la même

Académie en novembre 1863. Depuis, M. Cremona dans deux Mémoires (*Journal de Crelle,* t. LXIII, p. 315, et *Rendiconti del Reale Instituto Lombardo,* vol. IV, fasc. 1, 1867), et M. Cayley (*Journal de Crelle,* t. LXIV, p. 172) se sont aussi occupés de cette surface. Les Mémoires de MM. Kummer, Weierstrass et Schröter se trouvent dans ce même volume de Crelle, t. LXIV, p. 66-94. M. Clebsch, dans un Mémoire inséré au même Recueil (t. LXVII, 1867, p. 1-22), a démontré plusieurs propriétés de la surface ; nous citerons celle-ci : *Les courbes enveloppes des tangentes principales* (courbes que M. Ch. Dupin a nommées *asymptotiques,* parce que leurs tangentes sont les asymptotes des *indicatrices* de la surface) *sont des courbes gauches du quatrième ordre de seconde espèce.*

Ajoutons que M. de la Gournerie, dans ses *Recherches sur les surfaces tétraédrales symétriques* (p. 234), a remarqué que cette surface rentre comme variété dans cette famille de surfaces générales dont il a fait connaître les propriétés.

briques des problèmes de Mécanique, M. Massieu parvient à un résultat important concernant la question des surfaces applicables l'une sur l'autre, et qui, à ce titre, peut être cité ici. Il consiste en ce que : *Toutes les fois que le problème de dynamique auquel peut se ramener la recherche des lignes géodésiques d'une surface donnée admet une intégrale du premier degré par rapport aux vitesses, la surface est applicable sur une certaine surface de révolution.*

La thèse de Physique mathématique de M. Massieu, *Sur le mode de propagation des ondes planes et la surface de l'onde élémentaire dans les cristaux biréfringents à deux axes*, renferme une analyse brève et intéressante des procédés divers suivis dans l'étude de cette question par Mac Cullagh, Hamilton, Plücker, Cauchy et M. Lamé. C'est surtout la marche suivie par ce dernier que M. Massieu a développée.

XXIV. — M. Painvin.

1862.   *Détermination du volume maximum d'un tétraèdre dont les faces ont des aires données* [1]. — Lagrange a résolu le premier cette question dans son Mémoire sur les pyramides, mais il s'est borné à former l'équation du quatrième degré qui la résout, sans discuter cette équation et sans faire connaître aucune propriété du tétraèdre cherché. M. Painvin a ajouté à l'analyse de Lagrange des développements étendus et intéressants : après avoir obtenu l'équation du quatrième degré par une voie nouvelle, il montre qu'une seule racine, et partant qu'un seul tétraèdre, satisfait à la question; il donne tous les éléments, les angles, les arêtes de ce tétraèdre; puis il en fait connaître un grand nombre de propriétés :

Par exemple : *Les quatre perpendiculaires abaissées des sommets sur les faces opposées passent par un même point.*

---

[1] *Nouvelles Annales de Mathématiques,* 2ᵉ série, t. I, 1862, p. 267-286, 353-366, 414-436. Ce Mémoire a été présenté à l'Académie le 17 février 1862. (Voir *Comptes rendus de l'Académie des sciences,* t. LIV, p. 379.)

*Les tangentes des |angles plans d'un même sommet sont proportion-
nelles aux aires des faces qui forment ce sommet.*

Les arêtes opposées sont rectangulaires.

La somme des carrés de deux arêtes opposées est constante.

Dans une *Note sur la détermination des foyers d'une section plane* 1864.
dans une surface du second ordre [1], M. Painvin part de cette définition,
qu'un *foyer* est le centre d'un cercle de rayon nul, doublement
tangent à la conique : la corde de contact est la *directrice* correspondante au foyer. Après avoir indiqué la marche du calcul qui con-
duirait à l'expression des coordonnées des foyers d'une section faite
par un plan, il calcule quelques lieux géométriques relatifs aux
foyers. Ainsi il trouve que le lieu des foyers de toutes les sections diamétrales d'une surface à centre est une surface du huitième
ordre dont il fait connaître divers éléments ou particularités.

Pour un paraboloïde, le lieu des foyers des sections faites par
des plans parallèles à l'axe est du quatrième ordre.

M. Painvin a encore publié plusieurs Mémoires de Géométrie
analytique, parmi lesquels nous citerons les deux suivants : *Propriétés du système des surfaces du second ordre conjuguées par rapport à
un tétraèdre fixe* [2], et *Recherche des points à l'infini sur les surfaces algébriques.* [3]. Ce dernier travail, fort étendu, traite des points simples
et doubles situés à l'infini et de la surface *asymptote* d'une surface,
laquelle est la *développable* circonscrite à la surface suivant sa courbe
d'intersection avec le plan situé à l'infini.

Nous n'avons point à parler ici de divers Mémoires d'Analyse du
savant et laborieux professeur du lycée de Douai.

[1] *Nouvelles Annales de Mathématiques,* p. 58-93.— [3] *Journal* de Crelle, t. LXV,
2ᵉ série, t. III, p. 481-498. 1865, p. 112-160 et 198-258.
[2] *Journal* de Crelle, t. LXIII, 1863,

XXV. — M. Camille Jordan.

Les travaux de M. C. Jordan, ingénieur des mines, se rapportent presque exclusivement aux théories les plus élevées de l'Analyse. Cependant on y distingue des *Recherches sur les polyèdres* qui ont été le sujet de plusieurs communications à l'Académie. Ses premiers Mémoires [1] sont relatifs à l'étude des diverses sortes de symétrie qu'un polyèdre ou fragment de polyèdre peut présenter relativement au mode d'enchaînement de ses *faces, arêtes* et *sommets,* abstraction faite de toute relation de grandeur. Les résultats obtenus par l'auteur dépendent essentiellement de deux éléments m, n, qui désignent respectivement le nombre des contours fermés qui forment la limite de la surface considérée, et le nombre des contours fermés ne se coupant pas mutuellement, que l'on peut tracer sur la surface sans la séparer en deux régions [2].

M. Jordan, après avoir établi les principes généraux relatifs à cette étude, les a appliqués successivement à trois sortes de surfaces polyédriques : 1° celles pour lesquelles $m = n = 0$ (cette catégorie comprend les polyèdres convexes); si un polyèdre de cette espèce, considéré sous divers aspects, est symétrique à lui-même de la façon dont il s'agit, on pourra toujours construire un autre polyèdre ayant le même nombre de faces, arêtes et sommets, disposés dans le même ordre, et exactement superposable à lui-même sous ces mêmes aspects : on retombe ainsi sur le problème résolu par Bravais dans son *Mémoire sur les polyèdres de forme symétrique;* 2° celles pour lesquelles $m = 0$, $n = 1$ (polyèdres fermés ayant

---

[1] *Comptes rendus,* t. LX, 1865, p. 400-403; t. LXI, p. 205-208; t. LXII, 1866, p. 1339. Ces recherches sont réunies en deux Mémoires dans le *Journal* de Crelle, t. LXVI, année 1866, p. 22-91.

[2] L'importance de ces paramètres avait été signalée déjà par M. Riemann (*Journal* de Crelle, t. LIV, 1857), et par M. Listing, *Census der raümelischen Complexe* (*Mémoires de la Société des Sciences de Gœttingue*).

1865.

l'aspect général d'un tore) : ces polyèdres se partagent, au point de vue de la symétrie, en trois classes; et 3° les réseaux plans formés de polygones accolés, qui se partagent en huit classes.

Ce travail fort étendu, qui renferme des points de vue et des résultats entièrement nouveaux, a été le sujet d'une analyse lumineuse, empreinte du talent d'exposition que M. Bertrand apporte dans les questions les plus délicates. Nous citerons ici les conclusions du Rapport de notre éminent confrère : « Les polyèdres « superposables à eux-mêmes, auxquels ceux que considère M. Jor- « dan se trouvent rattachés par lui, ont été considérés déjà par « Bravais, sous le nom de *polyèdres sphéroédriques*, dans ses très- « belles et très-importantes *Recherches sur la théorie des polyèdres.* « Ce rapprochement, loin de rien enlever à l'intérêt de la théorie « nouvelle, doit être considéré plutôt comme lui donnant un nou- « veau prix. Le Mémoire de M. Jordan, très-important par ses « résultats, montre chez son auteur, en même temps qu'une grande « perspicacité, une rare habileté dans l'emploi des considérations « géométriques les plus délicates, et l'Académie ne saurait trop « encourager l'auteur à persévérer dans cette voie, où il a su, « dans une question tout élémentaire et placée en quelque sorte « au seuil de la science, déployer un véritable talent de géomètre. « Le Mémoire de M. Jordan nous semble très-digne d'être approuvé « par l'Académie et inséré dans le recueil des *Savants étrangers* [1]. »

Deux aspects d'un même polyèdre peuvent être inversement 1868. semblables, c'est-à-dire tels que l'enchaînement des faces y soit le même, mais qu'il ait lieu, dans l'un, de droite à gauche, et, dans l'autre, de gauche à droite. L'étude de cette particularité a été pour M. Jordan l'objet de deux nouveaux Mémoires [2], où il montre que cette circonstance peut se présenter de dix-huit manières diffé-

___

[1] *Comptes rendus*, t. LXII, 1866, p. 1268-1271.

[2] *Journal* de Crelle, t. LXVIII, 1868, p. 297-353.

rentes dans les polyèdres pour lesquels $m = n = 0$, et de neuf manières différentes dans ceux pour lesquels $m = 0, n = 1$.

1866.   Dans une *Note sur la déformation des surfaces* [1], M. Jordan, faisant allusion au problème de l'application l'une sur l'autre des surfaces flexibles et inextensibles, se propose le problème analogue en supposant, au contraire, que les surfaces soient extensibles à volonté. Il démontre que *la condition pour que deux surfaces ou portions de surfaces flexibles et extensibles à volonté soient applicables l'une sur l'autre sans déchirure ni duplicature est que* m *et* n *soient égaux.*

1867.   Un *Mémoire sur les groupes de mouvements* [2] se rattache très-directement aux *Études cristallographiques* de Bravais. Ce travail a pour objet les deux questions suivantes :

Trouver les diverses manières dont un système de molécules (en nombre limité ou illimité) peut être superposable à lui-même.

Trouver tous les groupes de mouvements tels, que le mouvement résultant obtenu en opérant successivement deux des mouvements du groupe appartienne lui-même au groupe.

M. Jordan trouve que ces groupes se ramènent à cent soixánte et quatorze types, dont vingt-trois principaux.

XXVI. — M. Darboux.

1864.   *Remarques sur la théorie des surfaces orthogonales* [3]. — M. Darboux étend aux systèmes triples de surfaces orthogonales la propriété *focale* des courbes orthogonales que M. Kummer avait découverte [4],

[1] *Journal de Mathématiques*, 2ᵉ série, t. XI, 1866, p. 105-109.

[2] *Comptes rendus de l'Académie des sciences*, t. LXV, 1867, p. 229-232. — *Annali di Matematica*, 2ᵉ série, 1868, p. 167-215, 322-348.

[3] *Comptes rendus*, t. LIX, p. 240-242.

[4] *Journal* de Crelle, t. XXXV, p. 5-12, 1847. Une traduction de ce beau Mémoire a paru dans les *Nouvelles Annales*, t. XI, 1852, sous le titre : *Sur les systèmes de courbes algébriques planes qui se coupent orthogonalement et sur leur confocalité*, p. 426-434.

et qui consiste en ce que des courbes orthogonales sont toujours *homofocales*. Il démontre les théorèmes suivants :

Le lieu des points de contact d'une surface et des plans tangents parallèles à ceux du cône asymptote d'une sphère est une ligne de courbure (imaginaire).

Dans un système triple de surfaces orthogonales, chaque surface touche la développable enveloppe de ces surfaces suivant une courbe, et la coupe suivant une ou plusieurs droites tangentes à la courbe, aux points où celle-ci rencontre l'arête de rebroussement.

Les cônes de même sommet circonscrits à toutes les surfaces sont homofocaux.

Ces propriétés n'appartiennent pas à trois systèmes quelconques de surfaces orthogonales; il faut que les surfaces des trois systèmes soient comprises dans une même équation.

M. Darboux fait ensuite connaître un système nouveau de surfaces orthogonales dont l'idée dérive de cette propriété des ovales de Descartes : *Les ovales qui ont leurs trois foyers communs forment un système orthogonal.* Il est conduit ainsi à reconnaître que l'équation

$$(x^2+y^2+z^2)^2+\alpha x^2+6 y^2+\gamma z^2-h = 0$$

peut donner un système triple orthogonal. Il détermine les expressions des quatre coefficients qui réalisent ses prévisions; puis il démontre les propriétés suivantes de ce système :

Toute sphère coupe les surfaces suivant une courbe qui se trouve sur une surface du second ordre.

Toute sphère doublement tangente à une surface la coupe suivant deux cercles.

Il y a cinq systèmes doublement tangents ayant un point de contact commun quelconque. Donc : *dix sections circulaires passent par un point de la surface.*

Il y a des droites (au nombre de huit) *sur chaque surface. Ces droites sont parallèles aux arêtes du cône asymptote d'une sphère.*

Quand le terme connu de l'équation des surfaces est infini, les surfaces sont du second ordre.

Nous avons dit précédemment que, dans la séance même où M. Serret présentait ce travail de M. Darboux à l'Académie, M. O. Bonnet en présentait aussi un de M. Moutard renfermant le même système triple de surfaces orthogonales, exposé par d'autres considérations purement géométriques [1].

1864. *Sur les sections planes du tore* [2]. — M. Darboux fait connaître diverses propriétés remarquables des sections planes du tore, entre autres celle-ci : *Toute section plane peut être regardée de quatre manières différentes comme une courbe réciproque d'une ovale de Descartes.*

Il démontre en outre que les sections du tore sont des cas particuliers des courbes représentées par l'équation générale $r = \mu r' + v r''$ entre trois rayons vecteurs, et que le tore a aussi une équation de la forme $at + a't' + a''t'' = 0$, t, t', t'' étant les tangentes menées d'un point à trois sphères égales.

1864. *Théorèmes sur l'intersection d'une sphère et d'une surface du second degré* [3]. — Ces théorèmes, dont la plupart se rapportent aux ovales de Descartes, présentent un grand intérêt. On en jugera par ces deux-ci, qui ont de l'analogie avec certaines propriétés des coniques :

Les ovales de Descartes ont une infinité de foyers situés sur une courbe plane du troisième degré dont le plan passe par l'axe et est perpendiculaire au plan des ovales. On a entre les distances d'un point des ovales à deux points quelconques de cette courbe une relation de la forme $\mu r + \mu' r' = \text{const.}$

La surface engendrée par la révolution des ovales de Descartes autour de leur axe n'admet pour sections planes que des ovales de Descartes.

---

[1] Voir *Comptes rendus*, t. LIX, p. 243 et 269.

[2] *Nouvelles Annales de Mathématiques,* 2ᵉ série, t. III, p. 156-165. — [3] *Nouvelles Annales de Mathématiques*, 2ᵉ série, t. III, p. 199-202.

Recherches sur les surfaces orthogonales [1]. — Il suffit de dire, pour signaler ce Mémoire à l'attention des géomètres, qu'il est le développement des résultats dont il a été question plus haut.

L'auteur termine par deux Notes relatives, l'une aux courbes du quatrième ordre qui ont deux points doubles à l'infini sur le cercle, et l'autre aux surfaces du quatrième ordre qui ont pour ligne double le cercle imaginaire à l'infini.

Sur les surfaces orthogonales. Thèse pour le doctorat [2]. — Cette thèse est un travail étendu et fort important sur les surfaces orthogonales. Elle comprend trois parties. La première, intitulée : *Étude d'un système remarquable de coordonnées orthogonales,* contient différentes propriétés des coordonnées curvilignes formées par le triple système orthogonal auquel l'auteur et M. Moutard, comme nous l'avons dit précédemment, ont été conduits, chacun de son côté. La seconde partie renferme des *Recherches sur les surfaces orthogonales en général.* M. Darboux, prenant pour point de départ le théorème de M. Dupin, d'après lequel dans tout système triple de surfaces orthogonales les courbes d'intersection des surfaces sont leurs lignes de courbure, auquel il ajoute comme complément l'énoncé suivant : *Quand deux systèmes de surfaces orthogonales se coupent suivant les lignes de courbure de ces surfaces, il existe un troisième système orthogonal aux deux premiers,* donne d'abord une démonstration simple de ce théorème de M. Ossian Bonnet, que la recherche de tous les systèmes orthogonaux revient à l'intégration complète d'une équation aux différences partielles du troisième ordre à trois variables indépendantes. Puis il fait connaître une *Nouvelle Méthode de recherche des systèmes orthogonaux,* fondée sur l'emploi d'une certaine fonction auxiliaire V. La troisième partie contient des *applications* de la méthode exposée dans la deuxième partie. L'auteur considère d'abord

1866.
1866.

---

[1] *Annales scientifiques de l'École Normale supérieure,* tome II, année 1865, p. 55-69.

[2] Reproduite dans les *Annales scientifiques de l'École Normale supérieure,* t. III, 1866, p. 97-144.

une classe particulière de systèmes orthogonaux dans lesquels les surfaces d'un même système s'obtiennent en déplaçant l'une d'elles parallèlement à elle-même par une simple translation sans altération de forme. La détermination de la fonction V dépend alors de l'intégration d'une équation aux différences partielles du troisième ordre à deux variables indépendantes. Le second cas traité par M. Darboux est celui des surfaces pour lesquelles les lignes de courbure sont planes dans les trois systèmes. Les intégrations s'effectuent alors complétement, et le résultat, d'une forme très-simple, contient trois fonctions arbitraires; ces surfaces sont, dans certains cas, un exemple des systèmes orthogonaux étudiés dans le paragraphe précédent, c'est-à-dire que *chacun des trois systèmes est formé par une surface de forme invariable qui se déplace parallèlement à elle-même.* Le troisième et dernier cas se rapporte aux systèmes pour lesquels chaque surface peut être partagée en carrés infiniment petits par ses lignes de courbure. M. Darboux avait déjà observé, dans la première partie, que les surfaces du triple système orthogonal antérieurement.découvert par M. Moutard et par lui jouissent de la propriété dont il s'agit. Par une analyse savante et extrêmement ingénieuse, il fait voir maintenant que ce dernier système est le seul qui réponde à la question.

1868.   *Sur un mode de transformation des figures* [1]. — M. Darboux propose un nouveau mode de construction des figures de MM. Magnus, Steiner, Schiaparelli, Transon, Hirst [2], qui présente plus de généralité, non pas quant aux figures elles-mêmes, mais par rapport à certaines conditions, par exemple de passer par des points donnés, qu'on peut imposer dans la construction de la nouvelle figure. La transformation se fait au moyen d'une surface du second ordre sur laquelle sont pris deux points fixes o, o'. Du premier on mène, à chaque point a de la figure donnée dans un plan p, une droite qui

[1] *Bulletin de la Société philomathique,* t. V, 1868, p. 72-80. — [2] Voir ci-dessus chap. III, p. 167.

perce la surface en un point; la droite menée du point o' à ce point rencontre un plan p' en un point a' qui appartient à la figure transformée. On voit immédiatement qu'à une droite située dans le plan p correspond une conique dans le plan p', et que cette conique passe par trois points fixes qui sont le point où la droite oo' rencontre le plan p', et les deux points où les génératrices de la surface (réelles ou imaginaires) qui se croisent en o' rencontrent ce plan. Ce sont les trois points *principaux*. Le plan p' peut coïncider avec le plan p. La surface est prise arbitrairement; on peut donc la déterminer de manière à satisfaire à diverses conditions concernant la figure que l'on veut construire. M. Darboux applique ce mode de transformation à la construction de la surface du second ordre déterminée par neuf points.

Dans une Note *sur les systèmes de surfaces orthogonales*[1], M. Darboux annonce que, en étudiant les équations de M. Lamé relatives à la recherche des surfaces orthogonales, il est parvenu à ce résultat, « qu'étant donné un système orthogonal quelconque, on peut en « déduire un système plus général, contenant le premier comme « cas particulier, et dans l'équation duquel entrent trois fonctions « arbitraires d'une seule variable. » Ces systèmes ont une propriété remarquable, que « les surfaces d'une même série ont la même « *représentation sphérique*, quelles que soient les trois fonctions arbi- « traires introduites. »

Par exemple, que l'on parte du système orthogonal formé de trois séries de sphères, le système plus général est formé de surfaces à lignes de courbure planes.

Le système formé par les surfaces homofocales du second ordre conduit à un système dont les surfaces de chaque famille ont pour représentation sphérique un système d'ellipses homofocales.

On a vu précédemment que l'idée de cette extension des sys-

1868.

---

[1] *Comptes rendus,* t. LXVII, 1868, p. 1101-1103.

tèmes orthogonaux se trouvait déjà indiquée d'une manière succincte dans un travail de M. Combescure.

Ce Rapport est déjà fort étendu; cependant nous n'avons point
épuisé le sujet, et diverses recherches paraîtraient comporter encore des notices spéciales. Mais il faut un terme, et nous devons
nous résoudre à ne citer que succinctement quelques travaux, la
plupart fort récents, où s'attestent le zèle, l'habileté et le savoir
que demande une culture sérieuse de la science, et où peut se
trouver parfois le germe de recherches fécondes.

1847.   M. A. Borgnet, professeur de l'Université, a publié un *Essai de
Géométrie analytique de la sphère* [1], dans lequel il prend pour axes
coordonnés sur la sphère deux arcs de grands cercles rectangulaires, et pour coordonnées d'un point les tangentes trigonomé-
triques des arcs interceptés sur ces deux-là par les arcs de grands
cercles menés par le point perpendiculairement aux deux axes coordonnés. Cet ouvrage, écrit avec beaucoup de clarté, est le premier
qui ait paru en France sur la Géométrie de la sphère. Mais l'auteur, à son insu, avait été devancé par l'éminent professeur de
Clèves, M. Gudermann [2].

---

[1] In-8°, 1847. Une analyse de cet ouvrage a été donnée par l'auteur dans les *Nouvelles Annales de Mathématiques*, t. VII, 1848, p. 147-150 et 174-177. On trouve aussi dans ce même tome VII, p. 392-395, un article du savant M. Terquem sur l'ouvrage de M. Borgnet.

[2] *Ueber die analytische Sphärik.* (Voir *Journal* de Crelle, t. VI, 1830, p. 244-254.)

M. Graves avait aussi donné, en 1841, comme Appendice, dans un ouvrage cité précédemment (p. 77), une théorie ana-lytique de la Géométrie sphérique. Nous ajouterons que M. J. Booth, dans un traité spécial (*A Short Treatise on Spheri-cal Conic Sections*), et surtout dans ses très-importantes Recherches sur les pro-priétés géométriques des intégrales ellip-tiques (*Philosophical Transactions* for 1852 et 1854), s'est aussi beaucoup occupé de la théorie des coniques sphériques. Enfin, nous pouvons citer de M. Cassani un traité analytique de la Géométrie de la sphère, inséré en plusieurs articles dans le *Giornale* de Naples, 1866.

M. Besge a trouvé que le lieu du point d'intersection, sur l'el- 1849.
lipsoïde, de deux lignes géodésiques tangentes à une ligne de courbure, et qui se coupent sous un angle constant $2i$, est une courbe
du quatrième ordre [1]; résultat confirmé bientôt après par M. Michael Roberts, qui a remarqué que la courbe a pour équation en
coordonnées elliptiques $\mu^2 \cos^2 i + v^2 \sin^2 i = 6$, équation semblable à
celle des lignes géodésiques [2].

Depuis, M. Darboux a reconnu que cette courbe est située sur
une surface du second ordre de révolution ayant mêmes plans
principaux que l'ellipsoïde [3].

Feu Vannson, professeur de l'Université, a traité, sous le titre 1858.
de : *Formules fondamentales de l'Analyse sphérique*, de nombreuses
questions de Géométrie analytique relatives à la sphère [4], particulièrement à la théorie des coniques sphériques, où se trouvent diverses propriétés des coniques homofocales [5]. On y remarque aussi
l'équation et les propriétés de la loxodromie [6].

M. E. Dewulf, capitaine du génie, a publié divers travaux. Citons 1859.
un *Mémoire sur les polaires inclinées* [7]. Si d'un point on abaisse
sur une courbe d'ordre n des obliques qui rencontrent la courbe
sous un angle donné, les pieds de ces obliques sont sur une courbe
d'ordre n. C'est cette courbe que M. Dewulf appelle *polaire inclinée*.
Il considère la *polaire inclinée* de cette première polaire, puis ainsi

[1] *Journal de Mathématiques*, t. XIV,
1849, p. 247.

[2] *Ibid.* t. XV, 1850, p. 291.

[3] *Annales scientifiques de l'École Normale supérieure*, t. II, 1865, p. 69.

[4] *Nouvelles Annales de Mathématiques*,
t. XVII, 1858, p. 65, 99, 140, 163,
209, 243, 307; et t. XVIII, p. 1.

[5] *Nouvelles Annales*, t. XIX, 1859,
p. 197-206.

[6] *Nouvelles Annales*, t. XX, 1860,
p. 31-41 et 225-232. M. Vannson cite
un beau Mémoire de M. Gudermann,
intitulé: *Relations remarquables entre la
loxodromie et la chaînette sphérique (Die
loxodromische Linie*, etc.), inséré dans le
Journal de Crelle, t. XI, 1834, p. 394.

[7] *Nouvelles Annales de Mathématiques*,
t. XVIII, 1859, p. 322-333, et t. XIX,
p. 175-180.

les polaires successives. On doit à M. Dewulf la traduction du très-important Mémoire de M. Kummer sur la *Théorie des rayons rectilignes* [1].

1860.   M. Meray, professeur de l'Université, s'est proposé d'appliquer « les principes exposés dans le *Traité de Géométrie supérieure* à la « *Théorie des surfaces du second ordre.* » Il a consacré à ce travail un Mémoire divisé en huit paragraphes, dont les deux derniers traitent des focales et des surfaces homofocales [2].

M. H. Durrande, professeur de l'Université, s'est occupé, dans plusieurs recherches, de la surface des ondes.

1861.   Il démontre d'abord, dans une simple Note, que *si l'on coupe l'ellipsoïde par une série de sphères concentriques, et que l'on prenne sur chaque sphère la conique supplémentaire de la courbe d'intersection, le lieu de toutes ces coniques est la surface des ondes* [3]. Mais, à son insu, ce beau résultat avait déjà été obtenu par M. Lamé dans ses *Leçons sur la théorie mathématique de l'élasticité des corps solides* (1852).

1863.   Puis, dans un travail de quelque étendue, prenant pour définition de la surface celle qui résulte de la construction même de Fresnel, et voulant en donner l'équation, M. Durrande cherche d'abord l'équation qui détermine les axes d'une section diamétrale d'un ellipsoïde; et par un calcul facile il obtient celle de la surface des ondes. Il démontre aussi fort simplement les propriétés qui se rapportent aux points singuliers de cette surface [4].

[1] *Allgemeine Theorie der gradlinigen Strahlensysteme.* (*Journal de Crelle*, t. LVII, 1860, p. 189-230.) — *Nouvelles Annales de Mathématiques*, t. XIX, 1860, p. 362-371; t. XX, p. 72-76, 255-260, 359-365; 2ᵉ série, t. I, 1862, p. 31-41, 82-102.

[2] *Annali di Matematica*, t. III, 1860, p. 30-51.

[3] *Nouvelles Annales de Mathématiques*, t. XX, 1861, p. 456.

[4] *Nouvelles Annales de Mathématiques*, 2ᵉ série, t. II, 1863 : *Recherches sur la surface des ondes*, p. 193-204 et 252-261. Dans une thèse pour le doctorat, M. Durrande a reproduit avec beaucoup de clarté les résultats obtenus par divers géomètres sur cette surface des ondes.

Dans la théorie des surfaces du second ordre, M. Durrande a trouvé [1] que *les plans des sections diamétrales qui ont un axe de grandeur constante sont parallèles aux plans tangents à la surface aux points d'une ligne de courbure* [2]. Citons encore ce théorème : *Le lieu des sections circulaires diamétrales d'une série d'ellipsoïdes homofocaux s'exprime en coordonnées elliptiques par l'équation* $\mu^2 + \nu^2 = e^2$, *e étant l'excentricité commune aux sections des ellipsoïdes par le plan du grand et du petit axe* [3].

M. Desboves, professeur de l'Université, s'est occupé particulièrement de diverses questions concernant les normales aux coniques et aux surfaces du second ordre, dans deux opuscules qu'il présente comme Exercices de Géométrie analytique [4]. Relativement aux surfaces, il démontre plusieurs théorèmes nouveaux et importants, parmi lesquels se distinguent les suivants : *Si d'un point quelconque on mène les six normales à un ellipsoïde, les pôles des plans passant*

1861.
1862.

[1] *Nouvelles Annales de Mathématiques,* 2ᵉ série, t. II, 1863, p. 362-367.

[2] M. Lamarle démontrait aussi, dans le même temps, une proposition comprenant deux théorèmes, dont un touche de près à celui-là. Voici l'énoncé qui résume la double proposition intéressante de M. Lamarle, démontrée dans son *Exposé géométrique du calcul différentiel et intégral* (3ᵉ partie; Paris, 1863, p. 535) :

Une courbe S étant tracée sur une surface du second ordre, les plans diamétraux parallèles aux plans tangents à la surface aux différents points de cette courbe enveloppent un cône qui coupe la surface suivant une courbe S' :

1° *Si* S *est une courbe géodésique de la surface,* S' *est une courbe géodésique du cône;*

2° *Et si* S *est une ligne de courbure de la surface,* S' *est une ligne de courbure du cône.*

Conséquemment, S' est une *ligne sphérique* dont les tangentes déterminent des plans diamétraux qui coupent la surface suivant des coniques ayant un axe de grandeur constante.

[3] *Nouvelles Annales de Mathématiques,* t. IV, 1865, p. 127. M. Beltrami est parvenu à la même équation, et a reconnu que la surface est du quatrième ordre; qu'elle a une droite comme ligne double et que tout plan mené par cette droite la coupe suivant un cercle. (*Ibid.* p. 232.)

[4] *Théorèmes et problèmes sur les normales aux coniques,* Mallet-Bachelier, 1861, in-8°. — *Théorie nouvelle des normales aux surfaces du second ordre,* Mallet-Bachelier, 1862, in-8°. — *Nouvelles Annales de Mathématiques,* 2ᵉ série, t. II, 1863, p. 228-231.

24

par les pieds de ces normales, pris trois à trois, sont toujours sur une même surface du quatrième ordre. — *Lorsque le plan d'une section de l'ellipsoïde a son pôle sur cette surface du quatrième ordre, toutes les normales aux points de la section s'appuient sur une même droite, trois à trois en un même point* (de sorte que la droite est une ligne triple sur la surface lieu de toutes les normales).

Deux savantes thèses du même auteur pour le doctorat (1848), se rapportant exclusivement à la Mécanique et à l'Astronomie, échappent ici à notre examen.

1865.   On sait que le lieu des sommets des angles trièdres trirectangles circonscrits à une surface du second ordre est une sphère concentrique dont le carré du rayon est égal à la somme des carrés des demi-axes de la surface. M. Picquet, jeune officier du génie, a communiqué à la Société philomathique, en décembre 1865 [1], plusieurs propriétés nouvelles des surfaces du second ordre tangentes à huit ou à sept plans, propriétés relatives à ces sphères, qu'il appelle *sphères orthogones.*

Pour un paraboloïde, la sphère devient un plan, qui est dit aussi *plan orthogone.*

Voici deux des propositions principales démontrées par M. Picquet :

Les sphères orthogones d'un système de surfaces du second ordre tangentes à huit plans ont toutes, deux à deux, le même plan radical, et conséquemment passent toutes par un même cercle.

Les sphères orthogones de toutes les surfaces tangentes à sept plans ont toutes, trois à trois, un même axe radical, et conséquemment passent toutes par deux points communs.

Ces théorèmes sont susceptibles de diverses conséquences concernant particulièrement des paraboloïdes [2].

[1] Voir *Bulletin de la Société philomathique,* t. II, p. 196-200. — Journal *l'Institut* du 20 décembre 1865.

[2] M. Rich. Townsend est parvenu, de son côté, à des théorèmes semblables, qu'il démontre par des considérations diffé-

Le xlı^e cahier du *Journal de l'École Polytechnique* renferme un 1865.
excellent travail de M. Pigeon, jeune ingénieur des mines, intitulé : *Recherches analytiques sur les polygones semi-réguliers*. L'auteur
appelle, avec M. Transon, *polygones semi-réguliers* ceux qui résultent de la projection de polygones réguliers inscrits dans le
cercle. Il étend considérablement les propositions auxquelles ont
déjà donné lieu ces polygones, soit en les généralisant sous certains
rapports, soit en en démontrant de nouvelles. Dans quelques théorèmes concernant les distances d'un point du plan de la figure aux
sommets ou aux côtés du polygone, M. Pigeon prend un point quelconque de l'espace. Il généralise même quelques résultats déjà obtenus. Ainsi nous citerons ce théorème : *La somme des puissances 2n des
distances d'un point A de l'espace aux sommets d'un polygone semi-régulier
de m côtés est constante, quelle que soit l'orientation du polygone, et leur
moyenne est en outre indépendante du nombre des côtés du polygone;* proposition que l'on n'avait démontrée que dans le cas où le point de
l'espace est pris sur l'axe du polygone perpendiculaire à son plan [1].
M. Pigeon donne au théorème une nouvelle extension en considérant à la fois plusieurs points dans l'espace au lieu d'un seul.

Il est à désirer que ce travail, début heureux d'un jeune géomètre, lui donne confiance dans la culture de la science.

rentes et fort simples. Il dénomme les
sphères dont il s'agit *sphères directrices.*
Son mémoire a pour titre : *On a Property
of the Director Spheres of a System of Qua-
drics touching a Common System of Planes.*
(Voir *The Quarterly Journal of pure and
applied Mathematics,* t. VIII, n° 29, juin
1866, p. 10-14.) Outre les systèmes de
surfaces tangentes à huit plans et à sept
plans, M. Townsend a considéré aussi le
système des surfaces tangentes à six plans,
et démontré que *les sphères directrices de
ces surfaces ont toutes un centre radical
commun,* c'est-à-dire que, prises deux à

deux, leurs plans radicaux passent tous
par un même point.

M. Townsend tire de nombreux corollaires des trois propositions principales,
en supposant qu'un des plans donnés soit
à l'infini, auquel cas les surfaces sont des
paraboloïdes; ou bien que ces plans aient
entre eux certaines relations de position
particulières. Par exemple, lorsque trois
plans passent par une même droite, toutes
les surfaces sont nécessairement des hyperboloïdes qui ont cette droite pour génératrice commune; etc.

[1] *Comptes rend.* t. XXVI, 1848, p. 534.

1866. Un Mémoire de M. C. Souillart, professeur de l'Université, *Sur les sections circulaires des surfaces du second ordre et les ombilics des surfaces quelconques* [1], est exclusivement analytique. L'auteur y fait preuve d'une connaissance étendue des ressources qu'offrent les plus récentes formules de l'Analyse et particulièrement de la théorie des déterminants. Il démontre ainsi plusieurs résultats importants de MM. Hesse, Bertrand et Ossian Bonnet, concernant notamment les rayons de courbure des lignes de courbure des surfaces du second ordre.

1866. M. Gohière de Longchamps, professeur de l'Université, a complété, dans un *Mémoire sur une nouvelle méthode de transformation en Géométrie* [2], la théorie des figures dans lesquelles à une courbe d'ordre m correspond une courbe d'ordre $2m$ douée de trois points multiples d'ordre m, situés en trois points fixes. Il a fait connaître la classe de celle-ci. Si la première, d'ordre m, est de la classe n, la seconde, d'ordre $2m$, est de la classe $(2m+n)$. La démonstration de l'auteur est fort simple; elle résulte d'un théorème de la théorie des deux caractéristiques d'un système de coniques, savoir, que le nombre des coniques tangentes à une courbe d'ordre m et de la classe n est $(n\mu+m\nu)$. Que les coniques passent par les trois points *principaux* de la transformation et par un quatrième point, les caractéristiques du système seront 1 et 2, et le nombre des coniques tangentes à la courbe d'ordre m sera $(n+2m)$. Or ces coniques produisent, dans la transformation, des droites tangentes à la courbe d'ordre $2m$ et passant par un même point : le nombre $(n+2m)$ de ces droites exprime donc la classe de la courbe; ce qui démontre la proposition.

1867. M. Maurice Levy, ingénieur des ponts et chaussées, a fait con-

[1] *Journal* de Crelle, t. LXV, 1866, p. 320-334.

[2] *Annales scientifiques de l'École Normale supérieure*, t. III, année 1866, p. 321.

naître, dans une excellente Thèse de Géométrie pour le doctorat[1], quelques théorèmes nouveaux. Nous citerons ceux-ci : *Pour qu'une famille de surfaces du second ordre fasse partie d'un système de surfaces orthogonales, il faut et il suffit que le lieu de leurs ombilics soit une trajectoire orthogonale de ces surfaces. — Pour qu'une famille de surfaces du second ordre puisse faire partie d'un système de coordonnées curvilignes, il faut et il suffit que le lieu de leurs ombilics soit une trajectoire orthogonale des surfaces qui la composent.*

M. E. Habich s'est proposé l'étude d'une sorte de généralisation 1868. du système de *coordonnées polaires*[2]. La position du pôle O d'où partent les rayons vecteurs n'est pas fixe, mais glisse sur une courbe (E); un seul rayon part de chaque point O de cette courbe et est dirigé suivant la tangente OM. L'angle θ que cette tangente fait avec un axe fixe X et le rayon $OM = r$ sont les deux coordonnées d'un point M; et la courbe (A), lieu des points M, a pour équation $r = \varphi(\theta)$. Chaque point O de la courbe (E) se détermine par l'arc $SO = s$, compté à partir d'un point fixe S de la courbe. Cet arc et l'angle θ de la tangente OM avec l'axe X sont pris pour coordonnées relatives à la courbe (E), dont l'équation est $s = \varphi(\theta)$. M. Habich donne, en fonction des coordonnées r, s et θ, les expressions de la sous-normale polaire ON de la courbe (A), de la tangente trigonométrique de l'angle μ que la tangente à la courbe fait avec le rayon OM, et du rayon de courbure de la courbe. Ses formules deviennent celles du système de coordonnées polaires, quand la courbe (E) se réduit à un point, auquel cas $\frac{ds}{d\theta} = 0$.

Une communication de M. Ribaucour à l'Académie, *Sur une pro-* 1868.

---

[1] *Sur une transformation des coordonnées curvilignes orthogonales, et sur les coordonnées curvilignes comprenant une famille quelconque de surfaces du second ordre*, 1867.

[2] *Sur un système particulier de coordonnées. Application aux caustiques planes.* (Voir *Annali di Matematica* de MM. Brioschi et Cremona, t. II, 1868, p. 134-149.)

priété des surfaces enveloppes de sphères [1], renferme ce théorème important : *Si chaque point* a *d'une surface* A, *déterminé par deux coordonnées curvilignes* ρ, ρ_1, *est pris pour le centre d'une sphère dont le rayon* R *soit une fonction de* ρ *et* ρ_1, *toutes les sphères auront une enveloppe formée de deux nappes* B, B′, *que la sphère du point* a *touchera en deux points* b, b′; *toutes les droites* b, b′ *sont tangentes à deux surfaces* C, C′, *chacune en deux points* c, c′; *et les normales à ces surfaces, en ces deux points, sont parallèles à deux diamètres conjugués de l'indicatrice de la surface* A *au point* a.

Ce théorème donne lieu à plusieurs conséquences. L'auteur annonce que ses résultats s'établissent avec une grande facilité par la considération des surfaces gauches lieux de normales à une surface, dont M. Mannheim a signalé l'importance dans le déplacement d'une figure de forme invariable, et qu'il a appelées *normalies*.

[1] *Comptes rendus*, t. LXVII, 1868, p. 1334.

RÉFLEXIONS.

Il ressort des travaux multiples que nous avons eu à citer que la Géométrie et ses méthodes sont destinées à prendre une grande part dans la culture des Mathématiques en général, comme dans toutes leurs applications à la Physique et à la Mécanique.

On reconnaît aussi que les ressources de cette partie de la science dérivent de trois manières de procéder, qui constituent trois branches différentes : d'abord la *Géométrie analytique*, créée par Descartes, cultivée exclusivement depuis lors, et accrue de divers autres systèmes de coordonnées et de tous les progrès de l'Analyse ; puis la *Géométrie pure*, qui se subdivise en deux branches fondamentales, distinctes par les méthodes, dont une repose sur l'emploi de considérations infinitésimales, sans calcul, c'est-à-dire sans se servir des coordonnées analytiques ; et dont l'autre est la *Géométrie moderne*, où tout dérive de quelques principes féconds qui se prêtent avec facilité à la recherche et au développement des conséquences que comportent les résultats acquis.

La *Géométrie analytique*, avec toutes les ressources qu'elle tire des calculs différentiel et intégral, est la base du grand ouvrage de Monge, dont les éléments seuls, qui n'en sont que l'introduction, ont trouvé place, jusqu'ici, dans les traités destinés à l'enseignement.

La *Géométrie infinitésimale* intervient, surtout depuis une trentaine d'années, dans les recherches des géomètres, quoiqu'ils soient privés du secours d'un enseignement, c'est-à-dire d'une chaire qui serait si utile à ses progrès.

La *Géométrie moderne*, enfin, dont les premiers pas datent de ce siècle, et dont l'avenir paraissait douteux à la plupart des géomètres, exclusivement occupés des méthodes analytiques, a trouvé néanmoins dans les efforts de quelques-uns, plus confiants, en France et à l'étranger, des ressources dont la puissance s'est accrue avec une continuité qui assure désormais sa marche ascendante.

C'est en vue de cette partie de la science qu'a été fondée, en 1846, à la Faculté des sciences de Paris, une chaire de Géométrie supérieure. L'exposé des différentes matières qui ont constitué cet enseignement nouveau était un devoir prescrit à l'auteur du présent Rapport; il en a fait connaître les parties principales déjà publiées.

Ces matières sont nombreuses, et l'on concevra qu'elles aient exigé l'enseignement de plusieurs années, sans qu'il ait été possible d'en reproduire plusieurs fois certaines parties, comme le montrent les programmes annuels de la Faculté. Il y a donc eu très-ample matière à un enseignement prolongé. Cependant, nous devons le dire, cet enseignement ne s'est point encore étendu sur des sujets qu'il pouvait embrasser, même sans y comprendre diverses théories qui sont plus particulièrement du domaine de la Géométrie infinité-simale, et qui demandent, à ce titre, un enseignement spécial.

Il manque donc, dans nos établissements d'enseignement supé-rieur, une chaire destinée à cette branche des théories mathéma-tiques, d'autant plus qu'elle tend à prendre un accroissement qui honore les géomètres de notre temps, et qu'il faut seconder.

Cette chaire serait très-utile, non-seulement en vue des ques-tions spéciales de Géométrie infinitésimale, mais encore à deux titres différents, car on y réunirait les parties les plus élevées de l'*Analyse appliquée*, dont les éléments seuls, comme nous l'avons dit, se trouvent dans l'enseignement actuel, et certaines théories mixtes touchant à la Géométrie moderne proprement dite, qui y auraient aussi leur place naturelle.

Et d'ailleurs plusieurs chaires, et deux au moins, sont toujours nécessaires dans une même direction d'étude, à un double point de vue : pour l'émulation qu'elles font naître naturellement et pour la perspective d'avenir qu'elles offrent aux jeunes géomètres, pers-pective qui peut n'être que très-lointaine, ou même disparaître, avec une chaire unique.

Ces raisons puissantes, qu'aucune considération ne saurait affaiblir, nous portent à appeler la plus sérieuse sollicitude de M. le Ministre de l'instruction publique sur les besoins réels de l'enseignement complet de la Géométrie, cette partie si considérable des Mathématiques.

Mais d'autres raisons non moins importantes nous font encore un devoir de signaler un autre besoin (oserai-je dire une autre exigence?) de l'enseignement des hautes Mathématiques.

En effet, il est une branche spéciale des théories analytiques d'où la Géométrie peut tirer des ressources précieuses, et sans lesquelles, dans l'état actuel de ses propres moyens, elle ose à peine aborder certaines questions. Ce sont principalement les travaux de plusieurs géomètres étrangers qui offrent, dans ce moment, les ressources dont nous voulons parler.

Elles se trouvent, d'une part, dans cette partie de l'Algèbre qui embrasse les *fonctions transcendantes*, née, comme on le sait, à la suite de la théorie des fonctions elliptiques de Legendre [1], et formée principalement des travaux d'Abel, de Jacobi, Göpel, Rosenhain, etc.; d'autre part, dans les recherches plus récentes relatives aux quantités connues maintenant sous les noms d'*invariants*, de *covariants*, etc., qui doivent tant aux travaux de MM. Cayley, Sylvester, Aronhold, etc. Ces deux branches considérables des Mathématiques, qui s'offrent au secours de la Géométrie, particulièrement dans l'étude des lignes et des surfaces courbes, peuvent contribuer non-seulement à ses acquisitions partielles, mais au dé-

---

[1] Les lettres de Legendre au jeune géomètre de Christiania, rapportées par M. B. Holmboe (*OEuvres d'Abel*, 1839), et l'empressement avec lequel l'illustre auteur de la *Théorie des fonctions elliptiques* a reproduit, dans une Addition à son grand ouvrage, les premières découvertes de ses deux jeunes disciples, Jacobi et Abel, prouvent que l'on a pu dire alors de l'auteur (nous aimons à le répéter avec l'éminent interprète de l'Académie des sciences), que «les fonctions elliptiques «ne feraient pas moins d'honneur à la «noblesse de ses sentiments qu'à la pro«fondeur de son génie.» (*Éloge historique de A. M. Legendre,* par M. Élie de Beaumont, lu à la séance publique annuelle de l'Académie du 25 mars 1861, p. 46.)

veloppement aussi de ses propres méthodes. Or ces deux branches de la science, si prospères en Allemagne, comme en Angleterre, et qui trouvent depuis quelques années en Italie des disciples si distingués, dont le nombre tend à s'accroître, ne sont enseignées dans aucune de nos Écoles. Il y a donc urgence de les y introduire, par la création de nouvelles chaires, d'une première au moins, affectée à l'*Analyse transcendante*, suivant l'expression technique d'une partie des matières qui y entreraient.

C'est là, assurément, un besoin très-réel de notre enseignement supérieur, qui, bien qu'il concerne principalement l'Analyse, n'importe pas moins à la Géométrie; ce qui nous fait un devoir de le constater ici et de le signaler à M. le Ministre.

Les deux branches de l'Analyse dont il s'agit font, chez les nations voisines, des progrès considérables, dont il serait sans excuse de ne pas se préoccuper dans notre propre pays.

En résumé donc, il est nécessaire et très-urgent d'ajouter à notre enseignement supérieur deux chaires nouvelles, consacrées, l'une à la *Géométrie infinitésimale et analytique,* l'autre à l'*Analyse transcendante* et à ses applications à la Géométrie.

A ces considérations se rattache naturellement une réflexion qui intéresse au plus haut degré l'avenir de nos études mathématiques.

On voit par ce qui précède que les Mathématiques prennent, à l'étranger, des développements considérables. La variété et l'élévation des matières qui s'y traitent dans de nombreux recueils périodiques, depuis plusieurs années, le prouvent incontestablement. Mais un simple fait suffirait pour montrer aux yeux de tous combien nous devons craindre de nous laisser arriérer dans cette partie des sciences.

Nous possédons dans notre *Société philomathique* une section des Mathématiques, d'un nombre de membres limité, dont les communications ne paraissent que de loin en loin avec d'autres matières dans un bulletin trimestriel fort restreint; or il s'est formé à Londres, en 1865, une *Société mathématique* d'une centaine de membres, et le nombre s'en accroît encore; société dont les *Proceedings*, à l'instar de la Société royale de Londres et des autres académies de l'Angleterre, font connaître les travaux par des analyses plus ou moins étendues.

Ce fait, auquel nous applaudissons, n'est-il pas, dans la culture des Mathématiques, un élément de supériorité future qui doit nous préoccuper?

Il nous préoccupe d'autant plus que l'état de nos études classiques des Mathématiques a éprouvé, depuis une vingtaine d'années, un affaiblissement que l'on ne peut se dissimuler et dont nous devons dire ici nettement les causes.

Ces causes se trouvent dans la malheureuse pensée, si essentiellement contraire à l'esprit et au but des Mathématiques, qui a fait substituer aux études intellectuelles et théoriques sérieuses des études tronquées, formées de lambeaux de théories ayant pour objet suprême et immédiat *des applications pratiques*.

Cette pensée, destructive de la science et de ses progrès, a présidé aux nouveaux programmes qui, en 1850, ont causé l'affaiblissement subit des cours de l'École Polytechnique, et n'a point été étrangère à l'altération grave qu'ont éprouvée aussi nos études universitaires, et qui est caractérisée suffisamment par l'idée fatale de *bifurcation*.

Ce sont les conséquences de cet oubli des nécessités d'une instruction intellectuelle solide et non troublée par l'association anticipée de matières d'un autre ordre, que nous subissons; conséquences que l'on ne saurait nier, mais que l'on ne se hâte pas de réparer.

Ce n'est point ici notre seul jugement qui nous inspire ces réflexions et nous fait un devoir de les émettre dans un Rapport destiné non-seulement à retracer les progrès de la science, mais aussi à en signaler les côtés faibles et les besoins. Nous nous inspirons

surtout de l'autorité d'un esprit droit et impartial, que ses travaux
personnels d'étude et de recherches importantes dans les parties les
plus élevées des différentes branches des Mathématiques rendent
un des juges les plus compétents dans une aussi grave question. Je
me permettrai donc de reproduire ici les propres paroles de M. Bertrand, qui se lisent dans un article exclusivement mathématique
du *Journal des Savants* (octobre 1867) :

« Les études mathématiques en France ont subi, il y a une
« quinzaine d'années, une crise fort grave en apparence, dont les
« amis de la science se préoccupèrent vivement. Le principe d'auto-
« rité, depuis plusieurs siècles exclu de nos écoles, y fit tout à coup
« une brusque et hautaine apparition, et le vieil adage : *Quand on*
« *sait le texte on sait la science*, sembla proposé pour règle aux maîtres
« aussi bien qu'aux élèves. De volumineux programmes, détaillant
« leçon par leçon les matières de l'enseignement, furent imposés,
« d'un bout de la France à l'autre, dans tous les établissements
« d'instruction publique, dont les élèves devaient tous, le même
« jour, à la même heure, étudier le même théorème, s'exercer aux
« mêmes calculs, ou dessiner la même épure. On décida ce que les
« élèves devaient savoir complétement, les idées qu'ils s'abstien-
« draient d'approfondir, et les difficultés devant lesquelles ils de-
« vaient s'incliner sans en demander l'explication à leurs maîtres.

« Les sciences devaient être étudiées pour leur utilité pratique,
« et c'était une dangereuse erreur d'y voir surtout une gymnastique
« intellectuelle et un moyen de fortifier l'esprit et d'en accroître la
« subtilité ; les élégantes questions du concours général des lycées
« de Paris furent remplacées plusieurs fois par des calculs numé-
« riques, et les grands prix, auxquels on conservait le nom de prix
« d'honneur, accordés à ceux qui obtenaient les chiffres les plus
« exacts.

« Un tel régime, malgré l'incontestable capacité de ceux qui
« s'en firent les promoteurs, semblait devoir affaiblir rapidement
« en France l'esprit scientifique, en faisant disparaître, dès le dé-

« but, l'habitude de l'effort individuel et le goût des recherches per-
« sonnelles ; et si les théories transcendantes appartenant à une autre
« sphère pouvaient, malgré tout, se développer et s'accroître, on
« devait désespérer, pour longtemps, de l'étude plus humble en
« apparence, mais non moins utile ni moins vaste, des théories
« réputées élémentaires qui couronnent notre enseignement clas-
« sique [1]. »

[1] *Sur l'étude des surfaces algébriques.* (*Journal des Savants,* octobre 1867, p. 644.)

TABLE DES AUTEURS CITÉS

DANS CE RAPPORT.

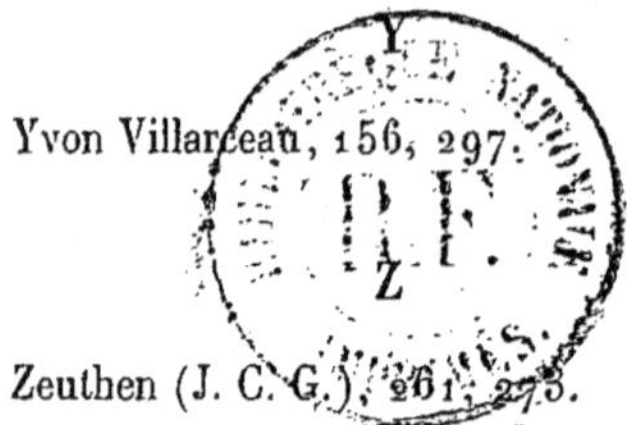

TABLE DES MATIÈRES.